समय

समय

संजय सिन्हा

प्रकाशक
प्रभात प्रकाशन प्रा. लि.
4/19 आसफ अली रोड, नई दिल्ली–110002
फोन : 011–23289777 • हेल्पलाइन नं. : 7827007777
इ–मेल : prabhatbooks@gmail.com ❖ वेब ठिकाना : www.prabhatbooks.com

संस्करण
2025

मूल्य
छह सौ रुपए

मुद्रक
नरुला प्रिंटर्स, दिल्ली

———— ★ ————

SAMAYA
by Shri Sanjay Sinha

Published by **PRABHAT PRAKASHAN PVT. LTD.**
4/19 Asaf Ali Road, New Delhi-110002

ISBN 978-93-5186-697-8

₹ 600.00

समय

उस दिन मैं दफ्तर से जल्दी घर चला आया। आम तौर पर रात में दस बजे के बाद आता हूँ, उस दिन आठ बजे ही चला आया। सोचा था, घर जाकर थोड़ी देर पत्नी से बातें करूँगा, फिर कहूँगा कि कहीं बाहर खाना खाने चलते हैं और देर रात घर लौटेंगे।

बहुत साल पहले, जब हमारी सैलरी कम थी, हम ऐसा ही करते थे।

घर आया तो पत्नी टी.वी. देख रही थी। मुझे लगा कि जब तक वह यह वाला सीरियल देख रही है, मैं कंप्यूटर पर कुछ मेल चेक कर लूँ। मैं मेल चेक करने लगा, तभी दफ्तर से फोन आ गया कि इस खबर का क्या करूँ, उस खबर का क्या करूँ और मैं उलझ गया अपने काम में। कुछ देर बाद पत्नी चाय लेकर आई, तो मैं चाय पीता हुआ दफ्तर के काम करने लगा। अब मन में था कि पत्नी के साथ बैठकर बातें करूँगा, फिर खाना खाने बाहर जाऊँगा, पर कब 8 से 11 बज गए, पता ही नहीं चला।

पत्नी ने वहीं टेबल पर खाना लगा दिया, मैं चुपचाप खाना खाने लगा।

खाना खाते हुए मैंने कहा कि खाकर हम लोग नीचे टहलने चलेंगे, गप करेंगे। पत्नी खुश हो गई। हम खाना खाते रहे, इस बीच ज़िंदगी चैनल पर मेरी पसंद का सीरियल आने लगा और मैं खाते–खाते सीरियल में डूब गया।

सीरियल देखते हुए सोफा पर ही मैं सो गया था। जब नींद खुली तब आधी रात हो चुकी थी।

बहुत अफसोस हुआ।

मन में सोचकर घर आया था कि जल्दी आने का फायदा उठाते हुए आज कुछ समय पत्नी के साथ बिताऊँगा। पर यहाँ तो शाम क्या, आधी रात भी निकल गई।

ऐसा ही होता है ज़िंदगी में। हम सोचते कुछ हैं, होता कुछ है। हम सोचते हैं कि एक दिन हम जी लेंगे, पर हम कभी नहीं जीते। हम सोचते हैं कि एक दिन ये कर लेंगे, पर नहीं कर पाते।

आधी रात को सोफे से उठा, हाथ–मुँह धोकर बिस्तर पर आया तो पत्नी सारा दिन के काम से थकी हुई सो गई थी।

मैं चुपचाप बेडरूम में कुर्सी पर बैठकर सोच रहा था।

पच्चीस साल हो गए, इस लड़की से जब मैं पहली बार मिला था, पीले रंग के लहँगे में मिली थी। फिर मैंने इससे शादी की थी। मैंने वादा किया था कि सुख में, दुःख में जिंदगी के हर मोड़ पर मैं तुम्हारे साथ रहूँगा।

पर ये कैसा साथ?

मैं सुबह जागता हूँ, अपने काम में व्यस्त हो जाता हूँ। वो सुबह जागती है, मेरे लिए चाय बनाती है।

चाय पीकर मैं कंप्यूटर पर संसार से जुड़ जाता हूँ, वह मेरे लिए नाश्ते की तैयारी में संसार से कट जाती है। मैं दफ्तर के लिए तैयार होता हूँ, वह मेरे लिए दोपहर का लंच बनाने की तैयारी करने लगती है। मैं एक बार दफ्तर चला गया, तो इसी बात में अपनी शान समझता हूँ कि मेरे बिना मेरा दफ्तर नहीं चलता, वह अपना काम करके डिनर की तैयारी करती है।

देर रात मैं घर आता हूँ और खाना खाते हुए ही निढाल हो जाता हूँ।

एक पूरा दिन खर्च हो जाता है, जीने की तैयारी में।

वो पीले लहँगे वाली लड़की मुझसे कभी शिकायत नहीं करती। क्यों नहीं करती, मैं नहीं जानता। पर आज मुझे खुद से शिकायत है।

आदमी जिससे सबसे ज्यादा प्यार करता है, सबसे कम उसी की परवाह करता है। क्यों?

मुझे तो याद है कि पिताजी भी दफ्तर जाते थे। माँ भी खाना पकाती थी। पर तब समय हुआ करता था। सबके पास एक दूसरे के लिए समय था। लोग एक–दूसरे से बातें करते थे। एक–दूसरे के बारे में सोचते थे। लोग पर्व–त्योहार पर एक दूसरे के घर जाते थे। पर अब तो लगता है जैसे किसी ने समय चुरा लिया हो। सबकुछ है, समय ही नहीं है।

कई दफा लगता है कि हम खुद के लिए अब काम नहीं करते। हम किसी अज्ञात भय से लड़ने के लिए काम करते हैं। हम जीने के पीछे ज़िंदगी बर्बाद करते हैं।

मैं सोच रहा हूँ, वो कौन सा दिन होगा जब हम जीना शुरू करेंगे। क्या हम गाड़ी, टी.वी., फोन, कंप्यूटर, कपड़े खरीदने के लिए जी रहे हैं?

मैं तो सोच ही रहा हूँ। आप भी सोचिए।

ज़िंदगी बहुत छोटी होती है। उसे यूँ ज़ाया मत कीजिए। अपने प्यार को पहचानिए। उसके साथ समय बिताइए। अग्नि के फेरे लेते हुए, जिसके सुख-दुःख में शामिल होने का वादा आपने किया था, उसके सुख-दुःख को पूछिए तो सही। एक दिन अफसोस करने से बेहतर है, सच को आज ही समझ लेना कि ज़िंदगी मुट्ठी में रेत की तरह होती है। कब मुट्ठी से निकल जाएगी, पता भी नहीं चलेगा।

याद रखिए, समय किसी के लिए नहीं रुकता।

जो समय के साथ चलते हैं, वही जी पाते हैं। जो समय के साथ नहीं चलते, वे सिर्फ जीने की तैयारी करते हैं।

1 अप्रैल

ऐसा पहले भी कई बार हुआ है कि मैंने कुछ लिखा और फिर उसे मिटा दिया। फिर कुछ लिखा और फिर मिटा दिया।

क्योंकि कल दो अप्रैल है और कल की तारीख मेरे ज़ेहन में अपने छोटे भाई को खोने की तारीख के रूप में कुछ इस तरह दर्ज है कि मैं चाह कर भी इस तारीख के आसपास सामान्य नहीं रह पाता। मैंने भरपूर कोशिश की कि आज कुछ ऐसी यादों को जीऊँ, जो मुझे अवसाद में न जाने दें। लेकिन कुछ तारीखें ऐसी होती हैं, जो सीने के बाईं ओर अपना अलार्म सेट करके बैठ जाती हैं।

आज ऐसा ही हो रहा है। सुबह लिखने बैठा कि 25 साल पहले, 31 मार्च को होने वाली पत्नी को जन्मदिन की शुभकामना देने के बाद अगली तारीख, यानी 1 अप्रैल को मैंने क्या किया। कैसे मैंने सबसे पहले अपने भाई को फोन किया और बताने की कोशिश की कि तुम्हारे लिए भाभी मिल गई हैं। दिल्ली आ जाओ।

पता नहीं कितना कुछ लिख लिया, फिर मिटा दिया।

ऐसा मेरे साथ बहुत बार होता है।

जब मैं स्कूल कॉलेज की परीक्षा दिया करता था, तो हर बार सारे सवालों के जवाब देने के बाद लगता कि अगर मौका मिले तो इन सभी सवालों के जवाब फिर से लिखूँ। ऐसा लगता कि ओह, इसका जवाब अगर ऐसे देता तो ज्यादा अच्छा रहता! लेकिन परीक्षा में समय की पाबंदी रहती है। तीन घंटों में सारे सवालों के जवाब नहीं दिए तो फिर साल भर की पढ़ाई बेकार गई।

पता नहीं आप लोगों को ऐसा लगता था या नहीं कि काश! मौका मिले तो इसी परीक्षा को दुबारा दूँ। मुझे तो हर परीक्षा के बाद ऐसा ही लगता था। होता ये था कि जब प्रश्नपत्र मिलता तो मैं फटाफट सवालों के जवाब देना शुरू कर देता और जैसे ही

पहले सवाल का जवाब पूरा होता, लगता कि काश इसका जवाब इस तरह दिया होता! लेकिन क्या फायदा? अगर बार-बार पहले सवाल का जवाब ही लिखता रहा तो मास्टर साहब चाह कर भी नंबर तो एक ही जवाब का देंगे। मैं पिताजी से पूछता था कि परीक्षा में समय की पाबंदी क्यों होती है? जब मुझे सभी सवालों के जवाब आते हैं, तो मेरे ज्ञान की जाँच के लिए मन माफिक समय तो मिलना ही चाहिए।

पिताजी समझाते थे कि समय भी एक परीक्षा है। कई बार तो ये भी कहते थे कि समय ही सबसे बड़ी परीक्षा है।

तुम्हें साल भर इसीलिए पढ़ने का मौका मिलता है, ताकि सभी सवालों के जवाब निश्चित समय में दे पाओ।

मैं कहता, लेकिन पिताजी मुझे परीक्षा देने के बाद लगता है कि अगर दुबारा मौका मिले तो और बेहतर जवाब दे सकता हूँ।

"हाँ, तुम सही कहते हो। किसी को दुबारा मौका मिले तो वो बेहतर कर सकता है।

लेकिन परीक्षा तो इसी बात की होती है कि तुमने साल भर अपनी तैयारी कैसी की है। अगर तुम साल भर ईमानदारी से, लगन से और नियमित रहकर पढ़ते हो तो तुम्हें ऐसा नहीं लगना चाहिए कि काश दुबारा मौका मिलता!"

"मैं तो ईमानदारी और लगन से पढ़ता हूँ।"

"मैं जानता हूँ, बेटा, लेकिन तुम परीक्षा की तैयारी के हिसाब से नहीं पढ़ते।"

"मैं तो परीक्षा में मिलने वाले नंबर की अहमियत ही नहीं समझ पाता। जो बच्चा 40 फीसदी अंक से पास होता है वो भी अगली क्लास में जाता है, जो 80 फीसदी अंक लाता है, वो भी अगली ही क्लास में जाता है।"

"जो 80 फीसदी अंक लाता है, वो पढ़ाई के साथ-साथ परीक्षा की तैयारी भी करता है। वो फाइनल परीक्षा से पहले कई बार परीक्षा देकर खुद को माँजता है। उसके लिए समय बाधा नहीं। तुम खूब पढ़ते हो, लेकिन परीक्षा के लिए खुद को तैयार नहीं करते। तुमने मन में मान लिया है कि 40 और 80 फीसदी वालों की मंजिल एक ही है। ऐसे में तुम जब परीक्षा देने जाते हो तो तुम्हें बार-बार मिटा कर दुबारा लिखने का मन करता है। बल्कि मैंने तो सुना है कि तुम कई दफा एक ही सवाल के जवाब दो-दो बार भी देते हो। तुम्हारे उपेंद्र मास्टर ने मुझसे कहा भी था कि संजय ने एक बार एक ही निबंध को तीन अलग-अलग तरीकों से लिखा। अब नंबर तो एक जवाब पर ही मिलेंगे न!"

ओह! ये उपेंद्र मास्टर न बहुत चुगलखोर हैं। अब मैं अपने पहले जवाब से संतुष्ट नहीं था, तो दुबारा उसी का जवाब दे दिया। फिर भी मज़ा नहीं आया तो तीसरी बार दे दिया। अब पास तो हो ही गया था, फिर पिताजी को ये बताने की क्या जरूरत थी। और पिताजी को देखो, जानते सब हैं, लेकिन बोलते कुछ नहीं। बोलते तभी हैं, जब मैं अपनी दुविधा उनके पास लेकर जाता हूँ।

सबके पिताजी सब जानते हैं। किसी के पिताजी अपनी संतान से कुछ नहीं कहते। वो कहते ही तब हैं जब संतान दुविधा में पड़ती है।

जब संतान दुविधा में पड़ती है, तब पिताजी यही कहते हैं कि जिंदगी अपने आप में एक परीक्षा है। ये सच है कि 40 फीसदी वाले और 80 फीसदी वाले दोनों जिंदगी को जीते हुए आगे बढ़ते हैं। फर्क इतना होता है कि जो परीक्षा के लिए खुद को तैयार करते हैं, उनके सामने अंतिम समय में इस बात की चिंता नहीं रहती कि काश हमने ये किया होता, काश हमने वो किया होता! जो मेरी तरह सब जानते हुए भी परीक्षा के लिए खुद को तैयार नहीं कर पाते, उनके सामने हर परीक्षा की घड़ी में ये संकट सामने खड़ा होता ही है कि काश ऐसे लिखता, काश वैसे लिखता!

दुनिया में जीने के दो ही तरीके हैं, या तो जिसे हम मुकद्दर मानते हैं, उसे पाने की पूरी कोशिश करें, या फिर जो मिल जाए उसे ही मुकद्दर मान लें।

मुझ जैसे लोग दूसरी श्रेणी में आते हैं, जो जीवन को इसी सिद्धांत के साथ जीते हैं कि जो मिल गया वही मुकद्दर है। वरना इतना तो आप भी जानते ही हैं कि आपका संजय सिन्हा और शाहरुख खान दोनों 1988 में साथ टहला करते थे। एक ने पूरी तैयारी की और जिंदगी में 80 फीसदी पाया। दूसरा सब जानते हुए भी 40 फीसदी पर रह गया।

सबकी अपनी-अपनी चाहत है। ऐसा नहीं कि मैं संतुष्ट नहीं। लेकिन जिस दिन सुबह फेसबुक पर लिखकर मिटाना, मिटा कर लिखने का खेल चलने लगता है, उस दिन पिताजी की बहुत याद आती है। उनका कहा याद आता है कि हर परीक्षा के बाद दुबारा परीक्षा की जरूरत उन्हें पड़ती है, जो पढ़ाई करने के बाद भी परीक्षा के लिए खुद को तैयार नहीं करते।

जिंदगी हर कदम एक नई जंग है। जो तैयारी से आगे बढ़ते हैं, वो जंग जीत लेते हैं। जो बिना तैयारी के बढ़ते हैं, वो लिखते हैं, मिटाते हैं। फिर लिखते हैं, फिर मिटाते हैं। □

3 अप्रैल

कण-कण में भगवान हैं।

आदमी चाहे तो किसी एक कण से भी जिंदगी में बहुत कुछ सीख सकता है।

मैंने बचपन में सुनी और पढ़ी तमाम कहानियों में से हाथी और मछली की कहानी को जीवन के सार-तत्त्व की तरह लिया। हालाँकि वहाँ तक पहुँचने के लिए मुझे राजा यदु और अवधूत की मुलाकात की कहानी भी माँ ने ही सुनाई थी। माँ ने ही बताया था कि राजा यदु के मन में साधू अवधूत को देखकर ये सवाल उठा था कि इस शोक भरे संसार में भी कोई इतना प्रसन्न और निष्काम भाव से विचरण कर कैसे सकता है। माँ कहती थी कि हमारी पुरानी कहानियाँ जीवन की पाठशाला हैं। कहानियाँ सिर्फ मनोरंजन नहीं करतीं, संदेश भी देती हैं। आज मैं ज्यादा समय खर्च किए बिना उन दो गुरुओं की चर्चा करना चाहता हूँ, जिनसे सभी को कुछ-न-कुछ सीखने को मिलता है। हाथी और मछली। अवधूत ने भी इन दोनों को अपना गुरु माना था। अवधूत के 24 गुरु थे। पृथ्वी, जल, आकाश, वायु आदि के बीच हाथी और मछली भी। अवधूत ने यदु को बताया था कि गाँव के लोग मिट्टी की हथिनी बनाकर बीच जंगल में गड्ढा कर खड़ा कर देते। हाथी उस हथिनी के एक स्पर्श के लिए जब वहाँ पहुँचता तो गड्ढे में गिर जाता। इस तरह आदमी अपने से बड़े प्राणी को अपनी गिरफ्त में लेकर उसे अपनी मर्जी से नचाता फिरता।

अवधूत ने इस कहानी को सुना कर यदु की ओर देखा और कहा कि राजन्, आप यही जानना चाहते हैं न कि मैं इस शोक रूपी संसार में भी इतना अविरल और निष्काम कैसे घूमता हूँ। अवधूत ने यदु को समझाया कि जो लोग हाथी की तरह स्पर्श सुख को ही जीवन का आधार मानते हैं, वो इसी तरह गड्ढे में गिर कर फँस जाते हैं। और मछली? मछली तो बेचारी बहुत भोली होती है। वो मछुआरे के काँटे में फँसे चारे और उसमें छिपी चाल में फर्क नहीं कर पाती। वो ये तक समझने की जहमत नहीं

उठा पाती कि इतनी आसानी से उसके लिए भोजन का इंतजाम क्योंकर हुआ है। हर रोज अपने ही परिजनों को उसी किनारे से लुप्त होते देखकर भी उसके पास ये सोचने की फुरसत नहीं कि वो चले कहाँ गए? मछुआरा फिर आता है, चारा फेंकता है और चटोरी मछली उसमें फँस जाती है। उसे अपनी जिह्वा पर नियंत्रण ही नहीं। मछली को अगर आदमी गुरु मान ले और अपनी चाहतों पर नियंत्रण रखना सीख ले तो वो जीवन रूपी झंझावातों से खुद को बचा सकता है।

आज दोनों कहानियों को जान-बूझकर विस्तार नहीं दे रहा। आज दोनों कहानियों को इस उम्मीद में यहीं छोड़कर आगे बढ़ रहा हूँ कि आप इसका सार निकालने की कोशिश करेंगे। आप मुझे समझाने की कोशिश करेंगे कि क्या सचमुच हम हाथी और मछली को यूँ फँसते देखकर भी खुद को फँसने से रोकने की कोशिश करते हैं? माँ कहती थी कि ये पौराणिक कहानियाँ जीवन की पाठशाला होती हैं। क्या सचमुच मैंने जीवन की पाठशाला से कुछ सीखा है? मैं आज आत्ममंथन करूँगा। सिर्फ आत्ममंथन।

□

5 अप्रैल

आपने कभी हंसों को उड़ते हुए देखा है?

जरूर देखा होगा। आपने देखा होगा कि बहुत ऊपर आसमान में अंग्रेजी अक्षर 'वी' (V) के आकार में ये उड़ते चले जा रहे होते हैं।

जब मैं छोटा था और सितंबर-अक्तूबर की हल्की ठंड में घर की छत से कभी हंसों की ये उड़ान दिख जाती, तो मैं हैरान रह जाता। ऐसा लगता मानो बहुत से अनुशासित सिपाही सफेद पंखों में लिपट कर हवा में तैरते चले जा रहे हैं।

मेरे मन में ढेरों सवाल उठते। आखिर ये इस तरह 'वी' आकार बनाकर क्यों उड़ रहे हैं? ये सब कहाँ जा रहे हैं? सबसे पीछे वाला सबसे आगे क्यों नहीं आने की कोशिश कर रहा? बीच वाला क्यों अपनी जगह पर उसी रफ्तार से चला जा रहा है? क्या किसी ने इन्हें निर्देश दिया है कि ऐसे ही उड़ना है? कौन है इनका निर्देशक?

बहुत से सवाल लेकर जब मैं माँ के पास आता, तो माँ मेरा सिर सहलाती। कहती कि ये मानसरोवर के राजहंस हैं।

"तो ये सारे हंस जो इस तरह एक गति से उड़ते हैं, उसका क्या मतलब हुआ?"

"ये आपस में रिश्तेदार हैं।"

"सबसे आगे वाला उनका नेता होता है। वही उड़ने की रफ्तार और दिशा तय करता है। उसके पंखों को बाकियों से ज्यादा मेहनत करनी होती है। सामने आने वाले खतरों को वो पहले पहचानता है। वो हवा को काटता है, उसके बाद बाकी के हंस हवा को काटते हुए चलते हैं, और अपने से पीछे उड़ने वाले हंसों के लिए वो उड़ान को आसान बनाते चलते हैं।"

"लेकिन माँ, सबसे आगे वाला ज्यादा मेहनत करता है, और सबसे पीछे वाले के लिए

रास्ता आसान बनाता चलता है, ऐसा क्यों? उससे उसे क्या फायदा?"

"मैंने कहा न कि ये रिश्तेदार हैं। ये एक-दूसरे का साथ देते हुए चलते हैं। ये बहुत दूर तक उड़ते हुए चले जाते हैं। ये एक बार में दस घंटे उड़ सकते हैं।"

"दस घंटे?"

"हाँ, बेटा। कई बार उससे भी ज्यादा। इनमें सबसे आगे वाला हंस सबसे अधिक मेहनत करता है। फिर जब वो थकने लगता है तो सबसे पीछे वाला उसकी जगह लेने पहुँच जाता है। ऐसे ही सारे हंस उड़ते हुए अपनी-अपनी जगह बदलते चले जाते हैं। मैंने बताया न, सबसे आगे वाला नेता होता है, और वो दूसरे हंसों के लिए उड़ान को आसान बनाता हुआ अपने पंखों से हवा को काटता चलाता है। पीछे वाले को कम मेहनत करनी होती है, उसके पीछे वाले को और कम। इस तरह ये बीच हवा में ही सुस्ताते हुए, एक-दूसरे का साथ देते हुए हजारों मील का सफर तय कर लेते हैं।"

माँ फिर मुझे हंसों की ढेर सारी कहानियाँ सुनाती। बताती कि हंस मोती खाते हैं। हंस दूध और पानी को अलग कर सकते हैं। एक बार एक शिकारी ने किसी हंस को मार दिया तो कैसे सिद्धार्थ ने उसे बचा लिया। शिकारी ने सिद्धार्थ से जब अपना शिकार माँगा तो उन्होंने कैसे उसे समझाया कि मारने वाले से बचाने वाले का हक ज्यादा होता है। और फिर मैं उन हंसों के साथ उड़ता हुआ बहुत दूर चला जाता। मेरे पंख तब कमजोर थे, लेकिन मुझसे आगे वाला हंस मेरे लिए उड़ान को आसान बनाता चला जाता। मेरे हिस्से की मेहनत वो करता, और हम साथ-साथ आसमान में बहुत दूर उड़ते चले जाते।

मेरे मन की उड़ान में सबसे आगे वाला हंस पिताजी की तरह लगता। फिर माँ। फिर चाचा-चाची, हम सारे भाई-बहन और दादी भी।

दादी तो बूढ़ी हो गई है।

कोई बात नहीं। पिताजी के मजबूत पंख सबके लिए रास्ता बनाते चलेंगे। पहले दादी ने पिताजी के लिए रास्ता बनाया होगा, अब पिताजी दादी के लिए बना रहे हैं। ये परिवार है।

पिताजी थक जाएँगे, तब?

तब माँ आगे हो जाएगी। फिर चाचा आगे हो जाएँगे। और उड़ते-उड़ते मैं भी तो बड़ा हो जाऊँगा, फिर मैं आगे हो जाऊँगा। मैं पिताजी से कहूँगा कि आप आराम कीजिए,

मेरे पंख सबके पंखों को आराम देंगे।

मेरे पंख सबको साथ लेकर उड़ेंगे।

जब मैं बड़ा हो जाऊँगा तो सबको हंसों के बारे में बताऊँगा। बताऊँगा कि आदमी भी चाहे तो ऐसे साथ-साथ बहुत दूर तक उड़ सकता है।

एक दिन मैं बड़ा हो गया। बहुत कोशिश की। लेकिन आदमी ऐसा कहाँ होता है? वो एक बार आगे हो जाता है, तो सिर्फ अपने लिए सोचने लगता है। उसे पीछे वालों की चिंता नहीं रहती। कई बार पीछे चलने वाले भी आगे निकलने की होड़ में उस अनुशासन को तोड़ देते हैं। कई बार तो अपने पंखों से दूसरों के लिए हवा काटने की जगह उसके लिए मुश्किलें खड़ी कर देते हैं।

माँ तो कहती थी कि भगवान के बनाए सभी जीवों में आदमी सबसे बुद्धिमान होता है।

लेकिन मुझे तो हंस बुद्धिमान लगते हैं। सबको साथ लेकर उड़ते हैं। एक दिन में दस घंटे उड़ते हैं। हजारों मील उड़ते हैं। सबसे कमजोर हंस भी उनके साथ उड़ लेता है।

आदमी ऐसा कहाँ करता है?

अब माँ नहीं है।

होती तो पूछता, ''माँ, इन हंसों को रिश्तों का पाठ किसने पढ़ाया?''

□

9 अप्रैल

कई साल पहले एक रात हमारे घर की घंटी बजी। तब हम पटना में रहते थे।

आधी रात को कौन आया?

पिताजी बाहर निकले। सामने दो लोग खड़े थे। एक पुरुष और एक महिला। पटना वाले हमारे घर के बरामदे में लोहे की ग्रिल लगी थी, जिसमें हम रात में ताला बंद कर देते और पूरा घर सुरक्षित हो जाता।

पिताजी ने ताला खोला। पूछा कि आप लोग कौन हैं, कहाँ से आए हैं। उन्होंने पिताजी के हाथ में एक चिट्ठी पकड़ाई। पिताजी ने चिट्ठी पढ़ी और खुश हो गए। उन्होंने हमें आवाज देकर बुलाया और कहा कि ये लोग फलाँ जगह से आए हैं, और इन्हें तुम्हारी बुआ ने भेजा है।

बुआ ने भेजा है? वाह!

अब हमारे लिए ये जानना जरूरी नहीं था कि वो कौन हैं, कहाँ से आए हैं।

उन्हें हमारी बुआ ने भेजा था, यही जान लेना बहुत बड़ी बात थी। सर्दी की वो रात थी, फटाफट उनके सोने के लिए एक बिस्तर का इंतजाम किया गया। हम दोनों भाई दो रजाइयों में लिपटे थे, हमारी एक रज़ाई ले ली गई और कहा गया कि दोनों भाई एक ही रजाई में घुस जाओ। एक रजाई नए मेहमान को देनी है। हमें याद है, हम पहली बार उनसे मिल रहे थे। पिताजी ने अपनी बड़ी दीदी और उनके पूरे परिवार का हाल पूछा। और ये जान लिया कि वो उनके जानने वाले हैं। मतलब हमारे रिश्तेदार नहीं, बुआ के जानने वाले हैं।

आनेवाली महिला की तबीयत थोड़ी खराब थी और पटना मेडिकल कॉलेज-अस्पताल में उनका इलाज होना था। क्योंकि वो मेरी बुआ को जानते थे, और बुआ के छोटे भाई का परिवार पटना में था इसलिए ये तो सोचने की बात ही नहीं थी कि वो कहाँ रहेंगे।

वो बिना किसी पूर्व सूचना के हमारे घर पहुँच गए थे। उनकी ट्रेन आनी तो शाम को थी, लेकिन ट्रेन के टाइम से न चलने का बुरा कौन मानता है।

ट्रेन पाँच घंटे लेट पहुँची थी और हमारे वो मेहमान बिना खाना-पीना खाए आधी रात में हमारे घर पहुँच गए थे।

फटाफट खाना बना। सोने का जुगाड़ हुआ।

और सुबह उन्हें अस्ताल पहुँचाने का भी।

वो कोई हफ्ता भर हमारे घर रहे। हम खूब घुल-मिल गए। हम रोज ठहाके लगाते, साथ खाते और फुल मस्ती करते। ऐसा लग रहा था मानो हम सदियों से एक दूसरे को जानते हों। बुआ ने तिल की मिठाई भेजी थी। दिल्ली में उसे गजक कहते हैं, हमारे यहाँ तब तिलकुट कहते थे। हम सबने तिल और गुड़ की उस मिठाई को खूब मजे लेकर खाया। हमारी बुआ सारे संसार का ख्याल रखती थीं, और भाई-भतीजों में तो उनकी आत्मा ही बसती थी।

उन्होंने अपने परिचित भेज दिए, हमने उन्हें रिश्तेदार बना लिया।

आप जान कर हैरान रह जाएँगे कि हम दुबारा कभी उन रिश्तेदारों से नहीं मिल पाए जो उस रात हमारे घर आए थे। लेकिन हम सब भाई-बहनों के ज़ेहन में उस रिश्ते की याद आज भी ताजा है। हम आज भी उनके आने और अपनी रजाई छिन जाने को याद कर खुश होते हैं।

जब मैं पच्चीस साल पहले भोपाल से दिल्ली नौकरी करने आया था तो मेरे मामा ने एक चिट्ठी अपने एक जज दोस्त के नाम लिखकर मुझे भेज दिया था। दिल्ली के किदवई नगर में वो रहते थे। मैं चिट्ठी लेकर उनके घर पहुँच गया। यकीन कीजिए, जितने दिन उनके घर रहा, परिवार के एक सदस्य की हैसीयत से रहा। उनकी बेटियाँ मेरी बहनें बन गईं, और उनका बेटा मेरा भैया। मुझे दफ्तर से आने में देर होती, तो वो चिंतित होते।

मेरे एक परिजन ने जानना चाहा है कि मैं हर रोज माँ, भाई, पत्नी, पिता और तमाम रिश्तों पर ही क्यों लिखता हूँ।

उनका कहना है कि ये सारे रिश्ते तो उनके पास भी हैं। फिर रोज-रोज रिश्तों की चर्चा क्यों?

बात तो सही है।

लेकिन फिर मैं जब सोचने बैठता हूँ तो यही सोचने लगता हूँ कि क्या सबके पास रिश्ते हैं? क्या सचमुच रिश्ते हैं?

कल मेरे पास किसी ने रिश्तों पर कुछ सुंदर पंक्तियाँ लिख कर भेजीं।

आज मैं बहुत छोटे में उन्हें आपके सामने प्रस्तुत कर रहा हूँ। आप बहुत गंभीरता से उन पंक्तियों को समझने की कोशिश कीजिएगा। मुझे यकीन है कि आपने हजारों बार पहले भी ये पंक्तियाँ पढ़ी होंगी। लेकिन आज एक बार मेरे कहने से पढ़िए। फिर मुझे बताइए कि क्या सचमुच हम सब उन पंक्तियों के किसी कोने के करीब हैं।

''अकेले हम सिर्फ बोल सकते हैं, लेकिन रिश्तों के बीच बातें करते हैं।
अकेले हम मजे कर सकते हैं, लेकिन रिश्तों के बीच उत्सव मनाते हैं।
अकेले हम मुस्कुरा सकते हैं, लेकिन रिश्तों के बीच हम ठहाके लगाते हैं।''

और आखिरी लाइन ये कि ये सब सिर्फ इंसानी रिश्तों में ही मुमकिन है।

मैं रोज-रोज रिश्तों की कहानियाँ सिर्फ इसलिए लिखता हूँ क्योंकि सच यही है कि आज आदमी सबके बीच रहकर भी सबसे अकेला हो गया है। सारे रिश्ते हैं, लेकिन दरअसल कोई रिश्ता नहीं बचा है। हम सब अपनी जिंदगी जीने की तैयारी में इतना मसरूफ हो गए हैं कि हमारे पास खुद के लिए भी वक्त नहीं रहा।

अब मैं कहीं जाता हूँ तो होटल बुक कराता हूँ। पता नहीं सारे रिश्ते कहाँ चले गए। आप में से अगर किसी के पास बुआ के उस पड़ोसी का कोई रिश्ता बचा है, तो आप भाग्यशाली हैं।

मैं तो अपने उसी भाग्य की तलाश में हर रोज मुँह उठाए आपके पास पहुँच जाता हूँ।

□

10 अप्रैल

मैं कोई ज्योतिषी नहीं हूँ। लेकिन मैं भविष्यवाणी कर सकता हूँ।

ये मेरी भविष्यवाणी है कि अगले कुछ वर्षों में आदमी इच्छा मृत्यु के शाप से ग्रस्त हो जाएगा। आप भी सोच रहे होंगे कि इच्छा मृत्यु तो वरदान है, मैं सुबह-सुबह इसे शाप क्यों लिख रहा हूँ।

ये सच है कि महाभारत में भीष्म को इच्छा मृत्यु का वरदान हासिल था। उन्हें दैवीय रूप से ये ताकत हासिल थी कि जब तक वो खुद न मरना चाहें, कोई उन्हें मार नहीं सकता था। यहाँ तक कि अर्जुन के बाणों से बिंध चुके उनके लहूलुहान शरीर में भी इतनी शक्ति नहीं थी कि उनकी मर्जी के खिलाफ वो आत्मा को गुड बाय कह सके। वो बाणों की शैय्या पर लेटे रहे और कई दिनों तक शरीर की भयंकर पीड़ा सहते रहे। आखिर में उन्होंने मरना चुना, लेकिन तब चुना जब शरीर की पीड़ा पर मन की पीड़ा भारी पड़ गई।

मैं, संजय सिन्हा, आपको बता रहा हूँ कि मैं भीष्म से मिला हूँ। उनके आखिरी दिनों में मैंने उनके बहुत करीब जाकर उनसे पूछा था कि पितामह, क्या सचमुच इच्छा मृत्यु वरदान है।

पितामह ने बहुत कातर स्वर में कहा था कि संसार का सबसे दु:खी प्राणी वही होगा, जिसे ये वरदान हासिल होगा। ये वरदान नहीं, सबसे बड़ा शाप है।

मैं जानता था कि पितामह सही कह रहे हैं।

इस संसार में कोई शरीर के कष्ट से मृत्यु को नहीं वरण करना चाहता, बल्कि मरने की वजह मन का कष्ट है। आदमी जब शरीर के कष्ट से मरता है तो ईश्वर को धन्यवाद देता है कि प्रभु, तुमने मुझे मुक्ति दी। लेकिन जब मन के कष्ट से घिरा इंसान यह कहता है कि प्रभु, मुझे ये सब देखने के लिए जीवित ही क्यों रखा। और

फिर जिसे हमने पौराणिक काल में इच्छा मृत्यु वरदान कहा है, वो दरअसल मर जाने की कामना होती है। एक मृत्यु में शरीर की मौत होती है, दूसरी में आत्मा की।

आज विज्ञान जिस रफ्तार से शरीर के रेशे-रेशे का अध्ययन कर रहा है, उसमें बहुत मुमकिन है कि हम आने वाले दिनों में अपने शरीर को बहुत दिनों तक सुरक्षित रख पाएँ।

हो क्या सकता है, मैं ये भी भविष्यवाणी करता हूँ कि आने वाले दिनों में आदमी के शरीर की उम्र बहुत बढ़ जाएगी। पर ईश्वरीय विधान देखिए कि जीने की उम्र तब भी नहीं बढ़ेगी। आदमी ईश्वर को चैलेंज करता हुआ शरीर का पूरा शास्त्र कंप्यूटर स्क्रीन पर उतार लेगा, लेकिन उसका मन ही नहीं करेगा और जीने का। मतलब ये कि आने वाले वर्षों में आदमी आत्महत्या करके मरेगा। वो छत से कूद जाएगा, जहर खा लेगा, ट्रेन से कट जाएगा, खुद को गोली मार लेगा या कोई और नई विधा तलाश लेगा, पर मरेगा जरूर।

वो आदमी, जो जिम में जाकर अपने शरीर की मांसपेशियों को रोज तराशेगा, वही खुद को खत्म कर लेगा।

वजह?

वजह बहुत सामान्य है। वजह वही जो भीष्म के सामने थी।

आदमी अकेलेपन की वजह से जीना छोड़ देगा। आदमी एक दिन खुद से ऊब जाएगा और कहेगा कि अब और नहीं। शरीर को स्वस्थ रखने की विद्या से तो वो लैस होगा, लेकिन मन स्वस्थ नहीं रहेगा। शरीर में पीड़ा होगी तो वो दवा से उसे ठीक कर लेगा, लेकिन मन की पीड़ा का कोई इलाज नहीं होगा। और इसी मन की असह्य पीड़ा से मुक्ति पाने के लिए वो इच्छा मृत्यु को वरण करेगा।

आदमी धीरे-धीरे अकेलेपन की ओर बढ़ रहा है। सबके रहते हुए भी तनहाई उसके मन के पोर में समाती जा रही है। और इसे मेरी भविष्यवाणी मान लीजिए कि आदमी एक दिन इस भरे पूरे संसार में सबसे अकेला प्राणी होगा।

आदमी अपनी औसत उम्र बढ़ा चुका होगा, सामाजिक सुरक्षा पा चुका होगा; लेकिन तनहा होगा। उसके बच्चे होंगे, और बच्चों के पास अपनी निजी खुशियों के बीच अपने बुजुर्गों को देने के लिए धन चाहे जितना होगा, समय एक पल नहीं होगा। पड़ोसी एक दूसरे के नाम तक नहीं जानेंगे। रोज सुबह जब आपकी मुलाकात होगी तो

वो गुड मॉर्निंग कहेंगे, रात में मिलेंगे तो गुड नाइट भी कहेंगे, लेकिन आपको जानेंगे नहीं।

यही दंश होगा।

मैंने कुछ दिन पहले एक पोस्ट में लिखा था कि कैसे बैंगलोर में एक बुजुर्ग तनहा अपने फ्लैट में मर गए थे और पड़ोसियों की इसकी खबर तब मिली जब लाश से दुर्गंध उठने लगी। उस बुजुर्ग के बच्चे थे, लेकिन साथ नहीं रहते थे। आने वाले समय में आदमी इस बात से डरेगा कि कहीं बाथरूम में, होटल के कमरे में, या अकेले घर में उसकी मौत हो गई तो अंतिम क्रिया भी पता नहीं होगी या नहीं। आदमी अपने मन को किसी से साझा नहीं कर पाने के दंश से घबराने लगेगा। वो लैपटॉप, आईपैड, मोबाइल फोन जैसे संचार और संवाद के हथियारों से लैस होगा, लेकिन संवाद करने के लिए कोई नहीं मिलेगा।

उसके पास एक दिन खूब समय होगा, लेकिन उसे कोई समय नहीं देगा। और समय के तीर से उसका मन छलनी होता चला जाएगा।

सुविधा और संचार के सारे कृत्रिम साधनों से उसके 'तन' का हस्तिनापुर हरा-भरा रहेगा, लेकिन वो 'मन' का कुरुक्षेत्र हार जाएगा। कई दिनों तक वो बाणों की शैय्या पर बिंध कर भी पड़ा रहेगा, लेकिन शरीर की मौत नहीं होगी। मौत तो तभी होगी जब वो इच्छा मृत्यु की गुहार लगाएगा। मौत तभी होगी, जब वो ईश्वर से कह उठेगा कि प्रभु, अब और नहीं।

सालों साल जिम में सँवारा और तराशा हुआ बदन चाहे जीता रहे, लेकिन तनहाई में मन मर जाएगा।

एक फ्लैट के तीन कमरों की दूरी कई कोसों में तबदील हो जाएगी। एक सोसायटी में रहनेवाले सारे लोग अजनबी तो आज भी हैं, तब घर के भीतर भी वही अजनबी नज़र आने लगेंगे। और अपने जब अजनबी बन जाते हैं, तो जीने की वजह खत्म हो जाती है।

भीष्म ने भी तो इच्छा मृत्यु का वरण तभी किया था, जब अर्जुन और दुर्योधन दोनों उन्हें अजनबी नज़र आने लगे थे।

हम भी तभी करेंगे। हम सब करेंगे।

मैं ज्योतिषी नहीं हूँ। न मैं समाजशास्त्री हूँ। लेकिन मैंने दुनिया देखी है। हजारों साल

से देख रहा हूँ। मैं जो कहता हूँ, यूँ ही नहीं कहता। यही होना है, यही होकर रहेगा।

पर कहते हैं न, हर शाप का एक काट होता है। इस शाप का भी एक काट है। लेकिन समय रहते कोई चेत जाए तब।

इस शाप का एक ही काट है और वो है रिश्तों की खुशबू को पहचान लेना। समय रहते उस पौधे को प्यार के खाद-पानी से सींच देना। ध्यान रहे, एक बार पौधा सूख गया तो फिर सूख गया।

रिश्ता कोई भी हो, टूट सकता है। रिश्तों में ईमानदारी बड़ी शर्त होती है, लेकिन सबसे बड़ी नहीं। सबसे बड़ी शर्त होती है रिश्तों को समझने की।

जो समझ जाएँगे, वो तो समझ ही जाएँगे। जो नहीं समझेंगे, उनके लिए इच्छा मृत्यु का द्वार खुला रहेगा।

□

11 अप्रैल

स्कूल में जब प्रेमचंद की कहानी 'बड़े घर की बेटी' पढ़ाई गई थी, तब मैं समझ नहीं पाया था कि आखिर इसके पीछे मंशा क्या है।

दरअसल हमारे स्कूलों में ये बताने की प्रथा नहीं है कि जो पढ़ाया जा रहा है, वो क्यों पढ़ाया जा रहा है। बस इसलिए पढ़ाया जा रहा है, ताकि हम उस पर पूछे जाने वाले सवालों के जवाब दे सकें, परीक्षा पास कर सकें।

लेकिन बड़ा होता गया, कहानी समझ में आती गई।

बड़े घर की बेटी की कहानी दुहराने की कोई जरूरत तो यहाँ नहीं है, क्योंकि मुझे परम यकीन है कि आप सबने ये वाली कहानी हर हाल में पढ़ी होगी। लेकिन जिसे दुहराने की जरूरत नहीं, उसे बिना दुहराए अगर कोई आगे बढ़ ही जाए तो उसका नाम संजय सिन्हा नहीं होगा।

मैं पूरी कहानी की आत्मा सिर्फ चार पंक्तियों में समेटकर आगे बढ़ता हूँ।

कहानी इतनी ही है कि एक सामान्य परिवार के बेटे की शादी एक संपन्न परिवार की बेटी से हो जाती है। हालाँकि ये सामान्य परिवार किसी जमाने में जमींदारी के सुख से सराबोर था, लेकिन कोर्ट-कचहरी और मुकदमों के चक्कर में सारी जमींदारी जाती रही थी और अब तो घर में दोनों टाइम दूध-घी-मक्खन तक के लाले पड़े थे।

एक दिन किन्हीं परिस्थितियों में एक अमीर घर की लड़की आनंदी की शादी उस सामान्य घर वाले लड़के श्रीकंठ सिंह से हो जाती है। आनंदी सुंदर थी, सुशील थी।

एक दिन आनंदी का देवर भाभी से मांस पकाने को कहता है और भाभी सारा घी मांस पकाने में खर्च कर देती है। देवर कहता है कि दाल में घी क्यों नहीं है, तो भाभी कहती है कि जितना घी था सब मांस पकाने में खर्च हो गया। इस पर देवर बिगड़ जाता है और भाभी के मायके पर कुछ कटाक्ष कर देता है।

औरतें लात-घूसा-मार-बात सब सह लेती हैं, लेकिन मायके की बुराई नहीं सह पातीं। आनंदी भी बिदक जाती है और देवर उस पर चप्पल फेंकता है।

आनंदी जब अपने देवर की शिकायत अपने पति से करती है, तो पति अपने छोटे भाई से उखड़ जाता है। वो घर छोड़ने को तैयार हो जाता है, कहता है कि अब अपने भाई का मुँह भी नहीं देखेगा। बात पिता तक पहुँचती है। पिता बेटे को समझाते हैं कि औरतों के चक्कर में घर छोड़ना ठीक नहीं। पर आनंदी का पति नहीं मानता। प्रेम के आगोश में डूबा एक परिवार बिखराव के कगार पर पहुँच जाता है।

बात आनंदी तक पहुँचती है। उसे भी लगता है कि ज़रा सी बात पर घर टूट रहा है, जो उचित नहीं। गरमा-गर्मी दोनों ओर से हुई थी, उसे इस बात का अहसास होता है। और फिर वो पति के सामने खुद ही अड़ जाती है कि जो हुआ सो हुआ, पर घर नहीं टूटना चाहिए।

कहानी में लिखा नहीं है, लेकिन इसे पढ़ते हुए एक लाइन मैंने खुद ही जोड़ ली थी कि 'रिश्ते होते हैं सदा के लिए।'

लेखक ने तो लिखा है—

आनंदी के ऐसा कहने के बाद दोनों भाई गले मिल गए। आनंदी के ससुर बेनीमाधव सिंह बाहर दोनों भाइयों को गले मिलते देखकर पुलकित हो गये। बोल उठे, "बड़े घर की बेटियाँ ऐसी ही होती हैं। बिगड़ता हुआ काम बना लेती हैं।"

गाँव में जिसने यह सुना, उसी ने इन शब्दों में आनंदी की उदारता को सराहा, "बड़े घर की बेटियाँ ऐसी ही होती हैं।"

हाँ, यही सच है। जो बड़े होते हैं, कुलीन होते हैं, संस्कारी होते हैं, वो बिगड़ती हुई बात बना लेते हैं।

जब ये कहानी मैं पढ़ता था, तब तो नहीं, लेकिन बाद में दो बातें मेरे ज़ेहन में बैठ गई थीं।

पहली बात ये कि बड़े घर का होने का अर्थ बड़प्पन से है। दूसरी बात ये कि लेखक जब किसी को सुंदर कह रहा है तो तन की सुंदरता पर मन की सुंदरता हावी है। यानी जो मन से सुंदर होता है, वही तन से भी सुंदर लगता है। अपने इन दोनों ज्ञान को लेकर मैं बड़ा होता चला गया।

आज भी जब कोई लड़की मुझे सुंदर लगती है तो मैं मन–ही–मन मान बैठता हूँ कि उसका मन भी सुंदर होगा। या फिर किसी का व्यवहार मुझे भाता है तो वो मुझे उसका चेहरा भी सुंदर लगने लगता है।

और मैं जिन महिलाओं को बिगड़ी बात बनाते देखता हूँ, उनके बारे में मेरे मन में धारणा बन जाती है कि वो 'बड़े घर की बेटी' है।

दरअसल रिश्तों को जोड़ने की कला ही आदमी को बड़ा या छोटा बनाती है।

मैंने तमाम छोटे घर की महिलाओं को घर तोड़ते देखा है। तनहा होते देखा है। बड़े घर की बेटियाँ सचमुच घर जोड़ती हैं।

मेरे प्यारे परिजनों, मेरे ऐसा लिखने पर आप ये कतई न सोचें कि बात अमीरी और गरीबी की है। बात कुलीनता की है, संस्कारों की है।

स्वार्थ रूपी संस्कार का जन्म ही अभाव से शुरू होता है। ये अभाव मन का भी होता है, तन का भी। पर जो इस अभाव से ऊपर है, वो जानता है कि अकेले जीना कोई जीना नहीं होता।

आठवीं कक्षा में पढ़ाई गई इस कहानी को जिसने सिर्फ परीक्षा पास करने के लिए पढ़ा, वो रिश्तों के मर्म को नहीं समझ पाया। लेकिन जिसने परीक्षा से परे जिंदगी को समझने के लिए इसे पढ़ा, उसके लिए तो गुरुमंत्र है ये कहानी।

मैं जानता हूँ कि मेरे परिजनों में सब बड़े घर की बेटियाँ हैं, इसीलिए हम सब आपस में जुड़े हैं, वरना कब के बिखर गए होते।

कई महिलाएँ कह सकती हैं कि घर को जोड़ने का काम पुरुषों का भी तो है, केवल महिलाओं पर सारी जिम्मेदारी क्यों? बिल्कुल सही। आप बेटियों को बेटा भी पढ़ सकते हैं।

आज के संदर्भ में मैं इतना ही कहूँगा कि जो रिश्तों को जोड़ना जानते हैं, वो ही बड़े घर के होते हैं।

फिर भी ये कहने में मुझे झिझक नहीं कि परिवार का संचालन तो महिला ही कर सकती है, पुरुष तो 'पगलू' होते हैं। बीवी ने दो आँसू क्या गिराए, भाई को छोड़ने को तैयार।

□

12 अप्रैल

पिताजी कभी-कभी कमरे में टहलने लगते और जोर-जोर से गुनगुनाते, "श्री कृष्ण गोविंद, हरे मुरारी, हे नाथ नारायण वासुदेव!"

जब पिताजी ये वाला मंत्र जाप करते तो हम समझ जाते कि हमसे कोई गलती हुई है और पिताजी को बुरा लगा है। लेकिन वो हम पर गुस्सा करने की जगह कमरे में टहलना शुरू कर देते और अपने भगवान को याद करने लगते—"श्रीकृष्ण गोविंद, हरे मुरारी, हे नाथ नारायण वासुदेव!"

बड़ा होने पर मैंने पिताजी से पूछा कि मैं बचपन से आपको ऐसा करते देख रहा हूँ। आप गुस्सा नहीं करते, बल्कि हरे कृष्ण गोविंद, हरे मुरारी करने लगते हैं। पिताजी मुस्कुराए। कहने लगे कि तुम बच्चों से अगर कोई गलती हो ही जाती है और मुझे बुरा लग भी जाता है तो कोई बात नहीं। लेकिन मुझे ये बात हमेशा कचोटती है कि किसी की गलती पर मुझे इतना गुस्सा क्यों आया। गुस्सा आना तो सबसे बड़ी कमजोरी है। मैं जब ईश्वर को याद करने लगता हूँ तो मैं तुम लोगों पर आए गुस्से से अधिक अपने मन में उपजने वाले गुस्से के लिए ईश्वर से माफी माँगने लगता हूँ।

मैंने पिताजी से कहा कि गुस्सा आना तो स्वाभाविक है। क्रोध मनुष्य के मूल व्यवहार का हिस्सा है।

"होगा, लेकिन क्रोध में अपना आपा खो देना, किसी को कुछ भी कह देना, कोई गलत कदम उठा लेना, सामने वाले की गई गलती से बड़ी गलती होती है। और उस गलती से बचने के लिए मैं गुनगुनाने लगता हूँ—श्रीकृष्ण गोविंद, हरे मुरारी, हे नाथ नारायण वासुदेव! इससे मुझे तत्काल फायदा मिलता है। पहली बात तो ये कि अगर गुस्सा क्षणिक है तो अपने आप काफूर हो जाएगा। और नहीं तो मुझे ये सोचने का मौका मिल जाता है कि ऐसी परिस्थिति में क्या करना चाहिए। गुस्से में कभी तुरंत कोई फैसला नहीं लेना चाहिए।"

मैंने कहा कि ये तो बहुत मुश्किल है कि आदमी को गुस्सा आए और वो अपनी प्रतिक्रिया जताने की जगह प्रभु को याद करने बैठ जाए।

पिताजी कहते, जब समुद्र मंथन हुआ था, तब उसमें से हालाहल विष भी निकला था। अब सवाल ये उठा कि विष कौन लेगा। जब ये विष चारों दिशाओं में उड़ने लगा तो सारे देवता भगवान शिव के पास पहुँचे और रक्षा की गुहार लगाने लगे।

शंकर भगवान ने उन्हें भरोसा दिया, ''आप परेशान न हों, मैं उसका सेवन कर लूँगा।''

माँ पार्वती शंकरजी के इस फैसले पर हैरान रह गईं।

''नाथ! आप विषपान करेंगे? फिर मेरा क्या होगा?''

''देवी! जिस तरह आपने मुझे नाथ कहा है, उसी तरह इन सब का भी मुझ पर भरोसा है। इन्हें भरोसा है कि जब ये मुसीबत में होंगे तो मैं इनकी रक्षा करूँगा। और सबसे बड़ी बात ये कि जिस तरह ये विष ब्रह्मांड में फैल रहा है, उसमें तो कोई भी सुरक्षित नहीं रहेगा। ऐसे में मुझे विषपान करना ही पड़ेगा।''

''लेकिन प्रभु आप ही क्यों?''

''देवी अगर हर कोई यही सोचने लगे कि मैं ही क्यों, तब तो हो चुका जगत का कल्याण। अगर इसे इस तरह सोचें कि मैं ही क्यों नहीं, तो आज इन तमाम देवताओं में से कोई-न-कोई ये कर ही लेता और मेरे पास आने की जरूरत ही नहीं पड़ती। खैर...''

और शिव ने तीक्ष्ण हालाहल विष का पान कर लिया। पर न तो वो उस विष को पेट में ले गए, न मुँह में रखा। विष उनके कंठ में रह गया जिससे उनका कंठ नीला पड़ गया।

''ओह! इसीलिए उन्हें नीलकंठ भी कहते हैं। अच्छा पिताजी इस कहानी का अर्थ क्या है?''

''बेटा, हर कहानी का एक अर्थ होता है। हमारी जितनी पौराणिक कहानियाँ हैं, वो चाहे सच न भी हों, लेकिन हर कहानी के पीछे अपना एक संदर्भ होता है। जिस तरह तुम फिजिक्स, कैमेस्ट्री और गणित पढ़ते हो, उसी तरह हमारी ये धार्मिक कहानियाँ हैं। मुश्किल ये है कि इन कहानियों को पढ़ने और पढ़ाने वाले उसके मूल भाव को

समझ और समझा नहीं पाते। अगर ऐसा कर पाते तो तुम्हारे बहुत से सवालों के जवाब तुम्हें वहीं से मिल जाते। जैसे भगवान शंकर ने विष पी लिया, इसका मतलब तुम चाहो तो इस तरह भी लगा सकते हो कि समाज में जो समर्थ होता है, उसे मुश्किल घड़ी में उस मुसीबत को अपने ऊपर लेना चाहिए। यही गुण होता है एक समर्थ व्यक्ति का। यही कर्तव्य होता है मुखिया होने का।

''और उसे कंठ में रोक लेने के पीछे का अर्थ?''

''दुनिया में किसी बुराई को आत्मसात नहीं करना चाहिए। शंकरजी अगर उस विष को मुँह में रखते तो वातावरण विषाक्त बनता। पेट में सहेजते तो खुद मुश्किल में पड़ जाते। उसे कंठ में रखकर उन्होंने संपूर्ण ब्रह्मांड की और खुद की रक्षा की। ठीक वैसे ही जैसे कर्कश वाणी कोई मुँह में रखे तो अपने आसपास का माहौल जहरीला बना देता है और उसके मन में रह जाती है तो खुद को जला लेता है। उसे कंठ में रख लेना एक योग के समान है, जिसे न तुमने अंदर लिया न बाहर किया। दोनों बच गए।''

''ओह! इसका मतलब हुआ कि जब आपको हम पर गुस्सा आता है तो पहले आप श्रीकृष्ण गोविंद, हरे मुरारी कहकर अपने गुस्से पर नियंत्रण करते हैं।''

''हाँ। मैं जब तक खुद के गुस्से को नहीं नियंत्रित कर लूँगा, तुम्हें कैसे समझाऊँगा कि तुम्हें क्या करना चाहिए, क्या नहीं। गलती पर गुस्सा करना आग में घी डालने की तरह होता है। जब मैं सारी परिस्थिति समझ लेता हूँ, अपने गुस्से को नियंत्रित कर लेता हूँ, फिर मैं कुछ सही समझा पाने की स्थिति में होता हूँ।''

''बहुत मुश्किल है, पिताजी। ऐसा कर पाना आसान नहीं है। हमें तो जब गुस्सा आता है, वहीं-का-वहीं निकाल देते हैं।''

''लेकिन ये उचित नहीं है। इससे तुम खुद परेशानी में पड़ते हो। अपने आप को जलाते हो। अपने दुश्मन बनाते हो। अच्छे रिश्तों को खो देते हो। ऐसा करो, अगर तुम्हें किसी बात पर गुस्सा आए तो तुम एक से लेकर दस तक की गिनती गिनने लगो। गिनती गिनने के बाद फिर गुस्सा करो।''

मैंने कई बार इस गिनती फार्मूले का इस्तेमाल किया है। सचमुच बहुत आराम मिलता है।

□

13 अप्रैल

आज मैं पोस्ट नहीं लिख रहा। आज मैं आपबीती लिख रहा हूँ। आज मैं फिलॉसिफी लिख रहा हूँ। आज मैं अपने गुज़र गए कल पर अफसोस मना रहा हूँ। आज मैं वो सब कर रहा हूँ जो मैं एक दिन और करूँगा। आज मैं जो कर रहा हूँ, मैं नहीं चाहता कि आप करें, इसलिए अपनी आपबीती आपको सुना रहा हूँ।

आमतौर पर छुट्टी वाले दिन मैं कोशिश करता हूँ कि घर पर रहूँ। टी.वी. देखूँ, दो-तीन अखबार ज्यादा पढ़ूँ और कई बार चाय पिऊँ। मैं सामान्य तौर पर किसी के घर नहीं जाता। सामाजिक तौर पर मैं सबसे फोन पर बातें कर लेता हूँ, लेकिन आना-जाना कर पाना मुझे मुश्किल काम लगता है। ऐसे में रविवार की मेरी दिनचर्या बहुत तय जैसी होती है। सुबह उठकर फेसबुक पर लिखना। मौका मिला तो अपने अपार्टमेंट कॉम्प्लेक्स में ही चार चक्कर लगा कर खुद को स्वस्थ महसूस कराना। मैं अपनी सोसाइटी की प्रबंध समिति में सचिव भी हूँ, तो चलते-फिरते लोगों की समस्याओं को सुन लेना। फिर घर आकर चाय और दुबारा फेसबुक।

फिर कहीं न जाने की स्थिति में भी मैं नहा-धोकर एकदम तैयार हो जाता हूँ, चकाचक। इसके बाद शुरू होता है फोन पर दफ्तर के काम की प्लानिंग का सिलसिला। टी.वी. देखने का सिलिसला। अपनी सोसाइटी की समस्याओं को फोन पर सुनने का सिलसिला।

ये सारे काम मैं खुश होकर करता हूँ।

मुझे नींद कम आती है। मैं कम सोता हूँ। मैं चाहता हूँ कि मैं भी आठ घंटे सोऊँ, लेकिन कभी आठ घंटे की नींद पूरी नहीं कर पाता। आधी रात तक जागा रहता हूँ, और सुबह जल्दी नींद खुल जाती है। ऐसे में नींद मेरे लिए किसी लग्जरी से कम नहीं।

कल नहाकर तैयार होने के बाद सोफे पर बैठकर अखबार पढ़ रहा था कि मुझे नींद आने लगी। मुझे लगा कि मुझे सो जाना चाहिए।

मैंने खुद को सँभाला और बेडरूम में पहुँच गया कि दो घड़ी सो लूँ। लेकिन बेडरूम में आते ही मुझे ध्यान आया कि अगले महीने मुझे अमरीका जाना है, मैंने अभी तक बुकिंग नहीं की है। फिर ध्यान आया कि अगले हफ्ते एक शादी में हैदराबाद भी जाना है, उसकी भी तैयारी नहीं हुई है। अब बड़ा संकट आ गया। पहले अमरीका की बुकिंग कराऊँ या हैदराबाद की तैयारी करूँ। तब तक अचानक याद आया कि गर्मी आने ही वाली है, तो क्यों नहीं घर के सारे एसी की सर्विसिंग के लिए फोन कर दूँ। और तय हुआ कि सबसे पहला काम एसी के लिए फोन करने का करता हूँ। फिर ध्यान आया कि...

फिर ध्यान आता रहा कि ये करना है, वो करना है। एक मैं और पता नहीं क्या-क्या करना है।

ये सब करने की सोच ही रहा था कि दफ्तर से फोन आ गया कि ये वाली खबर आ गई है, इस पर अगर प्रोग्राम बनाना हो तो क्या करना उचित रहेगा।

अब मैं इस उलझन में पड़ गया कि प्रोग्राम कैसे बने।

और धीरे-धीरे सुबह से दोपहर और दोपहर से शाम हो गई। मैं दो घड़ी सोना चाहता था। लेकिन नहीं सो पाया।

मैं जानता हूँ कि मेरे लिए दिन में एक बार सो लेना शायद फिर इतना आसान नहीं होगा।

मैं सोना भूल गया। ये सोचता रह गया कि पहले ये कर लूँ, फिर वो कर लूँ और फिर मैं सो भी लूँगा। लेकिन वो नहीं हुआ जो मैं चाहता था।

मैं जानता हूँ कि ऐसे ही जिंदगी भी कट जाएगी। उस उम्मीद में कि एक दिन मैं जी लूँगा।

आने वाले दिन की तैयारी में मैंने अपना सबसे अनमोल पल गँवा दिया। अब मैं सोच रहा हूँ कि अमरीका का टिकट कभी भी कट सकता है। हैदराबाद की तैयारी कभी भी हो सकती है। एसी की भी सर्विस हो ही जानी है। जो नहीं हुआ वो बस इतना कि एक पल मैंने सोना चाहा और सो नहीं पाया।

आदमी सारी जिंदगी जीने की तैयारी करता रहता है, और उसी तैयारी में जिंदगी खत्म हो जाती है। बहुत पहले मैंने ही लिखा था कि एक आदमी सोने की तैयारी में अपनी पूरी रात गँवा देता है, और जब सोने जाता है तो बाहर मुर्गा कुकड़ू कूँ...कुकड़ू कूँ कर रहा होता है।

कल मैंने वही गलती की।

आप ऐसी गलती मत कीजिएगा। मुर्गा बाँग देने लगे, इससे पहले अपनी इच्छाएँ पूरी कर लीजिए। जीने की तैयारी छोड़कर जीने लगिए।

समय का पल एक ही होता है, और वो होता है वही पल जिसे आप जी रहे होते हैं।

समय की चूक आपसे हो सकती है, मुर्गा तो बाँग समय पर ही देगा।

□

14 अप्रैल

कल मुझे मेरी सोसाइटी का माली मिल गया। उसके हाथों में ढेरों किताबें थीं। दुआ सलाम के बाद उसने मुझसे बीस हजार रुपए बतौर उधार माँगे।

जाहिर है मेरी जिज्ञासा ये जानने में थी कि आखिर अचानक इतने रुपयों की उसे क्या जरूरत आ पड़ी। मैंने यूँ ही पूछ लिया तो उसने बताया कि उसका बेटा पाँचवीं से छठी कक्षा में गया है और स्कूल वाले कह रहे हैं कि अगली क्लास में जाना, मतलब दुबारा दाखिला।

मैंने पूछा, "स्कूल बदल गया है क्या?"

"नहीं, स्कूल तो वही है। वो पहली कक्षा से वहीं पढ़ रहा है। लेकिन स्कूल वाले कहते हैं कि हर साल दुबारा एडमिशन चार्ज लगेगा। हर साल यूनीफॉर्म लेनी होगी, हर साल किताबें खरीदनी होंगी। इतना सब होने के बाद हर महीने की जो फीस है, वो तो देनी ही है।"

मैं जानता हूँ कि हमारी सोसाइटी के पौधों को रोज खाद-पानी देने वाले माली की माली हालत ऐसी नहीं कि वो इस तरह अचानक आए खर्च को भुगत सके। ये भी जानता हूँ कि मुहल्ले के सरकारी स्कूलों पर जैसे मुझे भरोसा नहीं, उसी तरह उसे भी भरोसा नहीं। उसे भी अंग्रेजी स्कूल में बच्चे को पढ़ा कर बाबू बनाना है। और उसकी इसी चाहत का फायदा कुकुरमुत्ते की तरह गली-मुहल्ले में उग आए अंग्रेजी स्कूल वाले उठा रहे हैं।

माली के हाथ में किताबें थीं। मैंने पूछा, इन किताबों को खरीद कर ला रहे हो क्या?

उसने बहुत रूआँसा होकर कहा, "सर, इन्हें बेचने जा रहा हूँ। पिछले साल की किताबें हैं। हज़ार रुपए में खरीदी थी, सौ रुपए में रद्दी वाला लेगा।"

"रद्दी वाला?"

"जी, अब नए साल की नई किताबें खरीदनी हैं।"

मुझे अचानक याद आया कि जिन दिनों मैं अमरीका में था, मेरा बेटा वहाँ के स्कूल में पाँचवीं कक्षा में पढ़ रहा था, एडमिशन के साथ ही स्कूल की लाइब्रेरी से उसे सारी किताबें मिल गई थीं। और जब वो पाँचवीं से छठी में गया, तो पुरानी क्लास की किताबें वापस लाइब्रेरी में चली गईं और नई किताबें उसे दे दी गईं। वहाँ के स्कूल में बच्चों की किताबें स्कूल में ही उनकी आलमारी में रखी रहती थीं, बच्चे सिर्फ कॉपी, पेंसिल लेकर स्कूल जाया करते थे। स्कूल में साल-दर-साल उन्हीं किताबों के सेट से सभी बच्चों को पढ़ाने का काम होता है।

माली जब मुझसे कह रहा था कि यहाँ हर साल सभी बच्चों को नई किताबें खरीदनी होती हैं, तो मुझे ये भी याद आया कि अमरीका दुनिया का सबसे अमीर देश है और भारत बहुत गरीब देश है। अमीर देश साल दर साल बच्चों से किताब नहीं खरीदवाता। हम साल दर साल हर बच्चे से एक ही किताब खरीदवाते हैं और पुरानी किताबें रद्दी वाले को बेच देते हैं। हम चीख-चीखकर पर्यावरण बचाने की बातें करते हैं, पेड़ नहीं काटने की दुहाई देते हैं, पर हर साल पुरानी किताबें सँभाल कर उन्हें ही नहीं पढ़ा पाते।

आपको एक और बात बताऊँ?

जिन दिनों मुझे अमरीका जाना था, अपने बेटे के स्कूल की प्रिंसिपल से मैं मिलने गया था। उनके कमरे के बाहर कम-से-कम पचास माता-पिता उनसे मिलने के लिए इंतजार कर रहे थे। गर्मी का दिन था। बाहर लोग बेहाल बैठे अपनी बारी का इंतजार कर रहे थे। मुझसे प्रिसिंपल की सेक्रेटरी ने कहा कि मैडम अभी बहुत बिजी हैं, मीटिंग चल रही है। मैं भी बाहर बैठ गया। घंटा भर बीत गया, प्रिंसिपल साहिबा नहीं मिलीं, तो मैं जबरन उनके कमरे में घुस गया। वहाँ वो अपनी एक सहेली के साथ सोफे पर बैठकर एसी की ठंडी-ठंडी हवा के बीच आराम से गरम-गरम कॉफी पी रही थीं। मैंने उनसे पूछा, "लोग बाहर गर्मी में आपका इंतजार कर रहे हैं और ये आपकी मीटिंग चल रही है?"

इस पर वो नाराज हो गईं।

मैं अमरीका के उस स्कूल में दाखिले के लिए यूँ ही लोगों से पूछता-पूछता अपने बेटे के साथ पहुँच गया था। वहाँ मैंने प्रिंसिपल से मिलने की इच्छा जताई। कुल मिला कर

दो मिनट के बाद प्रिंसिपल मेरे सामने थीं। मैंने दाखिले की बात की तो उन्होंने मुस्कुराते हुए कहा, ''क्यों नहीं? ज़रूर। आप कल सुबह आ जाइए।''

ऐसे ही लिखते-लिखते मुझे याद आया कि हमारी परंपराएँ तो महान हैं, अमरीका के लोग तो संस्कारहीन हैं।

फिलहाल मेरी इन कोरी भावनाओं से कुछ नहीं होने वाला। माली को बीस हजार चाहिए थे, उसका जुगाड़ किया और चल पड़ा अपने दफ्तर की ओर।

□

15 अप्रैल

एप्पल कंप्यूटर, आईफोन, आईपैड और आईपॉड जैसे खिलौने पूरी दुनिया को देने वाले स्टीव जॉब्स अपने कॉलेज के दिनों में जब पहली बार यूँ ही भारत भ्रमण पर आए थे तो यहाँ के अध्यात्म को अपने साथ ले गए थे।

संचार और मनोरंजन के वो तमाम खिलौने, जिनसे पूरी दुनिया भविष्य में खेलने वाली थी, वो जिन दिनों स्टीव जॉब्स के दिल और दिमाग में आकार ले रहे थे, उस दौरान स्टीव एक दिन के लिए भी भारत के गौरवपूर्ण अध्यात्म को नहीं भूले। वो ध्यान किया करते थे और ईश्वर में उनकी अगाध आस्था थी। और कैंसर होने के बाद तो स्टीव करीब-करीब हर साल चुपचाप भारत आते और तन-मन की शांति के लिए प्रार्थना करते।

स्टीव जिन दिनों पहली बार भारत आए थे, पूरा अमरीका हिप्पी संस्कृति से जूझ रहा था। खुद स्टीव लंबे बाल और लंबी दाढ़ी के बीच एक ऊबे हुए इंसान की तरह बहुत समय तक भटकते रहे। लेकिन भारत आने के बाद उन्हें पहली बार अहसास हुआ कि इस संसार के परे भी एक संसार है। और अपने इसी अहसास को वो आखिरी दिनों तक जीते रहे।

गीता के कर्मयोग को उन्होंने दिल से आत्मसात किया और जो लोग स्टीव के बारे में ठीक से जानते हैं, जिन्होंने उनके विषय में पढ़ा है, उन्हें पता है कि पूरे संसार को एप्पल नामक इलेक्ट्रॉनिक खिलौने देने वाला ये शख्स दरअसल कर्मयोगी ही था। जिन दिनों आईपॉड नामक संगीत का छोटा सा और बेहद खूबसूरत खिलौना अमरीका में आकार ले रहा था, उन दिनों मैं अमरीका में ही था, और मैं खुद उस जश्न का हिस्सेदार रहा हूँ। मैंने अपनी आँखों से एप्पल के छोटे से पौधे को विशाल वृक्ष बनते देखा है और देखा है स्टीव जॉब्स को पूरब की संस्कृति को पश्चिम में पूजते हुए।

पश्चिम के जो लोग भारत आते हैं और यहाँ की संस्कृति से प्रभावित होते हैं, वो एक

बार में ही उसे आत्मसात कर लेते हैं। यहाँ के ध्यान और ज्ञान का संपूर्ण संसार में डंका बजता है। गीता के श्लोक उनके कानों में गूँजते हैं। अमरीका में तमाम लोग हरे रामा, हरे कृष्णा की धुन जब झूमते हैं, तो लगता है कि सचमुच भारत के पास कितना कुछ है पूरी दुनिया को देने के लिए। यहाँ के मंदिर वहाँ भी हैं। यहाँ के लंगर वहाँ भी लगते हैं। जीवन के बाद भी जीवन है, इसे वो भी समझते हैं।

इतनी कहानी सुनाने के पीछे आज मेरा मकसद सिर्फ इतना बताना है कि जिन्हें सीखना होता है, जिन्हें समझना होता है, वो एक बार में सीख और समझ जाते हैं। स्टीव जॉब्स का नाम तो मैंने सिर्फ उदाहरण के लिए लिखा है कि एक बार की अपनी भारत यात्रा में उन्होंने ये समझ लिया कि आत्मा और परमात्मा हैं।

हमारे हुक्मरान भी विदेश जाते हैं। न जाने कितनी बार जाते हैं। हम वहाँ के अनुशासन, वहाँ की भौतिक सुविधाएँ और वहाँ के विकास को सीखने जाते हैं। हम वहाँ की शिक्षा, ट्रैफिक सिस्टम, नाली व्यवस्था, शौच के इंतजाम, आम आदमी की जिंदगी के मोल आदि को हजार बार देखकर आते हैं। लेकिन किसी चीज को आत्मसात नहीं करते।

विदेशी लोग जब भारत आते हैं तो यहाँ की अच्छी चीजों को मन में बसा कर ले जाते हैं। उसे जीवन में उतारते हैं। हम वहाँ देखकर "ऊई माँ, ऐसा भी होता है!" करते हुए दाँतों तले उँगलियाँ दबाते हैं और यहाँ आकर सब भूल जाते हैं। पहले तो जब टी.वी. और अखबार उतने नहीं थे तो आपको पता भी नहीं चलता था कि किस तरह गली-मुहल्ले के नेता भी आपके पैसों पर हर साल, हर महीने अमरीका और इंग्लैंड जाते हैं तरह-तरह की विद्याएँ सीखने। संविधान बनाने से लेकर शौचालय बनाने की पढ़ाई हमने विदेश जाकर की है। हम वहाँ देखकर आते हैं कि कैसे सामान्य जन-जीवन रोज की तकलीफों से नहीं गुजरता। कैसे वहाँ की सड़कें सचमुच चमचमाती हैं।

ढेरों चीजें हैं वहाँ सीखने के लिए। वहाँ से लाने के लिए। ढेरों चीजें सीखने के लिए हमारे नेता लोग वहाँ जाते हैं।

और आते हैं तो आपको क्या मिलता है?

असल में किसी भी चीज को सीखने के लिए सबसे बड़ी चीज होती है ईमानदार चाहत। कहने की दरकार नहीं कि हमारे यहाँ के हुक्मरानों में उसकी पर्याप्त कमी है। हमारे यहाँ के लोग विदेश जाने को घूमने-फिरने और समय काटने का शानदार जरिया

मानते हैं। और रही बात नहीं सीखने की, तो स्कूल-कॉलेज जाने वाले तमाम विद्यार्थी ज्ञानी भी हो जाएँ, जरूरी तो नहीं।

खैर, आज मेरे छोटे भाई का जन्मदिन है। करीब चालीस साल पहले मेरा भाई इस संसार में आया था, और दो साल पहले चला गया।

आज मैं उसकी चर्चा सिर्फ इतने के लिए कर रहा हूँ कि जब वो इस संसार में आया था, तो मैंने सीखा था कि आदमी जब इस दुनिया में आता है तो ढेरों खुशियाँ साथ लाता है। जब तक वो रहा, मैंने खुद को खुशियों में सराबोर पाया।

फिर दो साल पहले ऐसे ही अप्रैल के एक दिन वो अचानक बिना किसी पूर्व सूचना के चला गया, तो मैंने सीखा कि जो आता है, वो चला भी जाता है। जब वो जाता है, तो उसके पीछे रह जाती हैं बहुत उदास यादें।

अपनी उदास यादों से मैंने सीख लिया कि संसार की हर कहानी का परम सत्य इतना ही है कि आदमी आता है, आदमी चला जाता है। उसके आने-जाने के बीच में कुछ कहानियाँ होती हैं, जिसे जीना कहते हैं। यह हम पर निर्भर करता है कि अपने आने और चले जाने के बीच कैसी कहानी लिखना चाहते हैं।

सीखने वाले तो कुरूक्षेत्र में युद्ध के मैदान में खड़े होकर भी सीख लेते हैं। नहीं सीखने वाले हस्तिनापुर की गद्दी पर बैठकर भी नहीं सीखते।

□

16 अप्रैल

मेरी बुआ ने ये कहानी मुझे सुनाई थी। डेल कारनेगी ने पढ़ाई थी। माँ ने अमल करना सिखाया था। पत्नी इस पर अमल कराती है।

अब इतना लिख दिया तो वो कहानी फ़िर से आपको सुना ही दूँ, जिसे आप कम-से-कम एक हजार बार सुन चुके होंगे। सौ बार पढ़ चुके होंगे। आपकी माँ ने भी दस बार आपको अमल करना सिखाया होगा।

लेकिन न आप इस पर अमल कर पाए और न मैं।

हाँ, तो गाँव में एक लड़की थी। उसका नाम था चिंता। चिंता बहुत ज़हीन, समझदार, सुलझी हुई और खूबसूरत लड़की थी। सारे गाँव की शान थी वो। गाँव के लोग चिंता को दिल में बसा कर रखते थे।

एक दिन वही चिंता गाँव के कुएँ पर बैठकर फूट-फूटकर रोने लगी।

जब बुआ मुझे ये कहानी सुना रही होती थीं, तो मेरे सामने बड़ी-बड़ी आँखों वाली दुबली सी लड़की की तस्वीर बन जाती थी। बचपन में दादी-नानी-बुआ-माँ की कहानियों के पात्र सबकी आँखों के पीछे सजीव हो उठते होंगे, ऐसा मुझे लगता है। ऐसे में बुआ जब चिंता की चर्चा करतीं, तो उसकी एक सलोनी सी तस्वीर आँखों के आगे अपने आप उभर आती।

बुआ कहतीं, ''चिंता कुएँ पर बैठकर रो रही थी।''

मैं पूछता, ''बुआ, क्या गाँव में कोई नहीं था, जो उसके आँसू पोंछ देता?''

बुआ रुकतीं। कहतीं, ''पगले, कोई आँसू तो तब पोंछे न, जब पता चले कि रोने की वजह क्या है।''

"हाए! इतनी सुंदर लड़की रो रही है, और गाँव वालों को रोने की वजह ही नहीं पता?"

"बेटा, तुम सवाल बहुत करते हो। पहले पूरी कहानी सुनो। फिर कुछ पूछना।"

"ठीक है, बुआ। अब आप कहानी सुनाइए।"

तो, चिंता रो रही थी। फूट-फूटकर रो रही थी।

चिंता की सहेलियाँ, चिंता के घर वाले, सब वहाँ आ गए।

सबने पूछा, "क्यों रो रही हो, चिंता?"

"बुआ, चिंता को चुप कराने वालों में संजू भी था क्या?"

"अबकी तुमने मुझे टोका तो कहानी नहीं सुनाऊँगी।"

"अच्छा, अब चुप रहूँगा।"

"सारा गाँव जुट गया। लेकिन चिंता का रोना खत्म नहीं हुआ। वो रोए जाए, रोए जाए।"

"बुआ, कब तक रोएगी चिंता?"

"बेटा, एक मिनट में कहानी खत्म कर दूँगी तो फिर तुम्हें नींद नहीं आएगी और नींद नहीं आएगी तो तुम मुझसे एक और कहानी सुनाने की जिद करोगे। इसलिए अभी चिंता को रोने दो। थोड़ी देर रोएगी और चुप हो जाएगी।"

"नहीं बुआ, चिंता तो चुप ही नहीं हो रही। उसे चुप तो कराओ।"

"अच्छा, तो सुनो। चिंता को रोते देख जब सभी लोग वहाँ जुट गए और फिर माँ ने बहुत प्यार से उसे पुचकारते हुए पूछा कि चिंता बेटी, तुम क्यों रो रही हो? क्या किसी ने तुमसे कुछ कह दिया? क्या तुम्हें भूख लगी है? क्या तुम्हें चोट लग गई है?"

"चिंता ने सुबकते हुए कहा, नहीं माँ कुछ नहीं हुआ है। आज इस कुएँ के पास आकर मैं बैठी तो यूँ ही मुझे ख्याल आया कि जब मैं बड़ी हो जाऊँगी, तब मेरी शादी हो जाएगी।"

"ओह! मेरी बेटी, तुम शादी के विषय में सोच कर रो रही हो? अभी तो बहुत दिन है बेटी तुम्हारी शादी में।"

"नहीं माँ, मैं शादी के विषय में नहीं सोच रही। मैं तो सोच रही हूँ कि जब मेरी शादी होगी, मैं अपने ससुराल चली जाऊँगी, फिर मेरा बच्चा होगा और अपने बच्चे के साथ जब मैं तुम लोगों से मिलने गाँव आऊँगी, तब मेरा बेटा यहाँ गेंद खेल रहा होगा, गेंद इस कुएँ में गिर जाएगी, और मेरा बच्चा कुएँ में झाँकेगा, गेंद निकालने की कोशिश करेगा और इस कोशिश में अगर वो कुएँ में गिर गया तो मैं क्या करूँगी। माँ, मैं इसी चिंता में घुली जा रही हूँ कि मेरा बच्चा इस कुएँ में गिर गया तो मैं क्या करूँगी?"

सबके सब हँसने लगे।

लेकिन चिंता और ज़ोर-ज़ोर से रोने लगी।

जब पहली बार मैंने ये कहानी सुनी थी तब मैं भी इसी सोच में था कि चिंता की चिंता तो जायज ही थी, फिर लोग हँस क्यों रहे थे।

फिर बड़ा हुआ तो मशहूर लेखक डेल कारनेगी की पुस्तक, 'चिंता छोड़ो सुख से जियो', मैंने भी पढ़ ली। पर मेरे मन से चिंता की चिंता खत्म नहीं हुई।

फिर माँ ने भी समझाया कि चिंता नहीं करनी चाहिए। जो बहुत चिंता करते हैं, वो दुःखी रहते हैं। मैं मन में सोचता कि माँ को कैसे पता कि मेरे मन में चिंता की चिंता है। माँ के कहने के बाद भी मेरे कानों में रात को चिंता के रोने की आवाजे आती। चिंता की चिंता तब भी खत्म नहीं हुई।

फिर शादी हुई तो पत्नी ने कहा कि कुछ भी होगा तो कुछ नहीं होगा। चिंता छोड़ो, मस्ती से जियो।

लो जी, पत्नी को भी चिंता की चिंता के बारे में पता चल गया।

और बड़ा होता गया तो ये समझने लगा कि चिंता की चिंता सचमुच व्यर्थ होती है।

पर मेरे समझने से क्या फायदा। समझते तो सब हैं, लेकिन सभी मन-ही-मन चिंता की चिंता से परेशान हैं। लेकिन इधर कुछ दिनों से पता नहीं क्यों मैंने चिंता की चिंता छोड़ दी है। बड़ा आराम है। मुझे आराम है, इसीलिए मैं आपसे भी गुहार लगा रहा हूँ कि आप भी चिंता छोड़िए। जो होगा, सो होगा। मस्त रहिए। कुछ भी होगा तो आसमान जमीन पर नहीं गिरेगा।

□

17 अप्रैल

रावण हँस रहा था। खुशी के मारे उछल-उछलकर हँस रहा था।

"सीता, तुम्हें बहुत घमंड था न अपने राम पर। तुम इतराती थी न अपने देवर लक्ष्मण की शक्ति पर! जाओ, खुद अपनी आँखों से देखो। देखो कैसे तुम्हारे पति राम और तुम्हारा देवर लक्ष्मण, दोनों हमारे पुत्र इंद्रजीत के हाथों मारे गए। हमारे पुत्र ने उन्हें सर्पबाणों से भेद दिया है। सुनो त्रिजटा, तुम मेरे पुष्पक विमान में सीता को बिठाकर युद्ध स्थल तक ले जाओ। उसे खुद अपनी आँखों से देखने दो, राम और लक्ष्मण के मृत शरीर को। उसे मेरी बातों का यकीन नहीं। लेकिन जब अपनी आँखों से वो उनके मृत शरीर देखेगी, तो उसे मेरी बातों पर भरोसा होगा। वो यकीन कर पाएगी कि रावण की शक्ति के आगे कोई कुछ नहीं। जाओ त्रिजटा, जल्दी जाओ। जिसके भरोसे और गर्व में भरकर उसने कभी मेरी ओर देखा तक नहीं, उसे उसके पति और देवर का शव दिखाकर लाओ। मैं अधीर हूँ उसके टूटे हुए भरोसे को देखने के लिए। मैं अधीर हूँ कि ये सीता कब मेरी सेवा में उपस्थित हो।"

रावण के आदेश पर त्रिजटा ने सीता को पुष्पक विमान में बिठाया और अशोक वाटिका से ले उड़ी सीधे युद्ध स्थल तक। ऊपर आसमान से सीता ने देखा कि चारों ओर मुर्दनी छाई है। हर ओर शोक-ही-शोक है। राम और लक्ष्मण दोनों सर्प बाणों में बँध कर जमीन पर पड़े हुए हैं। सीता ने दोनों को देखा और बिलख उठी।

"हे त्रिजटा! क्या सचमुच राम और लक्ष्मण दोनों इंद्रजीत के हाथों मारे गए? मुझे यकीन नहीं होता त्रिजटा। मेरे पति और देवर से बलशाली इस ब्रह्मांड में कोई और हो सकता है? मेरी आँखें जो देख रही हैं, उन पर मेरा दिल यकीन करने के लिए राजी नहीं। मन नहीं मानता कि सचमुच ऐसा हो गया है। तुम कुछ कहो, त्रिजटा। तुम ही कुछ कहो। क्या सचमुच रावण इतना बलशाली है, क्या उसका पुत्र इंद्रजीत इतना बलशाली है कि राम और लक्ष्मण दोनों...?"

त्रिजटा मुस्कुराई। ''देवी सीता, आप के प्यार में इतना तप है कि आपको किसी के कहे और अपनी आँखों से देखे की जगह सिर्फ अपने प्यार और तप पर भरोसा करना चाहिए। आपको किसी के कहे की जगह सिर्फ अपने दिल की आवाज सुननी चाहिए। आपको सिर्फ और सिर्फ अपने सोचे हुए पर भरोसा करना चाहिए। ये सच है कि राम और लक्ष्मण दोनों के शरीर यहाँ मूर्छित अवस्था में पड़े हैं। ये सही है कि अंगद के हमलों से आहत होकर इंद्रजीत ने सर्पबाण से इन पर हमला कर दिया था। लेकिन दोनों सिर्फ मूर्छित हैं। मरे नहीं। अपने अहंकार में इंद्रजीत ने मान लिया कि प्रभु राम और उनके छोटे भाई लक्ष्मण दोनों उसके बाणों से बिंध कर मारे गए। और उसने ये खबर रावण के पास भिजवा दी कि दोनों मारे गए। रावण ने भी अपने अहंकार में मान लिया कि राम और लक्ष्मण मारे गए। फिर भी रावण आपकी आँखों में आपकी पवित्रता और आपकी तपस्या की ऊर्जा को देखने की हिम्मत नहीं जुटा सका।''

''लेकिन त्रिजटा, तुम इतने विश्वास के साथ कैसे कह सकती हो कि ये दोनों सिर्फ नागपाश में मूर्छित हैं?''

''देवी! आपकी निष्ठा और आपके प्यार में इतनी ताकत है कि इन दोनों को कुछ हो ही नहीं सकता। और सुनिए देवी, ये आपका मन है, जो जानता है कि सचमुच अगर राम न रहे होते तो आपके दिल से जो वेदना निकलती उसके बाद ये पुष्पक विमान उड़ ही नहीं सकता था। इस विमान का उड़ना ही इस बात का संकेत है कि दोनों सुरक्षित हैं। इससे बड़ा और क्या प्रमाण चाहिए, देवी! रावण के कहे पर और अपनी आँखों के देखे पर भरोसा मत कीजिए। भरोसा अपने अंतर्मन पर कीजिए। भरोसा पुष्पक विमान के आसमान में उड़ रहे पंखों पर कीजिए। देवी सीता, जिस दिन रावण या रावण जैसों के हाथों राम मारे जाएँगे, पृथ्वी अपनी धुरी पर घूमना बंद कर देगी, सूरज चमकना छोड़ देगा। पक्षी चहचहाना भूल जाएँगे। ये पुष्पक विमान उड़ना छोड़ देगा। मेरा यकीन कीजिए, सीता। अभी महा तेजस्वी पक्षीराज गरुड़ आएँगे और आपके पति और देवर दोनों सर्पों के बंधन से मुक्त होकर खड़े हो जाएँगे। देवताओं ने निश्चित गरुड़जी से अनुरोध किया होगा। ये तुच्छ सर्प सिर्फ उनके आने की आहट भर से यहाँ से भाग खड़े होंगे। फिर युद्ध होगा। बुराई को हारना होगा। अच्छाई को जीतना होगा। और जब ये सब होगा, तभी तो कई हजार वर्षों के बाद संजय सिन्हा अपने फेसबुक परिजनों को ये कहानी सुना पाएँगे। अपने धैर्य को बनाए रखिए। जब तक धैर्य है, तब तक सबकुछ है।''

"तुम सही कर रही हो, त्रिजटा। मैंने अभी-अभी यहीं से राम और लक्ष्मण के दिलों की धड़कनों को महसूस किया है। तुम सही कह रही हो, त्रिजटा, कि चाहे आदमी सबकुछ हार जाए, उसे भरोसा नहीं हारना चाहिए। जब तक भरोसा है, तब तक उम्मीद है। जब तक उम्मीद है, तभी तक जिंदगी है। मुझे अफसोस है कि मैंने एक पल के लाखवें हिस्से में भी अपने राम और लक्ष्मण की शक्ति पर संदेह किया। अपने भरोसे पर संदेह किया। मुझे अफसोस है कि मैंने रावण के कहे को सुना भी!"

हमें वो बातें सुननी ही नहीं चाहिए, जो मन के भरोसे को तोड़ने वाली हों। हमें तो हर हाल में अपने मन की आवाज ही सुननी चाहिए। हमें अपने पर भरोसा करना चाहिए।

हमें इस बात पर यकीन रखना चाहिए कि जिन्हें अपने भरोसे पर भरोसा होता है, उनके राम मरा नहीं करते।

□

22 अप्रैल

बहुत साल पहले गाँव के मुकुंद चाचा की शादी में गया था। पूरा गाँव नाच रहा था। पूरा गाँव क्या, मैं भी नाच रहा था।

पूरा गाँव सज-धजकर बराती बनकर उस गाँव से दूसरे गाँव गया था। दूसरे गाँव वालों ने बरातियों का स्वागत नमकीन, भुजिया और नींबू के शरबत से किया था। फिर शादी हुई और सुबह लड़की विदा हुई। पूरा गाँव रो रहा था। पूरा गाँव क्या, दोनों गाँव के लोग रो रहे थे। मैं भी रो रहा था।

मैं कई शादियों में गया हूँ। उन शादियों में भी गया हूँ, जहाँ कोल्ड ड्रिंक पीने को लेकर लड़के वाले और लड़की वालों में चिकचिक हो जाती है। उन शादियों में भी गया हूँ, जहाँ नॉनवेज खाने पर लोग इस तरह टूट पड़ते हैं, जैसे आज ही संसार से मुर्गी और मछलियों की आबादी सदा के लिए खत्म हो जाएगी। उन शादियों में भी गया हूँ, जहाँ लोग शर्त लगाकर रसगुल्ले के भगोने तक खा जाने के लिए व्याकुल रहते हैं।

शादी-ब्याह एक सामाजिक रस्म है। ये एक पारिवारिक खुशी का मौका है। शादी में दहेज न हो, जोर-जबरदस्ती न हो, लड़के और लड़की वालों के परिवार के बीच कटुता न हो, देख लेने और दिखा देने की भावना न हो, तो इससे बेहतर कोई दूसरी सामाजिक रस्म हो ही नहीं सकती। और आखिर में, अगर लड़की की विदाई वाला वो मार्मिक सीन भी न हो, तो मुझे किसी की शादी में जाने से परहेज नहीं। लेकिन हिंदुस्तानी शादी इससे बच नहीं पाती, इसलिए मैं ज्यादातर शादियों में जाना टाल देता हूँ।

पर भोपाल में होने वाली इस शादी में जाना मेरे लिए जरूरी हो गया था।

हवाई जहाज से उड़कर अफरा-तफरी में मैं शादी में शिरकत करने, अपनी उपस्थिति

दर्ज कराने पहुँच ही गया। कल शादी थी, कल ही सुबह मैं पहुँच गया।

सुबह होटल में ठहरा, शाम को तैयार होकर शादी में शामिल होने के लिए निकल पड़ा।

बहुत सोचा था कि शादी में ये रिश्तेदार मिलेंगे, वो रिश्तेदार मिलेंगे। लेकिन बहुत से लोग नहीं आ पाए थे। सबके पास कोई-न-कोई व्यस्तता थी। किसी के सिर पर अचानक कोई मीटिंग आ गई थी, किसी के घुटनों में दर्द ने दस्तक दे दी थी। किसी की नौकरी ही बदलने वाली थी, किसी की सास बीमार पड़ गई थी। किसी को टिकट नहीं मिला, किसी को गर्मी में माइग्रेन का अटैक पड़ गया था।

सौ रिश्तेदार, हजार मुश्किलें। जिस लड़के की शादी थी, उसके चाचा का पता नहीं। मामा आ नहीं पाए। मौसा की नौकरी पर बन पड़ी थी। ताऊजी की मीटिंग आ गई थी। बुआ के बच्चों की परीक्षा चल रही थी।

पर मैं पहुँच गया। मैं शादी में पहुँच गया। शाम को होटल से लड़की के घर के लिए बरात निकली। बस तय की गई थी होटल से लड़की के घर तक जाने के लिए। मैं बस में बैठ गया। फुल साइज की बस में कुल जमा दस लोग आए।

बस चल पड़ी। आधे घंटे में लड़की वालों के दरवाजे पर पहुँची। बाहर ढोल वाले, बत्ती वाले मिले। ढम-ढम ढोल बजने लगा। 'आज मेरे यार की शादी है...' की धुन भी बजने लगी। मैं सोचता रहा कि चलो लड़के वाले के रिश्तेदारों के सामने कुछ मुश्किलें आ गई होंगी, लड़की वालों के रिश्तेदार तो जुटे ही होंगे। थोड़ा नाच-गाना हो जाएगा। लेकिन ये क्या?

पाँच लोग बाहर बरातियों के इंतजार में खड़े थे। हमारी उम्मीद बहाल थी। शादी के हॉल में कम-से-कम तीन सौ कुर्सियाँ लगी थीं। मुझे लगा अब लोग आएँगे, अब लोग जुटेंगे। फिर लड़की की माँ ही लड़की को अपने साथ लेकर स्टेज पर पहुँची। जयमाल की रस्म हुई। फोटोग्राफी हुई। कैमरामैन ने इस एंगल से, उस एंगल से तसवीरें उतारीं।

फिर मैंने खाना भी खा लिया। देर रात में फेरे होनी थी, तो मैं वापस होटल चला आया।

सारी रात सोचता रहा।

जिस तरह हम खुद में व्यस्त होते चले जा रहे हैं, जिस तरह हम रिश्तों से दूर होते जा रहे हैं, उसमें वो दिन दूर नहीं जब शादी सामाजिक रस्म नहीं, व्यक्तिगत रस्म भर बनकर रह जाएगी। जिस तरह हम खुद को अकेला करते जा रहे हैं, उसमें वो दिन दूर नहीं जब हमें अपने इस तरह के सामाजिक संबंधों को निभाने के लिए किराए पर लोग जुटाने पड़ेंगे। जिस तरह हम खुदगर्ज बनते जा रहे हैं, वैसे में हॉल में कुर्सियाँ होंगी, पतीले में पुलाव होगा, कड़ाही में जलेबियाँ तली जाती रहेंगी, पर न उन कुर्सियों पर कोई बैठने वाला होगा, न कोई पुलाव और जलेबियाँ खाने वाला।

बहुत पहले पढ़ा था कि आदमी आता अकेला है, जाता अकेला है, लेकिन जब तक संसार में रहता है, वो अपने को समाज में के बीच घिरा पाता है। पर जिस तरह से लोग समाज से कट रहे हैं, जल्दी ही स्कूलों में पढ़ाया जाने लगेगा की बहुत साल पहले आदमी के पास रिश्तों का ताना-बाना हुआ करता था। पहले लोगों के पास माँ-बाप के अलावा दादा, दादी, नाना, नानी, मौसी, बुआ, मामा, फूफा, मौसा, ननद, ननदोई, जीजा, साला, साली जैसे ढेरों रिश्ते हुआ करते थे। लेकिन ये बातें डॉयनासोर युग के कुछ समय बाद की ही हैं। जैसे डॉयनासोर धरती से विलुप्त हो गए, वैसे ही रिश्ते भी विलुप्त हो गए।

मैं तो यही कहूँगा कि चाहे जैसे हो, अपने रिश्तों के बचाए रखिए। नहीं तो मेरा यकीन कीजिए कि आपके पास सारा वैभव होगा, कोई उसे देखने वाला नहीं होगा।

अपने सभी खो रहे रिश्तों को आज ही दस्तक दीजिए। कुछ कहिए, कुछ सुनिए। आदमी एक समाजिक प्राणी होता है, चौथी कक्षा में पढ़े इस पाठ को याद कीजिए। सरकार की जिम्मेदारी काले हिरणों और सफेद बाघों को बचाए रखने की है। रिश्तों को बचाने की जिम्मेदारी तो हमारी और आपकी है।

□

23 अप्रैल

जिसके पाँव में चक्कर हो, वो कहीं-से-कहीं जा सकता है। वो चैन से बैठ ही नहीं सकता। वो सुबह उठकर भोपाल चला जाए, भोपाल से मुंबई चला जाए, मुंबई से हैदराबाद पहुँच जाए, मतलब कुछ भी हो सकता है। यात्रा ही उसकी मंजिल होती है, पड़ाव कहीं नहीं।

गर्मी में हैदराबाद पहुँचने का अर्थ होता है खुद को और झुलसाना। वातानुकूलित होटल, वातानुकूलित कार में मुमकिन है कि आदमी का शरीर झुलसने से बच जाए। लेकिन आदमी किसी ऐसी घटना के बारे में सुन ले, जिसमें तन नहीं, मन झुलसने लगे तो फिर कोई वातानुकूलन यंत्र काम नहीं आता।

अभी मेरी यात्रा का एक पड़ाव हैदराबाद है। बहुत दिनों बाद यहाँ एक जानकार से मिलना हुआ। वो छत्तीसगढ़ की राजधानी रायपुर के एक अस्पताल में अधिकारी हैं। बेचारे को कुछ ही दिन पहले दिल का दौरा पड़ा था और उन्हें अस्पताल में अधिकारी होने के कारण इलाज में काफी सहूलियत मिल गई। उनका हालचाल पूछने के बहाने मैंने यूँ ही उनसे पूछ लिया कि ये प्राइवेट अस्पताल वाले सचमुच मरीजों से लूटपाट करते हैं, या ये सब केवल हम जैसे पत्रकारों के मन से निकली काल्पनिक कहानियाँ हैं।

उन्होंने मेरी ओर गौर से देखा। कहने लगे, "इतने बड़े पत्रकार भी नहीं बन गए हो कि तुम हर सच को समझ ही जाओ। सच तो ये है कि तुम्हारे जैसे सौ पत्रकार रोज चक्कर लगा कर भी पाँच फीसदी सच नहीं जान पाते।"

मेरी आँखें चौड़ी हो गईं।

"क्या कह रहे हैं? इतनी कहानियाँ जो रोज अखबारों में छपती हैं, वो पाँच फीसदी भी नहीं?"

''जी! पाँच फीसदी भी नहीं। अब सुनो। जिस दिन मुझे रायपुर से हैदराबाद के लिए निकलना था, उससे एक रात पहले रात में इमरजेंसी में एक मरीज आया। डॉक्टरों ने मरीज को देखा, मैं भी वहीं था। मरीज की नब्ज थम चुकी थी। मैंने बहुत गौर से डॉक्टर की ओर देखा। मैंने उससे आँखों-ही-आँखों में बातें की और कहा कि ये तो...। अरे चुप रहिए महाराज। इसे अभी इमरजेंसी में भरती करते हैं, फिर आईसीयू में डालेंगे। एक ऑपरेशन की योजना बनाते हैं। सुबह बता देंगे जो सच है...।''

मैं हतप्रभ अपने परिचित की ओर देख रहा था।

''मैं जानता था कि स्ट्रेचर पर हमारे अस्पताल जिसे लाया गया था, वो मुर्दा था। डॉक्टर भी जान चुका था कि उस मुर्दा शरीर को संसार में कोई ताकत दुबारा जिंदा नहीं कर सकती थी। लेकिन अस्पताल का वो अनुभवी डॉक्टर ये भी जान चुका था कि जिस मुर्दा शरीर को अस्पताल तक लाया गया है, उसके रिश्तेदारों की आँखों में उम्मीद के जो चंद कतरे मौजूद हैं, वो अनमोल हैं। उन आँखों के हर कतरे की एक कीमत है। इमरजेंसी, आईसीयू, ऑपरेशन थिएटर हर जगह से कुछ न कुछ मिलेगा। जो मिलेगा उससे मरीज के परिजनों की उम्मीदें बँधी हैं, अस्पताल का पाँच सितारा स्टेटस बँधा है और डॉक्टरों का कमीशन तो बँधा ही है। इतनी रात आया ये शव एक साथ कई लोगों की उम्मीद बनकर आया है। इसे यूँ ज़ाया करना तो प्रोफेशन का अपमान है, उम्मीदों का अपमान है, लक्ष्मी का अपमान है।''

परिचित बोलते जा रहे थे। मेरे रोंगटे खड़े होते जा रहे थे।

''सुबह तक सारे डॉक्टरों ने इधर-से-उधर और उधर-से-इधर खूब समय काटा। मुर्दे के रिश्तेदारों को खूब ढाढ़स बँधाया। रिश्तेदारों को भी पता था कि मर कर कोई जिंदा नहीं होता, लेकिन सफेद कोट पहने और स्टेथेस्कोप लटकाए उस ईश्वर रूपी मनुष्य में अगाथ आस्था उनकी मरी हुई उम्मीदों पर भी ग्लुकोज का पानी चढ़वा लेने को तैयार थीं। ऐसी घड़ी में मरीज मान ही लेता है कि डॉक्टर सचमुच भगवान का दूसरा रूप है, और वो खुद को उसके हाथों सौंप देता है।''

''फिर क्या हुआ? मरीज के साथ हुआ क्या?''

''मरीज? मैंने कब कहा कि उस रात हमारे अस्पताल में मरीज आया था? मैंने तो शुरू में ही कह दिया था कि मुर्दा लाया गया था। तुम पत्रकार भी न भोले होते हो। अपने मन में कहानियाँ गढ़ते रहते हो। पूरी बात सुनने से पहले इमोशनल हो जाते हो। अरे, उस रात मुर्दा हमारे अस्पताल लाया गया था। हमारा अस्पताल रायपुर शहर का

सबसे बड़ा अस्पताल है। बड़ा इसलिए नहीं कि वहाँ के सारे डॉक्टर बहुत बड़े हैं। अस्पताल इस बात से बड़ा होता है कि वहाँ के डॉक्टर कितने अनुभवी हैं, इस सच को समझ पाने में कि किस मरीज के परिजन में दम है मुर्दे को भी जिंदा कराने की कोशिश कर पाने का। किस मरीज के परिजन अपने आँसुओं की कीमत चुकाने को तैयार हैं। यही अनुभव अस्पताल को शहर में बड़ा बनाता है, यही अनुभव अस्पताल को पाँच सितारा तमगा दिलवाता है।तो, उस रात हमने उस मुर्दे को भरती कर लिया। सबकी नाइट ड्यूटी सार्थक रही। सुबह तक जब करीब डेढ़ लाख रुपयों का बिल बन गया, तो अपनी ड्यूटी खत्म करते-करते डॉक्टर ने बता दिया कि सॉरी, हमारी सारी कोशिशें..., सबकुछ तो ईश्वर के हाथ में है..., ओह! सचमुच हमें बहुत अफसोस है।''

मैं सुन्न हो रहा था।

''रिश्तेदार बिलख उठे। मैंने खुद देखा कि एक महिला जो शायद उसकी पत्नी रही होगी, एकदम खामोश हो गई। रात से मैं उसकी आँखों में उम्मीद की जिस झूठी किरण को देख रहा था, वो सुबह होते-होते बुझ गई थी। सारे लोग इधर से उधर दौड़ रहे थे। कोई काउंटर पर पैसे जमा करा रहा था। कोई शव को ले जाने की तैयारी कर रहा था। डॉक्टर मेरी ओर देखकर मुस्कुरा रहा था। उसकी आँखें चमक रही थीं। कह रही थीं कि अगली सुबह अक्षय तृतीया है, कल सोना खरीदने का दिन है। सोना खरीदना शुभ होता है। आज की रात उसी शुभ की तैयारी के नाम।''

अब मैं आगे सुन पाने की स्थिति में नहीं था।

हैदराबाद की झुलसा देने वाली गर्मी मेरे तन का कुछ नहीं बिगाड़ सकती, क्योंकि मैं तो एसी होटल में बैठा हूँ। लेकिन मेरे झुलसते मन को शीतल कर पाने वाला होटल कहाँ है?

आपको पता हो तो बताइएगा।

बहुत परेशान हूँ। ऐसी कहानियाँ मुझे विचलित कर देती हैं। मैं जानता हूँ, आपको भी विचलित करती हैं।

□

26 अप्रैल

"कुछ हिल रहा है। लग रहा है चक्कर आ रहा है। अरे ये देखो ऊपर लटका पंखा भी हिल रहा है। हाँ, हाँ, दीवार पर टँगी फोटो भी हिल रही है। भागो, भूकंप आया है।" हमारे देश में भूकंप का इतना अनुभव सबके पास है। उसके बाद शुरू होता है टी.वी. पर खबरों का खेल। पानी की हिलती हुई बोतल, हिलता हुआ पंखा, भागते हुए लोगों को दिखाने की होड़ मच जाती है। कुछ देर में हमारे पास भूकंप से जुड़ी तसवीरें आने लगती हैं, और हम दिखाने लगते हैं गिरी हुई इमारतें, उसमें फँसे हुए लोग, मलबों में दबे हुए लोग, चीख-पुकार, करुण क्रंदन।

कल नेपाल और भारत में भूकंप से धरती हिली। वही सब हुआ, जिसे मैंने बयाँ किया है।

पंद्रह साल पहले गुजरात में ऐसा ही भूकंप आया था। तब मैं ज़ी न्यूज में रिपोर्टर था। दिल्ली में भी मैंने गुजरात के भूकंप को महसूस किया था और मैंने भी वही सब किया था, जिसकी चर्चा मैंने की है। फिर उसी दिन मैं भूकंप की रिपोर्टिंग करने गुजरात चला गया। वहाँ से मैंने तबाही की बहुत-सी तसवीरें दिल्ली भेजीं। मलबों में दबी लाशों की ढेरों कहानियाँ लिखीं। अपनी पीठ थपथपाई कि मैं सचमुच कितना बड़ा रिपोर्टर हूँ।

फिर मैं वहीं अहमदाबाद में देवकी की लाश से मिला। उसके दो बच्चों की लाशों से भी मिला। अपनी ही पत्नी और दोनों बच्चों की लाशों को नहीं पहचान पाने वाले हितेन भाई शाह से भी मिला। उनसे मिलने के बाद अहमदाबाद के मानसी कॉम्पलेक्स में फँसी और ढेरों लाशों से मिला। एक-एक लाश की कहानी सुनी। कोई सुबह 26 जनवरी की परेड देखने की तैयारी में लगा था, कोई छुट्टी का दिन समझकर देर तक सो रहा था। बहुत से बच्चे अपने-अपने स्कूल जाकर 'सारे जहाँ से अच्छा हिंदुस्तान हमारा' गाने की तैयारी कर रहे थे, और ठीक पौने नौ बजे धरती हिली और चारों ओर

चीख-पुकार मच गई।

अहमदाबाद में उन लाशों की कहानियों को सुनने के बाद पहली बार मुझे अहसास हुआ कि भूकंप जैसी प्राकृतिक आपदा को बतौर पत्रकार रिपोर्ट करने की हमारी ट्रेनिंग कितनी बदसूरत है। मुझे पहली बार अहसास हुआ कि बतौर रिपोर्टर हिंदुस्तान में मौत को हम थ्रिल की तरह देखते हैं, लाशों को सनसनी समझते हैं। हमारे नेता भूख से होने वाली मौत की गिनती भले कम कर दें, ट्रेन दुर्घटना में मरने वालों की संख्या मिटा दें, लेकिन भूकंप जैसी प्राकृतिक आपदा में वो भी चाहते हैं कि गिनती बढ़ जाए। आखिर ये एक प्राकृतिक आपदा है, इसमें होने वाली किसी मौत की जिम्मेदारी उन पर नहीं आती।

ओह! मैं मौत की सनसनी पर लिखने बैठा था, लेकिन मुझे हर पल ये याद रहता है कि पता नहीं क्यों भूकंप, तूफान और दूसरी आपदाओं में कभी कोई नेता नहीं मरता, उनके मकान नहीं गिरते।

हाँ, तो 26 जनवरी, 2001 को गुजरात में आए भूकंप में भी किसी नेता का मकान नहीं गिरा था। कोई बड़ा उद्योगपति भी नहीं मरा। मरे मिडिल क्लास लोग, गरीब लोग। गरीब लोगों ने तो भुज जैसे शहर में अपने मकान खुद बनाए थे, गिर गए। लेकिन अहमदाबाद में जिन मिडिल क्लास लोगों के मकान गिरे, उसे बनाने वाले शहर के उद्योगपति थे। कइयों में नेताओं के पैसे भी लगे थे। मानसी कॉम्प्लेक्स, अक्षर अपार्टमेंट जैसे ढेरों अपार्टमेंट गिर गए थे, लेकिन मजाल जो किसी नेता के मकान में दरार भी पड़ी हो।

खैर, मुझे चर्चा करनी थी अपनी रिपोर्टिंग की। तो, जब मैं भूकंप में मरे लोगों की लाशों से मिला तो मुझे अहसास हुआ कि दरअसल हम पत्रकार सबसे ज्यादा असंवेदनशील हो गए हैं। हम लाशों की कहानी सुना कर लोगों को विचलित करने को अपना धर्म मानने लगे हैं। हम लोगों को डराने को अपनी रिपोर्टिंग मान बैठे हैं।

कल्पना कीजिए कि आप अमरीका में हैं और वहाँ भूकंप आया है। कल्पना कीजिए कि आप जापान में हैं और वहाँ भी भूकंप आया है। आप अखबार के पन्ने पर एक भी लाश की तस्वीर नहीं देखेंगे। आप टी.वी. पर एक भी आदमी के क्रंदन को नहीं सुनेंगे। आप सिर्फ और सिर्फ इतना भर सुनेंगे और समझेंगे कि तबाही की इस घड़ी में अब क्या करें। जिन लोगों ने अपना सबकुछ खो दिया है, उन्हें कैसे ढाढस बँधाएँ। अपने बच्चों को कैसे समझाएँ कि तबाही की इस घड़ी में उन्हें क्या करना चाहिए। वहाँ इस बात की ट्रेनिंग होती ही है कि भूकंप जैसी प्राकृतिक आपदा में क्या करना

चाहिए और आपके बच्चों को भी इस वक्त यही ट्रेनिंग दी जाती है कि ऐसी घड़ी में उन्हें करना चाहिए।

वहाँ के स्कूलों में ए बी सी डी पढ़ाने के अलावा मनुष्य बनने के विषय को भी पढ़ाया जाता है। वहाँ ये नहीं पढ़ाया जाता कि भूकंप आने पर हिलते हुए पंखों की तसवीरें अपने मोबाइल से लेने में वक्त जाया किया जाए। वहाँ के लोगों को पढ़ाया जाता है ऐसे मौकों पर अपनी रक्षा करने के बारे में और उनकी भी रक्षा कर पाने में बारे में, जो अपनी रक्षा खुद नहीं कर सकते।

वहाँ के पत्रकारों को पढ़ाया जाता है कि लाशों को दिखा कर लोगों को विचलित नहीं किया जाना चाहिए। वहाँ पत्रकारों को ये बताया जाता है कि तबाही का मंजर नहीं होता, तबाही का नजारा भी नहीं होता। तबाही सिर्फ तबाही होती है। ऐसी घड़ी में चीख–पुकार और भूकंप के अपने अनुभवों से अधिक महत्त्वपूर्ण होता है ऐसी आपदाओं को समझना और ऐसे मामलों पर संवेदनशील होना।

मैंने पहले भी लिखा था, फिर लिख रहा हूँ कि 11 सितंबर, 2001 को जब अमरीका में आतंकवादियों ने हमला किया था तब मैं अमरीका में ही था। ये तो आपको भी पता ही है कि ओसामा के उस हमले में दस हजार से ज्यादा लोगों की मौत हुई थी। पर उस हादसे में किसी लाश की न तो मैंने तस्वीर देखी थी, न आपने देखी थी। सिवाय उन दो इमारतों में दो हवाई जहाजों के घुसने की उस एक तस्वीर आपके सामने और कोई तस्वीर नहीं थी।

न किसी का कोई अनुभव न किसी प्रत्यक्षदर्शी की कोई बाइट।

बहुतों ने उस हादसे को देखा था। सबने यही कहा था कि ये विलाप की घड़ी नहीं, ये इस दुःख से उबरने की घड़ी है। किसी ने अपने फोन से तबाही की एक भी तस्वीर किसी को भेजी हो, मुझे नहीं याद।

गुजरात भूकंप के बाद मैंने रिपोर्टिंग छोड़ दी थी। बतौर पत्रकार मानव मन को विचलित करनेवाली खबरों को ज्यादा से ज्यादा वीभत्स बनाकर पेश करने की मेरी गलती का प्रायश्चित। वहाँ से लौटकर पहली बार मैं समझा था कि जिस मौत की खबर को हम थ्रिल समझते हैं, वो दरअसल एक दस्तावेज भी होता है, अंतहीन दुःखों का। पहली बार समझा था कि थ्रिल जिंदगी में तलाशना चाहिए, मौत में नहीं।

□

29 अप्रैल

आज सोच रहा हूं कि सुबह-सुबह आपसे वो बात ही दंू िजसे इतने िदनों से बतान ेक लिये मैं बेचन हूं। मैं पिछले ्डेढ साल से हर रोज फैसबुक पर िलख रहा हंू। बिना नागा िलख रहा हूं। मेरी कोसिस है की हम सब आपसे मॉेें िमल कर मन के िरस्तों को जोड कर आपस में खुसी से जी सकें। मैं जानता हीूं कि रोज की जींदगी में आदमीन के पास इतने तनाव और दुक हैं की वो उनसे जूझता हुआ ही जीवन जिता चला ैह।

****

ओह! आज सुबह–सुबह मुझसे टाइप करने में इतनी गलतियाँ हुई हैं कि पूछिए मत। लेकिन मैं जानता हूँ कि ऊपर का पूरा पैराग्राफ पढ़ने में आपको कोई परेशानी नहीं आई होगी। जानते हैं क्यों?

क्योंकि आप सब मुझसे प्यार करते हैं। जब आप किसी से प्यार करते हैं तो आपका ध्यान उसकी कमियों पर नहीं जाता। जब आप किसी से प्यार करते हैं तो आप उसकी कमियों की अनदेखी करते हैं। इसीलिए सुबह–सुबह मेरे लिखने की अशुद्धियों की ओर आपका ध्यान नहीं गया। और गया भी तो आपने यही सोचा कि मैंने जल्दबाजी में ऐसी गलतियाँ की होंगी, पर जो लिखा है वो पढ़ा जा ही रहा है।

यही होता है जब आप मन से बड़े हो जाते हैं। जब आप मन से बड़े हो जाते हैं, और अपने रिश्तों को प्यार करते हैं तो आप उसमें छोटी–छोटी गलतियों को माफ करने लगते हैं। लेकिन आप जिससे प्यार नहीं करते, जिसे अपनी जिंदगी में आत्मसात नहीं कर पाते, उसकी हर छोटी गलती भी आपको चुभने लगने लगती है। एक मामूली सी गलती भी आपको कचोटने लगती है।

मेरी दादी कहा करती थी, भावे की हर बात भली, न भावे तो हर बात बुरी। यानी, जो आपको भाता है, उसकी हर बात आपको अच्छी लगती है। लेकिन जिसे आप पसंद

नहीं करते उसकी छोटी-सी-छोटी बात भी आपको नागवार गुजरती है।

खैर, मैं सुबह-सुबह आपको जो ज्ञान दे रहा हूँ, उसमें ऐसी कोई नई बात नहीं जो आपको नहीं पता। आप हर स्थिति-परिस्थिति से वाकिफ हैं। आप हर बात जानते और समझते हैं। ये अलग बात है कि जितनी बातें हम जानते और समझते हैं, उन सबको जीवन में अमल कर पाने में भी चूक हो जाती है, और हम सुख की जगह दु:ख को गले लगाए घूमते रहते हैं।

हम इस बात से कभी दु:खी नहीं होते कि हम में क्या कमी है; हम इस बात से दु:खी रहते हैं कि मेरे साथी में क्या कमी है।

हम ये सोचने की जहमत नहीं उठाते कि हमारा चेहरा कैसा लग रहा है, हम ये देखने में जीवन गुजार देते हैं कि मेरे सामने वाले का चेहरा कैसा लग रहा है।

हम खुद से कुछ उम्मीद नहीं करते, सामने वाले से हजारों उम्मीदें जोड़ लेते हैं।

जब मैं छोटा था, तो अपने कमरे में मैंने पाँच रुपए का एक पोस्टर खरीद कर दीवार पर टाँग दिया था, जिस पर लिखा था, ''कृपया अपना क्रोध यहाँ न निकालें'' (डोंट लूज़ युअर टैम्पर हेयर)।

एक दिन पिताजी कमरे में आए। उन्होंने उस पोस्टर को देखा। पूछने लगे कि तुमने ये पोस्टर दीवार पर क्यों लगा रखा है। मैंने कहा कि इसमें संदेश है कि कृपया अपना क्रोध यहाँ न निकालें। पिताजी हँसने लगे। कहने लगे, ''तुम्हें ये लिखना चाहिए कि मैं यहाँ अपना क्रोध नहीं निकालता।''

मैं चुप रहा। पिताजी चले गए, फिर मैंने उनकी बात पर गौर किया।

पिताजी सही कह रहे थे। हमें ये कहने की जगह कि आप ऐसा न करें, कोशिश ये करनी चाहिए कि हम ये कहें कि मैं ऐसा नहीं करता। मैंने पोस्टर पर पेन से लिख दिया कि मैं यहाँ अपना क्रोध नहीं निकालता। बात चाहे छोटी थी, लेकिन मेरे लिए जीवन-संदेश की तरह थी। मैंने बहुत छोटी बात में ये पाठ पढ़ लिया था कि हमें दूसरों को संदेश देने की जगह पहले खुद संदेश को तन-मन में उतारना चाहिए।

बहुधा ऐसा होता है कि दूसरों से वो उम्मीद करने लगते हैं, जो हम खुद कभी पूरी कर ही नहीं सकते।

आज मैं बहुत लंबी पोस्ट नहीं लिख रहा। किसी ने मेरे पास चंद अशुद्ध वाक्यों को

लिखकर ये बताने की कोशिश की थी कि अगर आप वाक्य में छिपे संदेश को समझने की कोशिश करते हैं तो आपका ध्यान अशुद्धियों की ओर नहीं जाता। आपका पूरा ध्यान सिर्फ भाव पर केंद्रित हो जाता है। और जब भाव पर आपका ध्यान रहता है तो गलतियाँ नज़रअंदाज हो जाती हैं।

सचमुच, रिश्तों को इसी तरह जीने की कोशिश कीजिए। गलतियों को छोड़िए, खूबियों को पहचानिए। जिस तरह मेरी आज की पोस्ट के पहले पैराग्राफ में कई गलतियाँ आपको स्पष्ट रूप में नज़र आती हुई भी आपको नहीं खटक रहीं, उसी तरह रिश्तों में छोटी-छोटी गलतियों को देखने से खुद को रोकिए। रोक कर देखिए, क्या पता रिश्तों में मजा आ ही जाए।

वैसे पिताजी होते तो मुझे ऐसा लिखने से रोकते। कहते, ''तुम ये मत लिखो कि खुद को रोकिए, इसकी जगह ये लिखो कि मैं खुद को रोकता हूँ।''

आज पिताजी से माफी माँगते हुए लिख रहा हूँ कि कमियाँ सबकी जिंदगी में हैं। सभी गलतियाँ करते हैं। अगर आप किसी रिश्ते से प्यार करते हैं तो उसकी गलतियों की अनदेखी कीजिए और आगे बढ़ते हुए जिंदगी की पोस्ट पढ़िए। मेरा यकीन कीजिए, जिंदगी का मजा दुगुना हो जाएगा।

□

1 मई

मेरे लिए नानी के घर जाने का मतलब सिर्फ परियों की कहानियाँ सुनना नहीं था। नानी के घर जाने का मतलब पढ़ाई से छुट्टी, दिन भर मटरगश्ती तथा हमउम्र मामाओं और मौसियों के साथ गपबाजी।

अब ऐसा भी नहीं कि नानी के गाँव जाने का मतलब सिर्फ मेरे लिए ऐसा था, सबके लिए नानी घर जाना करीब-करीब ऐसा ही होता है। मेरे बचपन का बहुत सा हिस्सा नानी के घर बीता है। मेरी कई नानियाँ थीं। ये सारी नानियाँ माँ की चाचियाँ थीं।

मुझे बचपन में लगता था कि माँ कितनी भाग्यशाली है, उसकी कितनी सारी माँ हैं। बात उन दिनों की है, जब मेरी अपनी नानी मेरे आईपीएस मामा के साथ दिल्ली या वहाँ रहती थीं, जहाँ उनकी पोस्टिंग हुआ करती थी। ऐसे में तब उनसे बहुत कम ही मिलना हो पाता था, लेकिन माँ की चाचियाँ हम सबको इतना प्यार करती थीं कि हमें कभी लगा ही नहीं कि माँ की कोई दूसरी असली माँ भी है।

खैर, मुझे नानी के आगे ननिहाल का बखान करने की जरूरत नहीं है। मुद्दे की बात पर जितनी जल्दी आ जाऊँ उतना बेहतर होगा। बात ये है कि अपने ननिहाल में ही एक दफा मेरा अपनी असली नानी से मिलना हो गया। मैं नानी गाँव गया हुआ था, और वहाँ माँ की लंबी, छरहरी गोरी माँ उन दिनों आई हुई थीं। मैं उनसे मिला तो वो बहुत खुश हुईं। हालाँकि वो माँ की चाचियों की तरह बहुत नहीं बोलती थीं, लेकिन उन्होंने मुझे अपनी छाती से लगाकर खूब प्यार किया। मुझे लगता है कि मैं अपनी उस नानी से बहुत दिनों बाद मिल रहा था, ऐसे में इतना प्यार तो बनता ही था। पर मेरे लिए सबसे दिलचस्प और दुःखद वाकया उसी नानी के साथ हुआ। जिस दिन नानी को वापस मामा के पास जाना था, सभी बच्चे उनके पाँव छू रहे थे और वो सबको आशीर्वाद और एक रुपए का नोट दे रही थीं। जब मेरी बारी उनके पाँव छूने की आई तो उन्होंने मुझे भी रूमाल से एक रुपए का नोट निकालकर दिया और कहा कि

मिठाई खा लेना। मेरी उम्र ज्यादा नहीं थी, लेकिन मुझे पता नहीं क्यों लगा कि अगर मैं नानी से एक रुपए न लूँ तो वो मुझे कम-से-कम पाँच रुपए देंगी। और ऐन वक्त पर जुबाँ पर सरस्वतीजी सवार हो गईं।

मैंने नानी से कहा, ''नानी मैं पैसे नहीं लूँगा।''

मुझे पूरी उम्मीद थी कि नानी कहेंगी कि ये कम है तो तुम पाँच रुपए लो। लेकिन ये क्या? नानी ने एक बार मेरे मुँह से सुना कि मैं पैसे नहीं लूँगा, तो वो खुश हो गईं। उन्होंने मेरे माथे को चूमते हुए कहा, ''ये सबसे अच्छा बेटा है। राजा बेटा है। देखो पैसे नहीं लेता।'' और उन्होंने एक रुपए का नोट वापस रूमाल में खोंसते हुए मुझे एक बार और चूम लिया।

फिर मेरे छोटे भाई की बारी आई तो उन्होंने उसे भी दुलार करते हुए वही एक का नोट पकड़ा दिया। भाई एक रुपया पाकर बहुत खुश हुआ। लेकिन पाँच के नोट के चक्कर में मेरा एक रुपया भी चला गया था। मैं मन-ही-मन बहुत उदास हुआ। फिर मैं नानी को रेलगाड़ी में बिठाने के लिए स्टेशन तक गया और मन-ही-मन भगवान से प्रार्थना करता रहा, ''हे भगवान! नानी को बुद्धि दो। वो अपने इस नाती को पाँच का एक नोट तो बतौर आशीर्वाद देती जाएँ।'' पर भगवान ने सुनी नहीं और नानी ने मुझे पाँच तो छोड़िए एक का वापस लिया नोट भी नहीं दिया। उल्टे ट्रेन में बैठते-बैठते फिर गले से लगाकर कहा कि ये सबसे अच्छा बच्चा है।

अरे, अच्छे का मैं क्या करूँ।

बहुत मन मारकर घर लौटा। मेरे हमउम्र मामा लोग एक रुपए में पूरी पिकनिक की तैयारी कर रहे थे। भाई तो नानी के स्टेशन जाते ही दो लेमन चूस और एक कॉमिक बुक ले आया था और अभी भी उसके पास अठन्नी बची थी। और मैं अभागा, लालच में खुशियाँ गँवा बैठा था।

बाद में सारे मामाओं ने मुझे ललचा-ललचाकर आइसक्रीम खाई। वो तो भला हो भाई का कि उसने बची हुई अठन्नी में मुझे हिस्सेदारी दी, वरना मेरे लिए उस बार नानी से मिलना बहुत भारी पड़ा था।

खैर, वो मेरी जिंदगी का सबक था। ज्यादा के चक्कर में कम को छोड़ देना मूर्खता होती है। मैंने उस दिन उस एक रुपए को खोकर खुद ही सबक सीख लिया कि सचमुच, 'आधी छोड़ पूरी धावे, न आधी पावे न पूरी पावे' वाली कहावत सही है।

वहाँ एक रुपया गँवा देने के बाद मैंने जिंदगी को बहुत गंभीरता से लिया। मैं समझ गया कि जो जिंदगी की छोटी-छोटी खुशियों से संतुष्ट नहीं होते, वो मेरी तरह दुःखी होते हैं।

मेरा भाई और मेरी माँ की चाचियों की सारी संतानें उस एक रुपए में जिंदगी के मजे लूट रही थीं, पर नानी का प्यारा नाती उस खुशी से वंचित रह गया। जो था उसे छोड़कर जो नहीं था उसके पीछे भागने का नतीजा था कि कई-कई दिनों तक मुझे लगता कि किसी ने मेरी जेब से संपत्ति निकाल ली है। आज मैं लाख-दस लाख का नुकसान भी उठा लूँ तो उतना अफसोस नहीं होगा, जितना मुझे उस एक रुपए के नोट को याद करते हुए होता है। जब कभी मैं शेयर या दूसरे निवेश में नुकसान होता देखता हूँ तो मुझे लगता है कि ये तो उस एक रुपए के नुकसान से कम है।

ज़ेहन में वो एक रुपया इस तरह बैठ गया कि मैं उसे कभी भुला नहीं पाया।

आज मैं आपको बताना चाहता हूँ कि जिंदगी को भी मेरी नानी के एक रुपए की तरह लेना चाहिए। जब जहाँ छोटी-सी खुशी भी मिले उसे जी लेना चाहिए। ये उम्मीद करना कि इतनी छोटी सी खुशी का क्या करूँ, बड़ी खुशी मिलेगी तो उसे जीऊँगा, बेवकूफी होती है। जो मिले उसे शिद्दत से ले लेना चाहिए।

और कुछ नहीं सोच सकते, तो यही सोच लेना चाहिए कि जो मिला वही मुकद्दर है, और मुकद्दर को स्वीकार कर लेना चाहिए। मैंने तो उस दिन के बाद से बहुत छोटी-छोटी खुशियों को ये सोच कर जीना शुरू कर दिया कि कहीं ये भी हाथ से न निकल जाए। कई दफा लोग मुझसे कहते भी हैं कि मैं बहुत कम में भी खुश हो जाता हूँ, संतुष्ट हो जाता हूँ। उनका कहना है कि मुझे अपनी प्यास बढ़ानी चाहिए। मुमकिन है वो सही कहते हों, लेकिन मैं उन्हें कैसे बताऊँ कि मैंने तो बिना बोधि वृक्ष के नीचे बैठे की उस ज्ञान को प्राप्त कर लिया है, जिसे प्राप्त करने के लिए सिद्धार्थ को पूरा राजपाट छोड़ना पड़ा था। उन्हें गौतम बनने के लिए कई वर्ष खर्च करने पड़े थे। सब छोड़कर उम्र के आखिर में उन्हें ये पता चला था कि इच्छा दुःख का कारण है। अपन को तो नानी के एक रुपए ने समझा दिया था कि दुनिया में दुःख है, दुःख का कारण ज्यादा की इच्छा है। जो मिल जाए उसी से संतुष्ट होने वाले को न तो आर्थिक दुःख होता है, मानसिक दुःख।

जब अपनी माँ की माँ से ज्यादा की उम्मीद करके मुझे सिवाय दुःख के कुछ नहीं मिला, तो किसी और से ज्यादा की उम्मीद क्यों की जाए। पैसा हो या प्यार, जो जितना दे, उतने से संतुष्ट होने वाले मेरे छोटे भाई और मेरे मामाओं की तरह खुश

रहते हैं। जो असंतुष्ट होते हैं, ज्यादा की चाहत में फँसते हैं, वो मेरी तरह दुःखी होते हैं।

किसी महान व्यक्ति ने कहा है कि 'इट इज नेवर टू लेट', तो मेरे प्यारे परिजनों, सचमुच कुछ सीखने के लिए बहुत देर कभी नहीं होती। आज से भी अगर आपने जिंदगी में जो मिला उससे संतुष्ट होने की विद्या सीख ली, तो जिंदगी बहुत खुशहाल हो जाएगी। जो मिला उसे एंज्वॉय करना शुरू कर दीजिए, वरना नानी वो एक रुपया भी वापस रूमाल में खोंस लेंगी और तब सिवाय अफसोस करने के कुछ नहीं बचेगा।

□

2 मई

सुबह से उठकर फोन पर लगा था। इसी चक्कर में आज जो लिखने का मन था, वो लिख नहीं पाया और जो लिख रहा हूँ उसे लिखने का मन नहीं। पर मैं भी क्या करूँ, पहले ही बता चुका हूँ कि रोज-रोज फेसबुक पर लिखना सिर्फ मेरे मन पर नहीं निर्भर करता। ये कोई और है जो मुझसे लिखवाता है, मैं निमित मात्र बनकर टाइप करता चला जाता हूँ। मेरा तो मन करता है कि सुबह जब आप सबके सामने आऊँ, तो हँसी-खुशी की ऐसी यादें लेकर आऊँ कि सारा दिन मन खिला रहे। आज यही सोचकर जागा था कि बिहार की उस भोली महिला की कहानी सुनाऊँगा जिसके पति ने शहर से उसके पास एक चेक भेजा और महिला उसे भुनाने बैंक चली गई। बैंक में अधिकारी ने उससे चेक के पीछे दस्तखत करने को कहा, तो महिला संकोच में पड़ गई, "ई दस्तखत का होत है?"

"अरे आप अपने पति को चिट्ठी लिखती होंगी न!"

"हाँ।"

"तो चिट्ठी में जैइसे आखिर में नाम लिखती हैं न, बस वइसे ही लिख दीजिए।"

महिला ने चेक के पीछे लिखा, "तोहार चुम्मा के प्यासी, बिजली।"

कल पत्नी ने ये वाला चुटकुला वाट्सऐप पर पढ़कर सुनाया था और मेरा मन सुबह-सुबह गुदगुदा गया था।

मैंने सोचा था कि आज लिखने की शुरुआत इसी भोलेपन से करूँगा। लेकिन सुबह ही मेरे एक जानने वाले का फोन आया कि उन्होंने अपने जिस बेटे को पटना से दिल्ली पढ़ने के लिए भेजा था, वो पढ़ाई-लिखाई नहीं करता। उसने पढ़ाई के नाम पर कई साल बरबाद कर दिए हैं, शराब पीने लगा है, मारपीट जैसे मामलों में फँस गया है और पिता के पैसों को उड़ा रहा है। मेरे जानने वाले ने मुझसे पूछा कि उन्हें क्या

करना चाहिए। कैसे बिगड़ रहे बेटे को सही राह पर लाया जाए।

मैं बहुत देर तक सोचता रहा। मुझे याद आया कि मेरे परिचित पटना में बिजनेस करते हैं। इधर-उधर करके जैसे-तैसे पैसे कमाते हैं। खूब कमाते हैं। पैसों के बूते ही दिल्ली से सटे यू.पी. के किसी इंजीनियरिंग कॉलेज में उसका दाखिला भी करा दिया था। पर बेटा चार साल में एक सेमेस्टर नहीं निकाल पाया।

जाहिर है इन चार सालों में उन्होंने हर संभव कोशिश की होगी कि बेटा सही राह पर चला आए, लेकिन बेटा उनकी सुनता ही नहीं। इस तरह पिता की सारी उम्मीदें टूट गई हैं और आज सुबह घनघोर निराशा में उन्होंने मुझे फोन किया। वो रो रहे थे। वो जानना चाह रहे थे कि ऐसा क्यों हुआ।

सुबह-सुबह उनका दर्द सुनकर मेरा दिल भर आया।

आदमी अपनी सारी जिंदगी जायदाद जुटाने और औलाद को पढ़ाने में खर्च कर देता है। जायदाद और औलाद दोनों में खोट हो तो आदमी ठगा सा महसूस करता है।

जाहिर है मेरे परिचित का दु:ख बड़ा है।

मैंने उनकी पूरी बात सुनी। फिर मैंने उनसे पूछा कि आप कभी बाहर खाना खाते हैं। वो मेरे सवाल को समझ नहीं पा रहे थे, पर उन्होंने कहा, ''हाँ, खाता हूँ।''

मैंने फिर पूछा, ''आप कभी-कभी कहीं कुछ गलत या गंदा खा लेते हैं तो क्या होता है?''

''पेट खराब हो जाता है। उल्टी-दस्त होने लगती है।''

''बिल्कुल सही कहा आपने।''

''संजयजी, पहेली मत बुझाइए। मैं बहुत सीरियस हूँ। आपको इसलिए फोन किया, ताकि आप कुछ रास्ता बताएँ।''

''मैं पहेली नहीं बुझा रहा। मैं तो आपकी समस्या का कारण और समाधान बता रहा हूँ।''

''ठीक है। जब कभी मैं बाहर कुछ गलत या गंदा खा लेता हूँ तो मेरा पेट खराब हो जाता है। उल्टियाँ होती हैं, दस्त होता है। पेट में दर्द भी होता है। अब आगे बोलिए।''

"जब आपके पेट में दर्द होता है, तब आप डॉक्टर के पास जाते हैं। डॉक्टर कहता है कि आपने कुछ ऐसा खा लिया है, जो नहीं पचा। अब आप ये दवा खाइए, कुछ दिन परहेज कीजिए। गंदा खाना मत खाएँ, बस।"

"हाँ, बिल्कुल सही। डॉक्टर ऐसा ही कहता है।"

"आपका बेटा भी आपके गलत पैसों के बूते यहाँ पढ़ने आया, वो पैसा उसे नहीं फला और वो अपना तो जो बिगाड़ना था, बिगाड़ ही बैठा, आपके दुःख का कारण भी बन गया।"

"ये बात मेरी समझ में नहीं आई।"

"जिस तरह गंदगी में बना भोजन खाने में स्वादिष्ट होता है, पर शरीर को नुकसान पहुँचाता है, वैसे ही गलत तरीके से कमाया पैसा आपको क्षणिक सुख जरूर देता है, लेकिन वो इसी तरह बाहर भी निकलता है। आपने पैसे कमाने में ईमान का ध्यान नहीं रखा, वो संतान के संताप के रूप में सामने आ रहा है।"

मेरे परिचित कुछ देर चुप रहे। फिर उन्होंने कहा कि ये तो पहली बार सुन रहा हूँ कि पैसा भी अलग-अलग होता है।

"जी हाँ, एकदम अलग-अलग होता है। जिस तरह कमाया जाता है, उसी तरह जाता है। गंदा खाना पेट खराब करता है, गंदी कमाई भविष्य खराब कर देती है।"

मेरे इस कदर रूखे होने पर उन्हें बुरा तो लगा होगा, लेकिन मन-ही-मन वो समझ रहे थे कि मैं क्या कह रहा हूँ।

उन्होंने पूछा, "कोई उपाय?"

"उपाय तो एक ही है। अभी उसे दिल्ली से ले जाइए। पढ़ाई छोड़िए, उसे अपने साथ रखिए। उसे जीवन की सार्थकता समझाइए। उसे बताइए कि सही और गलत में क्या अंतर होता है। उसके रोल मॉडल बनिए। समय बरबाद जरूर होगा, पर कुछ समय बाद स्थितियाँ बदल जाएँगी। फिर कसम खा लीजिए कि गलत तरीके से पैसे नहीं कमाना। सिर्फ ईमान का पैसा ही संतान पर लगता है। मेरी बातों पर यकीन न हो तो चाहे जितने उदाहरण लेने हों, ले लीजिएगा। जहाँ संदेह हो मुझसे पूछ लीजिएगा। चोरी का धन मोरी (नाली) में जाता है, ये सिर्फ गाँव की कहावत नहीं, एक सच भी है। आपका धन भी चोरी का था, बेटे के ज़रिए मोरी में जा रहा है।"

इसके बाद उन्होंने फोन रख दिया।

मुझे यकीन है कि मेरे परिचित मेरी बात समझ गए होंगे। समझ गए होंगे, तो वक्त जरूर बरबाद हुआ, बेटा बच जाएगा।

खैर, अभी तो मेरी एक चिंता बिजली को लेकर भी है।

वही बिजली जिसके पति ने उसके पास चेक भेजा और बिजली ने चेक के पीछे लिखा, "तोहार चुम्मा के प्यासी, बिजली।"

मुझे विश्वास है कि बिजली का पति गाँव से शहर आकर मेहनत और ईमानदारी से पैसे कमा रहा होगा। जब तक वो ईमानदारी के पैसे कमाएगा, बिजली उसके चुम्मा की प्यासी रहेगी। जिस दिन गलत तरीके से पैसे कमाने और भेजने लगेगा, बिजली गुल हो जाएगी।

□

4 मई

जिन दिनों मैं स्कूल में पढ़ता था और माँ से पौराणिक कहानियाँ सुनता था, मेरे मन में हमेशा ये सवाल कौंधता था कि ये सारी कहानियाँ हमारे स्कूल के सिलेबस में क्यों नहीं समाहित की जातीं।

माँ की सुनाई उन पौराणिक कहानियों में से कोई भी शायद ही सच रही हो। लेकिन वो सारी कहानियाँ सच और झूठ के आधार पर नहीं लिखी गई थीं। उनके लिखे जाने का मकसद ही सिर्फ इतना था कि उन कहानियों को जीवन का आधार मान कर जीने का तरीका सुगम बनाया जा सके।

मुझे नहीं लगता कि कभी राम-रावण का युद्ध हुआ होगा। कभी महाभारत का युद्ध भी हुआ होगा। वेद-पुराण जैसे ग्रंथ जो लिखे गए, जिनमें ईश्वर की कल्पना की गई, वो सब शायद सच नहीं होंगे। लेकिन इतना सच है कि इन ग्रंथों के माध्यम से हमें जीवन का पाठ पढ़ाने की कोशिश की गई। हमें अच्छे-बुरे का भेद समझाने की कोशिश की गई।

जब दुनिया की उत्पति हुई होगी, तब किसी ने ये नहीं सोचा होगा कि भविष्य में फिजिक्स, कैमेस्ट्री और बायोलॉजी समेत बहुत से विषयों का आविष्कार होगा और आनेवाली पीढ़ी अपने हिसाब से अपना सिलेबस भी बनाएगी। तब ये माना गया होगा कि इस तरह के ग्रंथ लिख दिए गए हैं कि अगर आदमी सिर्फ इतना पढ़ ले तो भी उसका जीवन सुगम होता चला जाएगा। और सच भी यही है कि महाभारत और रामायण पढ़ और समझ लेने वाले जीवन जीने की राह से रूबरू हो जाएँगे। गीता, बाइबिल, कुरान पढ़ लेने वाले जीवन के चक्र को समझ जाएँगे। वेद और पुराण पढ़ लेने वाले संसार का रहस्य ही समझ जाएँगे। बहुत कम किताबों में पूरे जीवन के सिलेबस को समाहित किया गया है।

अगर बच्चों को ईश्वर रूपी काल्पनिक कहानी सुनाने की जगह सीधे-सीधे ये बताया

गया होता कि मानव जीवन कारण और प्रभाव से संचालित होता है तो गीता के कर्म ज्ञान का भाव आसानी से समझ में आता। तब ये समझना आसान होता कि क्यों कृष्ण ने शिशुपाल की सौ गलतियाँ माफ करने की बात कहते हुए सौ से एक अधिक गलती करने पर उसका सिर कलम कर दिया था। मुमकिन है न कृष्ण रहे हों, न शिशुपाल। एक काल्पनिक कहानी इसे भी मानें, तो संदेश तो इसमें छिपा ही था कि हर गलती की एक सीमा होती है। मुमकिन है रावण नामक किसी आदमी ने सीता नामक किसी महिला का अपहरण न किया हो। लेकिन ये संदेश तो हजारों साल पहले दे ही दिया गया था कि अगर कोई इस तरह का व्यवहार करेगा तो उसे उसकी सज़ा मिलेगी। बिना कानून का पाठ पढ़ाए ये बताने की कोशिश की गई थी कि बुरे काम का बुरा नतीजा होता है।

हमारे धार्मिक ग्रंथों के आधार में ईश्वर को समाहित ही इसलिए किया गया, ताकि भयवश ही सही हम कारण और उसके प्रभाव को समझ सकें। मान सकें।

ऐसे में मैं अगर ये कहता हूँ कि गलत तरीके से कमाया गया धन कभी कारगर नहीं होता, तो मैं भी किसी स्कूली सिलेबस में शामिल पाठ आपको नहीं पढ़ा रहा। ये सारी बातें आदमी अपने अनुभव से सीखता और फिर सिखाने की कोशिश करता है। मैं कभी-न-कभी आपको ये सच बताने में कामयाब रहूँगा कि पौराणिक ग्रंथों में जो बातें लिखी गई हैं, उसे सच या झूठ मानने की जगह अगर उन कहानियों के मर्म को समझा जाए तो जिंदगी का हर सिलेबस स्पष्ट रूप से आपके सामने खुलता चला जाएगा।

हर कहानी कुछ कहती है। हर कहानी आपके भविष्य का एक गुप्त कोड बयाँ करती है। मैं समय आने पर सब लिखूँगा। अभी तो सिर्फ उस छोटी कहानी से अपनी बात पूरी कर रहा हूँ, जिसे किसी ने भेज कर मुझे लिखने को उकसाया।

एक बार किसी ने मिट्टी के घड़े से पूछा कि तुमको जमीन खोद कर लोग निकालते हैं, चाक पर घुमाते हैं, आग में पकाते हैं, फिर भी तुम शीतलता प्रदान करते हो, क्यों?

घड़े ने कहा कि मैं इस सच को जानता हूँ कि मैं घड़ा बनने से पहले मिट्टी था। आग पर तपाया गया तो भी मिट्टी ही रहा। कल को फूट जाऊँगा तो फिर मिट्टी ही बन जाऊँगा। जब मैं मिट्टी में मिलकर मिट्टी ही बन जाऊँगा, तो गर्मी किस बात की। □

6 मई

"माँ, कल आपने कहा था कि मैं बहुत सी कहानियाँ सुनाऊँगी।"

"हाँ-हाँ, क्यों नहीं। अपने राजा बेटा को नहीं सुनाऊँगी तो किसे सुनाऊँगी। बताओ आज कौन सी कहानी सुनोगे? तुमने तो कल बहुत से सवाल पूछे थे। रामायण क्यों लिखी गई, अहिल्या पत्थर क्यों बन गई, राम ने अहिल्या का उद्धार क्यों किया, रावण ने सीता का अपहरण क्यों किया। बताओ आज कौन सी कहानी सुनोगे?"

"माँ, कोई भी कहानी सुना दो। लेकिन पहले मुझे ये बताओ कि फेसबुक पर मेरे कई परिजन ये क्यों नहीं मानते कि गलत गलत होता है, सही सही होता है। क्यों उनके मन में दुविधा रहती है। क्यों उनके सामने ऐसे उदाहरण मौजूद हैं कि किसी ने बहुत सारी गलतियाँ कीं, फिर भी उनका कोई नुकसान नहीं हुआ, जबकि किसी ने कोई गलती नहीं की, फिर भी उसका नुकसान-ही-नुकसान हुआ। ऐसा क्यों, माँ? आप देखो न, कल ही मेरी वाल पर अपने सबसे प्रिय परिजन मनमोहन सिंह ने ये सवाल खड़ा कर दिया है कि गलत सही कुछ नहीं होता। न ही यह जन्म और वो जन्म होता है। चलो, मैं भी मान लेता हूँ कि ईश्वर नहीं होता, लेकिन माँ आपने तो कहा था कि हर कहानी के पीछे कोई-न-कोई कहानी होती ही है और एक समय के बाद ये आपस में जुड़ भी जाती हैं। जब जुड़ जाती हैं, तो जीवन का अर्थ स्पष्ट होने लगता है।"

"हाँ बेटा, यही सही है। जब तुम बहुत दिनों बाद पीछे मुड़कर देखोगे और हर घटना क्रम को आपस में जोड़ोगे, तब तुम्हें यकीन होगा कि ये सबकुछ हुआ ही इसलिए था, क्योंकि ऐसा होने के पीछे वजह थी। बहुत दिनों के बाद जब तुम फेसबुक पर इन कहानियों को लिखोगे, तब तुम ये सोचकर नहीं लिखोगे कि क्यों लिख रहे हो, लेकिन बहुत दिनों बाद तुम्हारी कहानियों का ताना-बाना आपस में जुड़ जाएगा। फिर

तुम्हारे जिन परिजनों को तुम्हारे लेख से शिकायत होगी, वो समझ पाएँगे कि ऐसा क्यों हुआ। वो ये भी समझ पाएँगे कि उनके साथ जो हुआ, वो क्यों हुआ। ईश्वर कल्पना ही सही, लेकिन मेरी बात का यकीन करना कि जो हुआ और जो होगा उनके पीछे कोई-न-कोई कड़ी होती है, होगी। तब तुम मान बैठोगे कि तुम्हारा काल्पनिक ईश्वर हर काम के लिए कोई निमित चुनता है।''

''मैं तो समझ रहा हूँ। लेकिन मेरे कुछ फेसबुक परिजनों के मन में दुविधा है, उनका क्या?''

''चलो, तुम्हें आज मैं वो पुरानी कहानी सुनाती हूँ, जिसे तुम्हारे फेसबुक वाले परिजन पहले ही पढ़ चुके हैं। लेकिन फिर भी मैं सुना रही हूँ। अहिल्या वाली कहानी तो फिर सुना दूँगी, और मरा से निकलने वाले राम के भाव का अर्थ भी समझाऊँगी तुम्हें, लेकिन आज तुम उस राजा और उसके मंत्री की कहानी सुनो, जिसे राजा ने शिकार खेलते हुए जंगल से भगा दिया था और कहा था कि अब तुम्हारा सिर कलम किया जाएगा।''

''अरे माँ, ये तो बहुत रोचक कहानी लग रही है। तुम मुझे अहिल्या और वाल्मीकी से पहले यही वाली कहानी सुना दो। फिर मैं सो जाऊँगा और सोचूँगा कि सारी घटनाओं का क्रम आपस में जुड़ेगा कैसे।''

''एक राजा था। उसका मंत्री भी था, सेनापति भी था, सैनिक भी थे। जब भी राज्य में कोई घटना घटती, मंत्री कहता जो हुआ, अच्छा हुआ। राजा उसकी इस आदत से बहुत परेशान था। मंत्री होकर ऐसी बातें करता है। लेकिन वो कुछ कहता नहीं था। एक दिन राजा मंत्री के साथ जंगल में शिकार खेलने निकला। वह बहुत दूर जंगल में वो पहुँच गया। बस राजा और मंत्री दो लोग।''

''लेकिन माँ, राजा को जंगल में डर नहीं लग रहा था? उसके पास इतने सैनिक थे, उन्हें भी साथ ले जाता। सिर्फ मंत्री को लेकर क्यों गया?''

''बेटा, जो डरते हैं, वो राजा नहीं बनते। राजा बनता ही वो है, जो निडर होता है। राजा तो अकेला भी शिकार खेलने जा सकता था। मंत्री को तो वो सिर्फ इसलिए ले गया था, ताकि रास्ते में किसी से बातचीत कर सके। बाकी उसे हाथी, शेर से क्या डर। वो राजा था।''

''हाँ माँ, सही बात है। राजा को डरना नहीं चाहिए। राजा अगर डरेगा तो फिर प्रजा की रक्षा कैसे करेगा। फिर क्या हुआ माँ?''

''राजा जंगल में जा रहा था, अचानक उसका घोड़ा एक गड्ढे में फँस गया और राजा घोड़े से गिर पड़ा। राजा घोड़े से गिरा, उसके हाथ में चोट लगी, खून निकलने लगा। उसे गिरते देख मंत्री बुदबुदाया, ''जो हुआ अच्छा हुआ।''

''राजा का गिरना और उसे चोट लगना अच्छा हुआ? ये मंत्री तो बहुत ही दुष्ट था, माँ। उसे ऐसा नहीं कहना चाहिए था।''

''आगे तो सुनो, बेटा। राजा ने जैसे ही सुना कि मंत्री ने उसे चोट लगने पर कहा है कि अच्छा हुआ, वो उठा और मंत्री को खूब डाँटा। उसने मंत्री से कहा कि तुम अब यहाँ से वापस लौट जाओ। मैं शिकार से लौटकर तुम्हारा सिर कलम करवाऊँगा। तुमने अपने राजा के गिरने और चोट लगने पर दुःख जताने की जगह ऐसा होने को अच्छा कहा है। जाओ, लौटो, तुम्हें सज़ा मिलेगी।''

''फिर?''

''मंत्री ने कहा, जैसी आज्ञा महाराज! और वो लौट गया। राजा अकेला ही शिकार पर आगे निकल पड़ा। कुछ दूर जाने के बाद जंगल में कुछ कबीलाइयों ने राजा को पकड़ लिया और राजा की बलि देने का आदेश सुना दिया। राजा बेचारा बहुत परेशान हो गया। एक तो हाथ में चोट लगी थी और खून रिस रहा था, ऊपर से ये मुसीबत। वो चुपचाप खड़ा था। कबीलाइयों ने राजा को एक खंबे से बाँध कर उसकी बलि की तैयारी कर ली, तभी उनका पुरोहित चिल्लाया, इसकी बलि नहीं दी जा सकती, क्योंकि इसे चोट लगी है, खून रिस रहा है। हम ऐसे आदमी की बलि देकर अपने ईश्वर को नाराज नहीं कर सकते। सबने गौर से देखा कि सचमुच राजा के हाथ से खून रिस रहा था। उन्होंने राजा को छोड़ दिया, और राजा अपने महल में लौट आया।''

''माँ, रुका मत करो। ऐसी कहानियों को सुनते हुए मेरी आँखों के सामने तस्वीर बन जाती है। आप सुनाती जाओ।''

''राजा के आते ही हड़कंप मच गया। राजा को चोट लगी है, राजा को चोट लगी है। राजा ने सबको बताया कि अरे, चोट की चिंता मत करो। चोट ने आज मेरी जान बचाई है, वरना आज मैं उन जंगलियों के लिए बलि का सामान बन गया था। और वो मंत्री कहाँ है, उसे बुलाओ।''

मंत्री को बुलाया गया। मंत्री एकदम शांत भाव से खड़ा था। राजा ने उससे कहा कि सचमुच मेरा गिरना बड़ा अच्छा रहा। तुमने सही कहा था, अच्छा हुआ। अगर मैं गिरा

न होता, चोट न लगी होती तो आज मैं जीवित ही नहीं होता। पर तुम ये बताओ कि मेरे गिरने से तुम्हारे लिए क्या अच्छा हुआ?

राजन! आप गिरे, आपको चोट लगी। मैंने कहा कि अच्छा हुआ, तो आप नाराज हो गए। आपने गुस्से में मुझे भगा दिया। सोचिए अगर आपने मुझे भगाया नहीं होता, तो जिन जंगलियों ने आपको पकड़ा था, मुझे भी पकड़ लेते। आपकी चोट देखकर उन्होंने आपको छोड़ दिया, लेकिन मेरी बलि तो ले ही लेते। इस तरह आपका गिरना और आपका मुझे भगा देना दोनों ही अच्छा हुआ।

''हे राजन! इस संसार में जो होता है, उसका कोई-न-कोई प्रयोजन होता है। हम उस प्रयोजन का अर्थ तुरंत नहीं समझ सकते, क्योंकि उसकी कड़ियाँ धीरे-धीरे ही जुड़ती हुई एक वृत्त का निर्माण करती हैं। यही वृत्त जीवन का चक्र कहलाता है। उसकी संपूर्णता उन क्रमों के आपस में जुड़ जाने में होती है। आप खुद सोचिए रत्नाकर वाल्मीकि यूँ ही तो नहीं बना न! उसका एक प्रयोजन था। रावण ने यूँ ही तो सीता का अपहरण नहीं किया न! उसका भी एक प्रयोजन था। और राजन, हमारी आपकी ये कहानी बहुत दिनों बाद संजय सिन्हा को सुनाई जाएगी, तो उसका भी एक प्रयोजन होगा। इसलिए हे राजन! आप खुद को निमित्त मात्र मान लीजिए और सिर्फ अपने कर्म के सिद्धांत को अमल में लाइए। यही सोचिए कि अगर आपके मन का हुआ अच्छा हुआ और नहीं हुआ तो और भी अच्छा हुआ।''

''संजू बेटा, तुम तो कहानी सुनते-सुनते सो गए।''

''सोया नहीं हूँ, माँ। जाग गया हूँ। सदा के लिए जाग गया हूँ।''

□

8 मई

ऐसा जिंदगी में बहुत बार होता है कि हम बदला किसी से लेते हैं, बदला किसी और से हो जाता है।

उस दिन रानी कैकेयी की दासी मंथरा अगर महल की छत पर नहीं गई होती तो त्रेतायुग का पूरा इतिहास आज अलग होता।

मंथरा अयोध्या के राजा दशरथ की सबसे छोटी और दुलारी रानी कैकेयी के मायके से उनके साथ आई थी। उस दिन रानी कैकेयी महल में आराम कर रही थीं, राजा दशरथ कहीं नगर के बाहर गए थे। ऐसे में अकेली बैठी मंथरा यूँ ही जरा खुले आसमान में उड़ते पंछियों को देखने महल की छत पर चली गई। मंथरा ने महल की छत से देखा कि पूरे अयोध्या नगर को सज़ाया जा रहा है। दीपों की छोटी-छोटी लड़ियों से सजते महल को देख मंथरा बहुत उत्साहित हुई थी। उस जश्न में वो भी डूबने को बेताब थी। वो समझ रही थी कि जरूर कोई बड़ी खुशी की घटना घटी है, और पूरा नगर उल्लास में डूबने वाला है। मंथरा मन-ही-मन सोच रही थी कि जश्न चाहे जैसा हो, वो खुद भी खूब सजेगी, सँवरेगी और अपनी जान से प्यारी रानी कैकेयी के हाथों को मेहंदी से सज़ाएगी, उनके केशों को इत्र की खुशबू में डूबो देगी।

मंथरा ने छत के छज्जे से लटक कर देखा कि सामने ही महारानी कौशल्या की दासी उनके महल की छत पर दीपों की लड़ियों को बड़े करीने से सज़ाने में व्यस्त है। मंथरा ने बहुत शालीनता और दुलार से पूछा, ''दीदी, पूरा नगर आज सजा हुआ क्यों नज़र आ रहा है?'' कौशल्या की दासी ने मंथरा की ओर देखा। एक पल को तो वो चुप रही, फिर उसने इठलाते हुए कहा, ''तुझे नहीं पता, कल महाराज दशरथ हमारे राम का युवराजाभिषेक करने जा रहे हैं। भविष्य में हमारे राम ही अयोध्या के राजा बनेंगे।''

मंथरा दासी थी, उसे इस बात में कोई दिलचस्पी नहीं थी कि राजा कौन है, भविष्य में किसका राज होगा। राम से पूरे अयोध्या को प्यार है, कैकेयी खुद भी राम से बहुत प्यार करती हैं, और मंथरा को भी राम से बहुत प्यार है, राम उसकी गोद में भी खेले हैं, फिर ये दासी ऐसा क्यों कह रही है, ''कल हमारे राम का राज्याभिषेक हो रहा है।''

''हमारे राम? तो क्या राम सिर्फ उसके हैं? क्योंकि वो दासी कौशल्या के महल में है और राम कौशल्या के पुत्र हैं, और इस दासी ने, जिसे मंथरा ने अभी-अभी दीदी कहकर संबोधित किया है, राम की धाय रही है, इसलिए राम सिर्फ उसके हो गए? उसने ऐसा क्यों नहीं कहा कि तुम्हारे राम, या हम सबके राम का राज्याभिषेक होने जा रहा है। यकीनन इस संसार में आज किसी के लिए इससे ज्यादा खुशी की दूसरी कोई बात हो ही नहीं सकती थी कि राम हम सबके राजा बनने जा रहे हैं, लेकिन इस नौकरानी के अहंकार को तो देखो। कह रही है हमारे राम...।''

मंथरा के तन-बदन में आग लग गई। कौशल्या की इस दासी की हेकड़ी मिटानी ही होगी। उसका मन उस दासी के कहे से बहुत आहत हुआ था। वो भागी-भागी रानी कैकेयी के कमरे में घुसी और उसने रानी को जगाकर कहा, ''आप सारा दिन यहाँ इस महल में पड़ी रहिए, वहाँ आपका सबकुछ लुटने को तैयार है।'' रानी ने आश्चर्य से पूछा, ''क्या हुआ मेरी प्यारी मंथरा, तुम इस कदर क्रोध में क्यों हो?''

मंथरा ने बताया कि कैसे कौशल्या की दासी ने अभी-अभी उसे छत पर बताया कि राम को कल युवराज घोषित किया जाएगा, और भविष्य में अयोध्या के राजा वही बनेंगे।

''ये तो बहुत खुशी की बात है मंथरा, तुम कहो तुम्हें इस खुशखबरी के लिए क्या इनाम दिया जाए?''

''रानी आपका दिमाग चल गया है। आप आने वाले दुःखों की आहट नहीं सुन पा रही हैं। अभी छत पर उस दो टके की दासी ने जो कहा है, उसका मर्म आप नहीं समझ पा रही हैं। उसने, जिसे मैंने दीदी कहकर पुकारा था, पूछा था कि जश्न की ये तैयारियाँ क्यों हो रही हैं, तो उसने बहुत अकड़ते हुए कहा कि उसके राम का युवराजाभिषेक हो रहा है।''

''तो इसमें गलत क्या है मंथरा? राम तो हम सबका प्रिय हैं। तुम खुद राम की तारीफ करते नहीं अघाती, आज तुम्हें क्या हो गया है? अभी मिनट भर में राम यहाँ आता ही

होगा, और आते ही माते कहकर मुझसे लिपट जाएगा। तुम इसमें इतनी आहत क्यों हो?''

''रानी! आपकी मति मारी गई है। उस दासी ने आज मेरा अपमान किया है। अभी राम युवराज बने नहीं हैं, उसने ये फर्क करना शुरू कर दिया है कि वो युवराज की दासी है। भविष्य में राम राजा बनेंगे, तो वो राजा की दासी होगी। जब एक दासी दूसरी दासी से व्यवहार में फर्क करने लगी है, तो सोचिए आपके साथ क्या हो सकता है?''

''मंथरा, ये क्या अंड-बंड बके जा रही है। तेरा दिमाग क्रोध और ईर्ष्या से भरा है। एक दासी के कहे को तू दिल से लगाकर बदले की भावना से भरी है। उस दासी ने खुशी में ऐसा कहा होगा कि मेरे राम... तू जा और चाय बना, खुद भी पी, मुझे भी पिला।''

''रानी, मैं तो दासी हूँ। मैंने उस दासी का अपमान बरदाश्त कर लिया तो मेरा कुछ घट नहीं गया, लेकिन रानी जिस दिन आपकी जरा सी उपेक्षा हो गई, मैं उस दिन से डर रही हूँ। मैं जानती हूँ कि आप सह नहीं सकेंगी उस दुःख को, जिसे सह कर मैं अभी-अभी छत से लौटी हूँ।''

माँ ने कहानी यहाँ तक सुनाई। फिर उसने अपनी आँखें पोछीं और कहा कि संजू बेटा छोटा सा झूठ, जरा सा क्रोध, मामूली सी ईर्ष्या और थोड़े से अहंकार से इतिहास बदल गया।

''माँ, रानी कैकेयी ने फिर क्या किया?''

बेटा, जब कोई किसी को ये विश्वास दिला देता है कि वो जो कुछ कह रहा है, उसमें उसका कोई स्वार्थ नहीं छिपा तो आदमी विवश हो उठता है एक बार उसकी बात पर ध्यान देने पर। मंथरा को राम से या कौशल्या से कोई शिकायत नहीं थी। मंथरा क्या, इस संसार में ऐसा कोई नहीं था, जिसे राम से शिकायत होती। लेकिन उस दिन राम की धाय का 'मेरे राम' कहना भर मंथरा को बहुत आहत कर गया था। मंथरा ने उस धाय से चिढ़ कर कैकेयी के मन के दूध स्रोत पर ही नींबू का रस निचोड़ दिया। तुम तो जानते ही संजू कि नींबू का रस डलते ही दूध फट जाता है। और एक बार दूध फट गया, तो फट गया।

मंथरा अपनी रानी के लिए चाय बनाने चली गई, इधर कैकेयी सोच में डूब गई।

कहीं ये मंथरा सही तो नहीं कह रही। ये तो सच ही है कि अगर राम को राजा बना दिया गया कौशल्या ही राजमाता बनेंगी। महल में उनका दर्जा अलग होगा। जब राम महल में आएँगे तो सारे लोग खड़े होकर उनका अभिवादन करेंगे। मेरा पुत्र भरत भी खड़ा रहेगा राम के आगे। लेकिन भरत तो आज भी राम के आगे नहीं बैठता। वो तो अपने बड़े भाई के आगे खड़ा ही रहता है। छोटा भाई है, उसे खड़ा रहना भी चाहिए। संस्कार तो यही कहते हैं। फिर क्या फर्क पड़ेगा? राज माता... राजा...उपेक्षा...ओह! दर्द से सिर फटा जा रहा है। ये मंथरा की बच्ची अब तक चाय लेकर भी नहीं आई। अरे कहीं डिस्प्रीन की गोली है?

जब तक मंथरा हाथ में चाय की प्याली लिए आई, रानी कैकेयी जमीन पर बेसुध पड़ी थीं। मंथरा ने खबर फैला दी कि रानी कैकेयी बहुत दुःखी हैं। वो अब किसी से नहीं मिलेंगी। वो कोप भवन में चली गई हैं।

सब दौड़े-दौड़े आए। लेकिन मंथरा ने किसी को बेसुध पड़ी रानी से नहीं मिलने दिया। उसने कहा कि रानी पहले राजा दशरथ से मिलेंगी, फिर कोई और उनसे मिल सकता है।

कैकेयी की तंद्रा टूटी तो खुद को उन्होंने कोप भवन के पलंग पर पाया। मंथरा सिर पर पंखा झल रही थी। रानी ने उसकी ओर देखा, धीरे से पूछा, ''मुझे क्या हुआ है, मंथरा?''

''कुछ नहीं, रानी। मैं चाय लेकर आई तो आप जमीन पर गिरी पड़ी थीं। मैंने सबको खबर दी, लेकिन सभी राम के युवराजाभिषेक की तैयारी में इतने व्यस्त हैं कि कोई आपको देखने तक नहीं आया। मैं किसी तरह उठाकर आपको इस पलंग तक लाई हूँ।''

''तुम सच कहती हो मंथरा, एक तुम ही मेरी अपनी हो। तुम बिना किसी स्वार्थ के मेरी सेवा में डूबी हो। मेरी इतनी तबीयत खराब हुई, तुमने सबको खबर भी करवाया, लेकिन कोई मुझसे मिलने तक नहीं आया। मंथरे, कुब्जे, तू ही मेरी है, बस तू ही। अब तू ही बता, मुझे आगे क्या करना चाहिए?''

''कुछ नहीं रानी, बस महाराज आएँगे तो आप कह दीजिएगा कि आपको अब उनसे नहीं मिलना।''

''मंथरे, साफ-साफ बता कि इसका क्या अर्थ हुआ? अगर मैं कह दूँगी कि मुझे नहीं मिलना तो वो लौट ही जाएँगे। फिर मेरा क्या होगा?''

"अरी रानी। पुरुष ऐसे वापस नहीं लौटते। इससे तो उनके अहं को चोट पहुँचती है। आप नहीं मिलने की सिर्फ बात कहना, फिर लिपट कर फूट-फूटकर रोना। कहना कि बहुत साल पहले आपने मुझे जो एक वर दिया था, उसे आज पूरा करने का वक्त आ गया है। आप राम को वन भेज दीजिए। बस इतना ही कहना है।"

"राम को वन, लेकिन क्यों?"

"रानी, इतने सवाल-जवाब मत कीजिए। छत पर कौशल्या की जो दासी मिली थी, और जिसने मुझसे बहुत ही हिकारत भरे लहजे में कहा था कि मेरे राम, उसे इससे बेहतर और कोई जवाब हो ही नहीं सकता कि उसके राम को वन भेज दिया जाए। उस बुढ़िया की सारी हेकड़ी जाती रहेगी।"

माँ कहानियाँ सुनाते हुए भावुक हो जाती थी। उस रात भी वो इसके आगे कुछ बोल नहीं पा रही थी। उसने बस इतना कहा, "किसकी हेकड़ी, किसका अहंकार, यहीं से संसार का इतिहास बदल गया।"

लेकिन माँ, "राम तो फिर लौट आए थे।"

लौटे थे बेटा। लेकिन तब तक बहुत सा संसार बदल चुका था। संसार बहुत छोटी-छोटी बातों पर बदल जाए, ये अच्छा संकेत नहीं होता।

एक झूठ बहुत से सच को ढक ले, ये भी अच्छा नहीं होता। बल्कि सच तो ये है कि हर झूठ उसके लिए भी ये दुःख का कारण बनता है, जो इसका सहारा लेता है। संजय बेटा तुम अभी सो जाओ, फिर मैं कल बताऊँगी कि मंथरा का क्या हुआ, कैकेयी का क्या हुआ?

"और माँ, उस हनुमान की कहानी भी सुनाओगी न! जिसने पूँछ में आग लगाकर लंका को जला दिया था।"

"हाँ, उसकी भी। लेकिन अभी ये सोचते हुए सो जाओ कि झूठ और अहंकार से किसी को कुछ हासिल नहीं होता। झूठ और अहंकार इतिहास का स्वरूप बदल सकते हैं, खुशियों का संसार नहीं खड़ा कर सकते।"

खुशियों का संसार सच और विनम्रता से ही हासिल होता है।

□

11 मई

माँ मुझे कहानी सुना रही थी। "एक बार रामजी अपने दरबार में बैठे थे कि उनकी उँगली से अँगूठी निकलकर जमीन पर गिर पड़ी, और जमीन को छेदती हुई वो पाताल लोक में जा पहुँची। पूरे दरबार में लोग हतप्रभ की राम की अँगूठी जमीन पर गिरते ही, जमीन को छेदती हुई पता नहीं कहाँ चली गई। सबके मन में चिंता होने लगी। खुद भगवान राम भी परेशान नज़र आने लगे कि आखिर अँगूठी कहाँ गई।

हनुमानजी वहीं रामजी के चरणों पर बैठे थे। राम को परेशान होते देख हनुमान ने कहा कि प्रभु अगर आप मुझे आदेश करें तो मैं धरती के नीचे जाकर आपकी अँगूठी ढूँढ़कर ले आऊँ। रामजी ने हाँ में सिर हिलाया। और हनुमानजी अपना आकार बहुत छोटा सा करके उस छेद में घुस गए।

"माँ, हनुमानजी खुद को कैसे छोटा और बड़ा कर लेते थे? क्या मैं भी छोटा और बड़ा हो सकता हूँ?"

"हाँ बेटा, कोई भी खुद को छोटा और बड़ा कर सकता है। जब आदमी अपने भीतर के अहं को निकाल फेंकता है, खुद पर नियंत्रण कर लेता है, और मन को वश में कर लेता है, तो वो सूक्ष्म-से-सूक्ष्म कार्य को कर पाने में सक्षम हो जाता है। तब वो जहाँ चाहे खुद को उसमें समाहित कर सकता है। ठीक इसी तरह जब वो भय रहित हो जाता है, अपनी ताकत को पहचानने लगता है, तो बड़ा-से-बड़ा हो जाता है। हनुमानजी में ये खूबी थी। वो सबसे शक्तिशाली होने के बाद भी हमेशा विनम्र रहते थे। हमेशा रामजी के चरणों में बैठते थे।"

"फिर क्या हुआ माँ? हनुमानजी जमीन के नीचे गए तो क्या उन्हें वो अँगूठी मिली?"

"हनुमानजी जमीन के नीचे चलते चले गए। बहुत दूर जाने के बाद उन्हें वहाँ पाताल लोक के राजा मिले।"

"तुम कौन हो?"

"मैं राम भक्त हनुमान हूँ।"

हनुमानजी को देखकर पाताल लोक के राजा ने उनसे वहाँ आने का कारण पूछा, तो हनुमानजी ने कहा कि उनके प्रभु राम की अँगूठी जमीन पर गिरी और यहाँ तक आ गई है। वो अँगूठी ढूँढ़ने आए हैं। राजा बहुत हैरान हुआ। उसने पूछा कि तुम एक अँगूठी के पीछे इतनी दूर चले आए?

जी, वो मेरे प्रभु की अँगूठी है। वो पता नहीं कैसे जमीन पर गिरी और फिर जमीन छेदती हुई यहाँ तक पहुँच गई।

पाताल लोक के राजा हँसने लगे। उन्होंने कहा कि यहाँ तो न जाने कितनी ऐसी अँगूठियाँ पड़ी हैं। तुम कैसे पहचानोगे कि तुम्हारे प्रभु की अँगूठी कौन सी है?

राजन, मैं पहचान लूँगा। मैं अपने प्रभु की अँगूठी को पहचानता हूँ।

पाताल लोक के राजा ने एक थाली में सारी अँगूठियाँ मँगवाईं, जो कभी जमीन पर गिर कर, उसे छेदती हुई पाताल लोक तक पहुँच गई थीं।

हनुमानजी परेशान हो गए। सचमुच थाली में सारी अँगूठियाँ एक जैसी थीं। सारी-की-सारी रामजी की अँगूठी जैसी थीं।

हनुमानजी ने एक-एक अँगूठी को उठाकर देखा। सब एक जैसी। कोई फर्क कर ही नहीं सकता था कि कौन सी अँगूठी उनके प्रभु राम की थी, कौन सी नहीं।

"माँ, बहुत दिलचस्पी बढ़ रही है मेरी ये जानने में कि हनुमानजी को असली अँगूठी मिली कि नहीं?"

"हाँ, बेटा। सवाल यही था कि असली अँगूठी कौन सी है।"

हनुमानजी पाताल लोक के राजा के सामने हाथ जोड़ कर खड़े हो गए। राजन आप ही बता दीजिए कि मेरे राम की अँगूठी कौन सी है? या फिर मैं इन सारी अँगूठियों को लेकर ऊपर जाता हूँ, अपने प्रभु को दिखलाता हूँ, वो तो पहचान ही जाएँगे कि उनकी अँगूठी कौन सी है।

पताल लोक का राजा जोर-जोर से हँसने लगा। उसने कहा, हनुमान तुम जब तक इन अँगूठियों को लेकर ऊपर पहुँचोगे, तुम्हारे प्रभु के अवतार की अवधि पूरी हो चुकी होगी। जब-जब राम के अवतार की अवधि पूरी होने लगती है, उनकी उँगली से अँगूठी निकलकर जमीन पर गिरती है और उसे भेदती हुई यहाँ पाताल लोक तक आ पहुँचती है। न जाने कितनी बार उनकी कई अँगूठियाँ यहाँ आ चुकी हैं। मैं सारी अँगूठियों को सँभालकर रख लेता हूँ। ऐसे में तुम्हारे लिए ये जानना मुश्किल होगा कि कौन सी तुम्हारे वाले रामजी की अँगूठी है।

''फिर क्या हुआ, माँ?''

''फिर क्या? हनुमानजी समझ गए कि भगवान तो हर युग में आते हैं। फिर चले जाते हैं।''

''लेकिन माँ, तुम तो कहती हो कि रामजी ब्रह्म हैं। सदा-सदा के लिए हैं। फिर बार-बार आना और जाना क्यों?''

''हाँ बेटा, रामजी सदा-सदा के लिए हैं। पाताल लोक का राजा भी तो यही तो बता रहा था। आना-जाना तो प्रकृति का चक्र है। जैसे आज मैं हूँ, कल नहीं रहूँगी। तो क्या मैं नहीं रहूँगी?''

''नहीं माँ, ऐसा कभी होगा ही नहीं कि तुम नहीं रहोगी। तुम तो संसार की सभी माँओं में समाहित हो जाओगी।''

''ऐसे ही रामजी भी कई रामों में समाहित होते रहे, होते रहेंगे। तुम जब बड़े हो जाओगे तो तुम विस्तार से पढ़ने पर जान जाओगे कि राम सिर्फ अयोध्या में नहीं हुए। तुम राम के दक्षिणात्य पाठ को पढ़ोगे तो अयोध्या में राम दिखेंगे, गौड़ीय पाठ यानी गोरेशियो के इतिहास में राम को ढूँढ़ोगे तो वो तुम्हें कहीं पेरिस के पास नज़र आएँगे। और अगर पश्चिमोत्तरीय पाठ को पढ़ोगे तो राम तुम्हें कहीं और ही नज़र आएँगे। लेकिन तुम्हें अभी इतनी गहराई में जाने की जरूरत नहीं। अभी तो हनुमानजी के विषय में सोचो जो इतनी गहराई में जाकर अपने राम के इतने रूपों के दर्शन कर कितने खुश हो रहे हैं।''

''हाँ माँ, कल फेसबुक पर मेरे ढेरों परिजनों ने मुझे अपनी-अपनी माँओं से मिलाया। मुझे भी हर माँ में तुम नज़र आ रही थी। जैसे सारे राम एक हैं, वैसे ही हर माँ भी एक होती है।''

□

13 मई

माँ की सुनाई सभी कहानियाँ मैं एक-एक कर आपके साथ साझा कर रहा हूँ।

मुझे बहुत बार आश्चर्य भी होता है कि माँ को कैसे इतनी कहानियाँ याद रहती थीं। उनकी कहानियों के आगे रातें छोटी पड़ जाती थीं। मैं कई बार ये सोचकर भी हैरान रह जाता हूँ कि इतनी कहानियाँ उन्होंने कब पढ़ी या सुनी होंगी। तब कंप्यूटर और इंटरनेट का जमाना नहीं था, लेकिन माँ चलती-फिरती गूगल थी।

मुझे नहीं याद कि माँ से मैंने कोई सवाल पूछा हो और माँ ने चुप्पी साध ली हो।

''माँ, किसने देखा और बताया कि धरती का आकार गोल है।''

''वैसे तो तुम्हारे स्कूल की किताबों में लिखा है कि पाइथोगोरस ने सबसे पहले बताया कि धरती गोल है। लेकिन जीवन का चक्र भी गोल है, इसलिए ये समझने की बात है कि कोई भी चीज संपूर्ण तब होती है, जब वो गोल हो। और धरती अपने आप में संपूर्ण है।''

''माँ, धरती को माँ क्यों कहते हैं?''

''बेटा, जिस धरती पर हम रहते हैं, उसमें ईश्वर ने हमें प्रचुर मात्रा में वो सारी चीजें दी हैं, जिनसे हमारा जीवन संचालित होता है। आदमी की सभी जरूरतें इस धरती से पूरी होती हैं। इसीलिए धरती को माँ कहते हैं।''

''माँ, जब सभी के लिए धरती के पास पर्याप्त है, फिर कोई गरीब और कोई अमीर क्यों होता है?''

''कोई अमीर या कोई गरीब नहीं होता बेटा, ये मन की गति है, जो आदमी को अमीर या गरीब बनाती है। भगवान ने तो सबकी जरूरत पूरी करने के लिए सब चीजें धरती में समाहित करके दे दीं। इतनी दे दीं कि किसी को कोई कमी न हो। लेकिन जिसके

मन में कमी है, उसके लिए तो पूरी पृथ्वी कम पड़ जाती है। मन के लालच की कोई सीमा नहीं होती बेटा।''

''माँ, क्या सचमुच पैसा सबसे बड़ी चीज है? क्या पैसे से हर काम हो जाता है? क्यों पैसे को इतनी अहमियत दी जाती है?''

''पैसा सबसे बड़ी चीज नहीं। सबसे बड़ी चीज है संतोष। हाँ, तुमने यह अच्छा पूछा कि पैसे से हर काम क्यों हो जाता है? आज तुम्हें मैं एक राजा और पंडित की कहानी सुनाऊँगी।''

माँ का इतना कहना होता और मैं खुश हो जाता। माँ से कोई सवाल पूछने का सबसे बड़ा लाभ यही था कि माँ एक शानदार कहानी सुनाएगी।

''तो माँ, जल्दी शुरू करो न कहानी।''

''एक राजा था। बहुत दयालु और भगवान का भक्त। उसकी राजधानी में कोई मंदिर नहीं था। एक दिन उसने राजधानी में भगवानजी का एक मंदिर बनवा दिया और एक पंडित को मंदिर की जिम्मेदारी सौंप दी। पंडित बहुत विद्वान् था। वो सुबह-शाम मंदिर खोलता, बंद करता। भगवानजी को तैयार कराता, लोगों की पूजा कराता।''

इस तरह राज्य में सभी लोग खुशीपूर्वक रह रहे थे। लोग मंदिर जाते, विष्णु भगवान की सुंदर सी मूर्ति की पूजा करते, चले आते। पंडित ने मंदिर के खुलने और बंद होने का समय निर्धारित कर दिया था। राजा भी रोज शाम को मंदिर जाता, पूजा करता और चला आता। एक दिन राजा को मंदिर पहुँचने में देर हो गई, वो जब मंदिर पहुँचा तो उसने पाया कि पंडित ने मंदिर का दरवाजा बंद कर दिया है। राजा ने पूछा तो पंडित ने कहा कि राजन, अब भगवानजी सो गए हैं, इसलिए पट बंद हो गए, मंदिर बंद हो गया। कल सुबह खुलेगा तो आप दर्शन कर लीजिएगा।

राजा बहुत प्रसन्न हुए। पंडित नियम का पक्का है, ये जानकर उन्हें अत्यंत खुशी हुई।

एक दिन देर रात दूसरे राज्य से एक सेठ वहाँ आया और उसने मंदिर में भगवान के दर्शन की इच्छा जताई। वो मंदिर पहुँचा तो मंदिर के द्वार बंद थे। वो पंडित से मिला, पंडित ने मंदिर का द्वार नहीं खुलने की बात कही। कहा कि मंदिर सुबह ही खुलेगा। सेठ को बहुत निराशा हुई। फिर उसने पंडित के हाथों में स्वर्ण मुद्रा से भरी एक थैली पकड़ाई और कहा कि इसे भगवान के चरणों में अर्पित करना है।

पंडित ने स्वर्ण मुद्रा से भरी थैली देखी और उसने मंदिर का द्वार खोल दिया।

किसी व्यक्ति ने इस बात की शिकायत राजा से कर दी कि हुजूर, पंडित ने उस सेठ के लिए मंदिर का बंद द्वार खोल दिया था।

राजा ने पंडित को बुलाया।

"क्यों पंडित मंदिर खुलने का समय कब होता है?"

"राजन, सुबह छह बजे।"

"और बंद होने का समय?"

"राजन, शाम के सात बजे।"

"कैसे तय होता है कि भगवान कब सोते और जागते हैं?"

"राजन, जब मैं सुबह भगवान को नहला कर तैयार करके आरती करता हूँ तो भगवान जाग जाते हैं और शाम को जब मैं फिर आरती करके, उन्हें भोग लगाकर सुला देता हूँ तो वो सो जाते हैं।"

"क्या भगवान सोने के बाद फिर रात में नहीं जागते?"

"नहीं राजन। जब वो एक बार सो गए तो फिर सो गए। उन्हें परेशान नहीं किया जा सकता।"

"सोच लो पंडित। क्या भगवान किसी तरह नहीं जागते, या कोई उपाय है?"

पंडित का माथा ठनका कि हो-न-हो किसी ने उस दिन सेठ के लिए मंदिर खोलने की शिकायत राजा से कर दी हो। उसने सिर झुका कर कहा कि हुजूर, अगर माँ लक्ष्मी दरवाजे पर दस्तक दें तो फिर मंदिर को खुलने से कोई नहीं रोक सकता। मैं चाहूँ तो भी नहीं। मैं अगर मंदिर के द्वार नहीं खोलूँगा, तो भगवान विष्णु स्वयं द्वार खोल देंगे। आखिर लक्ष्मी उनकी पत्नी हैं।

राजा समझ गया। लक्ष्मी अगर दस्तक देंगी तो भगवान भी द्वार खोलने के लिए खड़े हो जाएँगे।

माँ जानती थी कि मुझे मेरे सवाल का जवाब मिल गया है, इसलिए वो कहानी रोककर यह देखने की कोशिश करती कि मैं कहीं सो तो नहीं गया।

लेकिन मैं आँखें बंदकर सोचता रहता कि सचमुच लक्ष्मी दस्तक दें तो...।

□

21 मई

भोपाल में मेरे इतिहास की प्रोफेसर मिसेज मित्तल की आँखें ये पढ़ाते हुए चौड़ी हो जाती थीं कि फासिज्म प्रचार पर बहुत जोर देता है। वो बताती थीं कि हिटलर इस खेल को बखूबी जानता था और वो कहता था कि प्रचार इस बौद्धिक स्तर का होना चाहिए कि जिनके लिए ये हो रहा है, उसे मूर्ख-से-मूर्ख व्यक्ति भी समझ जाए। जिन दिनों मिसेज मित्तल ये पढ़ा रही थीं, टी.वी. घर-घर पहुँच चुका था। लेकिन जिस दौर को वो पढ़ा रही थीं, उस दौर में टी.वी. की कल्पना भी नहीं की गई थी। मिसेज मित्तल की कोशिश तो मुझे यूरोप के इतिहास को समझाने की थी, लेकिन एमए की उस पढ़ाई के दौरान मेरी आँखों में इमरजेंसी, जयप्रकाश नारायण का आंदोलन, स्कूल बंद, धरना, जुलूस, सुनयना दीदी की पिटाई, माँ का अखबार पढ़कर सुनाना घूमा करते थे।

हमारे घर में गैस का चूल्हा आ चुका था, प्रेशर कुकर भी आ चुका था। पड़ोस में रहनेवाली पुतुल की माँ से किसी ने कह दिया था कि गैस के चूल्हे पर रोटियाँ नहीं सेंकनी चाहिए, क्योंकि इस पर पकी रोटियाँ खाने से पेट में गैस भर जाती है। कुकर में भी खाना बनने के दौरान सीटी बजती थी और उससे रेलगाड़ी के इंजन की तरह भाप बाहर निकलता था। किसी ने यह भी प्रचारित कर ही दिया था कि खाने की सारी पौष्टिकता इस भाप में बाहर निकल जाती है। जाहिर है, माँ के लिए गैस के चूल्हे का आना और प्रेशर कुकर में दाल पकाना बहुत राहत की बात थी। एक तो उन्हें दमा की बीमारी थी और कोयले वाले चूल्हे के धुएँ से उन्हें परेशानी होती थी दूसरे, जेपी आंदोलन और इमरजेंसी जैसे उस दौर में उनकी बहुत दिलचस्पी शाम को रेडियो पर आने वाले समाचारों में थी।

तो, पुतुल की माँ के ऐसा कहने के बावजूद कि गैस पर रोटी नहीं पकानी चाहिए, और कुकर में खाना नहीं बनाना चाहिए, माँ इन दोनों संसाधनों का इस्तेमाल करती थी। खाना शाम को जल्दी बन जाता। रेडियो पर शाम सात बजे प्रादेशिक और नौ बजे

राष्ट्रीय समाचार आते। पहले हिंदी में फिर अंग्रेजी में।

मेरी समझ में न तो हिंदी वाले समाचार आते, न अंग्रेजी वाले। हाँ, इतना हो चुका था कि अंग्रेजी वाले समाचार में जब रेडियो के पीछे बैठी किसी लड़की की सुंदर सी आवाज गूँजती, ''दिस इज ऑल इंडिया वेडियो, द न्यूज वेड बाई...'' तो मैं सोच में पड़ जाता कि ये तो रेडियो है, और ये अंग्रेजन वेडियो बोलती है। मुझे उसकी आवाज बहुत प्यारी लगती थी। पिताजी उस अंग्रेजी समाचार को बहुत ध्यान से सुनते थे। बाद में मुझे समझाते कि अंग्रेजी में 'आर' शब्द का इस्तेमाल बहुत अनूठे अंदाज में होता है और इस एक 'आर' के उच्चारण से समझा जा सकता है कि सामने वाले को कैसी अंग्रेजी आती है।

खैर, वेडियो हो या रेडियो मेरी दिलचस्पी माँ की टिप्पणियों में होती थी।

समाचार सुनकर माँ कहती कि आजकल केवल जेपी और विपक्षी दलों के खिलाफ ही खबरें होती हैं। वो विद्याचरण शुक्ल का नाम लेती और कहती कि ये महाराज तो हिटलर के उस सिद्धांत का पूरी निष्ठा से पालन कर रहे हैं कि प्रचार ऐसा होना चाहिए कि मूर्ख-से-मूर्ख भी उसे समझ जाए। माँ के पास राजनीतिक टिप्पणियों का भंडार था। बहुत सी बातें वो किसी को संबोधित करके नहीं बोलती थी, वो बस जोर से बुदबुदा देती, जिसके कान में पड़ जाए, उसके कान में पड़ जाए। ऐसी एक शाम माँ ने कहा था कि आजकल खबरें ऐसी पढ़ी जाती हैं, जैसे सारा कुछ मूर्खों के लिए 'भी' नहीं, बल्कि मूर्खों के लिए 'ही' हो रहा है। पर माँ को इस बात की बहुत चिंता रहती थी कि सरकार चाहे जो करे, लेकिन जनता को उसका सच और मंसूबा समझ में आना चाहिए।

भोपाल में हमीदिया कॉलेज की प्रोफेसर मिसेज मित्तल, हिटलर के जिस दौर को पढ़ाती थीं, उस दौर में रेडियो का सिर्फ सरकारी इस्तेमाल हो रहा था। हिटलर ने अपनी सत्ता को चमकाने के लिए रेडियो का सबसे शानदार तरीके से इस्तेमाल किया। माँ जब रेडियो पर खबरों को सुनती थी, तब शायद टी.वी. की कल्पना की जा चुकी होगी, लेकिन हमारे घर तक वो कल्पना नहीं पहुँची थी। लेकिन माँ ने इंदिरा गांधी के उस दौर में रेडियो को ही बुद्धू बक्सा नाम दे दिया था।

बुद्धू बक्से से उसका मतलब था कि अब खबरों में कुछ बचा नहीं, ये बुद्धुओं के लिए रह गया है।

इंदिरा गांधी ने अपने किसी बीस सूत्री कार्यक्रम की घोषणा कर दी थी। सरकारी तंत्र

ये बात जनता के मन में घुसाने के लिए पिले पड़े थे कि अच्छे दिन लाने वाला कोई कार्यक्रम बन गया है, लेकिन क्या कार्यक्रम है, ये कोई ठीक से नहीं बता पा रहा था। हकीकत ये थी कि जिनके लिए इस कार्यक्रम का ढाँचा खड़ा किया गया था, जिन्हें इससे वाकई लाभ होना था, उन तक तो इसका एक सूत्र भी नहीं पहुँच पा रहा था।

प्रचार की पहली और बड़ी शर्त होती है कि उसे बहुत कम मुद्दों तक सीमित रहना चाहिए, और उसे अनंत बार दोहराना भी चाहिए। इंदिरा गांधी हिटलर के इस फॉर्मूले को जानती थीं, इसलिए उन दिनों उनके भाषणों में इस बीस सूत्री कार्यक्रम की खूब चर्चा होती थी। उनका मकसद सिर्फ इतना ही प्रचारित कराना था कि उन्होंने कोई बीस सूत्री कार्यक्रम बनाया है, जो जादू की छड़ी है, लेकिन वो असल में है क्या ये किसी को कभी पता नहीं चला।

जिन दिनों मैं भारतीय जनसंचार संस्थान में पत्रकारिता की पढ़ाई कर रहा था, मेरी पढ़ाई का एक अध्याय ये भी था कि सही व्यक्ति तक सही बात को पहुँचाना खबर का सबसे बड़ा आधार होता है। पत्रकारिता की पढ़ाई में बीस सूत्री कार्यक्रम को इंदिरा सरकार की बहुत बड़ी विफलता के रूप में बताया जाता था। प्रोफेसर समझाते कि अगर वाकई ये कार्यक्रम लागू हो जाता तो जिनके लिए ये कार्यक्रम था, उन्हें बहुत फायदा होता। लेकिन दुर्भाग्य ये था कि जिनके लिए ये कार्यक्रम था, उन तक वो कभी पहुँच ही नहीं पाया। इंदिरा गांधी के सारे सलाहकार उनके चंपू बन गए थे। उनमें से किसी को इस कार्यक्रम के एक भी सूत्र का खुद ही पता नहीं था। बड़े वादों की खासियत ये होती है कि वो जितना देते हैं, उससे ज्यादा ले लेते हैं।

देश में ढेरों गिरफ्तारियाँ हो चुकी थीं। इमरजेंसी एक बार फिर अंग्रेजी हुकूमत के अत्याचार की तरह प्रचारित हो चुका था। हालाँकि खबरों में गिरफ्तार व्यक्तियों के नाम और संख्या बताने की जगह छिपाने की परिपाटी चल पड़ी थी। रेडियो और अखबार झूठ बोलने लगे थे। सत्ता पक्ष के मन में बैठ गया था कि गिरफ्तारों के नाम बताने से लोगों में उनके लिए सहानुभूति उपजेगी। और सरकार मूल रूप से हिटलर की सलाह मानते हुए बड़े झूठ को बार-बार बोलने से सच में तबदील हो जाने के सिद्धांत को प्रतिपादित होते हुए देख रही थी।

मैं माँ से पूछता था, ''आप क्यों कहती हैं कि बड़े झूठ को बार-बार बोलने से वो सच साबित हो जाता है?''

माँ कहती, ''आम आदमी छोटा झूठ तो रोज सुनता और बोलता है, लेकिन बड़े झूठ से उसका पाला नहीं पड़ता, इसलिए सरकारें अपने तंत्र से बड़े झूठ बोलती हैं। ऐसे

झूठ बोलती हैं, जिन पर आम आदमी आसानी से यकीन कर लेता है। जैसे सरकार फैला रही है कि उसके बीस सूत्री कार्यक्रम से देश में अच्छे दिन आ जाएँगे। अच्छे दिन का आना हर आदमी के लिए सपना है। लेकिन वो अच्छा दिन कौन सा होगा उसे भी नहीं पता। इसलिए सरकार इस झूठ को रेडियो और अखबार से प्रचारित करा रही है कि इंदिरा गांधी का ये बीस सूत्री कार्यक्रम अच्छे दिन लाएगा। तुम देखना, हम बेचारों तक उसका पहला सूत्र भी नहीं पहुँचेगा। असल में ये सूत्र फायदा पहुँचाने के लिए नहीं, जुमला चलाने के लिए होते हैं।''

कल मैंने जेपी और इंदिरा गांधी की बात शुरू की थी तो उन्हीं यादों में खोया रहा। लिखने चला था भोपाल की अपनी प्रोफेसर के पढ़ाने के तरीके की कहानी, लेकिन बीच में माँ का कहा भी याद आ गया और फिर सरकारी प्रचार के जरिए बोले जाने वाले झूठ की भी याद आ गई। ये याद आ गया कि माँ ने कितना पहले कहा था कि जनता जब तक लोभी है, सरकार उसे मूर्ख बनाती रहेगी।

''लोभियों के गाँव में ठग भूखे नहीं मरते। हिटलर ने भी लोगों के लोभ को भुनाया, इंदिरा गांधी ने भी। और आने वाली तमाम सरकारें लोभ दिखाकर मूर्ख बनाती रहेंगी।''

इंदिरा गांधी का शासन तो मुझे याद है। बीस सूत्री कार्यक्रम भी मुझे याद है। जेपी का आंदोलन भी याद है। जेपी के आंदोलन की कोख से निकले सरकार के वादे भी मुझे याद हैं। अन्ना का आंदोलन भी याद है और इस आंदोलन की कोख से निकली सरकारों के वादे भी याद हैं। यादों का ये सफर चालीस साल से सिर्फ उम्मीदों पर टिका है।

□

23 मई

मेरे पड़ोस वाली रेखा दीदी की शादी मेरी जानकारी में सबसे पहले चाँद के पास वाले ग्रह के एक प्राणी से हुई थी। मुझे बताया गया था कि रेखा दीदी शादी के बाद बहुत बड़े हवाई जहाज से उड़कर जिस देश जाने वाली हैं, उसका नाम अमरीका है।

''अमरीका कहाँ है?''

''वो बहुत दूर है। आसमान में उड़कर जाना पड़ता है।''

मैं हैरान होकर चाँद की ओर देखता, और पूछता, ''क्या चाँद से भी आगे?''

यह वो सवाल होता, जिसका जवाब हम बच्चों में से किसी के पास नहीं होता।

सारे बच्चे मन में उड़कर पहुँच जाते अमरीका, और वहाँ से हाथ हिलाते देखते रेखा दीदी को।

रेखा दीदी की शादी हो गई। शादी के कई महीनों बाद रेखा दीदी उड़कर अमरीका चली गईं।

मुझे रेखा दीदी की बहुत याद आती। मैं सोचता रहता कि चाँद के पास वाले ग्रह, जहाँ रेखा दीदी गई हैं, वहाँ कौन उनका दोस्त होगा। वो किससे बातें करती होंगी? क्या चाँद पर रहनेवाले लोग उनसे मिलने आते होंगे? वो सभी लोग क्या हिंदी भी बोलते होंगे?

बहुत साल बाद रेखा दीदी अमरीका से वापस आई थीं। हम बच्चों से वो मिलीं। जब वो अमरीका गई थीं, तब हम जितने छोटे थे, अब उतने छोटे नहीं रह गए थे। हम कुछ बड़े हो गए थे। लेकिन अमरीका हमारे लिए एक अलग ग्रह की तरह ही कोई देश था।

रेखा दीदी ने हमें वहाँ की ढेरों कहानियाँ सुनाईं। जानते हो, वहाँ घर की सफाई झाड़ू से नहीं होती। वहाँ मशीन से घर की सफाई होती है। जो आदमी हफ्ते या महीने में एक बार घर की सफाई करने आता है, वो भी बड़ी सी गाड़ी में आता है। वहाँ कोई किसी के घर बिना फोन किए नहीं जाता। वहाँ लोग एक-दूसरे से बेवजह बातें नहीं करते। वहाँ रोड के किनारे चायवाले या पानवाले भैया से गुप्ता अंकल या शर्मा अंकल के घर का पता नहीं पूछा जा सकता। वहाँ समोसे और गोलगप्पे नहीं मिलते। वहाँ सबके घरों में फोन है। वहाँ सबके पास अपनी गाड़ी है। वहाँ रेडियो पर खबरें सुनाई ही नहीं पड़तीं, दिखाई भी पड़ती हैं। वहाँ बच्चा-बच्चा अंग्रेजी बोलता है। वहाँ बच्चे माँ के साथ नहीं सोते। वहाँ तेरी उम्र के बच्चे घर से अलग रहने लगते हैं।

बस-बस रेखा दीदी, रहने दीजिए। मैं अमरीका कभी नहीं जाऊँगा। माना कि वहाँ घर की सफाई करनेवाला कार में आता है, मशीन से घर साफ करता है। वहाँ समोसा और गोलगप्पे नहीं बिकते। मुझसे छोटे बच्चे भी अंग्रेजी बोलना जानते हैं, लेकिन ये क्या बात हुई कि किसी के घर जाने से पहले उससे पूछना पड़े। बच्चे माँ के साथ नहीं सो सकते। न बाबा न, मुझे कभी वहाँ जाना ही नहीं।

रेखा दीदी मेरी बातें सुनकर हँस देतीं।

मैं वहाँ से खिसक लेता, रेखा दीदी अपनी सहेलियों में घिर जातीं, और फिर उन्हें अमरीका के बारे में सुनातीं, ढेरों कहानियाँ।

बहुत साल बीत गए। एक दिन रेखा दीदी की तरह माँ भी मुझे छोड़कर पता नहीं किस देश में चली गई थी। रेखा दीदी का तो मुझे पता था, वो आसमान में उड़कर अमरीका गई थी। लेकिन माँ का शरीर जमीन पर पड़ा रह गया था, माँ उड़ गई थीं। सबने बताया था कि माँ ऊपर भगवान के पास चली गई।

अच्छा हुआ माँ अमरीका नहीं गई। वो भला किसी से मिलने के लिए पहले फोन करती, उससे टाइम लेती और फिर मिलने जाती, ये उससे मुमकिन नहीं होता। वो तो किसी के घर की दरवाजा खटखटाती और उसके घर चली जाती। कोई हमारे घर का दरवाजा खटखटाता और चला आता। जो आता, वो खाता, सोता।

माँ को अगर अमरीका जाना पड़ता तो माँ बहुत उदास हो जाती।

मैं बड़ा होता चला गया। मैं स्कूल-कॉलेज कर चुका था। मैं समझने लगा था कि जो अमरीका जाते हैं, वो साल-दो साल में मिलने आ सकते हैं, लेकिन जहाँ माँ गई थी, वहाँ से कोई कभी मिलने नहीं आता। अमरीका हमारे देश में आने लगा था। हमारे

देश में भी घर की सफाई करनेवाली मशीन मिलने लगी थी। खबरें दिखानेवाले रेडियो मिलने लगे थे। बहुत से घरों में गाड़ियाँ आने लगी थीं। कई बच्चे अंग्रेजी भी बोलने लगे थे। भारत धीरे-धीरे अमरीका बनने लगा था। एक समय ऐसा भी आ ही गया, जब लोग किसी के घर जाने से पहले उसे फोन करके बताते कि वो आ रहे हैं। रेखा दीदी की अमरीका के बारे में बताई हर चीज अमरीका से भारत आने लगी थी।

कल मेरा एक दोस्त, जो पुलिस अफसर है, मेरे घर आया था। नाश्ते की टेबल पर वो मेरी पत्नी को बता रहा था कि कानपुर से दिल्ली ट्रेन में आते हुए उसे बहुत अफसोस हुआ। एसी फर्स्ट क्लास में चार बर्थ वाले कूपे में चारों लोग एक दूसरे से बातें नहीं कर रहे थे। सबके सब अपने-अपने फोन पर लगे थे। कई घंटों के उस सफर में उसे बहुत अकुलाहट हुई कि भला आदमी-आदमी के सामने बैठा रहे, और एक-दूसरे से परिचय भी न करे, ये क्या बात हुई। लोग पता नहीं अपने फोन पर क्या देखकर खुद में ही मुस्कुराते रहते हैं। किसी के पास किसी से बात करने की फुरसत नहीं।

मेरी पत्नी मेरे दोस्त को समझा रही थी कि इतने सारे उपकरण, जिनका आविष्कार आदमी की सुविधा के लिए हुआ है, जिनसे आदमी को आदमी के और करीब आना चाहिए था, उसने दरअसल आदमी को आदमी से दूर कर दिया है। लोग अब अकेले होते जा रहे हैं।

मैंने कुछ कहा नहीं, सिर्फ सोचता रहा। क्या सचमुच हम अकेले होने लगे हैं। क्या रेखा दीदी के देश ने हमारे देश पर बिना किसी का खून बहाए हमला करके कब्जा कर लिया है। क्या इतिहास की किताब में मैंने जिस रक्तहीन क्रांति के विषय में पढ़ा था, ये वही रक्तहीन क्रांति है।

अगर ऐसा है तो मुझे अपनी माँ के इस संसार से चले जाने का कोई अफसोस नहीं। मैं जानता हूँ कि मेरी माँ कभी अकेले एक बंद कमरे में यूँ ही नहीं पड़ी रह सकती थी। उसे तो ये भी पसंद नहीं था कि घर आने वाले को दरवाजा भी खटखटाना पड़े। अरे जिसे आना हो, वो चला आए। अगर वो होती और उसे इस तरह एक कमरे में अकेले रहना पड़ता तो वो यूँ ही मर जाती। उससे अकेलापन सहा नहीं जाता था। हमारे घर में चाहे जितने कमरे रहे हों, अगर कोई रिश्तेदार घर आता तो हम सब एक ही कमरे में जमीन पर बिस्तर लगा कर भी सोते, और देर रात तक गप करते।

मुझे कभी-कभी लगता है कि बेकार ही रेखा दीदी के पिताजी ने उनकी शादी अमरीका में कर दी थी। न वो अमरीका जातीं, न वहाँ की खबरें यहाँ पहुँचातीं। बेशक मशीन वाला झाड़ू यहाँ नहीं आता, हर हाथ में फोन भी नहीं आता। अच्छा

होता कि कुछ नहीं आता। क्योंकि कुछ नहीं आता तो कम-से-कम हम इतने अकेले तो नहीं पड़ते। एक घर में रहकर अलग-अलग तो नहीं हुए होते। मैं जानता हूँ, इन सबके पीछे रेखा दीदी का हाथ है।

मैं चाहूँ तो अपने पुलिस वाले दोस्त को बता सकता हूँ कि कल तुम्हें ट्रेन के एक कूपे में जिस अकेलेपन का सामना करना पड़ा, उसका असली दोषी कौन है। पर क्या फायदा?

आगे बढ़ने और अंग्रेजी बोलने की कुछ तो कीमत चुकानी ही थी। यही वो कीमत है, जिसे कल मेरे दोस्त को ट्रेन में चुकानी पड़ी। कुछ लोग घरों में चुका रहे हैं। एक दिन सभी चुकाएँगे।

□

24 मई

कोई कारण नहीं है कि बच्चों को हेनरी डेविड थोरो के विषय में कुछ पढ़ाया जाए। मुझे नहीं लगता कि मेरे स्कूल में एक भी ऐसा शिक्षक था जिसने कभी हेनरी डेविड थोरो के विषय में पढ़ने की ज़हमत उठाई होगी। थोरो के बारे में जानने और नहीं जानने से हमारी नौकरी और रोज की मारामारी भरी जिंदगी में रत्ती भर असर नहीं पड़ने वाला, इसलिए थोरो के बारे में आपको भी जानने की कोई खास जरूरत नहीं।

लेकिन मेरे मित्रों से जब-जब इस बात पर बहस होती है कि संसार में सारा कुछ भगवान की मर्जी से होता है, फिर सही और गलत को लेकर इतनी माथा-पच्ची क्यों, तो मुझे डेविड थोरो की याद आती है।

मैं जानता हूँ कि ईश्वर को मानने वाले तमाम लोगों के मन में ये दुविधा रहती है कि सचमुच अगर सबकुछ उसी की मर्जी से होता है, तो राम ने जो किया, वो भी ईश्वर की मर्जी थी और रावण ने जो किया, वो भी ईश्वर की मर्जी ही थी। फिर कोई हीरो और कोई विलेन क्यों?

ऐसा नहीं है कि मैं किसी अलग स्कूल में पढ़ा हूँ, इसलिए मुझे थोरो के बारे में पढ़ा दिया गया। दरअसल बहुत साल पहले, जब मैं गांधी फिल्म देख रहा था, तब गांधीजी को दक्षिण अफ्रीका में अंग्रेजी कानून की अवज्ञा करते देखकर मेरे मन में ये सवाल उठा था कि इस तरह अपनी बात रखने का ख्याल गांधीजी के मन में कहाँ से आया होगा? गांधीजी ने कानून की पढ़ाई की थी और वो जानते थे कि किसी कानून को नहीं मानने का मतलब होता है सज़ा पाना। फिर उनके मन में किसी कानून को विनम्रता से तोड़ने का ख्याल कैसे आया?

इसी सवाल का जवाब ढूँढ़ने के चक्कर में मुझे पता चला कि गांधीजी हेनरी डेविड थोरो नामक एक अमरीकी लेखक से प्रभावित थे। थोरो का मानना था कि संसार में

स्वविवेक से बड़ा कोई कानून नहीं है। ईश्वर ने मनुष्य को ये शक्ति दी है कि वो अपने विवेक का इस्तेमाल कर सकता है, और इसी सोच के आधार पर उन्होंने अमरीका में एक बार सिटी टैक्स नहीं देने के लिए लेख लिखा। उनका ऐसा लिखना कानून की निगाह में जुर्म था, लिहाजा उन्होंने अपना जुर्म कबूल करते हुए सज़ा भी पाई। सज़ा अपनी जगह थी, लेकिन उनका कहना था कि कोई भी कानून स्वविवेक से बढ़कर नहीं हो सकता।

थोरो का यही सिद्धांत गांधीजी के लिए सत्याग्रह का विज्ञान बना। गांधीजी ने समझ लिया कि किसी कानून की अवज्ञा नैतिक आधार पर की जा सकती है। सही और गलत का फैसला अपने मन के आधार पर करना चाहिए। मन से बड़ा कोई और दर्पण नहीं होता। उनकी नजर में सुकरात, प्रह्लाद और मीरा तीनों ने मन की सुनी और तीनों सच्चे सत्याग्रही थे।

सुकरात ने स्वविवेक को सबसे बड़ा कानून माना और जो उचित लगा उसका प्रचार-प्रसार उसने किया। जाहिर है सज़ा में उसे जहर का प्याला मिला। भक्त प्रह्लाद ने भी अपने मन की सुनी, भगवान में अपनी आस्था जताई और राज्य के कोप का शिकार बना। होलिका की गोद में बिठाकर उसे जलाने की कोशिश की गई, होलिका जल गई, प्रह्लाद बच गया। मीरा ने भी कृष्ण के लिए ज़हर के प्याले को कबूल कर लिया था। लेकिन ये तीनों आज मेरा विषय नहीं हैं।

आज मेरा विषय थोरो का सिद्धांत ही है। आज मैं बस यंग इंडिया में गांधी के इतना लिखे को याद करता चलूँ कि उन्होंने लिखा था, "मैं यह मानता हूँ कि स्वयं प्रेरणा से कानून का पालन करना हमारा प्रथम कर्तव्य है। लेकिन ऐसा कर्तव्य करते समय मैंने यह भी देखा है कि जब कानून असत्य को बढ़ावा देता है तो उसकी अवज्ञा करना हमारा कर्तव्य हो जाता है।"

मैं आज गंभीर विषय पर इसलिए लिखने बैठ गया हूँ, क्योंकि मुझे ये साबित करना है कि अच्छा और बुरा दोनों ईश्वर की मर्जी से नहीं होता है। राम और रावण बनने का विकल्प आदमी के विवेक पर निर्भर करता है। बल्कि संसार में आदमी इकलौता प्राणी है, जिसे ये समझ पाने की विद्या हासिल है कि क्या सही है और क्या गलत। वो गलत का विरोध कर सकता है, सही का साथ दे सकता है।

आप में से बहुत लोगों ने द्वितीय विश्वयुद्ध के बाद हुए न्यूरेंबर्ग ट्रायल के विषय में पढ़ा ही होगा, जिसमें तमाम सैनिकों ने ये कहते हुए खुद को बचाने की कोशिश की थी कि उन्होंने जो किया, अपने अधिकारी के आदेश के तहत किया था, लेकिन उन्हें

इस आधार पर माफी नहीं मिली थी। उनसे कहा गया था कि ये सही है कि तुम्हारे अधिकारी ने तुमसे ऐसा करने को कहा, पर क्या तुम्हारी खुद की अक्ल घास चरने गई थी?

थोरो सिद्धांत से ही मेरी समझ में भी ये बात आई कि जो लोग अपनी गलती को ईश्वर की मर्जी मान कर कुतर्क करने की कोशिश करते हैं, उन्हें समझना चाहिए कि सही और गलत की असली परीक्षा आपके मन के भीतर होती है। आप मन में खूब जानते हैं कि आप जो कर रहे हैं वो सही है या गलत। फिर इस पर विवाद होना ही नहीं चाहिए कि गलत भी तो ईश्वर की मर्जी से ही हुआ है। ईश्वर ने आपको ये समझने की शक्ति दी है कि आप जो कर रहे हैं, वो सही है या नहीं।

ये गाना हेनरी डेविड थोरो ने नहीं लिखा। इस गाने को साहिर लुधियानवी ने लिखा है, लेकिन इसमें भी थोरो के सिद्धांत की झलक आपको मिल ही जाएगी—

"तोरा मन दर्पण कहलाए
भले, बुरे, सारे कर्मों को देखे और दिखाए
सुख की कलियाँ, दुःख के काँटे
मन सब का आधार
मन से कोई बात छुपे ना
मन के नैन हजार
जग से चाहे भाग ले कोई, मन से भाग न पाए..."

अब इसके आगे बहस की गुंजाइश कहाँ बचती है? आदमी को उसके किए के बदले ही सुख और दुःख मिलता है। आदमी के पास अधिकार है कि ईश्वर के दिए दोनों गुणों में से वो किसे चुने। सही को या गलत को। उसने दोनों विचार आपके सामने रख दिए हैं, मर्जी आपकी है। सज़ा भी आपकी है।

□

1 जून

माँ जब भी अहिल्या की कहानी मुझे सुनाती, मैं इस बात से हैरान रह जाता कि आखिर किसी के स्पर्श से कैसे पत्थर इंसान बन सकता है।

मैं बार-बार माँ से पूछता, "माँ, राम ने अहिल्या को छुआ और अहिल्या जी उठीं, कैसे?"

माँ कहती, "राम भगवान थे। भगवान के छूने भर से आदमी के सब दुःख दूर हो जाते हैं। फिर अहिल्या को तो जब पत्थर बनने का शाप मिला था, तभी यह बता दिया गया था कि त्रेतायुग में कोई महापुरुष आएगा और उसके स्पर्श भर से सारे कष्ट मिट जाएँगे।"

मैं मन-ही-मन सोचता कि क्या सचमुच स्पर्श में इतनी ताकत होती है, जो किसी के छू देने भर से पत्थर इंसान बन जाए।

मेरे मन में इन छोटी-छोटी कहानियों से हजारों कहानियों का जन्म होता।

एक दिन माँ-पिताजी दीदी की शादी के लिए लड़का देखने दूसरे शहर चले गए। माँ के जाने के दूसरे दिन पता नहीं कैसे मुझे बुखार हो गया। घर पर दादी और दीदी थीं। दादी ने सारे घरेलू नुस्खे आज़मा लिए, लेकिन मेरा बुखार नहीं उतरा। फिर जमुना चाचा को बुलाया गया, उनके साथ डॉक्टर अंकल भी आए। डॉक्टर अंकल ने थर्मामीटर लगाकर बुखार नापा और दवा लिखकर चले गए। पर बुखार कम होने का नाम ही नहीं ले रहा था। दादी, दीदी घबरा गईं।

मैं गहरी नींद में रहता। बीच-बीच में आँखें खुलतीं, फिर सो जाता। मुझे नहीं पता कि सबके साथ ऐसा होता है या नहीं, लेकिन मैं बहुत बार नींद में सपने के भीतर भी सपना देखता हूँ। उन्हीं दिनों में मैंने सपने के भीतर एक सपने में देखा था कि माँ मुझे छोड़कर हमेशा के लिए कहीं चली गई है, और सुबह जब दादी मुझे जगाने आईं तो

मेरा बदन तप रहा था।

तीन दिन बीत गए थे। बुखार कम नहीं हो रहा था। किसी तरह माँ को खबर की गई। मुझे ज्यादा नहीं पता कि वहाँ क्या हो रहा था। पर बाद में बताया गया कि डॉक्टर अंकल वहीं खड़े थे। मेरा बुखार रत्ती भर कम नहीं हुआ था। डॉक्टर भी परेशान थे। मुझे अस्पताल ले जाने की तैयारी हो चुकी थी। तभी अपने ललाट पर मैंने माँ के हाथों का स्पर्श महसूस किया। पाँच मिनट ही लगे होंगे, मैं उठकर बैठ गया। सचमुच माँ मेरे सिर को सहला रही थी।

डॉक्टर अंकल हैरान थे कि इतनी दवाएँ उन्होंने दीं, लेकिन बुखार कम नहीं हुआ और माँ के एक स्पर्श से बुखार गायब!

उनके लिए यह हैरानी की बात थी। जिस अस्पताल में मुझे भरती कराने की तैयारी हुई थी, वहाँ बताया गया कि आने से पहले ही मरीज उठकर बैठ गया है, तो सभी के लिए ये हँसी का विषय बन गया।

दादी और दीदी ने तो कहना भी शुरू कर दिया कि माँ को बुलाने के लिए मैंने बीमारी का बहाना कर लिया था।

मैंने बहुत बार फेसबुक पर इस घटना को लिखने की कोशिश की। फिर लगा, कहीं आप लोग भी मेरी बात पर हँसने न लगें। कहीं आपके मन में भी यही बात न आ जाए कि माँ के मुझे छोड़कर जाने की वजह से मैंने बुखार का नाटक कर लिया था। माँ आ गई, बुखार ठीक हो गया।

पर ऐसा नहीं हुआ था। सच में मेरी तबीयत बहुत खराब हो गई थी। इतनी कि अस्पताल ले जाने की ही नौबत आ गई थी। पर ऐन वक्त पर माँ के स्पर्श से मेरा बुखार उतर गया।

अपने छोटे-से बुखार में अहिल्या के पत्थर से मानव में तबदील होने की उस घटना को मैंने सच होते हुए महसूस किया। ये मेरा निजी अनुभव था।

आप सोच रहे होंगे कि आज सुबह-सुबह मैं अहिल्या, राम और माँ की कहानी क्यों सुनाने बैठ गया।

दरअसल आज मुझे अपनी बात को सच साबित करने का सबूत मिल गया है। चालीस सालों से मैं इस सबूत का इंतजार कर रहा था कि आपको मेरी बात पर यकीन होना चाहिए कि सिर्फ माँ के छूने भर से मेरा बुखार पूरी तरह उतर गया था,

और मैंने बुखार का बहाना नहीं किया था। मुमकिन है कि मेरी आज की पोस्ट से अहिल्या की उस कहानी पर भी आपको यकीन हो जाए कि किसी खास के स्पर्श में इतना दम होता है कि पत्थर आदमी बन जाए।

तो, अब सुनिए वो सच, जिसे शायद आपने भी पढ़ा हो। दो दिन पहले ही मेरे पास खबर आई थी कि इंग्लैंड में जिंदगी और मौत के बीच जूझ रही एक माँ की धड़कन तीन महीने के बेटे के स्पर्श से लौट आई। वहाँ के डॉक्टरों ने इसे चमत्कार माना है।

36 साल की होली चेउंग पर मायोकार्डिटीज नामक वायरस ने हमला किया था और दो बार गहरे हृदयघात के बाद उसे लंदन के अस्पताल में भर्ती कराया गया था। दिल की धड़कन रुक गई थी, डॉक्टरों ने 45 झटके दिए हार्ट बीट सामान्य करने के लिए। पर सारी कोशिशें बेकार गईं। डॉक्टरों ने हाथ खड़े कर दिए थे। हालाँकि हार्ट ट्रांसप्लांट एक उपाय बचा था, पर उम्मीद नहीं बची थी।

एक दिन महिला का पति जैसन अपने छोटे बेटे जॉर्डन को साथ लेकर अस्पताल आया। ये पहला मौका था, जब माँ के बीमार होने के बाद उसका बेटा अस्पताल आया था। जॉर्डन को माँ के पास बिठाकर पति मिनट भर के लिए कहीं बाहर निकला। आश्चर्य, घोर आश्चर्य। जिस महिला ने पिछले दस दिनों से आँखें नहीं खोली थीं, बेटे के स्पर्श से उसकी आँखें खुल गईं। उसके दिल की धड़कन सामान्य हो गई।

कंट्रोल रूम में महिला के दिल की गति पर नज़र रख रही नर्स ने मशीन पर ही सारी घटना को घटते हुए देखा। उसे यकीन नहीं हो रहा था कि मशीन जो कह रही है, वो सच है। मिनट भर में डॉक्टरों की टीम कमरे में पहुँच गई।

माँ बेटे को देख रही थी, साँस सामान्य थी। माँ ने डॉक्टरों से मशीन हटाने की गुजारिश की।

मशीन हटाई गई। माँ ने बेटे को उठाकर सीने से लगा लिया।

□

3 जून

मुझे खुद ही याद नहीं कि आज जो कहानी मैं आपको सुनाने जा रहा हूँ, उसे पहले आपको सुना चुका हूँ या नहीं।

लेकिन आज वो कहानी सुनाने का मेरा मन है।

गाँव के स्कूल में एक मास्टरजी थे। बहुत सीधे-सादे।

एक दिन मास्टरजी साइकिल से कहीं जा रहे थे कि मुखिया के बेटे ने उनकी चलती साइकिल के पहिए के बीच एक लाठी घुसेड़ दी।

मास्टरजी गिर गए।

मास्टरजी गिर गए, तो चोट भी लगी। पर बेचारे कर नहीं सकते थे। कहाँ एक मामूली मास्टर, कहाँ मुखिया का बेटा।

गाँव में किसी की हिम्मत नहीं थी कि मुखिया के बेटे से कुछ कह सके।

आखिर मास्टर साहब अपनी धोती सँभालते हुए उठे, मुस्कुराए और जेब से दस रुपए का नोट निकालकर मुखिया के बेटे के हाथ में रख दिए।

मुखिया के बेटे की समझ में नहीं आया कि ये क्या हुआ। उसे तो उम्मीद थी कि मास्टर उठेगा, दो गाली देगा। लेकिन मास्टर साहब उठे, आह, ऊह करने और गाली देने की जगह उन्होंने कहा, ''बहुत बढ़िया खेल सीख गए हो, बेटा।'' और दस का नोट मुखिया के बेटे के हाथ में थमा कर चले गए।

मुखिया के बेटे को लगा कि इसका मतलब ये हुआ कि मास्टर को इस तरह गिरना अच्छा लगा।

अपने खेल पर वो खुशी में झूम उठा।

तभी गाँव का दारोगा अपनी मोटर साइकिल पर उधर से गुजरा। मुखिया का बेटा अभी भी मन–ही–मन खुद को शाबाशियाँ दे रहा था। जैसे ही दारोगा की मोटर साइकिल उसके सामने से गुजरी, उसने अपनी लाठी उसकी चलती मोटर साइकिल के पहियों के बीच घुसेड़ दी। दारोगा गिर पड़ा।

मुखिया का बेटा मन–ही–मन तय कर चुका था कि जब इस खेल के बदले मास्टर ने दस का नोट दिया था, तो यहाँ कम–से–कम पचास तो बनता ही है।

दारोगा उठा, उठते ही मुखिया के बेटे को एक झन्नाटेदार थप्पड़ मारा और पकड़कर उसे थाने ले गया। थाने में क्या हुआ होगा इसे लिखने की जरूरत मुझे नहीं, क्योंकि चोटिल दारोगा ने वहाँ क्या–क्या किया होगा ये तो मेरे जैसे पत्रकार रोज अखबार में लिखते और टी.वी. पर दिखाते ही हैं।

गाँव में हड़कंप मच गया। मुखिया का बेटा गिरफ्तार।

मुखियाजी अपने ढेर सारे चेले–चंपुओं के साथ थाने पहुँचे।

पहले बेटे के पास गए। बेटे का शरीर लाल हुआ पड़ा था। थाने में गाल–नाक सूजना कोई बड़ी बात नहीं, पर यहाँ तो शरीर का अंग–अंग सूजा नज़र आ रहा था। बहुत मुश्किल से अपने पर नियंत्रण रखता हुआ मुखिया दारोगा के पास गया और उसने पूछा कि किस जुर्म में तुमने मेरे बेटे को बंद किया है।

दारोगा ने जवाब दिया, ''अपने लाड़ले से पूछ।''

मुखिया ने अपने लाडले से पूछा, ''बेटा, तुमने ऐसा क्या किया कि इतनी धुनाई हो गई?''

''बाऊजी, मैंने तो कुछ न किया। वो मास्टर का बच्चा साइकिल से जा रहा था, मैंने अपनी लाठी उसकी साइकिल में घुसेड़ दी। मास्टर ने कहा कि बहुत बढ़िया खेल सीखे हो। ये लो दस का नोट। और दस का नोट देकर वो चला गया। मुझे लगा कि सचमुच में मैंने बढ़िया खेल सीखा है, मास्टर को मज़ा आया, तो मैंने दारोगाजी की मोटर साइकिल में भी लाठी घुसेड़ दी। बस तब से मेरी धुनाई हो रही है।''

तुरंत मास्टरजी को बुलाया गया।

मास्टरजी थाने पहुँचे। मुखिया ने पूछा, ''मास्टरजी, आपने साइकिल से गिरने के बाद मेरे बेटे को दस का नोट क्यों थमाया?''

''वो जी, ऐसा है कि मैं ठहरा गरीब, कमजोर मास्टर। आपके नौनिहाल ने जब अपनी लाठी मेरी चलती साइकिल में घुसेड़ी तो मैं गिर पड़ा। बहुत चोट लगी। मन में तो आया कि यहीं धो दूँ। लेकिन मैं जानता था कि ये आपका बेटा है। अगर मैंने कुछ कहा और किया तो आप और आपके लोग मेरा क्या हाल करेंगे! इसलिए मैंने इसे दस का नोट दिया, ताकि कोई तो होगा, जो इसका पर्मानेंट इलाज करेगा। और मुझे लगता है कि दारोगा ने पर्मानेंट इलाज किया है।''

मेरे एक मित्र पुलिस अफसर हैं। अभी मैं उनके साथ पटना से दिल्ली राजधानी एक्सप्रेस में आ रहा था। हम फर्स्ट क्लास में बैठे थे कि खबर आई कि कोई सज्जन ट्रेन में दारू पी रहे हैं और किसी यात्री से बेवजह उलझ रहे हैं। यात्री ने टीटीई से शिकायत की। टीटीई ने उन सज्जन को ट्रेन में दारू पीने से रोकने की कोशिश की तो सज्जन भड़क गए। कहने लगे कि उन्हें दारू पीने का लाइसेंस मिला हुआ है। वो बड़े अधिकारी हैं। कोई उनका कुछ नहीं कर सकता। टीटीई बेचारा मास्टर की तरह निरीह नज़र आने लगा। यात्री कुढ़ने लगा। अब पहली बार तो नहीं हो रहा था कि राजधानी एक्सप्रेस में कोई दारू पी रहा हो। खैर, बात मेरे पुलिस वाले मित्र तक पहुँची। उसने उस आदमी को बुलाकर बातचीत करने की कोशिश की। पर पैसे की गर्मी भला किस एसी ट्रेन की ठंडक में खत्म होती है। तो जनाब उलझते चले गए। देख लूँगा, दिखा दूँगा की रट लगाए रहे।

तब तक ट्रेन पटना से मुगलसराय पहुँच चुकी थी।

मेरे मित्र ने मुगलसराय में पुलिस वाले को फोन करके बुला लिया था। चार पुलिस वाले आए और दारू पीने वाले साहब को उठाकर ले गए।

बस इतना और हुआ कि उनके चक्कर में तीन और दारूवाले ट्रेन से उतार लिये गए।

मैंने अपने मित्र से पूछा कि ट्रेन में तो लोग रोज दारू पीते होंगे। तो रोज क्यों नहीं पकड़ने का अभियान चलाते हो?

उसने कहा कि ये सारे मुखिया के बेटे होते हैं। इन्हें यूँ ही पकड़ लिया तो छूट जाएँगे। इसलिए कई बार इतना हंगामा करने दिया जाता है, ताकि पर्मानेंट इलाज हो।

अब उन भाईसाहब का पर्मानेंट इलाज हुआ है। आना था दिल्ली, उतार लिये गए मुगलसराय, वहाँ से भेजा जाएगा चंदौली। एक रात हवालात में, फिर मेडिकल जाँच फिर घर को खबर, मीडिया को खबर।

इलाज ऐसा हुआ है कि अब बोतल देखकर ही ट्रेन से कूद पड़ेंगे।

आदमी को गलत काम नहीं करने चाहिए। वह 364 दिन बच जाता है, तो उसका हौसला बढ़ जाता है। पर एक दिन वह किसी-न-किसी दारोगा के चंगुल में फँस ही जाता है। अगर किसी गलती पर किसी ने नहीं रोका, नहीं टोका तो खुश होने की जगह सोचना चाहिए कि कहीं पर्मानेंट इलाज की तैयारी तो नहीं चल रही न!

कृष्ण ने भी शिशुपाल का पर्मानेंट इलाज करने से पहले खूब गलती करने का मौका दिया था।

□

4 जून

यह संसार बुराइयों से भरा पड़ा है। ये संसार अच्छाइयों से भी भरा पड़ा है। संसार में दोनों तरह के लोग होते हैं। अच्छे और बुरे।

अच्छे को बुरे लोग बुरे लगते हैं। बुरे को अच्छे लोग बुरे लगते हैं।

मुझे बताने की जरूरत नहीं कि बुरे लोगों के झाँसे में आने वाले लोग एक अंतहीन दु:ख में फँस जाते हैं और अपना मान, सम्मान, धन सब गँवा बैठते हैं।

बहुत मुश्किल होता है बुरे को पहचानना।

बुरा हमेशा अच्छाई के वस्त्र धारण करके घूमता है। ऐसे में उसकी पहचान बहुत आसान नहीं होता। लेकिन मेरी एक बात अगर आप मान लेंगे तो बुरे से बचना आसान हो सकता है।

बचपन में माँ ढेरों कहानियाँ सुनाकर मुझे जीवन को समझने की प्रेरणा देती थीं। उनकी हर कहानी में कोई-न-कोई संदेश छुपा रहता था। उनकी सुनाई ढेरों कहानियों का मतलब तो मुझे अब समझ में आ रहा है।

आज मुझे एक कहानी का संदेश याद आ रहा है—"आजमाए हुए को दुबारा नहीं आजमाना चाहिए।"

चलिए आज मैं भी आपको एक कहानी सुनाता हूँ।

एक गाँव में एक बहुत ही दुष्ट व्यक्ति रहता था। सारे गाँव को उसने दु:खी कर रखा था। वो सबसे बात-बात पर झगड़ा करता। फेसबुक पर जो उसके मित्र थे, उन्हें उल-जलूल संदेश भेजता। उनकी वॉल पर जाकर घटिया टिप्पणियाँ करता। तमाम लोग उसे ब्लॉक कर देते, फिर भी नाम बदलकर नए एकाउंट से उनकी वॉल पर घुस जाता। कभी लड़की बन लड़कों से चैट करता, कभी लड़का बनकर लड़कियों से चैट

करता। उसकी इस आदत से लोग फेसबुक पर किसी अनजान व्यक्ति से दोस्ती करने में घबराने लगे थे।

वो गाँव में किसी के घर पहुँच जाता, पैसे माँगता। कभी ये बहाना बनाता, कभी वो बहाना बनाता। वो गाँव के लोगों के ट्रैक्टर पर रात में कील से स्क्रैच भी मार देता। मतलब, पूरा गाँव उस दुष्ट व्यक्ति से आहत था। सब चाहते थे कि वो आदमी गाँव छोड़कर किसी तरह चला जाए, बस।

एक दिन वो आदमी मर गया।

मर गया लेकिन एक पत्र लिखकर मरा।

उसने पत्र में लिखा,

"प्रिय गाँव वालों,

मैं जानता हूँ कि मेरी दुष्टता से आप लोग बहुत परेशान रहे हैं। मैं ये भी जानता हूँ कि आप लोग मुझे बिल्कुल पसंद नहीं करते थे। लेकिन मैं भी क्या करता, मैंने बहुत कोशिश की कि पर अच्छा आदमी बनूँ, लेकिन आदत भला किसी की जाती है क्या? तो मेरी लाख कोशिशों के बाद भी मैं सुधर नहीं सका। बगल वाले तिवारीजी के नए ट्रैक्टर में मैंने पेचकस से स्क्रैच मारा। ऐसा करते हुए मेरा मन तो बहुत दुःखा, लेकिन तब मज़ा भी बहुत आया, जब मैंने तिवारीजी को परेशान होते हुए देखा।

मैंने करीब-करीब आप सभी लोगों से पैसे ठगे। सबकी खूब शिकायतें कीं। अब अचानक मेरी मौत हो रही है, तो मुझे बहुत अफसोस है कि आप लोगों से माफी माँगने का मौका भी नहीं मिला। ऐसे में मैं आप लोगों से गुज़ारिश करता हूँ कि मेरी मौत के बाद आप लोग मेरी लाश को रस्सी से बाँधकर, तिवारीजी के ट्रैक्टर से सड़क पर घसीटते हुए अंतिम संस्कार के लिए ले जाएँ।

मुझे नहीं पता कि मरने के बाद क्या होता है, लेकिन मुझे लगता है कि आपके ऐसा करने से मेरी आत्मा को शांति मिलेगी। मैंने जीवन भर जो छल-कपट किया, धोखा किया, उससे शायद मुझे मुक्ति मिल जाएगी। मुझे उम्मीद है कि मुझ जैसे घटिया और दुष्ट आदमी की ये आखिरी इच्छा आप जरूर पूरी करेंगे।"

गाँववाले उसके पत्र को पढ़कर भाव विह्वल हो गए। ओह! बेचारे को अपने किए का इतना अफसोस है। उन लोगों ने उस आदमी की अंतिम इच्छा का सम्मान करने की सोच ली।

बात संजय सिन्हा तक आई, तो संजय सिन्हा ने समझाने की बहुत कोशिश की कि अरे, ऐसा मत कीजिए।

''अरे भाइयों, आजमाए हुए को नहीं आजमाना चाहिए। जिसने जीवन भर धोखा दिया, झूठ बोला उसकी इन बातों में मत आइए।''

लेकिन गाँव के भोले लोगों ने कहा कि नहीं, किसी की अंतिम इच्छा का अपमान नहीं किया जाना चाहिए।

संजय सिन्हा समझ गए कि उनकी एक नहीं चलने वाली। वो वहाँ से खिसक लिये।

गाँववाले एक मोटी रस्सी लेकर आए। लाश को ट्रैक्टर से बाँधा और पूरा गाँव उस लाश को घसीटता हुआ श्मशान घाट की ओर चल पड़ा।

रास्ते में थाना पड़ता था। दारोगा साहब ने देखा कि गाँव के लोग ट्रैक्टर से घसीटते हुए एक लाश लेकर जा रहे हैं।

उसने सबको रोक लिया। सबने कहा कि हुजूर, ये गाँव का दुष्ट व्यक्ति है, मरते हुए इसने अपनी अंतिम इच्छा जताई है कि इसे ऐसे ही घसीटते हुए ले जाया जाए।

दारोगा ने गाँववालों की एक न सुनी। लाश के साथ कुकृत्य की सज़ा में सबको बंद कर दिया।

गाँववाले रोते रहे, बिलखते रहे। लेकिन उनके खिलाफ मुकदमा दर्ज कर दिया गया।

सारे गाँव वाले बंद हैं। अब सब कह रहे हैं कि देखो, दुष्ट व्यक्ति का कारनामा। जाते-जाते भी सबको फँसा गया।

□

8 जून

पत्रकारिता में होने का कोई फायदा हो न हो, लेकिन एक फायदा जरूर है कि ऐसे कई लोगों से मिलने का मौका मिल जाता है, जिनसे आमतौर पर मुलाकात संभव नहीं। नेता, खिलाड़ी, कलाकार, लेखक, ज्योतिषी, ठग, डाकू, अपराधी, हर तरह के लोगों से पाला पड़ सकता है इस विधा में।

जैसे पत्रकारिता में होने की वजह से ही मैं असली गब्बर सिंह से मिल पाया हूँ, जबकि आप लोगों का वास्ता सिर्फ शोले वाले गब्बर सिंह से पड़ा होगा।

पत्रकारिता में होने की वजह से ही मैं लता मंगेशकर, सचिन तेंदुलकर, अमजद अली खाँ और यासर अली अराफात से मिल पाया हूँ। ये चार नाम मैंने इसलिए लिखे, क्योंकि जब मैं पत्रकारिता में आया ही था, तब मेरा बहुत मन था कि कभी इन चारों से आमने-सामने मेरी मुलाकात हो।

खैर, कोई भी पत्रकार इस तरह अपनी यादों की पोटली खँगालने में लग जाए, तो वो सब मिलकर नानी की कहानी बन जाएँगी, और नानी की कहानी का मतलब तो आप जानते ही हैं, वो छोटी-सी रातें, लंबी कहानी।

इन दिनों मेरी मुलाकात कई ज्योतिषियों से होती है। कई ज्योतिषियों से मतलब, कई तरह के ज्योतिषियों से।

ज्योतिष भी अजीब विद्या है। इस संसार में सभी इस विद्या पर भरोसा करते हैं, और कोई भी इस विद्या पर भरोसा नहीं करता। पर एक बात तय है कि ज्योतिष विद्या इस संसार की सबसे पुरानी और सबसे आधुनिक विद्या है। अगर किसी को बता दिया जाए कि फलाँ ज्योतिषी आपकी हथेली, माथा, कुंडली देखकर सबकुछ सच-सच बता सकते हैं, तो घनघोर से घनघोर नास्तिक आदमी भी इस बात में उत्सुकता जाहिर कर बैठता है कि उसका भविष्य आखिर है क्या।

पर मुझे हमेशा लगता है कि अपने ही भविष्य को जानने की तमन्ना का होना कुछ इस तरह की बात है, जैसे कोई सिनेमा हॉल में बैठकर सिनेमा देखते हुए उसकी कहानी पहले से जानना चाहता है। अरे फिल्म का मज़ा ही उसकी कहानी के सस्पेंस के बने रहने में है। जीवन में भी अगर सस्पेंस बना रहे तो क्या बुराई है। अच्छा-बुरा, हानि-लाभ ये सब तो मन की गति भर हैं। मन को मना लीजिए कि जो हो रहा है, वो एक स्क्रिप्ट का हिस्सा है, तो फिर जो होगा, उसे ही आप आनंद से जीने लगेंगे।

मैं हर तरह के ज्योतिषियों से मिलता हूँ। कोई सवाल शास्त्री होता है, कोई कुंडली शास्त्री। किसी को हथेली की लकीरों की गहरी समझ होती है, तो कोई कोई मन की ही बात जान लेता है। पर पिछले दिनों मुझे एक ज्योतिषी मिले जिन्हें प्रेम के बारे में पता है। वो कुंडली से प्रेम निकालते हैं, और ये बता पाते हैं कि किस कुंडली वाले को किस कुंडली वाले से विवाह करना चाहिए ताकि उनमें प्रेम बना रहे।

जब मेरी शादी नहीं हुई थी, तब मैंने लिंडा गुडमैन की ऐसी ही प्रेम संबंधित भविष्य बताने वाली एक किताब पढ़ी थी। उसमें बहुत स्पष्ट लिखा है कि किस राशि वाले की किस राशि वाले से कैसी निभेगी। हालाँकि युद्ध में जिस तरह कर्ण अपनी संपूर्ण विद्या भूल गया था, वैसे ही शादी के वक्त मैं भी लिंडाजी की किताब के उन पन्नों को भूल गया, जिसमें लिखा था कि कौन सी राशि की लड़की मेरी राशि को सूट करेगी। लेकिन शादी के बाद जब अपनी पत्नी के साथ बैठकर मैंने उन राशियों के हिसाब से अपने संबंधों को मिलाना शुरू किया तो लगा कि लिंडा मैडम ने वाकई काफी मेहनत की है इस निष्कर्ष को निकालने में कि किसकी किसके साथ कैसी निभेगी।

पुराने जमाने में शादी से पहले 36 गुण मिलाने के लिए कुंडली का इस्तेमाल किया जाता था, और जिनके 34 गुण मिल जाते थे, ज्योतिषी कहते थे कि ये जोड़ी बहुत ठीक रहेगी। गणित की गणना के अनुसार ये प्रथम श्रेणी का रिश्ता हुआ।

लेकिन 34 गुण मिलाकर शादी कराने वाले तमाम पंडितों की भविष्यवाणी को मैंने झूठ साबित होते देखा है। मैंने देखा है कि जो दो गुण नहीं मिले, वे 34 पर भारी पड़ गए। यानी खाना खाकर पेट तो भरा, मन नहीं।

मैं इस सिद्धांत को शिद्दत से मानता हूँ कि आदमी का मन भरना चाहिए। अगर मन संतुष्ट नहीं हुआ, तो चाहे रिश्ता जो हो, उसमें अधूरापन रह जाता है। यहीं फेसबुक पर किसी ने पूछा था कि कि मृत्यु और मोक्ष में क्या अंतर है, तो किसी ने जवाब में लिखा कि मृत्यु यानी शरीर की मौत। मोक्ष यानी आत्मा की तृप्ति।

तो, मुझे जो ज्योतिषी इन दिनों मिले हैं, उनका कहना है कि किसी बहुत खास रिश्तों में जुड़ने से पहले आदमी अगर ये पता कर ले कि प्रेम का ग्राफ कैसा रहेगा, तो उसे मोक्ष की प्राप्ति हो सकती है।

यानी मन तृप्त तो सब तृप्त।

ये बात मुझे बहुत अपील कर गई कि सचमुच किसी भी रिश्ते की बुनियाद मन के उन तारों से जुड़ी होती है, जिन पर हम आमतौर पर गौर नहीं करते।

दौलत, सेहत, सुंदरता, ये सारी चीजें 36 में से 34 गुणों को मिला सकती हैं, लेकिन बाकी के बचे दो गुणों में जरूरी है एक-दूसरे की दिल की धड़कन की आवाज को सुन पाना, समझ पाना।

अगर आप अपने रिश्तों में सामने वाले के दिल की धड़कन को सुन पाते हैं और समझ पाते हैं, तो मेरा यकीन कीजिए ये दो गुण बाकी के 34 गुणों पर भारी पड़ जाते हैं। किसी भी रिश्ते के निभा पाने की बड़ी शर्त दौलत, कॅरियर, खूबसूरती और अच्छे स्वास्थ्य का होना नहीं, बड़ी शर्त है सामने वाले के धड़कनों को समझ पाने की। जो इस विद्या को समझ जाते हैं, उन्हें अपने प्रेम ग्राफ को जानने के लिए किसी ज्योतिषी की जरूरत नहीं पड़ती। वो बिना ज्योतिषी के भी अपने रिश्तों को निभा लेते हैं, खुशी-खुशी।

जो ऐसा नहीं कर पाते, उनका पेट भरता है, मन नहीं। और जिनका मन नहीं भरता, उन्हें मोक्ष भी नहीं मिलता।

□

9 जून

मुझे नहीं पता कि आप में से कितने लोगों ने धान की बोआई और फिर उसकी रोपाई देखी है। मुझे ये भी नहीं पता कि आप में से कितने लोगों ने किसी धान की पूजा होते देखी है।

अगर धर्म को फिजिक्स की तरह पढ़ाया गया होता और लोगों पर इसे आँखें बंद कर मानने का दबाव न डाला गया होता, तो मेरा यकीन कीजिए आज जिसे हम कर्मकांड और अंधविश्वास कहते हैं, वो जीवन का सबसे बड़ा विज्ञान साबित होता। हमारे पूर्वज पता नहीं क्यों धर्म को तर्क के सहारे समझाने की जगह अंधविश्वास के भरोसे समझने के लिए मजबूर करते गए, और यही वजह है कि धर्म आज सबकी जिंदगी का सबसे अहम हिस्सा होते हुए भी तर्क की कसौटी पर कसे जाने को मुहताज है। कोई भी आता-जाता कह जाता है कि यह सब आडंबर है, अंधविश्वास है। ईश्वर की सत्ता को चैलेंज करना आधुनिकता का सबब बन गया है।

मेरी माँ मुझे हमेशा धर्म को समझने के लिए उकसाती थी। कहती थी कि इसे तुम अंधविश्वास की जगह हमेशा विज्ञान की तरह समझना। इसे अपनी जिंदगी में प्रयोग की तरह इस्तेमाल करना। तुम्हारे साथ जब कभी कोई ऐसा व्यवहार करे, जो तुम्हें पसंद न हो, तो तुम ये सोचने की जहमत उठाना कि कहीं तुम्हें अपने व्यवहार में किसी परिवर्तन की जरूरत तो नहीं। माँ कहती थीं कि तुम्हारी जिंदगी में अच्छे या बुरे जो लोग भी आते हैं, उनके आने का एक मकसद होता है। वो अपने तरीके से तुम्हें कुछ समझाना चाहते हैं। वो चाहते हैं कि उनकी अच्छाई और उनकी बुराई देखकर तुम खुद में बदलाव लाओ।

तुम उनके कर्मों के फल और अपनी सोच से सीख सको कि सही क्या है, गलत क्या है।

माँ जब इन बातों को यूँ ही बिस्तर पर लेटे-लेटे मुझसे कहा करती थी, तब मैं

शायद छोटा था, उन बातों को समझने के लिए। लेकिन आज जब मैं जिंदगी के विषय में मुड़कर देखने की कोशिश करता हूँ, तो सारा कुछ शीशे की तरह साफ नज़र आता है।

माँ कहती थीं कि हमारे धर्म में धान की पूजा का खास विधान है।

मैं पूछता कि माँ धान ही क्यों? कोई और फसल क्यों नहीं?

माँ मुस्कुराती, कहतीं, ''मुझे पता था कि तुम मुझसे ये सवाल जरूर पूछोगे।''

जब तक मैं सवाल पूछ नहीं लेता, माँ मेरी ओर टकटकी लगाए देखती और इधर-उधर की कई कहानियाँ सुनाती रहतीं। पर जैसे ही मुद्दे पर आता, माँ का चेहरा खिल उठता। वो समझ जाती कि उसका बेटा सारी बातें बहुत ध्यान से सुन रहा है।

''माँ, तुमने कहा कि धान की पूजा की अपनी अहमियत है। क्या है वो अहमियत?''

''सुनो बेटा। अगली बार जब बारिश के मौसम में तुम गाँव जाना, तो देखना कि धान की बोआई कैसे होती है। फिर उसकी रोपाई कैसे होती है।'' मैं आँखें चौड़ी कर पूछता, ''माँ बोआई और रोपाई में क्या फर्क है। तुम बार-बार धान की पैदाइश के लिए दो अलग-अलग शब्दों का इस्तेमाल क्यों कर रही हो?''

माँ समझ जाती कि अब मेरा ध्यान बातों के उस मर्म पर है, जिसे वो मुझे समझाना चाहती है।

''बेटा, धान एक ऐसी फसल है, जिसे पहले बोया जाता है। जब उसकी फसल में जड़ पैदा हो जाती है, तो उसे उखाड़ कर दुबारा फिर से दूसरी जगह लगाया जाता है। यही है बोआई और रोपाई । सुनने में यह शब्द जरा देहाती लगेंगे, लेकिन हकीकत मैं तुम्हें ये बताना चाहती हूँ कि धान को इस तरह बोकर फिर उखाड़कर दुबारा लगाए जाने का संबंध जिंदगी से है।''

धान अपनी बोआई और फिर रोपाई के इस चक्र से हमें संदेश देता है कि एक जगह से उखड़ कर दुबारा फिर से जम जाने का जिसमें दम होता है, वही कुछ अलग कर सकते हैं। उन्हीं की पूजा की जाती है।

चरैवेती, चरैवेती अर्थात् चलते रहो, चलते रहो की कल्पना शायद धान की खेती से पहली बार हुई होगी। धान के माध्यम से हम ये समझते हैं कि जो उखड़ने का अफसोस नहीं करते, वही फिर अपनी जड़ें जमा पाते हैं।

मैं अगली बार बारिशों में गाँव गया तो मैंने धान की बोआई और रोपाई को बहुत करीब से देखा। देखा कि कैसे धान की फसल को जमीन की कोख से पैदा करके फिर से उसे दुबारा जमीन में लगाकर नई फसल की पीढ़ी तैयार कर ली जाती है। धान पहले जमता है, फिर उखड़ जाता है। न उसे पाने की खुशी है, न खोने का गम।

यही तो श्रीकृष्ण ने अर्जुन को समझाया था कि जब दुःख तुम्हें दुःखी नहीं करेगा, सुख तुम्हें सुखी नहीं करेगा... तब तुम संतुष्ट जीवन को जी पाओगे।

आप में से जिन लोगों ने धान की बोआई और रोपाई देखी है, वो तो जिंदगी के सबसे बड़े फलसफे को समझ चुके हैं। बाकी लोगों के पास मौका है, अबकी बारिश में जिंदगी को समझ लेने का।

जब आप धान की खेती होते देखेंगे, तब समझ जाएँगे कि क्यों जिंदगी उठकर गिरने और गिरकर उठने का ही नाम है। तब आप ये भी समझ जाएँगे कि क्यों जीवन के साथ मृत्यु और मृत्यु के साथ जीवन की कल्पना धर्म में की गई है।

□

16 जून

मेरे फिजिक्स के टीचर डॉर्विन का सापेक्षता का सिद्धांत पढ़ा रहे थे। वो कह रहे थे कि यही सिद्धांत आखिरी सच है।

मैंने बीच में खड़े होकर मास्टर को याद दिलाने की कोशिश की कि सर ये सापेक्षता का सिद्धांत तो अलबर्ट आइंस्टाइन का दिया है, डॉर्विन ने तो बंदर से आदमी बनने का सिद्धांत पेश किया था।

बंदर से आदमी? ये कौन सा सिद्धांत है? बंदर भला कब आदमी बनते हैं? तुम्हें किसी ने उल्लू बना दिया है। बंदर कभी आदमी नहीं बन सकते। हाँ, आदमी बेशक बंदर हो सकता है। और तुम्हारे अलबर्ट आइंस्टाइन, जिनके बारे में तुम कह रहे हो कि उन्होंने सापेक्षता का सिद्धांत पेश किया, वो दरअसल डार्विन साहब की ही देन है। सबसे पहले 'सर्वाइवल ऑफ फिटेस्ट' का सिद्धांत उन्होंने दिया और सापेक्षता के सिद्धांत का जन्म इसी से हुआ है।

मैं भयंकर दुविधा में फँस गया था। ये फिजिक्स के मास्टर को क्या हो गया। ऐसे तो सारे बच्चे फेल ही हो जाएँगे। ये डार्विन और आइंस्टाइन में घालमेल कर रहे हैं। लेकिन डाँट पड़ चुकी थी, इसलिए चुप हो गया।

परीक्षा में न तो डार्विन के विषय में कोई सवाल पूछा गया न आइंस्टाइन के विषय में, इसलिए सभी बच्चे पास हो गए। लेकिन मेरे मन में खटका बैठ गया था कि मास्टर साहब ने आखिर ऐसा क्यों कहा कि बंदर कभी आदमी नहीं बनते, बेशक आदमी बंदर बन सकता है।

मैं बड़ा हुआ। मैंने दुनिया देखी। मैं बहुत से लोगों से मिला। मैंने अमीर देखे। मैंने गरीब देखे। मैं राजा से मिला। मैं प्रजा से मिला। इतना सब देखने के बाद मैं इस निष्कर्ष पर पहुँचा कि मेरे फिजिक्स के टीचर ने बिल्कुल सही कहा था कि बंदर

आदमी नहीं बनते, हाँ, आदमी बंदर बन जाता है। मैंने देखा है कि पूरी दुनिया में एक वर्ग है, जो मिनरल युक्त साफ पानी पीता है, जो किटाणु रहित साफ पानी से नहाता है, जिसके भोजन में शरीर के लिए जरूरी हर पौष्टिक तत्त्व मौजूद रहते हैं, जिसका शरीर किसी ग्लोबल वार्मिंग की गर्मी में नहीं झुलसता, जो कभी बारिश में नहीं भीगता, जिसे गैस की वजह से भी सीने में होने वाले दर्द की शिकायत पर दुनिया के सबसे बेहतरीन डॉक्टर से इलाज मिल जाता है।

लेकिन एक ऐसा वर्ग भी है जिसे पानी, खाना तो छोड़िए, पूरी रात की नींद तक नहीं मिल पाती। इस वर्ग की आबादी ज्यादा है। बहुत साजिश करके साफ पानी और पौष्टिक खाना वाले वर्ग ने दूसरे वर्ग को उन सुविधाओं से वंचित रखा है। और जो इससे वंचित हैं, उन्हें दूसरे वर्ग ने अपनी दौलत, अपनी ताकत के बूते आदमी से बंदर बना रखा है। दिखने में यह आदमी की तरह है, लेकिन हकीकत में वो सारा दिन दूसरे के इशारे पर गुलाटियाँ मारता है।

आप सब बहुत पढ़े-लिखे हैं। आप सबने पढ़ा ही होगा कि बहुत पहले आदमी आदमी को गुलाम बनाकर रखता था। जो गुलाम होते थे, वो शासक वर्ग की तुलना में दोयम दरजे के होते थे। पैसे की कमी, ताकत की कमी, भोजन की कमी ने उन्हें दोयम दरजे का बना दिया था। और ये सब किया ही इसलिए जाता है, ताकि संसार का बहुत बड़ा वर्ग गुलाम बन सके।

अजीब विडंबना है। पहले दूसरे देशों से आए लोगों ने हमारे देश के लोगों को आदमी से बंदर बनने पर मजबूर किया। अपने खाने, अपनी शिक्षा और अपनी सुविधा में उसने इतना फर्क पैदा कर लिया कि उसके आगे हम दोयम दरजे के बन गए। फिर हमें बंदर बनाकर वो खुद मदारी बन बैठा। बहुत मुश्किल से चार्ल्स डॉर्विन के सिद्धांत के तहत कुछ लोग उस जंजीर को तोड़कर बाहर निकल पाए और उन्होंने अपनी तरह के दूसरे बंदरों की मुक्ति की लड़ाई लड़ी। उन्होंने तमाम बंदरों को समझाया कि तुम बंदर नहीं, मदारी बनो।

फिर हम में से कुछ मदारी बन गए और उन्होंने हमारे जैसे बंदरों को यकीन दिलाया कि अब हमारा इवोल्यूशन होगा। अब हमें बेहतर खाना, बेहतर पानी, बेहतर सोना, बेहतर...सबकुछ बेहतर मिलेगा। और एक दिन हम तन से नहीं, मन से भी आदमी बन जाएँगे।

लेकिन ऐसा हुआ नहीं।

बहुत पहले एक आदमी शारीरिक शक्ति का इस्तेमाल दूसरे आदमी को बंदर बनाने के लिए करता था। फिर यही काम सामूहिक रूप में किया जाने लगा और पूरा एक समाज दूसरे समाज को बंदर बनाने लगा।

आज कोई किसी का गुलाम नहीं है। सुना है कि देश दर देश आजाद हो चुके हैं। डॉर्विन साहब ने अनाउंस कर दिया है कि अब कोई आदमी बंदर नहीं, बल्कि बंदर भी आदमी बन चले हैं। लेकिन कई साल पहले मेरे फिजिक्स के टीचर ने डॉर्विन के सापेक्षता का सिद्धांत पढ़ाते हुए मुझे समझाया था कि अगर आदमी ने अपनी शिक्षा, अपनी बुद्धि, अपने विवेक का सही इस्तेमाल नहीं किया, तो सापेक्षता के सिद्धांत के तहत वो फिर आदमी से बंदर बन जाएगा। वो मदारी के इशारे पर सिर्फ जीने के उपक्रम में लगा हुआ नज़र आने लगेगा। उसके पास जीने की फुर्सत ही नहीं होगी। जिंदगी को जीने का काम कुछ लोग करेंगे। बाकी लोग उनके जीने के लिए सारी सुविधा मुहैया कराने का यंत्र बन जाएँगे।

मनुष्य सिर्फ मृत्यु से शापित हो तो कोई बात नहीं, लेकिन जिंदगी से उसे शापित नहीं होना चाहिए। जो जिंदगी से शापित होते हैं, उनकी भुजाओं में ताकत तो होती है, लेकिन खुद के लिए नहीं। सारा ब्रह्मांड उनमें होता है, लेकिन दूसरों के लिए। जो जिंदगी से शापित होते हैं, उन्हें अपनी गुलामी का अहसास ही नहीं होता। वो समझते हैं कि डॉर्विन के जो बंदर इवोल्यूशन के जरिए मनुष्य बन गए हैं, उनमें उनका नंबर अभी भी नहीं आया।

शायद मेरा भी नहीं आया। बहुत देर से मैं पीछे छूकर देख रहा हूँ, क्या पता मेरी पूँछ निकल आई हो!

□

19 जून

"आओ संजू, मेरे पास बैठो।"

माँ मुझे पास बुलाकर मेरा सिर सहला रही थी। माँ बीमार पड़ चुकी थी और जब कभी यूँ लेटे-लेटे मुझे अपने पास बुलाकर बिठाती, तो वो कुछ-न-कुछ समझाना चाहती थी। वो कभी कोई बात सीधे ही कह देती, कभी बड़ी लंबी कहानी सुनाकर समझाती। जो भी था, माँ का मुझे बुलाना मेरे लिए हमेशा बहुत सुखद था।

"हाँ माँ, कहो।"

"कल तुमने बातचीत में मुझसे कहा था कि तुम्हें नहीं लगता कि शकुनि दुर्योधन का हितैषी था।"

"माँ, दुनिया कहती है कि मामा शकुनि अपने भानजे का सर्वत्र भला चाहता था, उसकी आत्मा अपनी बहन के बेटों में बसती थी और उसने अपनी बहन के प्यार में अपने राज्य गंधार तक को त्याग दिया था, लेकिन पता नहीं क्यों मुझे लगता है कि वो अपनी बहन से प्यार नहीं करता था, अपने भानजों से प्यार नहीं करता था।"

"तुमने बहुत बारीक बात पकड़ी है, बेटा। सच यही है कि शकुनि ही वो इकलौता व्यक्ति था, जिसकी वजह से महाभारत का पूरा युद्ध हुआ।"

"इसका मतलब ये कि शकुनि ही हस्तिनापुर के पतन का कारक बना?"

"नहीं। हस्तिनापुर के पतन का कारक तो वो विकल्प था, जिसकी वजह से संकल्प दुर्बल हुआ।"

"ये क्या माँ, इतने कठिन इशारों में मुझे समझाओगी तो मैं कैसे समझूँगा। मुझे क्या पता कि ये विकल्प और संकल्प क्या होता है?"

"तुम्हारी ये बात सही है। बड़ों की तरह समझने की तुलना में बच्चों की तरह समझना आसान और आनंददायक होता है। बड़े तो सब समझकर भी कुछ नहीं

समझते, क्योंकि अपने सिर पर ज्ञान की गठरी का बोझ लेकर उस ओर चलते हैं, जो दरअसल ज्ञात होकर भी अज्ञात होता है। जबकि बच्चे अज्ञात की ओर दौड़ते हुए भी ज्ञात को प्राप्त होते हैं, क्योंकि उनके सिर पर कोई गठरी नहीं होती।''

''बहुत सही कहा तुमने, माँ। मेरे सिर पर कोई गठरी नहीं। तुम्हारी सुनाई कहानियों से मैं तो इतना ही सोच सका हूँ कि जो बात मेरे जैसे बच्चे की भी समझ में आ रही थी कि ऐसा करने से वैसा होगा, वो बात भला इतने बड़े-बड़े ज्ञानी क्यों नहीं समझ पाए कि इसका नतीजा ये होगा। अगर वो समझ पाते, तो क्या हस्तिनापुर का इस तरह पतन होता?''

''ऐसा नहीं है कि कोई कुछ समझ नहीं रहा था। सब समझ रहे थे। लेकिन राजनीति में जब कोई किसी की गलती पर अपनी आँखें बंद कर ले, तो समझना चाहिए कि वो कहीं-न-कहीं अपनी गलतियों पर परदा डालने की कोशिश कर रहा है। राजनीति की बिसात जब राजा की कमजोरियों के चौसर पर बिछती है, तो सब देखकर भी अनदेखा करना उसकी मजबूरी बन जाती है।''

''माँ, इसका मतलब ये हुआ कि आने वाले राजा भी अगर किसी की गलतियों पर परदा डालते नज़र आएँ तो मुझे ऐसा सोचना चाहिए कि ये उनकी किसी कमजोरी का नतीजा है?''

''जब तक आदमी अपनी दुर्बलता का दास नहीं होता, वो किसी से नहीं डरता। और अपने राज्य में अपने लोगों से डरने का सीधा अर्थ यही होता है कि उसका जो अपना है, वो उसकी दुर्बलता के सच को जानता है। शकुनि को मालूम था कि पितामह ने अपने नेत्रहीन वंशज के लिए उसकी फूल जैसी खूबसूरत बहन गांधारी को जबरन विवाह के लिए राजी किया है। ऐसा नहीं है कि शकुनि अपनी बहन से प्यार नहीं करता था। वो बहुत प्यार करता था। लेकिन उसकी खुद की विकलांगता उसके प्यार की सबसे बड़ी कमजोरी थी। वो जानता था कि उसके पिता ने अपनी बेटी का हाथ एक नेत्रहीन के हाथों में इसलिए नहीं दिया कि वो उन्हें बतौर दामाद पसंद आ गया था, बल्कि उसने इसलिए दिया था, क्योंकि विकल्प नहीं था। भीष्म की ताकत के सामने वो बेबस थे। उनकी इसी बेबसी ने शकुनि को उस षड्यंत्र के लिए तैयार किया, जिससे भविष्य में हस्तिनापुर का पतन होना तय था।''

''माँ, आज कहानी जरा उलझी हुई सी लग रही है।''

''ठीक है, और आसान करती हूँ। शकुनि अपनी बहन से बहुत प्यार करता था और भीष्म शकुनि की बहन को अपनी ताकत के दम पर धृतराष्ट्र के लिए जबरन उठा लाए। यहाँ तक तो स्पष्ट है?''

''हाँ।''

''जब भीष्म ने जबरन शकुनि की बहन की शादी धृतराष्ट्र से करा दी और शकुनि चाह कर भी कुछ नहीं कर पाया तो उसने मन-ही-मन तय कर लिया कि वो इन सभी शूरवीरों से बदला लेगा। उसके पास इतनी ताकत नहीं थी कि वो उन्हें युद्ध में परास्त कर सके। इसलिए उसने छल युद्ध की तैयारी शुरू कर दी। युद्ध अगर रणभूमि में हो, तो उसका नतीजा अलग होता है, लेकिन युद्ध अगर मन में हो, तो उसका नतीजा अलग होता है।

अब क्योंकि पूरा हस्तिनापुर जानता था कि भीष्म ने ताकत के बूते धृतराष्ट्र का विवाह शकुनि की बहन से किया है, इसलिए जब शकुनि अपनी बहन के पीछे-पीछे हस्तिनापुर चला आया, यहीं रहने लगा तो सब जानते और समझते हुए भी चुप रहे। राजनीति में चुप्पी की सबसे बड़ी विडंबना की शुरुआत भी यहीं से हुई। शकुनि हस्तिनापुर में ठीक भीष्म की नाक के नीचे बैठा था। उन दिनों अखबार नहीं थे, टी.वी. नहीं थे। अगर होते तो शकुनि की एक से बढ़कर एक खबरें छपतीं और पूरा राज्य उसपर परदा डालता नज़र आता। कोई नहीं चाहता कि राज्य की बदनामी हो। इनमें से कोई शकुनि से नहीं दबा था, सब अपनी-अपनी कमजोरियों से दबे थे।

शकुनि कभी अपने दम पर हस्तिनापुर को बरबाद नहीं कर सकता था, इसलिए उसने अपनी बहन के प्यार की आड़ में उसके पुत्रों के भीतर सत्ता का जहर भरना शुरू किया। दुर्योधन के मन में महत्त्वाकांक्षा के रथ को सज़ाकर शकुनि उसका सारथी बन बैठा। उसने ही ऐसी पृष्ठभूमि रची कि पांडवों के प्रति उसके मन में नफरत भर जाए। और युद्ध के लिए पूरा माहौल तैयार होने दिया।''

''लेकिन माँ, तब तो धृतराष्ट्र का पूरा मंत्रिमंडल इतना पावरफुल था, शकुनि की मंशा समझ ही गए थे तो उसे वहाँ से भगा देते।''

''आदमी अपनी ताकत से जितने युद्ध नहीं जीतता बेटा, अपने मन की कमजोरी से उससे अधिक युद्ध हार जाता है। वहाँ सभी मन से कमजोर थे। शकुनि उन सबकी उन कमजोरियों का फायदा उठा रहा था। सब जानते थे कि शकुनि ने जिस हथियार को भीष्म के सामने खड़ा कर दिया है, उसका मुकाबला चाह कर भी भीष्म तो क्या खुद महाराज भी नहीं कर सकते थे। इसीलिए तो कहती हूँ बेटा कि कभी कमजोरी को अपना दोस्त मत बनने देना। आदमी की हर कमजोरी अपनी औकात से अधिक कीमत वसूल कर ले जाती है। भीष्म कमजोर थे, क्योंकि उन्होंने गांधारी की मर्जी के बिना उसका विवाह धृतराष्ट्र से किया था। धृतराष्ट्र कमजोर थे, क्योंकि अपनी नेत्रहीनता को उन्होंने अपने मन पर हावी हो जाने दिया था। विदुर कमजोर थे, क्योंकि

उन्होंने सिर पर ज्ञान की गठरी लाद ली थी। द्रोण कमजोर थे, क्योंकि दौलत की चकाचौंध में उनकी आँखें पूरी तरह बंद हो चुकी थीं। मतलब ये कि पूरा राज्य पूरे आर्यावर्त में सबसे शक्तिशाली होने का दंभ भरते हुए भी भीतर से बहुत कमजोर था। शकुनि इस कमजोरी को पहचान गया था। उसने उनकी इसी कमजोरी का फायदा उठाया और दुर्योधन को युद्ध में झोंक दिया। जो बात सभी जानते थे, उसे वो भी जानता था। लेकिन उसने दुर्योधन को हथियार बनाया हस्तिनापुर की हार का। वो जानता था कि पांडवों से युद्ध में वही जीतेंगे, पर दुनिया के सामने उसने ये छवि बनाई कि वो पांडवों का दुश्मन था, और कौरवों का हितैषी। जबकि सच ये नहीं था।

आदमी जब अपने अहंकार की लड़ाई लड़ता है तो उसका हित और अहित समझ पाना बहुत मुश्किल होता है। आदमी दुश्मनों से तो लड़ सकता है, लेकिन अगर कोई उसी के खेमे में बैठकर मन-ही-मन उसे ही परास्त करने की चाल चले तो उसका पता चल पाना मुश्किल होता है।''

''मैं समझ गया माँ। शकुनि कौरवों के बीच घुसकर अपना बदला कौरवों से ले रहा था। ले क्या रहा था, ले ही लिया। लेकिन माँ, क्या आगे भी राजनीति में ऐसा होगा, जब कोई अपना ही अपने राज्य को मिटा देने का संकल्प लेकर बैठा होगा, और कोई कुछ नहीं कर पाएगा?''

''हाँ, मेरे प्यारे बेटा। महाभारत में ऐसी कोई घटना घटी नहीं, जो इस दुनिया में पहले कभी घटी नहीं, और जो आगे नहीं घटेगी।''

जो लोग ठीक और अठीक का निर्णय लेने में देर करते हैं, वो दरअसल खुद को भले किसी मोड़ पर विजयी मानें, लेकिन होते वो पराजित ही हैं। उन्हें भले लगे कि वो मारे नहीं गए, लेकिन सच यही है कि उनका धर्म मारा जाता है, उनका सत्य भी मारा जाता है। और जिसका धर्म ही मर गया, सत्य मर गया उसके जीवित होने और मृत होने में कितना अंतर रह जाता है।

महाभारत का युद्ध भले कुरुक्षेत्र में लड़ा गया था, लेकिन शकुनि के मन में वो युद्ध बहुत पहले लड़ा जा चुका था। उस युद्ध में उसने बहुत पहले देख लिया था कि सबके सत्य की हत्या की जा चुकी है, सबका धर्म मारा जा चुका है, क्योंकि संपूर्ण राज्य में एक भी व्यक्ति ऐसा नहीं था, जिसने ठीक और अठीक में भेद करने के लिए मुँह भी खोला हो। सबको पता था कि गांधारी का विवाह धृतराष्ट्र से कराना एक अठीक निर्णय था। सबको पता था कि युद्ध किसी और के बीच होगा और मजा किसी और को आएगा।

□

20 जून

मैंने एक-दो बार जब कभी ये लिखा कि कृष्ण और द्रौपदी के बीच का रिश्ता कभी सखा-सखी का था, कभी भाई-बहन का और कभी प्रेमी-प्रेमिका का, तो किसी ने कहा कि मैं कभी-न-कभी इस बात की खुलकर चर्चा करूँ कि आखिर ऐसा कैसे संभव है कि एक ही स्त्री में कोई हर रूप को तलाश ले। यकीनन उन्हें पता होगा कि कृष्ण की बहन सुभद्रा अर्जुन से ब्याही गई थीं, इस तरह द्रौपदी भी कृष्ण की बहन लगीं। अपनी व्यस्तता में मैं भूल गया कि मैंने उनसे वादा किया था कि कृष्ण और द्रौपदी के प्रेम पर लिखूँगा। मेरे भूलने से क्या होता, वो तो नहीं भूले। और रह-रहकर कई बार उन्होंने याद दिलाया कि मैंने वादा किया है। तो आज उनसे किया वादा पूरा कर रहा हूँ।

सखा-सखी का रिश्ता बड़े दुलार का होता है और ये दुलार पनपता है आपसी सौहार्द और विश्वास के रिश्ते से। शैतान सिंहजी को ये भी पता होगा कि अर्जुन और कृष्ण में बहुत गहरी दोस्ती थी। कृष्ण ने कई जगह अर्जुन को सखा कहा है। इस रिश्ते से भी द्रौपदी ने खुद को कृष्ण की सखी माना।

ये दोनों रिश्ते स्पष्ट हैं।

कभी-न-कभी सखा-सखी के भाव पर एक पोस्ट लिखना बनता है। बहुत अद्‌भुत होता है, जब दो विपरीत लिंग वालों में ऐसा कोई रिश्ता पनपता है, जो संपूर्ण विश्वास के भाव पर टिका होता है, और उसे कोई नाम नहीं मिल पाता। अंग्रेजी में फ्रेंड, ब्वॉय फ्रेंड कहकर इस रिश्ते की खुशबू कमजोर कर दी जाती है। हिंदी में द्वापर युग की क्या स्थिति थी, ये मुझे ठीक से याद नहीं आ रहा। लेकिन कलयुग में स्त्री और पुरुष की मित्रता के मायने बहुत सिमट गए हैं। देह का आकार आत्मा से बड़ा हो गया है। तन मन पर हावी हो गया है। ऐसे में हिंदी में स्त्री और पुरुष के रिश्ते का अर्थ बहुत संकुचित और सिमट कर रह गया है। इसीलिए आज कोई किसी को सखी या सखा

संबोधित नहीं करता। कर भी ले तो वो रिश्ता फेसबुक या टेलीफोन के तक सिमट कर रह जाता है। सखी यानी सहचरी यानी संगिनी।

बड़ा अटपटा सा अर्थ है इसका। पर जितना मुझे याद आ रहा है, द्वापर युग कलयुग की तुलना में अधिक उन्नत और उदार था।

मैं खुद ही अपने भाव से न भटक जाऊँ, इसलिए जरूरी है कि आज मैं मूल मुद्दे पर ही रहूँ।

बात थी कि द्रौपदी कृष्ण की प्रेमिका कैसे हुईं।

ये तो सब जानते ही हैं कि द्रौपदी अपने जमाने की गजब की खूबसूरत महिला थीं। बहुत तपस्या और तप से पैदा हुई थीं। महाराज द्रुपद की आन, बान और शान थीं। उस जमाने के सारे योद्धा द्रौपदी पर जान छिड़कने को तत्पर थे। ये भी सभी जानते हैं कि गुरु द्रोण के कहने पर अर्जुन ने महाराज द्रुपद का अपमान किया था, उन्हें बंदी बनाया था और द्रुपद ने द्रोण से बदला लेने की ठान ली थी।

इसके आगे की कहानी मैं सुनाता हूँ।

अर्जुन और द्रोण से बदले की आग में झुलस रहे द्रुपद ने कृष्ण की मदद लेनी चाही थी द्रौपदी के विवाह के लिए।

अगर मैं सही याद कर पा रहा हूँ तो द्रुपद मन-ही-मन चाहते थे कि कृष्ण ही द्रौपदी से विवाह कर लें। अजीब विडंबना थी, संपूर्ण को ही पूर्ण किए जाने की तैयारी थी। बल्कि एक बार उद्धव ने कृष्ण पर ताना भी मारा था, ''कान्हा! सारे संसार को पता है कि मैं कुँआरा हूँ, और तुम विवाहित हो। फिर भी देखो विवाह का प्रस्ताव तुम्हारे पास आ रहा है।''

खैर, कृष्ण जब महाराज द्रुपद से मिलने पहुँचे, तो उनके पास एक पैगाम आया कि द्रुपद की बेटी द्रौपदी कृष्ण से अकेले में मिलना चाहती हैं।

कृष्ण द्रौपदी से मिलने गए भी।

मुलाकात के इस एक पल में द्रौपदी और कृष्ण के बीच के सारे रिश्तों का आधार तय हो गया था। द्रौपदी ने पहली मुलाकात में कृष्ण से कहा था कि अंतरंग के इस पल का आप चाहें, तो फायदा भी उठा सकते हैं। कृष्ण मुस्कुराए। द्रौपदी ने कहा कि कुछ अन्यथा अर्थ न लें कृष्ण, मेरा मतलब यह है कि आप मुझे तुम बुला सकते हैं। कृष्ण

मुस्कुराते रहे। द्रौपदी ने आगे कहा कि कोई भी स्त्री आपसे विवाह कर प्रसन्न होगी। कृष्ण ने पूछा था कि हर रिश्ते का अनजाम विवाह ही क्यों?

''क्योंकि मेरे पिता बदला लेना चाहते हैं, द्रोण से। अर्जुन से।''

''मतलब इस विवाह में देने का भाव कम लेने का भाव ज्यादा है। क्या हो गया है आज आर्यावर्त को? संबंधों को आधार बनाया जा रहा है बदलापुर फिल्म की स्क्रिप्ट लिखने के लिए?''

''हाँ, मैं जानती हूँ। पिताजी गजनी फिल्म के नायक की तरह बदले की आग में झुलस रहे हैं। और मैं ये भी जानती हूँ कि वो आप ही हैं, जो पिताजी की मदद कर सकते हैं।''

''मदद तो मैं बिना तुमसे विवाह किए भी कर सकता हूँ। तुम जैसी रूपवती और बुद्धिमान स्त्री की मदद भला कौन नहीं करना चाहेगा? लेकिन इसके लिए किसी बंधन में बँधने की क्या आवश्यकता?''

''क्योंकि बंधन से ही समर्पण का भाव उत्पन्न होता है। और समर्पण दुतरफा न हो तो उसकी विश्वसनीयता घट जाती है।''

''तब तो ठीक है, तुम सखी बन जाओ। सखी यानी संगिनी, सखी यानी सहचरी।''

''कान्हा, मैं जानती हूँ कि तुम विवाहित हो। इसलिए तुम मुझसे विवाह नहीं करना चाहते।''

''बंधन तन के रिश्तों पर है, मन के रिश्तों पर नहीं। तुम्हें एक से बढ़कर एक शूरवीर मिलेंगे, जिनसे विवाह करके तुम पिता का बदला ले सकती हो।''

''मैं जानती हूँ कान्हा, भविष्य में तुम मुझे कर्ण से विवाह नहीं करने दोगे। यहाँ तक कि तुम एकलव्य को भी विवाह की बेदी तक नहीं पहुँचने दोगे। तुम वो सब करोगे, जिसे तुम अभी-अभी पिताजी के संदर्भ से कह रहे थे कि आज आर्यावर्त रिश्तों में देने की तुलना में लेने पर यकीन करने लगा है। मैं जानती हूँ कि तुम कुछ-न-कुछ ऐसा करोगे कि सारा खेल मेरी मर्जी से अधिक आर्यावर्त की राजनीतिक मर्जी पर निर्भर करने लगेगा। और तुम ये सब करोगे, अपनी सुविधा से। अपनों की सुविधा से।''

''ऐसा नहीं होगा, द्रौपदी। जो होगा तुम्हारी ही इच्छा से होगा। संसार का सबसे बड़ा वीर तुम्हारा पति होगा। इसके लिए तुम्हें हामी भरनी होगी स्वयंवर के लिए।''

''स्वंयवर? यानी खुद अपने लिए वर का चयन? लेकिन कृष्ण मान लो मैं तुम पर पहली ही नज़र में मर मिटी होऊँ तो?''

''तो क्या? उस स्वयंवर में सिर्फ कुँआरे आएँगे द्रौपदी। काश मुझे तुम रुक्मिणी से पहले मिली होती!''

''तो आर्यावर्त का इतिहास बदल जाता या भविष्य?''

''मैं जानता हूँ द्रौपदी कि तुम अगमजानी हो। तुम बहुत कुछ समझ भी रही हो। फिर भी स्वयंवर से बेहतर कोई साधन नहीं है स्त्रियों के लिए वर चुने जाने का।''

''कृष्ण अगर तुम मुझसे पूछते तो मैं वर माला तुम्हारे गले में ही डालती।''

''भाई के गले में तुम्हारा माला कंठी माला में तब्दील हो जाएगा।''

''बहुत खूब! भाई। सखा। और कुछ? क्यों कृष्ण, क्या ही अच्छा हो स्त्री पुरुष के एक ही रिश्ते में सभी रिश्ते समाहित हों।''

''मुमकिन है द्रौपदी। अगर ऐसा हो सका तो वो संपूर्ण रिश्ता होगा। लेकिन ऐसा तभी होगा, जब सबकुछ भाव आधारित होगा।''

''तुम वादा करो, कान्हा कि चाहे वर माला जिसके गले में मैं डालूँ, चाहे तुम जिन परिस्थितियों में रहो, मैंने अगर तुम्हें भाव से पुकारा तो तुम मेरे सामने रहोगे।''

''ओह! पाँचाली! मैं कितनों की यादों में बसूँगा? यही वादा मुझसे वृंदावन में राधा ने लिया है। यही वादा सारा संसार मुझसे माँग रहा है। मैं वादा करता हूँ द्रुपद पुत्री कि इस संसार में जो भी व्यक्ति मुझे मन से याद करेगा, मैं उसके समक्ष रहूँगा। युगों-युगों तक।''

''कान्हा। इस जन्म में न सही, अगले जन्म में, अगले में न सही उसके अगले जन्म में मैं तुम्हारी पत्नी बनूँगी।''

द्रौपदी! तुम इस जन्म में भी मुझमें ही समाहित हो, अगले जन्म में भी मुझमें समाहित रहोगी। उसके अगले में भी समाहित रहोगी। एक स्त्री सिर्फ एक रूप में किसी पुरुष की जिंदगी में सिमट कर नहीं रह सकती। तुम ही सुभद्रा होगी, तुम ही राधा होगी। जो सोलह हजार महिलाएँ भविष्य में नरकासुर से मुक्त होकर संपूर्ण आर्यावर्त में भ्रमण करेंगी, उनमें भी तुम ही रहोगी। रुक्मिणी तुम्हीं हो, जामबंती तुम्हीं हो, सत्यभामा भी तुम्हीं हो।

मैं प्रतिज्ञा करता हूँ कि तुम जब-जब मुझे याद करोगी, मैं चाहे जिन परिस्थितियों में रहूँ, मैं क्षण भर में तुम्हारे समक्ष रहूँगा।

राधा से रिश्ता दुनिया जानेगी। रुक्मिणी से भी रिश्ते को दुनिया जानेगी। उन सभी रिश्तों को दुनिया परिभाषित कर पाएगी, जिनसे मैं जुड़ा रहूँगा। लेकिन तुम्हारा, मेरा रिश्ता एक अबुझ पहेली रहेगा, सारे संसार के लिए।

तुम सखी रहोगी। तुम प्रेमिका रहोगी। तुम बहन भी रहोगी। तुम भविष्य में चाहे पाँच पतियों की पत्नी बन जाओगी, लेकिन तुम मेरी रहोगी, द्रौपदी।''

□

23 जून

जून का महीना मेरी यादों का महीना होता है। आज जिन यादों से मैं गुजरने की सोच रहा हूँ, उस पर तो पूरी किताब भी लिख सकता हूँ। हालाँकि यादों की जिन कड़ियों से मैं गुजरने की अभी सोच रहा हूँ, वो बेशक एक दस्तावेज बन सकती हैं, पर उन्हें ऐतिहासिक दर्जा कभी नहीं मिल सकता, क्योंकि चौथी-पाँचवीं कक्षा में पढ़नेवाला बच्चा क्या इतिहास लिख पाएगा, और कोई क्यों उसपर यकीन कर पाएगा।

इसलिए आज जिस गुजरे वक्त में मैं अपने साथ आपको ले चलने की कोशिश करने जा रहा हूँ, उसमें हो सकता है कि मैं अपनी बात एक ही पन्ने में न पूरी कर पाऊँ। मुमकिन है कि मैं सिलसिलेवार ढंग से उसे कलमबद्ध करता चलूँ और अगर आपको पढ़ने में मजा आए तो आप कह सकते हैं कि आगे की दास्तान भी सुना दो, संजय सिन्हा, अन्यथा मेरे पास यादों की कमी नहीं।

आपमें से बहुत से लोग शायद तब पैदा भी नहीं हुए होंगे, लेकिन जो लोग उस समय इस संसार में आ चुके थे और जिन्होंने उस समय को भोगा है, उनसे माफी माँगते हुए आज लिखने बैठा हूँ कि कहीं कुछ ऊँच-नीच हो तो माफ कर दीजिएगा।

दीदी, उनकी ढेर सारी सहेलियाँ और हम बच्चे तब हर शाम लाले-लाल या डेंगा-पानी खेला करते थे। लाले-लाल एक ऐसा खेल था, जिसमें दो टीम हुआ करती थीं। आप में से कुछ लोगों ने इस खेल को खेला भी होगा। लकड़ी के एक टुकड़े से लाल रंग को छूते हुए आगे बढ़ना होता था और अगर सामने वाली टीम ने उस वक्त आपको छू दिया, जब आप लाल रंग के संपर्क में नहीं हैं, तो फिर आप आउट। डेंगा-पानी भी कुछ इसी तरह का खेल था, जिसमें अगर आप किसी ऊँची जगह पर खड़े हैं, तो आप सुरक्षित हैं, लेकिन जैसे ही आप नीचे आए तो दूसरी टीम आपको छूकर आउट कर देती थी। मुझे लगता है कि सभी बच्चे समय-समय पर ऐसे खेल

खेलते होंगे, भले नाम कुछ और हो। इसके अलावा आईस-पाइस (आई स्पाई) भी हमारा प्रिय खेल हुआ करता था। इन तीन खेलों में हम लड़का-लड़की होने के भेद से परे थे। पर जैसे ही हम गिल्ली-डंडा और क्रिकेट की दुनिया में घुसे, लड़कियाँ हमारे ग्रुप से आउट होती चली गईं।

हम लड़कियों को चिढ़ाने लगे थे कि तुम लोग तो ये मर्दों वाला खेल खेल ही नहीं सकती। इसमें बहुत ताकत की जरूरत होती है। गिल्ली-डंडा में तो एक बार जो नचाकर गिल्ली को उछाला तो भले गिल्ली पाँच फीट दूर जाकर गिरे, लेकिन हम उन लड़कियों की ओर बहुत गर्व से देखते कि देखो, हमारी बाजुओं के दम को देखो।

और तब बगल वाली विमला दीदी तमकतीं। वो मुझसे कुछ नहीं कहतीं, लेकिन अपनी उम्र वाले मुन्ना भैया की ओर तिरछी निगाहों से देखते हुई वो बोलतीं, लड़कियों को दम दिखाने के लिए क्रिकेट और गिल्ली-डंडा की जरूरत नहीं। तुम इंदिरा गांधी को देखो। उनके दम को देखो। देखो कि सारे मर्द कैसे चूहे बने फिर रहे हैं।

मर्द और चूहा?

तब मैं इतना बड़ा नहीं हुआ था कि मर्द और औरत के बीच फर्क को बहुत महसूस कर पाता। मुन्ना भैया और विमला दीदी तो हमसे बहुत बड़े थे, शायद उन्हें फर्क पता रहा होगा। मैं तो तब वहीं खड़े-खड़े अपनी निकर बदल सकता था और विमला दीदी मुझे चिढ़ाती भी नहीं थीं। लेकिन सारे मर्द एक औरत के आगे चूहा बने फिर रहे थे, ऐसा सुनना मेरी बहुत छोटी-सी मर्दानगी को ललकार उठता था।

पूरे देश में क्या माहौल था, मुझे नहीं पता था। लेकिन हमारी उस छोटी-सी कॉलोनी में इंदिरा गांधी के खिलाफ खूब नारे लगने लगे थे। यही जून का महीना था। शायद इमरजेंसी जैसी कोई चीज अनाउंस कर दी गई थी। माँ-पिताजी आपस में बातें करते थे, "यह समय भारतीय इतिहास में काले अक्षरों में दर्ज किया जाएगा।"

मुझे लगता था कि मैं तो ब्लू स्याही से लिखता हूँ, पर इंदिरा गांधी ने इमरजेंसी की जो घोषणा की है, उसे शायद पेन में काली स्याही भर कर लिखा जाएगा।

इमरजेंसी इंदिरा गांधी की शुद्ध व्यक्तिगत सत्ता की आकांक्षा की परिणति थी। ऐसा मैं सुनने लगा था। घर में इंदिरा गांधी, संजय गांधी, जयप्रकाश नारायण, मोरारजी देसाई, जगजीवन राम और न जाने कितने नामों की चर्चा होने लगी थी। मुझे याद है कि स्कूल-कॉलेज बंद करा दिए गए थे। सुनने में आने लगा था कि इंदिरा गांधी मर्द बन

गई थीं और सचमुच सारे पुरुष चूहे। विमला दीदी का कहा सच साबित होने लगा था। मेरी दिलचस्पी इंदिरा गांधी में बढ़ने लगी थी। लेकिन जयप्रकाश नारायण की चर्चा भी खूब होने लगी थी।

रोज खबरें आतीं, जिस पर माँ-पिताजी चर्चा करते।

आज जेपी गिरफ्तार कर लिये गए। आज फलाँ गिरफ्तार कर लिये गए। आज सब गिरफ्तार कर लिये गए। मैं माँ से पूछता, ''माँ, गिरफ्तार किया जाना क्या होता है?''

माँ कहती, ''गिरफ्तारी का मतलब होता है जेल भेजना।''

''लेकिन माँ, जेल तो चोरों को भेजा जाता है। तो, क्या अपने जेपी ने कोई चोरी की है?''

''नहीं बेटा। देश में इमरजेंसी लग गई है न! इमरजेंसी में लोकतंत्र खत्म हो जाता है।''

मैं अपनी छोटी-छोटी आँखों को बड़ी कर माँ के चेहरे की ओर देखता।

माँ समझाने में कोताही नहीं बरतती थी। न वो पूरी बात बताने में कभी ऊब महसूस करती। वो ठीक से समझाती कि हमारे यहाँ जो लोग सरकार में होते हैं, उन्हें हम ही चुनकर भेजते हैं। लेकिन अब जब इमरजेंसी लग गई है, तब ये समझना जरूरी है कि हमारी ही चुनी हुई सरकार अब ये ऐलान कर रही है कि हमें तुम्हारी जरूरत नहीं। वो कह रही है कि देश में सबसे शक्तिशाली जनता नहीं, सरकार है। और जो सरकार के इस फैसले का विरोध कर रहा है, उसे जेल भेजा जा रहा है।''

''लेकिन माँ, जेल में तो बहुत गंदी रोटी खाने को मिलती है। मुझे तो मुन्ना भैया ने बताया है कि वहाँ आदमी को मारा-पीटा भी जाता है।''

''ये सच हो सकता है, बेटा। लेकिन जो लोग लोकतंत्र को मानते हैं, जो जनता के हित की बात सोचते हैं, उनके लिए ऐसी परिस्थिति में जेल मंदिर से कम नहीं।''

''लेकिन माँ, इंदिरा गांधी तो अब मर्द बन गई हैं। विमला दीदी ने बताया था कि सारे मर्द चूहे बन गए हैं, उनके आगे।''

''नहीं, ये सही नहीं है बेटा। मर्दानगी का मतलब लोगों को भयभीत करना नहीं होता। मर्द वो होते हैं, जो सबकी चिंता करते हैं, जो सबकी परवाह करते हैं। जैसे तुम्हारे पिताजी। मर्द जयप्रकाश नारायण हैं, जो उम्र के इस पड़ाव पर जेल जाने को तैयार हो

गए। मर्द महात्मा गांधी थे, जिन्होंने अपना सबकुछ छोड़कर आधा जीवन ही जेल में गुजारा।''

''माँ, मैं गांधीजी से तो नहीं मिल सका। मैं जेपी से मिलूँगा।''

''जरूर मिलना। जब वो जेल से छूट आएँगे, तब उनसे मिलना।''

''माँ, मैं मर्द बनूँगा।''

''तुम मर्द ही हो बेटा।''

इंदिरा गांधी और संजय गांधी हमारी रोज की चर्चा में शामिल थे। नसबंदी का कोई कार्यक्रम अपने ऊफान पर था। माँएँ अपने बड़े बेटों को बाहर जाने से रोकने लगी थीं। दीवारों पर बच्चों ने चॉक से लिख दिया था, इंदिरा हटाओ, इंद्री बचाओ।

मेरे लिए सबकुछ नया था। पर मैं उस खेल को समझने में लगा था।

जून का महीना और इमरजेंसी की यादों के खेल को...

अभी तो मुझे सचमुच जेपी से मिलना था। जगजीवन राम के भाषण को सुनने जाना था। इमरजेंसी खत्म होते ही जैसे ही इंदिरा गांधी मेरे शहर आने वाली थीं, तो उनके मंच के नीचे गधा बाँध देने वाली घटना से रूबरू होना था, इंदिरा गांधी के खिलाफ फैसला सुनाने वाले जस्टिस जगमोहन लाल सिन्हा से मिलना था। मुझे भी उस इतिहास का छोटा सा ही सही, लेकिन एक किरदार निभाना था।

□

24 जून

शायद पिताजी को इस बात का आभास हो चुका था कि दिल्ली में कुछ हो रहा है। वैसे तो पिताजी की आदत में शुमार था सुबह और शाम को रेडियो पर खबरें सुनना। सुबह आठ बजे रेडियो ऑन था। रेडियो पर समाचार आने से पहले मैं अपने होंठों को घुमाता और समाचार वाचक की तरह पहले ही बोलने लगता था, ''ये आकाशवाणी है, अब आप देवकीनंदन पांडे से समाचार सुनिए।''

दीदी मेरे ऐसा करने पर हँसती, तो मैं कहता कि तुम भी तो रेडियो पर लता मंगेशकर का गाना बजने से पहले ही गुनगुनाने लगती हो।

दीदी झेंपती। मैं उसे छेड़ता, कहता कि कल रेडियो सिलोन पर गाना बज रहा था, ''धीरे-धीरे मचल ऐ दिले बेकरार...कोई आता है,'' तो तुम लता मंगेशकर को फेल किए हुए थी।

दीदी का सपना था कि जिंदगी में एक बार धर्मेंद्र से उसकी मुलाकात हो जाए। मुझे जितना याद है, दीदी की जिंदगी में दो ही सपने थे। रेडियो पर गाना गाना और एक बार धर्मेंद्र से मिलना। हालाँकि भविष्य में उसके दो सपने और बढ़ने वाले थे। एक तो मैंने सहज ही अनुमान लगा लिया था कि उसका मन लता मंगेशकर से मिलने का भी हो सकता है, पर चौथे और आखिरी सपने का उसे भी पता नहीं था। अब जिस सपने का पता ही नहीं, उसकी चर्चा मैं अभी क्यों करूँ। जब दीदी की आँखों में सपने उगेंगे, तब चर्चा अपने आप होने लगेगी।

पिताजी ने हल्के से चुप रहने का इशारा किया। उधर से उम्मीद थी कि देवकीनंदन पांडे या ऐसी ही कोई जानी-पहचानी आवाज रेडियो पर गूँजेगी। लेकिन उधर से एक महिला की खनकती हुई आवाज गूँजी।

मैंने कहा, ''दीदी, लता मंगेशकर आज खबरें पढ़ रही हैं।''

''चुप बुद्धू, ये इंदिरा गांधी हैं। ये इंदिरा गांधी की आवाज है।''

पिताजी एकदम रेडियो के पास पहुँच गए। वो गंभीर थे। इंदिरा गांधी की खनकती हुई आवाज ने किस तरह के संकट, किस तरह के उत्पात की बातें कीं, मेरी समझ में कुछ नहीं आ रहा था। लेकिन एक लाइन मेरे कानों में पड़ी, ''राष्ट्रपति ने संविधान की धारा 352 के तहत आपात स्थिति की घोषणा कर दी है।''

पिताजी बुदबुदाए, ''वही हुआ जिसकी आशंका थी। देश में इमरजेंसी लग गई। इंदिरा गांधी अब पूरी तरह तानाशाह हो चुकी हैं। वो सिर्फ संजय गांधी के कहने पर चल रही हैं।''

विमला दीदी ने तो मुझसे पहले ही कह दिया था कि इंदिरा गांधी मर्द हैं। तो क्या पिताजी को एक महिला का मर्द बन जाना चुभ रहा है?

पर माँ भी मुझे परेशान सी दिखी। इसका मतलब बात सिर्फ मर्दानगी की नहीं।

मेरी कहानी भी सिर्फ जयप्रकाश नारायण और इंदिरा गांधी के आसपास घूमती रह जाती तो शायद मैं इतिहास का कोई दस्तावेज लिख पाता। हालाँकि चौथी या पाँचवीं कक्षा में पढ़ रहे बालक से इतिहास लिख देने की उम्मीद करना व्यर्थ है। लेकिन मेरी कहानी के एक महत्त्वपूर्ण पात्र की जिंदगी की परिभाषा इस इमरजेंसी से बदल जाने वाली थी, इसका मुझे भी भान तक नहीं था। और जब भान हुआ, तब तक बहुत पानी बह चुका था। न लौटने की गुंजाइश बची थी, न वहीं टिके रहने का सवाल पैदा हो रहा था।

आप इसे बुझौव्वल मत समझिए।

मैं मूल मुद्दे पर आऊँगा। मैं बताऊँगा कि कैसे आपातकाल की उस घोषणा ने हम सबकी जिंदगी की सारी परिभाषा ही बदलकर रख दी। लेकिन पहले अपनी यादों को कुरेदते हुए मेरा मन इमरजेंसी की उस घटना के और विस्तार में जाने का कर रहा है। हालाँकि इमरजेंसी के बाद पिताजी का ध्यान रेडियो की खबरों से हट गया था। माँ से एक दिन उन्होंने कहा था कि रेडियो पर अब जो खबरें आती हैं, वो बहुत कटी-छटी होती हैं, और उसपर पूरी तरह यकीन नहीं किया जा सकता।

कई खबरें पुरानी होतीं, कुछ अजीब सी होतीं। पिताजी जेपी के बारे में सुनने और जानने को बेताब थे, लेकिन उनका कहीं कुछ अता-पता नहीं चल रहा था।

दिन बीत रहे थे। इमरजेंसी को लेकर लोगों में अजीब सी सनसनी थी। सारे सरकारी

कर्मचारी घबराए से रहते थे। पिताजी एक मिनट के लिए भी दफ्तर पहुँचने में देर नहीं करते। माँ रोकती रहती कि दोपहर के लिए टिफिन लेते जाइए, लेकिन पिताजी घड़ी देखकर घर से निकल जाते।

पिताजी का ट्रांसफर दूसरे शहर हो गया था, लेकिन उन्होंने फैसला किया था कि वो रोज रेलगाड़ी से उस दूसरे शहर में नौकरी करने जाएँगे, हम लोग यहीं रहेंगे।

जिस ट्रेन से वो सफर करते थे, उसमें बड़ा उल्टा मामला था। जिस ट्रेन से वो जाते उसका नाम तो 12 डाउन था, और जिससे आते उसका नाम 11 अप था। मैं मन-ही-मन सोचता कि जाने वाली ट्रेन का नाम 11 अप होता और आने वाली ट्रेन का नाम 12 डाउन होता तो ज्यादा अच्छा रहता। पर चीजें बेतरतीब होने लगी थीं।

खबरें भी बासी आने लगी थीं।

अब माँ का ध्यान खबरों से अधिक दीदी पर रहता। स्कूल बंद थे। दीदी हाईस्कूल की परीक्षा देने वाली थी, लेकिन परीक्षा कब होगी किसी को पता ही नहीं था। पता तो किसी को जयप्रकाश नारायण के बारे में भी नहीं था।

मैं अगर इतिहास का लेखक होता, तो मैं अपनी यादों को सिलसिलेवार क्रमबद्ध ढंग से कागज पर उकेरता चला जाता। लेकिन मैंने शुरू में कह दिया था कि मैं इतिहास नहीं लिखने बैठा। मैं तो अपनी यादों की कहानी को बस इमरजेंसी के इस महीने में कविता की पंक्तियों की तरह कुरेदने बैठा हूँ। 25 जून की वो तारीख थी, जिस दिन इंदिरा गांधी ने राष्ट्रपति के हवाले से देश में इमरजेंसी की घोषणा की थी। अगर इस महीने को मुझे सिर्फ इंदिरा गांधी के नाम करना होता, तो मैं कब का सब भूल चुका होता। लेकिन मेरी कहानी में दीदी, विमला दीदी के अलावा एक और नाम इसी महीने आना था।

उस नाम की चर्चा मैं बहुत आगे चलकर कर सकता हूँ, अभी तो सबकी चिंता इंदिरा को हटा कर सचमुच इंद्री को बचाने की थी।

संजय गांधी ने फरमान जारी कर दिया था कि लोगों को पकड़-पकड़कर उनकी नसबंदी करा दो।

ट्रेन टाइम पर चलने लगी थी। 12 डाउन और 11 अप दोनों ट्रेनें जो कभी घंटे, दो घंटे देर से चला करती थीं, अब मिनट-दर-मिनट एकदम सही समय से चलने लगी थीं।

मतलब इमरजेंसी में सबसे बड़ी बात ये हो रही थी कि लोग समय पर दफ्तर जाने

लगे थे। संजय गांधी के डॉक्टर, जिसकी मर्जी हो, ऑपरेशन कर देने को व्याकुल थे। इसी क्रम में अभी पकड़े जाने वाले थे, नवीन भैया, जिन बेचारे की शादी भी नहीं हुई थी, पर ऑपरेशन हो जाने वाला था।

सबकुछ मैं याद करूँगा। पर अभी दिमाग अटका है जेपी पर।

हमारे शहर में इंदिरा गांधी और इमरजेंसी की चर्चा ही जेपी के उस आंदोलन के बाद शुरू हुई थी, जिसमें जेपी ने छात्रों से आंदोलन की अपील की थी। जेपी ने इमरजेंसी लगने के करीब साल भर पहले अपने आंदोलन की घोषणा की थी।

जून, जुलाई, अगस्त, सितंबर यानी इमरजेंसी के चौथे महीने में खबर आई कि नानाजी देशमुख को गिरफ्तार कर लिया गया है। पिताजी ने खबर सुनी और कहा कि ये झूठ है। नानाजी को बहुत पहले गिरफ्तार किया गया है, पर खबर अब दी जा रही है। पिताजी ने माँ से कहा कि उन्हें पक्का यकीन है कि जेपी को भी इंदिरा गांधी ने गिरफ्तार कर लिया है, बस किसी को खबर नहीं लगने दी जा रही। और ये रेडियो वाले? इन्होंने तो घुटने ही टेक दिए हैं, इंदिरा गांधी के आगे। पता नहीं किस-किस को गिरफ्तार कर लिया गया है, लेकिन खबर एक की भी नहीं।

और एक दिन पता नहीं कहाँ से लेकिन पिताजी को खबर मिल गई कि जेपी को दिल्ली में गांधी शांति प्रतिष्ठान से इमरजेंसी के अगले दिन यानी 26 जून को ही गिरफ्तार कर लिया गया था। अरे जब गिरफ्तार कर ही लिया गया है, तो उन्हें छिपाने से क्या फायदा? इंदिरा गांधी अगर मर्द हैं, तो फिर खबरों को छिपाने की क्या जरूरत?

पिताजी कभी जेपी से मिले नहीं थे, लेकिन जेपी उन्हें पता नहीं क्यों बहुत अपने से लगते थे।

मेरी किस्मत देखिए, मुझे भविष्य में नानाजी देशमुख से मिलना था, इंदिरा गांधी से मिलना था, जयप्रकाश नारायण से मिलना था, गांधी शांति प्रतिष्ठान में बैठना था और भी बहुत कुछ करना था, लेकिन अभी मेरी चिंता भी जयप्रकाश नारायण ही थे। पिताजी ने इतनी कहानियाँ सुना दी थीं कि जेपी मन में बस गए थे।

मेरी जैसी किस्मत भला किसकी होने वाली थी। मुझे तो इलाहाबाद हाई कोर्ट के जज जगमोहन लाल सिन्हा से मिलने का भी मौका मिलने ही वाला था, जिन्होंने इंदिरा गांधी के खिलाफ फैसला सुनाया था, जिसकी वजह से इमरजेंसी लगानी पड़ी, जिसकी वजह से इंदिरा गांधी को जेल जाना पड़ा, जिसकी वजह से संजय गांधी की

खूब थू-थू हुई। मुझे वक्त के पहिए पर सवार होकर इस सभी घटनाओं का गवाह बनना था। लेकिन अभी तो जेपी।

जेपी की गिरफ्तारी हुई थी जून में, पिताजी को खबर मिली सितंबर में।

किसी अखबार तक को भनक नहीं थी कि जेपी कहाँ हैं, कैसे हैं। सेंसरशिप जैसी कोई चीज थी, जिनसे खबरों पर नियंत्रण होता था। कई अखबारों के दफ्तरों की बिजली तक काट दी गई थी।

पिताजी ने कई बार बताया कि अंग्रेजों ने चाहे जितनी बार गांधीजी को गिरफ्तार किया हो, अखबारों में खबर छपने से नहीं रोकने की कोशिश नहीं की।

लेकिन यहाँ तो खबरों की ही गिरफ्तारी होने लगी है।

ये समचमुच आतंक का राज्य हो गया है।

□

25 जून

मैंने माँ को बहुत कम नाराज होते देखा था। उसकी आवाज तो कभी ऊँची होती ही नहीं थी। लेकिन उस दिन माँ बहुत तिलमिलाई हुई थी। पता नहीं कहाँ से वो कुछ सुन आई थी।

दीदी का स्कूल जाना बंद ही था, और इधर कुछ दिनों से मैं गर्मी की इस दोपहरिया में बिल्कुल घर से बाहर नहीं निकल रहा था, ऐसे में जब कुछ गड़बड़ी हुई ही नहीं, तो माँ किस पर बिगड़ रही थी।

माँ एक स्वतंत्रता सेनानी की बेटी थी। मेरे नाना लेखक और शिक्षक थे तथा उन्होंने अपने तरीके से आजादी के आंदोलन में हिस्सा लिया था। आजादी के बाद जब उन्हें तथाकथित ताम्रपदक और स्वतंत्रता सेनानी पेंशन जैसी सुविधाओं का ऑफर मिला होगा तो निश्चित ही वो बिफर उठे होंगे। माँ कहती थी कि तुम्हारे नाना ने यह कहकर सारी सुविधाएँ लौटा दी थीं कि देश की सेवा उन्होंने किसी के कहने की वजह से नहीं की। ये देश माँ है और माँ की सेवा के बदले जो कीमत वसूलते हैं, उन्हें पुत्र कहलाने का हक ही नहीं होता।

नाना ने कभी सरकारी नौकरी नहीं की। किसी प्राइमरी स्कूल में ऐसे ही पढ़ाया करते थे। पैसों की बहुत चिंता नहीं थी, रहन-सहन गांधीवादी था। पहले इलाहाबाद में चाँद और भविष्य जैसी पत्रिकाओं में उन्होंने संपादन का काम किया था तथा भगत सिंह की जीवनी छापने के जुर्म में अंग्रेजों ने उन्हें कई महीने कारावास की सज़ा भी सुनाई थी। महादेवी वर्मा, रामधारी सिंह दिनकर से उनका नियमित पत्र व्यवहार होता था। जाहिर है माँ की रग-रग में साहित्य और देशप्रेम बसा हुआ था। ऐसे में उस दिन माँ बहुत नाराज सी होकर पिताजी से कह रही थी कि अच्छा हुआ बाबूजी आज नहीं हैं। होते तो शर्म से मर जाते।

मेरे दोनों कान खड़े थे।

माँ ऐसा क्यों बोल रही है कि आज उनके बाबूजी होते तो शर्म से मर जाते। ऐसी क्या बात हो गई। देश में इमरजेंसी लग गई है, दीदी तो अब स्कूल नहीं जाती, लेकिन विमला दीदी और दीदी अभी भी घर की छत पर घंटों बातें करती ही हैं, शायद माँ इसीलिए नाराज हो रही है।

पिताजी मुस्कुरा रहे थे।

माँ ने पूछा, ''ये देवकांत बरुआ है कौन? इसका दिमाग खराब हो गया है?''

पिताजी ने करीब-करीब हँसते हुए कहा, ''कांग्रेसी नेता हैं ये देवकांत बरुआजी।''

''देखिए, ये क्या बोल रहा है। कह रहा है, इंदिरा इज इंडिया। ओह! इतनी चाटुकारिता? कोई आदमी किसी के लिए ऐसा कैसे कह सकता है?''

माँ बहुत कम नाराज होती थी। मैं सच कह रहा हूँ कि मैंने माँ को कभी ऊँचा बोलते नहीं सुना था। पर आज वो आहत थी। जबसे इमरजेंसी लगी थी, पता नहीं क्यों माँ कुछ उखड़ी-उखड़ी सी रहने लगी थी।

खैर, मेरी समझ में ये नहीं आया कि किसी देवकांत बरुआ ने अगर इंदिरा इज इंडिया बोल भी दिया तो इसमें ऐसी क्या बात हो गई। क्या इंदिरा गांधी के बारे में किसी को कुछ बोलने का हक नहीं। हो सकता है, माँ ने बताया था कि आजकल बोलने पर बहुत पाबंदी लगी हुई है।

मुझे विमला दीदी को समझाना पड़ेगा। वही सबसे ज्यादा बोलती हैं। सबसे कहती-फिरती हैं कि इंदिरा गांधी मर्द हैं। कहीं इंदिरा गांधी ने सुन लिया तो? ऐसे भला किसी का लिंग बदला जाता है?

पर मैं रुक जाता।

मेरे साथ यही परेशानी है। बात शुरू कहीं से होती है, चली कहीं जाती है। मेरी चिंता जयप्रकाश नारायण में सिमटी थी। माँ-पिताजी की चिंता भी जयप्रकाश नारायण में सिमटी थी। पिताजी को खबर मिल चुकी थी कि जेपी को गिरफ्तार कर लिया गया है।

अगर आप अभी मुझे मना कर दें कि संजय सिन्हा तुम इमरजेंसी पर मत लिखो, तो मेरा यकीन कीजिए, मैं इसी वक्त उस इमरजेंसी से हटकर दीदी की जिंदगी में मचने वाले तूफान की चर्चा करने बैठ जाऊँगा, या फिर मैं इमरजेंसी के बाद इंदिरा गांधी का भाषण सुनने जाने, और उनके भाषण देने वाले स्टेज के नीचे गधा बाँधने वाली घटना

की चर्चा कर सकता हूँ।

पर अभी तो हम सबका मन जयप्रकाश नारायण में अटका हुआ है।

कई नेताओं की गिरफ्तारी की खबरें आने लगी थीं। वैसे तो हम जिस शहर में थे, वहाँ सारी खबरें उसी वक्त नहीं पहुँच सकती थीं। टी.वी. वहाँ पहुँची नहीं थी, पिताजी की निगाह में रेडियो एक अजीब किस्म का भोंपू बन गया था, अखबार मैं पढ़ता नहीं था। मेरे लिए सूचना के एकमात्र सोर्स थे पिताजी। पिताजी को खबरें कहाँ से मिलती थीं, ये मेरी दिलचस्पी का विषय नहीं था। पिताजी बहुत बड़े थे, बड़े लोगों को सारी बातें पहले से पता होती हैं। पिताजी और माँ घर में अक्सर इमरजेंसी पर चर्चा करते थे। उनकी चर्चा मेरी जानकारी का तब एकमात्र आधार थी।

जेपी की गिरफ्तारी की कहीं से खबर मिल चुकी थी। मोरारजी देसाई की गिरफ्तारी की खबर भी मिल चुकी थी। पिताजी माँ को बता रहे थे कि दिल्ली में हजारों लोगों को आंतरिक सुरक्षा कानून के तहत बंद कर दिया गया है।

इमरजेंसी गर्मी में लगी थी। अब सर्दी शुरू हो चुकी थी। कहीं से पिताजी को खबर मिली कि जयप्रकाश नारायण की तबीयत खराब हो गई है। वो जेल में ही बीमार पड़ गए हैं। फिर उन्होंने बताया कि बंबई में कोई जसलोक अस्पताल है, जेपी को वहीं भरती कराया गया है। पिताजी कम बोलते थे। अपनी राय बहुत कम रखते थे। मुझे लगता है कि अगर वो पत्रकार होते तो एक सधे हुए रिपोर्टर की भूमिका में होते। एक रिपोर्टर को कैसा होना चाहिए, ये कई लोग मुझसे पूछते हैं। मैं हमेशा कहता हूँ कि रिपोर्टर को सिर्फ उतना ही बोलना चाहिए, जितना वो देखता है। उसके आगे देखने की जिम्मेदारी संपादक की होती है। खबरों की तह तक रिपोर्टर अगर जाए तो भी उसे अपने विचार नहीं थोपने चाहिए। लेकिन अब रिपोर्टर की ट्रेनिंग 'सनसनी' के रूप में होती है। वो देखता कम, सोचता अधिक है। वैसी खबरें तथ्य की कसौटी पर फटाक से गिर जाती हैं, जिन में न्यूज अधिक होते हैं। पिताजी अपनी राय कम रखते, सीधे-सीधे इतना कहते कि ऐसा सुना है। माँ उस खबर की मीमांसा करती। हालाँकि माँ भी बहुत कम बोलती थी, लेकिन उस दिन माँ कह रही थीं कि जेपी को तो लगता है जेल में ही मार डाला जाएगा।

इमरजेंसी लगने से करीब साल-डेढ़ साल पहले से हमारे घर में जेपी की चर्चा चल रही थी। जयप्रकाश नारायण ने इंदिरा गांधी के खिलाफ मोरचा खोल दिया था। हमारे स्कूल के बाहर दीवारों पर बड़े बच्चों ने लिख दिया था, ''जयप्रकाश तुम संघर्ष करो, हम तुम्हारे साथ हैं।'' 'जेपी जिंदाबाद'।

अजीब बात थी। कोई कह रहा था जेपी जिंदाबाद, तो किसी ने उन्हें पकड़कर जेल में ही डाल दिया था।

पिताजी एक दिन किसी आर. प्रसाद की चर्चा कर रहे थे। ये मुझे बहुत बाद में पता चला कि ये आर. प्रसाद जेपी के भाई थे।

आर. प्रसाद ने शायद इंदिरा गांधी को एक चिट्ठी लिखकर ये बात बताई थी कि जेपी की तबीयत बहुत खराब है तथा वो कुछ महीने ही जीवित रह पाएँगे। और फिर पिताजी ने ही ये भी बताया कि जेपी को छोड़ दिया गया। पिताजी खबरों की मीमांसा नहीं करते थे, लेकिन उस शाम वो माँ को बता रहे थे कि अगर सचमुच जेपी की तबीयत इतनी खराब है कि वो कुछ महीने ही बचेंगे तो सरकार ये जोखिम उठाने को कतई तैयार नहीं होगी कि उनकी मौत जेल में हो। इतने बड़े नेता की जेल में मौत का मतलब है सरकार की भारी बदनामी।

मैंने ऐसा सुना था कि जिस दिन महात्मा गांधी की मृत्यु हुई थी, सारा देश शोकमग्न था। इतना शोकमग्न कि लोगों ने घरों में खाना तक नहीं पकाया था।

जिस दिन मेरी बड़ी दादी यानी पिताजी की बड़ी माँ का निधन हुआ था, उस दिन पहली बार मैंने देखा था कि घर में खाना नहीं बना था। मुझे और शायद दीदी को बहुत भूख लगी थी, तो विमला दीदी के घर से हमारे लिए खाना आया था।

आज जब जेपी के बहुत बीमार होने की बात माँ ने सुनी तो उसने अपनी आँखें साड़ी के पल्लू से पोछीं। मुझे नहीं लगता कि माँ कभी जयप्रकाश नारायण से मिली होगी। माँ शायद गांधीजी से भी कभी नहीं मिली होगी। लेकिन उसके मन में इन दोनों नेताओं के लिए अगाध प्यार था, ऐसा मैं सोच सकता हूँ। मुझे नहीं लगता कि आदमी की इससे बड़ी भी कोई उपलब्धि हो सकती है कि वो बिना मिले, बिना किसी को कुछ दिए भी उसकी आँखों में आँसू की एक बूँद बन सकने का दम रखता हो। इस लिहाज से जेपी हमारे घर में परिवार के एक सदस्य के रूप में शामिल हो चुके थे।

पिताजी और माँ अक्सर घर में आजादी के आंदोलन की चर्चा किया करते थे। उनकी इन्हीं चर्चाओं में कभी चर्चिल का कहा शामिल था, जिसमें उन्होंने गांधी और गांधीवाद को कुचलने की बात कही होगी। चर्चिल का कोई चेला था जिसका नाम लिनलिथगो था। उसकी बात करते हुए पिताजी कहते थे कि वो लोग गांधी के मरने की कामना तो करते थे, लेकिन वो उनकी मौत को शानदार मौत में नहीं तबदील होने देना चाहते थे। गांधीजी के उपवास पर किसी ने लिखा था कि वो भूखे रहकर अगर दुनिया को अलविदा कह गए तो अंग्रेजी हुकूमत की भारी बदनामी होगी, इसलिए

उन्हें ऐसे नहीं मरने देना है।

शायद इसीलिए जेपी को छोड़ दिया गया है। ये सरकार जेपी की मौत को चर्चित होने देने को तैयार नहीं होगी। क्या पता जेपी को कुछ ऐसा खिलाया-पिलाया गया हो कि उनकी तबीयत खराब हो जाए। कुछ भी हो सकता है।

मेरी समझ में बहुत सी बातें नहीं आती थीं। लेकिन मेरे कानों में पड़ी वो सारी बातें कुछ वैसी ही थीं, जैसी बातें अभिमन्यु ने सुभद्रा की कोख में अपने पिता अर्जुन के मुँह से सुनी थीं। मुझमें और अभिमन्यु में इतना ही फर्क हो सकता है कि अभिमन्यु ने जन्म के बाद ये जानने की कोशिश नहीं की कि उस कहानी का पूरा सच क्या था। पर मेरी माँ तो इमरजेंसी के बाद भी पाँच साल जीवित रही, मुझे पूरा सच सुनाने और समझाने के लिए।

जेपी की मौत होनी थी 8 अक्तूबर, 1979 को। माँ की मौत होनी थी 29 मार्च 1980 को।

दोनों की मौत में पाँच महीने का फासला था।

इमरजेंसी के बाद तक माँ जितने दिन जीवित रही, उसने मुझे चक्रव्यूह में फँसने और उससे निकलने की पूरी कहानी सुना दी थी। ये माँ की कहानियों का ही असर रहा होगा कि एक दिन मैं पटना में जेपी के घर उनसे मिलने पहुँच गया था। ये माँ की कहानियों का ही असर रहा होगा कि इमरजेंसी के बहुत से नामों से मुझे भविष्य में मिलने का मौका मिला। ये इमरजेंसी और जेपी का ही असर था कि दीदी की असमय शादी करा दी गई। बहुत कुछ हुआ, बहुत कुछ होना बाकी था।

इमरजेंसी से इंदिरा गांधी और जेपी की जिंदगी में जितनी हलचल मची, उससे कम हलचल अभी दीदी की जिंदगी में, माँ की जिंदगी में और मेरी जिंदगी में नहीं मचने वाली थी।

बहुत कुछ होना था। सबको मैं दस्तावेज बनाकर यहाँ आपके सामने रख सकता हूँ। मैं जेपी के उन फौजियों की कहानियाँ भी सुना सकता हूँ, जिन्होंने बाद में उसकी कीमत अलग तरह से देश से वसूली। अंग्रेजों से आजादी दिलाने वाले तो ताम्रपदक, कुछ पेंशन और रेलवे पास पर संतुष्ट हो गए थे, पर जेपी के नाम पर राजनीति और पत्रकारिता में आने वालों ने जो कीमत वसूली उसकी भरपाई संभव नहीं।

लेकिन आगे जेपी के नाम पर सबसे ज्यादा तूफान मचा दीदी की जिंदगी में।

□

26 जून

मैं ने कहीं पढ़ा था कि एक बार एक अमरीकी, जो घनघोर नास्तिक था, भारत घूमने आया और यहाँ से वापस जाते हुए वो अपने साथ भगवान की एक मूर्ति लेकर गया। लोगों को बहुत आश्चर्य हुआ कि ये नास्तिक अमरीकी भला भारत से भगवान की मूर्ति क्यों खरीद लाया है। लोगों ने उससे पूछा कि भाई, इस मूर्ति में ऐसी क्या बात है।

आप तो भगवान में यकीन करते नहीं थे, फिर ऐसा मन परिवर्तन क्यों हुआ।

अंग्रेज ने मूर्ति को माथे से लगाते हुए कहा, ''जब तक मैं भारत नहीं गया था, मुझे ईश्वर पर भरोसा नहीं था। लेकिन वहाँ जाने और घूमने के बाद मैंने महसूस किया कि सचमुच ईश्वर है और वो देश ईश्वर के भरोसे ही चल रहा है। जहाँ पीने के लिए पानी नहीं, खाने के लिए खाना नहीं, चारों ओर गंदगी-ही-गंदगी, वहाँ के लोग भी खुशी से जी रहे हैं। वहाँ के लोगों को भगवान पर भरोसा है, और वो उसी भरोसे के बल पर जीते चले जा रहे हैं। सच यही है कि उस देश को भगवान ही चला रहा है।''

ये सच है। मेरी दादी उस अंग्रेज से चार कदम आगे थीं। दादी तो मानती थीं कि सारा संसार ही भगवान ही चला रहा है। मेरे दादा जमींदार थे और दादी में जमींदार की पत्नी होने वाली सारी ठसक मौजूद थी। लेकिन दादी का भरोसा भगवान पर ही था।

क्या विरोधाभास था। नाना स्वतंत्रता सेनानी, दादा जमींदार।

दादा का निधन आजादी से पहले ही हो चुका था, इसके बाद तो दादी का सारा समय टुन-टुन घंटी बजाने और भगवान को मिश्री का भोग चढ़ाने में ही बीतने लगा था। दादी को न इमरजेंसी से कोई मतलब था, न इंदिरा गांधी से। लेकिन जबसे उन्होंने सुन लिया कि संजय गांधी ने लोगों को पकड़-पकड़कर नसबंदी

करानी शुरू कर दी है, तो उनकी दिलचस्पी राजनीतिक खबरों में होने लगी। वो घर के बाहर सबकी दादियों और नानियों के साथ दोपहर में बैठ जातीं और उनकी चर्चा का विषय होता, ''ये देश अब रसातल में जाकर रहेगा। कोई भला ऐसे करता है। भगवान के बनाए नियमों से कोई छेड़खानी करता है। अरे क्या आदमी के हाथ में है बच्चे पैदा करना। ये तो भगवान की मर्जी है। जिसके हाथ की लकीर में जितने बच्चे लिखे होंगे उतने होंगे। बुरा हो इंदिरा गांधी का, जो बच्चा पैदा करने पर ही रोक लगाने का फरमान सुना बैठी है। खुद की तो मरद से बनी नहीं, बाकी मरदों को नामरद बनाने पर लग गई है।''

मैं वहीं पास में गेंद से खेलता रहता। कभी-कभी हमारी गेंद दादी की मंडली के पास चली जाती, तो दादी मुझे पास बुलाती, मेरे बाल सहलाती और कहती कि बेटा तुम अकेले घर से बाहर मत निकलना। और हाँ, सुनो कोई तुम्हें लड्डू, पेड़ा दे तो खा मत लेना। उसमें जहर मिला कर वो बच्चों को खिला देते हैं, और फिर पकड़ कर ले जाते हैं। मैंने दादी की बात सुनी थी और मैंने तय कर लिया था कि अपने अहाते से बाहर जाने की जरूरत ही क्या है। लेकिन नवीन भैया ने नहीं सुनी। क्या पता नवीन भैया से दादी ने कुछ कहा भी न हो। नवीन भैया हमारे ही मुहल्ले में रहने वाले तिवारी चाचा के बेटे थे। हमसे बहुत बड़े थे। उनके पास राजदूत मोटर साइकिल थी। भैया की शादी हुई नहीं थी और कॉलेज-फालेज बंद थे, तो वो इधर-उधर मोटर साइकिल लेकर मटरगश्ती किया करते थे। कभी-कभी कुछ दाढ़ी वाले भइयाओं को मोटर साइकिल पर साथ बिठाकर लाते।

नवीन भैया उस शाम घर नहीं आए। देर शाम तक तो सब ठीक रहा, लेकिन रात होते ही तिवारी चाचा को परेशानी होने लगी। हम बच्चों के पास आए कि तुम लोगों ने नवीन को देखा है।

बड़ा अजीब सवाल था। नवीन भैया को तो पूरे मुहल्ले ने देखा है। फिर आज चाचा क्यों पूछ रहे हैं कि तुमने नवीन को देखा है।

खैर, नवीन भैया उस रात घर नहीं आए। बहुत इधर-उधर हुआ। हमारे घर यही चर्चा होती रही कि नवीन घर नहीं लौटा। सुबह-सुबह नवीन भैया को लेकर कोई आया और घर के बाहर छोड़कर चला गया।

नवीन भैया मिल गए, नवीन भैया मिल गए। पूरे मुहल्ले में खुशी की लहर फैल गई।

कई लोग तिवारी चाचा के घर पहुँचे।

पर वहाँ तो मातम मचा था। तिवारी चाची नवीन भैया को गले से लगाए रोए जा रही थीं। नवीन भैया लेटे हुए थे, उनकी आँखों से आँसू बह रहे थे।

मेरी समझ में नहीं आया कि आखिर हुआ क्या? कहीं किसी ने नवीन भैया को लड्डू या पेड़ा तो नहीं खिला दिया।

तभी तिवारी चाची अचानक उठीं और उन्होंने दोनों हाथ जोड़कर सबके सामने इंदिरा गांधी और संजय गांधी को शाप देना शुरू कर दिया।

पूरा मामला मेरे पल्ले तो पड़ नहीं रहा था, पर मुहल्ले के सभी लोग संजय गांधी को कोस रहे थे।

मैं घर चला आया। बड़ा हृदय विदारक सीन था। नवीन भैया अच्छे आदमी थे। उनके एकाध दाढ़ी वाले दोस्तों से भले मुझे चिढ़ होती थी, पर नवीन भैया कभी-कभी मुझे मोटर साइकिल पर घुमाते थे।

आज वो नवीन भैया रो रहे थे।

घर पर माँ दादी को बता रही थी कि नवीन की नसबंदी हो गई है। नसबंदी? दादी तड़पीं। उनकी आँखें मेरी ओर घूमीं। "अरे, तुम बाहर मत निकलना मेरे लाल। बड़ा बुरा वक्त आया हुआ है। हाय ई नवीनवा की नसबंदी करा दी गई थी। मैं तो कहती थी कि बाहर मत जाना, बाहर मत जाना। कोई मेरी सुने तब न! लो, अब कर लो जो करना है। अभी मरद बने नहीं थे, नामरद पहले बन गए। यही होता है जब किसी के घर में औरत अपने माथा पर पगड़ी बाँध कर मरद बन जाती है। जिस घर में औरत पगड़ी पहन ले, तो समझो उस घर का नाश तय है। ई इंदिरा गांधी अब पगड़ी पहन ली है। अब इस देश का पतन होकर रहेगा।"

दादी की इस सोच को बल मिला उस बाबाजी की भविष्यवाणी से, जिसमें उन्होंने यह ऐलान कर दिया था कि दुनिया अब नहीं बचेगी। जिसे उनकी भविष्यवाणी पर संदेह हो, वो अपने घर में मौजूद रामायण या रामचरितमानस खोल कर देख ले, उसमें कहीं-न-कहीं पन्नों के बीच बाल मिलेगा।

दादी ने फटाफट रामचरितमानस उठाया। रामचरितमानस हमारे घर में कई वर्षों से पड़ा था। दादी ने उसके पन्ने पलटने शुरू किए तो उसके बीच में एक बाल मिला। दादी का चेहरा चमक उठा। ये पंडित सही कहता है। दादी करीब-करीब दौड़ती हुई मुहल्ले वाली मंडली के पास पहुँचीं। उन्होंने कहा कि अब दुनिया खत्म होने वाली

है। रामायण में बाल मिला है। बाकी सारी महिलाएँ भी रामायण लेकर आ गईं। इत्तेफाक से सबके पन्नों के बीच छोटा, बड़ा, काला, सफेद एक दो बाल निकल आया।

बाद में पिताजी ने दादी को समझाने की पूरी कोशिश की कि ये आपका ही बाल है, जो पढ़ते हुए कभी गिर पड़ा होगा। हर घर में रामायण और रामचरित मानस लोग रखते हैं, पढ़ते हैं, बाल गिर जाना कोई बड़ी बात नहीं। पर दादी पिताजी की दलील को नहीं मानने को तैयार थीं। कहने लगीं कि तिवारीजी के बेटे का जो ऑपरेशन हुआ है, ये सब उसी का शाप है। देखना अब ये देश नहीं बचेगा। मैं तो कहती हूँ कि दुनिया ही नहीं बचेगी।

इलाहाबाद के जिस जज जगमोहन लाल सिन्हा ने 12 जून, 1975 को अपने फैसले में इंदिरा गांधी के चुनाव को अवैध घोषित कर दिया था, उनसे मुझे जून 2000 में मिलने जाना था। मैं जी न्यूज में था और मुझसे कहा गया कि इमरजेंसी की पच्चीसवीं सालगिरह आ रही है। पच्चीसवीं सालगिरह मतलब सिल्वर जुबली। टेलीविजन में ऐसी तारीखों पर आधे या घंटे भर का प्रोग्राम दिखाने का नया-नया रिवाज शुरू हो रहा था। इससे पहले तो दूरदर्शन पर रात नौ बजे के समाचार में देश-दुनिया की सारी खबरें समाहित होती रहती थीं। पर जी न्यूज नया-नया 24 घंटे का चैनल था, और प्रयोग के नए दौर से गुजर रहा था।

मुझसे कहा गया कि मैं बिना किसी पूर्व अनुमति के इलाहाबाद चला जाऊँ और जस्टिस सिन्हा का इंटरव्यू करके ले आऊँ।

मैं सुबह की फ्लाइट से लखनऊ पहुँचा। तब वाशींद्र मिश्र लखनऊ में जी न्यूज के ब्यूरो चीफ हुआ करते थे। मैं सीधे उनके पास पहुँचा और उनसे मैंने कहा कि मेरे लिए एक टैक्सी का इंतजाम कर दीजिए, इलाहाबाद जाना है।

मैं इलाहाबाद पहुँच गया। बहुत ढूँढ़कर मैं जस्टिस जगमोहन लाल सिन्हा के घर पहुँचा। मुझे बताया गया कि जज साहब घर पर नहीं हैं। मुझे घोर निराशा हुई। मैं वहीं खड़ा होकर सोचने लगा कि अब क्या करूँ।

पता नहीं क्यों, लेकिन मेरा दिल कह रहा था कि जज साहब घर के भीतर हैं, लेकिन मीडिया से नहीं मिलना चाह रहे।

मैं अपने साथ कुछ नोट बनाकर ले गया था, मैंने बैग से उन्हें निकाला और वहीं एक ओर खड़े होकर पढ़ना शुरू किया।

आखिर इमरजेंसी क्यों लगानी पड़ी?

1971 में रायबरेली लोकसभा सीट से राज नारायण इंदिरा गांधी से चुनाव हार गए, तो उन्होंने इलाहबाद हाईकोर्ट में केस किया कि इंदिरा गांधी गलत तरीके से चुनाव जीती हैं। मामले की चार साल सुनवाई हुई। जस्टिस जगमोहन लाल सिन्हा ने 12 जून, 1975 को इंदिरा गांधी को दोषी पाया और चुनाव रद्द कर दिया। मामला सुप्रीम कोर्ट में गया और न्यायमूर्ति वी.आर. कृष्ण अय्यर ने हाईकोर्ट के फैसले पर स्टे लगा दिया। इस फैसले से नाराज इंदिरा ने कैबिनेट की औपचारिक बैठक बुलाई और अगले दिन राष्ट्रपति से आपातकाल की अनुशंसा करवा दी। हालाँकि ये इकलौती वजह नहीं थी इमरजेंसी के लिए।

जो नोट मैंने तैयार किया था, उसमें यह भी लिखा था कि गुजरात के इंजीनियरिंग कॉलेज में मेस की फीस बढ़ने के विरोध से शुरू हुआ जयप्रकाश नारायण का आंदोलन दरअसल इंदिरा गांधी के लिए मुसीबत बन गया था। जेपी ने इंदिरा गांधी के खिलाफ आंदोलन शुरू किया और जल्दी ही इंदिरा विरोधी लोग जेपी के साथ हो लिये। राजनीति में आंदोलन कोई शुरू करता है, रोटी किसी की सिंकती है। जेपी ने बेशक मेस फीस कम कराने के मकसद से इंदिरा गांधी के विरोध में आवाज उठाई होगी, लेकिन तमाम विपक्षी दल इस आंदोलन से जुड़ गए। सबको लगा कि जेपी की पीठ पर इंदिरा गांधी से हिसाब चुकाने का ये मौका है।

इससे पहले जॉर्ज फर्नांडिस ने अप्रैल, 1974 में रेलवे में हड़ताल करा दी थी। ये पहला मौका था, जब रेलगाड़ियाँ ठप हो गई थीं। इंदिरा गांधी ने डिफेंस ऑफ इंडिया ऐक्ट के नाम पर इस आंदोलन को तीन हफ्ते में ही कुचल तो दिया, पर आग खूब भड़की। आखिरकार अराजकता का हवाला देकर इंदिरा ने आपातकाल जरूरी बता दिया।

सारी घटनाएँ एक-दूसरे से जुड़ती चली गईं और इंदिरा गांधी की पूरी तस्वीर निरंकुश शासक के रूप में सबके मन में बैठ गई। ऐसे में इंदिरा गांधी को लगने लगा कि उनके हाथ से सिर्फ कुर्सी ही नहीं जाएगी, बल्कि विरोध इतना बढ़ गया है कि जनता विद्रोह कर सकती है। वो शायद आंतरिक इमरजेंसी जैसा फैसला नहीं लेतीं, अगर देवकांत बरुआ जैसे कुछ और चाटुकारों की उन तक पहुँच न होती।

मैं मन-ही-मन सोच रहा था कि अगर जस्टिस सिन्हा नहीं मिले, तो मैं यहीं इनके घर के बाहर से पीटीसी (पीस टू कैमरा) करूँगा और बताऊँगा कि इसी घर में वो जज रहते हैं, जिनके फैसले ने इंदिरा गांधी को इमरजेंसी लगाने के लिए उकसाया।

मैंने कैमरा बाहर निकाला ही था कि दरवाजा खुला। सामने एक नौजवान खड़ा था। उसने मुझसे पूछा कि आप क्या चाहते हैं?

मैंने बहुत मायूस होकर कहा कि देश में इमरजेंसी की पच्चीसवीं सालगिरह पर मैं जी न्यूज के लिए एक प्रोग्राम बनाना चाहता हूँ। पर जज साहब नहीं हैं, तो मैं यहीं से पीटीसी करूँगा। इस घर के सामने से।

उस युवक को पता नहीं क्या लगा कि उसने मुझे भीतर चलने का इशारा किया। मैं घर के भीतर पहुँचा तो एक बुजुर्ग से सज्जन पैंट-कमीज पहने ड्राइंग रूम में बैठे थे। उन्होंने मुझसे उनका परिचय कराया। यही हैं जस्टिस जगमोहन लाल सिन्हा।

"और आप?" मेरा सवाल उस नौजवान से था।

"मैं इनका बेटा हूँ।"

"ओह! नमस्ते।"

इतना कहने के बाद मैंने आगे बढ़कर जगमोहन लाल सिन्हा के पाँव छुए और कहा कि मेरा नाम संजय सिन्हा है। मुझे आप प्लीज इंटरव्यू दे दें।

जज साहब ने मुस्कुराते हुए कहा कि अब इतने पुराने मामले में क्या रखा है। छोड़ो इंटरव्यू और चाय पीयो।

मैं बैठ गया। मैंने उनसे कहा कि मैं पाँचवीं में पढ़ता था, जब इमरजेंसी लगी थी। मेरी यादों में इमरजेंसी की कई कहानियाँ बसी हैं। मेरी दीदी की शादी इसी इमरजेंसी के चक्कर में स्कूल खत्म होने से पहले हो गई। सच कहूँ तो जिंदगी शुरू होने से पहले खत्म हो गई।

मुझ जैसे पाँचवीं में पढ़नेवाले बच्चे को भला इमरजेंसी के बारे में क्या पता होगा। मैंने इमरजेंसी को आज पहली बार आपके घर के बाहर खड़े होकर समझा है। मैं जानता हूँ कि ये बहुत बड़ी बात रही होगी, जब आपने ऐसा फैसला सुनाया होगा। मैं समझ सकता हूँ कि एक जज को किन मानसिक परिस्थितियों से गुजरना पड़ सकता है, जब इंदिरा गांधी जैसी प्रधानमंत्री के खिलाफ फैसला सुनाना पड़ जाए। ये तो बहुत बड़े कलेजे की बात थी। सचमुच बहुत बड़े कलेजे की बात।

जज साहब ने कहा, "तुम बहुत जिद्दी हो। मैंने दिल्ली से आए एक रिपोटर को सुबह ही भगाया है। अब तुम इंटरव्यू लोगे और मेरे लिए मुश्किल खड़ी करोगे।"

मैं चुप रहा और इंटरव्यू शुरू हो गया।

जज साहब ने पहले चाय मँगवाई। फिर नाश्ता और फिर चाय। मैं देर शाम तक उनके पास बैठा रहा। वो फैसले की यादों में खोए रहे।

मैं इमरजेंसी की यादों में खोया रहा। दीदी मेरी आँखों के आगे घूमती रही। दीदी की शादी हो रही थी। माँ बिलख रही थी। पिताजी को पकड़कर दीदी बार-बार बेहोश हो रही थी। सब मेरी आँखों के आगे घूमते रहे।

जयप्रकाश तुम संघर्ष करो, हम तुम्हारे साथ हैं।

कौन किसके साथ होता है।

राजनीति साथ चलने के लिए नहीं होती।

राजनीति उस सीढ़ी का नाम है, जिस पर चढ़ने वाला, ऊपर पहुँचकर सीढ़ी खींच लेता है।

मेरी यादों में प्याज का दाम बढ़ जाना भी था। जेपी का मर जाना भी था। माँ की मौत भी आँखों के आगे तैरती रही।

इंटरव्यू होता रहा, मैं रोता रहा।

अब पाँचवीं में पढ़नेवाले बच्चे की यादों पर इतिहास का ताना-बाना बुनेंगे, तो ऐसी गलती तो होगी ही कि यादें कभी 1975 से निकलकर 1980 पर पहुँच जाएँगी, कभी 1977 में। मेरी यादों में सब समाहित है, एकदम फिल्म की तरह। पर सवाल मेरी यादों का नहीं, सवाल आपकी दिलचस्पी का है। आपको पसंद आए तो आगे चलूँगा, नहीं तो रुक जाऊँगा।

□

27 जून

आदमी भी अजीब होता है। जिससे वो प्यार करता है, उसे देवता का दर्जा दे देता है। सुनने में ये बात बहुत अच्छी लगती है कि आदमी ने किसी को देवता मान लिया है, लेकिन सच ये है कि आदमी जिसे देवता का दर्जा देता है, उससे उम्मीदें पाल लेता है।

1975 एक ऐसा ही साल था, जब बहुत सारे देवता पैदा हो गए थे।

सबको लगने लगा था कि इंदिरा गांधी अगर एक दिन भी और प्रधानमंत्री की कुर्सी पर बैठी रहीं, तो ये देश खत्म हो जाएगा। मतलब नए देवता की तलाश थी।

अगर मैं आज के संदर्भ में अपनी पुरानी यादों को उकेरूँ, तो कह सकता हूँ कि जितनी नफरत अभी लोगों के मन में मैगी को लेकर है, उतनी ही नफरत तब इंदिरा गांधी से हो गई थी।

दो दिन पहले मैंने अपने ड्राइवर से यूँ ही पूछ लिया था कि तुम्हारी बेटी अब भी मैगी खाती है कि नहीं, तो ड्राइवर ने कहा कि नहीं सर, अब तो वो उसे देखना भी नहीं चाहती।

मुझे याद था कि ड्राइवर ने एक दफा मुझसे कहा था कि उसकी पाँच साल की बेटी रोज मैगी खाने की जिद करती है।

बात आगे बढ़ाते हुए मैंने ड्राइवर से पूछा, ''अब जब इस वक्त मैगी के बारे में इतना दुष्प्रचार हो गया है, वो क्या कहती है मैगी के बारे में?''

ड्राइवर ने कहा, ''सर, मेरी बेटी कहती है कि मैगी घर मत लाना, उसको खाने से बच्चे मर जाते हैं और मैं मरना नहीं चाहती।''

मैं चुप हो गया।

मैं बहुत देर तक सोचता रहा कि आखिर उस पाँच साल की बच्ची के मन में किसने डाला होगा कि मैगी खाने से बच्चे मर जाते हैं। वो रेडियो नहीं सुनती, अखबार नहीं पढ़ सकती, टी.वी. की खबरों में उसकी रत्ती भर भी दिलचस्पी नहीं होगी, पर उसे पता है कि जिस मैगी के बिना वो कल तक जी नहीं सकती थी, उस मैगी के संग आज वो जीने को तैयार नहीं। मुझे नहीं पता कि सचमुच मैगी में जहर है कि नहीं, लेकिन पिछले तीस वर्षों से अधिक समय से मैं खुद मैगी खाता रहा हूँ। रोज न भी सही, तो हफ्ते में एक बार तो पक्के तौर पर। ऐसा नहीं कि मैगी को बनाना बहुत आसान था इसलिए, बल्कि मुझे वो स्वादिष्ट और पौष्टिक भी लगती थी। लेकिन एक सुबह मैगी के खिलाफ़ फैसला आ गया कि मैगी जानलेवा है। ये जानने में मेरी दिलचस्पी नहीं कि मैगी में क्या है और क्या नहीं, पर मैं ये कई बार जानने की कोशिश जरूर करता हूँ कि आखिर पाँच साल की बच्ची के मन में ये विश्वास कैसे डला होगा कि मैगी जानलेवा है, जबकि उसके सामने एक भी उदाहरण जान जाने का नहीं होगा।

यही आदमी की खासियत है। वो बिना जाने प्यार कर सकता है, बिना जाने नफरत कर सकता है। वो पत्थर को भगवान मान सकता है, भगवान को पत्थर ठहरा सकता है। जिस मैगी के बिना संजय सिन्हा जीने को तैयार नहीं थे, उस मैगी की आज याद भी नहीं आ रही।

खैर, मैगी पुराण की चर्चा मैंने शायद बेवजह की है। या भविष्य में मैगी की याद का कोई-न-कोई संदर्भ इंदिरा गांधी से जुड़ ही जाए।

अभी तो सच यही है कि 1975 में इंदिरा गांधी से लोगों के मन में नफरत हो गई थी। उस इंदिरा गांधी से, जिसे जनता चुनकर लाई थी। जिस पर जनता को पूरा भरोसा था। उस इंदिरा गांधी का सबसे बड़ा अपराध सामने आ चुका था कि 1971 में रायबरेली के चुनाव को इंदिरा गांधी बेईमानी से जीती थीं।

राजनारायण देवता बन गए थे। इंदिरा गांधी मैगी बन गई थीं।

पाँचवीं कक्षा में पढ़नेवाले मेरे जैसे बच्चों तक में यह खबर पहुँच गई थी कि इंदिरा गांधी से बचना है। न मुझे चुनाव के बारे में कुछ पता था, न रायबरेली के बारे में।

इमरजेंसी की 25वीं सालगिरह पर अपने न्यूज चैनल पर कार्यक्रम बनाने के लिए मैं दिल्ली से लखनऊ गया, लखनऊ से इलाहाबाद और इलाहाबाद में मैं उस जज के सामने बैठा था, जो 12 जून, 1975 को इलाहाबाद के कोर्ट रूम नंबर 24 में,

राजनारायण बनाम इंदिरा गांधी के मामले में अपना फैसला सुनाने जा रहा था। चार साल पहले हुए चुनाव में सोशलिस्ट पार्टी के किसी राजनारायण को इंदिरा गांधी ने भारी मतों से हराया था, जबकि उस चुनाव में राजनारायण को उम्मीद थी कि वो हर हाल में जीतेंगे ही। राजनारायण को पूरा भरोसा था कि वो उस चुनाव को जीत रहे हैं और इसी विश्वास के भरोसे उन्होंने चुनाव के नतीजे आने से पहले ही अपना विजय जुलूस भी निकाल दिया था।

पर जब चुनाव के नतीजे सामने आए, तो इंदिरा गांधी जीत गई थीं। राजनारायण शांत नहीं बैठे और उन्होंने हाईकोर्ट का दरवाजा खटखटा दिया। उनका आरोप था कि इंदिरा गांधी ने सरकारी मशीनरी और संसाधनों का गलत इस्तेमाल किया है, इसलिए उस चुनाव को रद्द कर दिया जाए और दुबारा चुनाव हो।

इंदिरा गांधी के खिलाफ गुजरात में छात्र आंदोलन शुरू हो चुका था। 1974 में जयप्रकाश नारायण छात्रों के आंदोलन को लेकर बिहार आ चुके थे। स्कूलों की चारदीवारी पर जेपी जिंदाबाद के नारे लिखे जाने लगे थे। जो छात्र 1947 के आंदोलन के वक्त पैदा नहीं हुए थे, और जिन्हें स्वतंत्रता सेनानी बनने का शुभ अवसर नहीं मिल पाया था, जो छात्र जिनका ध्यान पढ़ाई में कम और राजनीति में ज्यादा था, जो पढ़कर किसी सरकारी नौकरी तक पहुँच पाने का दम नहीं रखते थे, उनके लिए जेपी का ये आंदोलन एक मौका बनकर सामने आया।

मौका नहीं पढ़ने का, नहीं पढ़ने देने का। मौका राजनीति में घुस पाने का।

मैगी में सचमुच जहर है कि नहीं, इसका असली लैब टेस्ट बहुत दिनों बाद आएगा। जब आएगा तब कोई इस सच को जानने की कोशिश भी नहीं करेगा कि किसने और किस लैब टेस्ट ने इस सच को जान और समझ लिया है कि मैगी में जहर है। और अगर जहर है तो भारत सरकार उन सभी का स्वास्थ्य परीक्षण क्यों नहीं करवा रही, जो पिछले कई सालों से मैगी खाते आए हैं और अब उसके बदले मैगी की कंपनी से मुवावजा वसूला जाए।

ओह! बार-बार ये मैगी क्यों सामने आ जाती है।

मुझे बात करनी है इंदिरा गांधी की। उसमें भी आज मैं याद करने जा रहा हूँ, इमरजेंसी लगने से पहले के कुछ दिनों को।

राजनारायण ने इंदिरा गांधी के खिलाफ चुनाव में धाँधली का जो मामला दर्ज कराया था, उसका असल में इमरजेंसी से कोई लेना-देना नहीं था। वो राजनाराण का अपना

मामला था। असल मामला था छात्र आंदोलन का। असल मामला था संजय गांधी के व्यवहार में अजीनोमोटो की मात्रा का बढ़ जाने का।

अब आप ये मत पूछने लगिएगा ये अजीनोमोटो क्या होता है?

मुझे भी नहीं पता कि अजीनोमोटो होता क्या है? मैंने सुना है कि ये सफेद रंग का चमकीला सा दिखनेवाला मोनोसोडियम ग्लूटामेट नामक एक सोडियम साल्ट है, जो खाने का स्वाद बढ़ाता है, पर धीमा जहर होता है। जब किसी खाद्य पदार्थ को बुरा साबित करना होता है तो आम जनता को बता दिया जाता है कि इसमें अजीनोमोटो की मात्रा बढ़ गई है और इससे जान जा सकती है। हालाँकि कहा गया था कि मैगी में लेड की मात्रा बढ़ गई थी, जिस कारण उसे फिलहाल बाहर होना पड़ा है।

तो, संजय गांधी के बारे में ये खबर उड़ गई थी कि जिस देश को इंदिरा गांधी चला रही हैं, उस इंदिरा गांधी को संजय गांधी चला रहे हैं।

जयप्रकाश नारायण गांधीवादी नेता थे, आजादी के आंदोलन में उनकी मुख्य भूमिका रही थी। मुझे यकीन है कि कभी-न-कभी इंदिरा गांधी जेपी की गोद में खेली होंगी, उन्हें अंकल या चाचा भी कहकर बुलाया होगा। पर आज चाचा भतीजी से बहुत नाराज थे और अब देश अंग्रेजों से नहीं, एक भारतीय से लड़ने को एकजुट हो रहा था।

हमारे शहर के स्कूल, कॉलेज बंद हो गए थे। इमरजेंसी के बारे में अभी किसी को पता नहीं था। इंदिरा गांधी के अत्याचारों की लिस्ट बनाई जा रही थी। लोगों के दिमाग में बिठाया जा रहा था कि देखो जिस इंदिरा गांधी को खुद जेपी इतना मानते रहे हों, आज उनके खिलाफ खड़े हुए हैं, तो कोई-न-कोई बात तो होगी ही। वो क्या बात थी किसी को पता नहीं थी। बिहार में तो कम-से-कम गुजरात के आंदोलन का किसी को पता नहीं था। पता था तो बस इतना कि देश में महँगाई बढ़ गई है, गरीबी बढ़ गई है और अगर इंदिरा गांधी गईं, तो देश स्वर्ग बन जाएगा। कौन बनाएगा, ये किसी को नहीं पता था।

विमला दीदी इस बात से बहुत आहत थीं कि इंदिरा गांधी के खिलाफ उनके स्कूल के बाहर स्लोगन लिखे जा रहे हैं। लिखनेवाले को कौन रोक सकता था? किसने रोक लिया? जिस दिन दीदी के विषय में स्कूल के बाहर किसी ने कुछ लिख दिया उस दिन भी किसी ने उसे रोक लिया क्या? जिसने लिखा होगा, उसे खुद नहीं याद होगा कि उसने कुछ ऐसा लिखा था जिससे दीदी की जिंदगी की दिशा बदल गई। जब कोई

किसी के बारे में कुछ लिखता है या कहता है तो ये जानने की जहमत भी नहीं उठाता कि उसका असर किसी और की जिंदगी पर क्या पड़ेगा। कहने वाला कहकर चलता बनता है, रह जाता है वो जो उसका शिकार बन जाता है।

मैं चाह कर भी खुद को नहीं रोक पाऊँगा दीदी की जिंदगी की उन घटनाओं को याद करने से, जिसने सबकुछ बदलकर रख दिया। लेकिन अभी उसे याद करने का समय नहीं आया है।

अभी तो मैं सिर्फ इतना याद कर रहा हूँ कि जेपी पर लोगों को अगाध भरोसा हो गया कि अगर इंदिरा गांधी गईं तो देश में असली सुराज आ जाएगा।

काश ऐसा होता!

इंदिरा गांधी के खिलाफ उस आंदोलन में जेपी के साथ-साथ ढेरों नेता आम आदमी की उम्मीदों के नेता बन बैठे। मोरारजी देसाई, चौधरी चरण सिंह, जगजीवन राम, हेमवती नंदन बहुगुणा, नंदिनी सतपती जैसे लोग भी देवता बनने वाले थे। बहुत कुछ होने वाला था। कई तो उस घटना के 20 और 40 साल बाद भी उसी घटना के बूते देवता बने। पर ये सब होने वाला था। अभी तो बस इतना ही कि इमरजेंसी की यादों को ताजा करने के लिए एक युवक जो, इमरजेंसी की 25वीं सालगिरह पर पत्रकार बन गया था, जस्टिस जगमोहन लाल सिन्हा के घर में बैठा था, उनके मुँह से उनकी यादों को सुनने के लिए।

मैं बैठा था, जगमोहन लाल सिन्हा बैठे थे और उनका बेटा भी साथ ही बैठा था। उनका बेटा भी इलाहाबाद में वकील था। बेहद शांत और सौम्य।

जस्टिस सिन्हा बहुत धीरे-धीरे अपनी यादों में जा रहे थे। वो जब रुकते, मेरी यादें दीदी में समा जातीं। मैं इतिहास का लेखक नहीं। अगर होता तो यकीन कीजिए उस शाम जस्टिस सिन्हा के घर इतिहास के कई अध्याय दर्ज हो रहे थे। मैंने सचमुच बहुत मेहनत की थी जस्टिस सिन्हा से मिलने और उनके इंटरव्यू को पाने के लिए। कैमरा ऑन था, कैमरामैन को निर्देश मैं दे चुका था कि चाहे इंटरव्यू जैसा भी रिकॉर्ड हो, तुम बीच में रोकना नहीं, रुकना नहीं।

''मैं ठीक दस बजे अपने चैंबर से कोर्ट रूम में आया। सभी लोग उठकर खड़े हो गए। मैंने फैसले से पहले ये जता दिया था कि राजनारायण की कुछ शिकायतों को मैंने सही पाया है। हालाँकि राजनारायण की ओर से जो सात मुद्दे उठाए गए थे, उनमें से पाँच में इंदिरा गांधी को राहत ही मिली थी, लेकिन दो मुद्दे फँस गए थे।

यहीं ये तय होना था कि इंदिरा गांधी अगर दोषी पाई गईं तो जनप्रतिनिधित्व कानून के तहत उनपर अगले छह साल तक चुनाव लड़ने पर रोक लग सकती थी।''

कई मिनट का मौन।

''संजयजी, आप एक कप चाय और पिएँगे?''

''जी, पी लूँगा।''

''हाँ, तो मैं क्या कह रहा था?''

''आपने कहा कि इंदिरा गांधी दोषी...''।

''हाँ, हाँ। मामला चल रहा था। दोनों ओर से दलीलें खूब चलीं। अब समय आ गया था इंदिरा गांधी के बयाँ को दर्ज कराने का।

इंदिरा गांधी प्रधानमंत्री थीं। इससे पहले कभी प्रधानमंत्री को कोर्ट में नहीं आना पड़ा था। ये पहला मौका था जब मुझे प्रधानमंत्री को पेशी के लिए बुलाने की तैयारी करनी थी। तारीख तय हुई। शायद 18 मार्च। हाँ, 18 मार्च, 1975 ही।

मुझ पर बहुत दबाव था। पर मैं किसी से कोई बात नहीं करता था। जो सच था, वो सच था। जो सही था, वो सही था। कई लोगों ने शायद डराने की कोशिश भी की होगी। पर मैं न्याय की कुर्सी पर था। मेरे लिए मेरा घर, परिवार, बच्चे सब पीछे छूट गए। मन में कोई घबराहट नहीं थी। बस इतना पता था कि मेरा ईश्वर मेरे साथ है।

आखिर वो तारीख आ गई। इंदिरा गांधी को कोर्ट में पेश होना पड़ा। कई घंटों तक जिरह चलती रही। कोर्ट रूम में कौन-कौन लोग मौजूद होंगे इसके लिए बाकायदा पास बाँटे गए। अब मैं ये नहीं बताऊँगा कि मुझ पर किस तरह के दबाव पड़े। किसने मुझसे क्या कहा? मैं उन यादों को नहीं दुहराना चाहता। मेरे हिसाब से आपके इंटरव्यू के लिए वो जरूरी भी नहीं। और फिर किसने क्या कहा, उसकी चर्चा से कोई फायदा नहीं। ऐसी बातों का कोई प्रमाण नहीं होता। अगर मैं ऐसे ही किसी का नाम ले लूँ तो समय के कैलेंडर में उस आदमी की एक तस्वीर चस्पा हो जाएगी। कभी किसी के विषय में धारणा के आधार पर कोई बात सार्वजनिक नहीं करनी चाहिए।''

जस्टिस सिन्हा बोलते जा रहे थे। कैमरा रिकॉर्ड करता जा रहा था। मेरे मन के रिकॉर्ड में दीदी का करुण क्रंदन गूँज रहा था। मुझे बताओ मेरे भाई कि मेरा कसूर क्या था? क्यों मेरी पढ़ाई छुड़वा कर मुझे शादी के लिए मजबूर कर दिया गया?

''तुम क्या सोच रहे हो, बेटा?''

जस्टिस सिन्हा की आवाज से मेरी तंद्रा टूटी। मैं चौंका। मैंने कहा, ''आप कुछ कह रहे थे। दरअसल इमरजेंसी को जब भी मैं याद करता हूँ पता नहीं कैसे दीदी उसमें समाहित हो जाती है। मेरे कानों में दीदी की आवाज आने लगती है। सॉरी, आप बोलते रहिए।''

''मैं समझ सकता हूँ। इमरजेंसी से मेरी यादें भी ऐसी ही जुड़ी हैं। खैर, मैंने अपने आदेश में लिखा कि इंदिरा गांधी ने अपने चुनाव में भारत सरकार के अधिकारियों और सरकारी मशीनरी का इस्तेमाल किया। जनप्रतिनिधि कानून के तहत इनका इस्तेमाल गैर-कानूनी था। और मैंने चुनाव को रद्द कर दिया।

मुझे नहीं पता कि ऐसा पहले कभी कहीं हुआ था या नहीं, पर प्रधानमंत्री के खिलाफ ये फैसला था।

इंदिरा गांधी की तरफ से बहुत बड़े-बड़े वकीलों को बुलाया गया था।''

महाभारत में यक्ष ने युधिष्ठिर से पूछा था कि संसार में वायु से भी अधिक गति किसकी है, तो युधिष्ठिर ने जवाब दिया था कि मन की। मन की गति वायु से भी तेज है।

जस्टिस सिन्हा का इंटरव्यू कैमरे के टेप में दर्ज हो रहा था। मेरा मन पहुँच गया था सुप्रीम कोर्ट के वैकेशन जज अय्यर के पास। 24 जून को जस्टिस अय्यर ने इलाहाबाद हाईकोर्ट के फैसले पर स्थगन आदेश दे दिया था। हालाँकि ये आंशिक स्थगन था, पर उन्होंने कहा था कि इंदिरा गांधी संसद् की काररवाई में हिस्सा ले सकती हैं, पर वोट नहीं कर सकतीं। और इसके बाद 25 जून को दिल्ली के रामलीला मैदान में जयप्रकाश नारायण की रैली शुरू हो गई।

देश के सामने एक नया देवता खड़ा था। कई देवताओं का जन्म उस रात ही होने वाला था। कई देवता पुराने खेमे को छोड़कर नए खेमे में आने वाले थे। अगर मैं समय को 25 जून, 1975 पर रोक लूँ तो देश में भले उसी रात इमरजेंसी लगने की घोषणा की जाने वाली हो, पर त्रेता युग आ गया था। राम राज्य आ गया था।

बस थोड़े से संघर्ष की बात थी, इंदिरा युग से देश को आजादी मिल जाने वाली थी। देश में महँगाई कम हो जाने वाली थी, गरीबी मिट जाने वाली थी।

ये सब हो सकता था, अगर समय रुक जाता तब।

पर न समय को रुकना था, न ऐसा होना था।

हाँ, देवताओं को मौका मिलना था, देवत्व दिखाने का। हर युग में नए देवताओं का जन्म होता है। हर युग में जनता के सामने मुश्किलें आती ही इसीलिए हैं कि देवता जन्म ले सकें। कृष्ण ने तो कहा भी था कि जब-जब अधर्म बढ़ेगा, देवता आएँगे। मृत्युलोक का प्राणी वहीं रह जाएगा, देवता स्वर्ग में बैठेंगे।

25 जून की रात इमरजेंसी की घोषणा हुई। बहुत से देवता आए। आज सब स्वर्ग में बैठकर अपने देवत्व का सुख भोग रहे हैं।

संजय सिन्हा वहीं हैं, दीदी वहीं है। आप वहीं हैं। देश वहीं है। हालात वही हैं। अब इंतजार है नए देवताओं का।

□

28 जून

सृष्टि से पहले सत नहीं था, असत भी नहीं
अंतरिक्ष भी नहीं, आकाश भी नहीं था
छिपा था क्या, कहाँ, किसने ढका था
उस पल तो, अगम अतल जल भी कहाँ था
सृष्टि का कौन है कर्ता? कर्ता है या है विकर्ता?
ऊँचे आकाश में रहता, सदा अध्यक्ष बना रहता
वही सचमुच में जानता, या नहीं भी जानता
है किसी को नहीं पता, नहीं पता, नहीं है पता, नहीं है पता...

इंदिरा गांधी के पिता और भारत के पहले प्रधानमंत्री पंडित जवाहरलाल नेहरू ने 'डिस्कवरी ऑफ इंडिया' नामक एक किताब लिखी थी। मशहूर फिल्मकार श्याम बेनेगल ने उसे ही आधार बनाकर टी.वी. पर 'भारत एक खोज' नामक एक सीरियल बनाया था। यह सीरियल जब शुरू होता, ऋगवेद की एक ऋचा का ये हिंदी अनुवाद जब टी.वी. पर नेपथ्य से गूँजता और मुझे लगता कि दीदी कहीं चीत्कार कर रही है।

तब तक मैं भोपाल से दिल्ली आ चुका था। टी.वी. पर इस सीरियल के शुरू होने से पहले बहुत कुछ हो चुका था।

मैं हर घटना को शब्दों में पिरो सकता हूँ। अगर मैं एक दिन तय करके बैठ ही जाऊँ कि मुझे सिर्फ जेपी आंदोलन से लेकर इंदिरा गांधी की हत्या तक की पूरी यादों को यहाँ दर्ज कर देना है, तो कोई पाँच सौ पन्ने सुबह से शाम तक टाइप कर सकता हूँ। मुझे नहीं पता कि कहानी इतने में खत्म होगी या नहीं, क्योंकि दीदी मुझसे कहा करती थी, "वो जो ऊँचे आकाश में रहता है, सदा अध्यक्ष बना रहता है, सारी कहानी तो उसी को पता होगी।"

मैं बड़ा हो चुका था। दीदी का दर्द मेरी समझ में आने लगा था। बुरी से अधिक, बिना

मर्जी की शादी का दंश मैं समझने लगा था। दीदी कभी-कभी छिप कर रोती थी। मैं उसकी सूजी आँखों को देखकर समझ जाता। कभी-कभी दीदी पूछती कि सृष्टि का कौन है कर्ता? कर्ता या विकर्ता?

क्या दीदी संसार की सबसे अभागी लड़की थी?

दीदी कहती, "नहीं, संसार में बहुत से लोग अभागे होते हैं। तुमने देखा नहीं कि इंदिरा गांधी कितनी अभागी हैं।"

"फिर तुम्हें ही इतना अफसोस क्यों?"

"क्योंकि मैं अपने अभाग्य का विरोध नहीं कर पा रही।"

"तो विरोध क्यों नहीं करती?"

"सिर्फ करने के लिए विरोध नहीं करना चाहिए। उस विरोध के बाद विकल्प पता होना चाहिए।"

"जेपी ने इतना बड़ा विरोध किया, तो क्या उन्हें उसका विकल्प पता था?"

"नहीं। इसीलिए तो जेपी को अपने किए विरोध के बाद इतने संताप से गुजरना पड़ा। जेपी अंग्रेजों से लड़े, उनके पास तब भी विकल्प नहीं था। अंग्रेजों से लड़कर उन्होंने जिनके हाथों में सत्ता सौंपी फिर उनसे भी लड़ना पड़ा। और फिर उनसे भी, जिन्हें उन्होंने अंग्रेजों से लड़ने के बाद सत्ता दिलाने के बाद हटाकर सत्ता दिलाई थी। तुम जेपी से मिलना। तुम उनकी आँखों में झाँकना। उनकी आँखें भी तुम्हें सूजी हुई दिखेंगी।"

अजीब विंडबना थी।

पिताजी की यादों में 1947 बसा था। मेरी यादों में 1974 बसा था। जिस देश को आजादी के सिर्फ 27 वर्षों बाद सिर से पाँव तक पूरी तरह बदल जाना चाहिए था, जो देश जुल्म, गरीबी, अशिक्षा और वर्गभेद के आधार पर विदेशी हुकूमत से लड़ता हुआ आजादी को प्राप्त हुआ था, जिस देश के पास अमरीका, रूस, फ्रांस, जापान का रोल मॉडल पहले से उपलब्ध था, जिस देश ने दुनिया को ज्ञान का पाठ पढ़ाया हुआ था, वही देश आज फिर से लड़ रहा था जुल्म, गरीबी, अशिक्षा और वर्गभेद के खिलाफ। इन 27 सालों में सिर्फ सत्ता की चमड़ी का रंग बदला था, और साल 1947 की जगह 1974 हो गया था।

1947 में जिसने भी अंग्रेजों के विरोध में कुछ लिखा उसे जेल जाना पड़ा।

1974 में जिसने इंदिरा गांधी के खिलाफ लिखा उसे भी जेल जाना पड़ा।

मैं जानता हूँ कि मैं इतिहास का प्रोफेसर नहीं, न मैं बहुत बड़ा लेखक ही हूँ, लेकिन मुझे हमेशा इस बात पर हैरानी होती है कि किसी को कुछ लिखने से कैसे रोका जा सकता है तथा क्यों रोका जाना चाहिए और अगर रोका जाना चाहिए तो 1974 में हमारी कॉलोनी के उस स्कूल की दीवार पर जिस बच्चे ने दीदी का नाम लिख दिया था, उसे क्यों नहीं रोका गया।

जहाँ मेरा ननिहाल है, वहीं के रहनेवाले थे बाबू जगजीवन राम। बचपन में हम बच्चे साइकिल चलाते हुए उनके घर के बाहर तक चले जाते। बहुत बड़ी उनकी हवेली थी। उसमें कोई रहता नहीं था, लेकिन बड़े से गेट के सामने एक गार्ड खड़ा रहता। हम बहुत जिद करते, तो वो गेट खोल कर हमें अंदर लॉन तक जाने देता। मुझे लगता कि बाबू जगजीवन राम वहाँ के राजा हैं। कभी सोचता कि इतनी बड़ी हवेली में वो किस कमरे में रहते होंगे। क्या वो अपना ही कमरा भूल नहीं जाते होंगे।

एक दिन पिताजी माँ से कह रहे थे, ''जगवीन राम ने इंदिरा गांधी को छोड़ दिया है। देखिए यही है राजनीति। इमरजेंसी में इंदिरा गांधी की तारीफ करते नहीं थकने वाले राम साहब को जब लगने लगा कि इंदिरा गांधी की कुर्सी जा रही है, तो उस तरफ हो लिये जिधर उन्हें लग रहा है कि उन्हें कुर्सी मिल जाएगी। इस देश का कुछ नहीं हो सकता।''

शहर में मुनादी पिटवाई जा रही थी कि आज शाम रमना मैदान में बाबू जगजीव राम की सभा होगी।

इमरजेंसी खत्म होने के बाद हमारे उस शहर में रोज किसी-न-किसी की सभा होती थी। दीदी ससुराल से हमारे घर आई हुई थी। मैंने सोचा कि दीदी को ले चलता हूँ, जगजीवन राम का भाषण सुनाने। फिर लगा कि कहीं मेरे ही जाने पर रोक न लग जाए। मैं स्कूल से निकला, शाम का समय था, सीधे पहुँच गया रमना मैदान।

पूरा मैदान खचाखच भरा था। ''बाबूजी आने वाले हैं, इंतजार कीजिए, बाबूजी आने वाले हैं, इंतजार कीजिए की घोषणा हो रही थी।''

पिताजी को मैं बाबूजी बुलाता था। मेरा दिल धक से रह गया कि क्या इन्हें पता चल गया है कि मैं यहाँ आया हूँ, और वो मुझे बता रहे हैं कि बाबूजी आने वाले हैं।

वहीं मूँगफली बेचने वाले से मैंने दस पैसे की मूँगफली खरीदी और पूछा कि भैया, बाबूजी के आने का इन्हें कैसे पता?

"अरे भाई, बाबूजी के भाषण के लिए ही तो लोग यहाँ आए हैं।"

"पर भाषण तो जगजीवन राम का है।"

"वही तो बाबूजी हैं।"

"लेकिन बाबूजी तो पिताजी को कहते हैं।"

मूँगफली वाला चुप हो गया। मेरे ऐसे बेतुके सवाल मुझे ही फँसा देते थे। अगर जगजीवन राम बाबूजी हैं, तो फिर बाबूजी कौन हैं।

जगजीवन राम आ गए थे। एकदम सफेद कुरता-पायजामा और सिर पर टोपी।

दूर से मुझे सिर्फ सफेद कुरता और टोपी नज़र आ रही थी। लेकिन मेरे पास बल्लियों पर टँगे लाउडस्पीकर पर बाबूजी की आवाज गूँज रही थी।

"इंदिरा गांधी कहती हैं कि जनता पार्टी तो संतरे के समान है। जैसे ही संतरा खुला, सारे फाँक अलग-अलग। मैं कहता हूँ कि इस संतरे के एक-एक फाँक में जो रस है, उसका कोई मुकाबला नहीं। संतरे का हर फाँक इंदिरा गांधी को अपनी ताकत का अहसास करा सकता है।"

इमरजेंसी के ठीक बाद मेरे ननिहाल में ही पिताजी की पोस्टिंग हो गई थी, इसलिए मैं निश्चिंत था कि इंदिरा गांधी का भाषण जिस दिन होगा, उस दिन मैं भी जरूर आऊँगा। तब मुझे नहीं पता था कि जिस दिन इंदिरा गांधी का भाषण होगा उस दिन मंच के नीचे कोई गधा छिपाकर रख देगा, और जैसे ही इंदिरा गांधी भाषण देने आएँगी, 'भाइयो और बहनो' कहेंगी, बिजली चली जाएगी और गधा मैदान में दौड़ने लगेगा।

कोई तो कहीं था, जो इन बातों की योजना बना रहा था। और हुआ भी सबकुछ उसकी योजना के मुताबिक। लेकिन इंदिरा गांधी तो इंदिरा गांधी थीं। बिना माइक के भी बहुत देर तक बोलती रहीं। मैं एकदम मंच के पास खड़ा था। मैंने मंच के नीचे से गधे को निकलते देख लिया था। सभा में भगदड़ मच गई। इंदिरा गांधी को मंच से उतार कर जीप में बिठाकर कहीं ले जाया गया। मुझे बहुत अफसोस हुआ कि लोगों ने उन्हें बोलने नहीं दिया।

इन सारी बातों को यहाँ पिरो सकता हूँ। लेकिन अभी नहीं।

अभी तो मुझे भी यही सोचना है कि सचमुच सृष्टि का कौन है कर्ता? कर्ता है या है विकर्ता?

क्या सबकुछ वही जानता है, या नहीं भी जानता है। अगर नहीं जानता तो फिर कौन जानता है। कौन जानता है कि दीदी की कहानी आगे कहाँ जाएगी। इंदिरा गांधी उस दिन तो जीप पर सवार होकर लौट गई थीं। लेकिन क्या वे लौटेंगी। क्या उनका अंत हो चुका है, या फिर कभी वे सत्ता में आएँगी। जनता की याद बहुत कमजोर होती है। वो इंदिरा गांधी को माफ कर सकती है। फिर तो दीदी को भी माफी मिल सकती है।

□

29 जून

आदमी जिंदगी का सफर तय करता है। मोटर-गाड़ियाँ सिर्फ सड़कों का सफर तय करती हैं। समय के साथ जिंदगी के सफर में आदमी बहुत कुछ सीखता है और नया होता जाता है, जबकि सड़क के सफर में मोटर-कार घिसती है और पुरानी पड़ती जाती है।

इंदिरा गांधी ने इमरजेंसी की घोषणा तो कर दी थी, पर उन्हें जगजीवन रामों और देवकांत बरुआओं ने आस बँधा दी थी कि देश की अनपढ़ और गरीब जनता के पास कोई विकल्प नहीं है। इमरजेंसी जब खत्म होगी, आप चुनाव लड़िएगा, जीत आपकी होगी।

मैं अपने जीवन में इंदिरा गांधी को दो बार ही देख पाया हूँ और सुन पाया हूँ। आज मैं उन्हें याद करता हूँ तो वे मुझे 'आईना' फिल्म की नायिका अमृता सिंह जैसी नज़र आती हैं। आप में से कई लोगों ने जैकी श्राफ, जूही चावला और अमृता सिंह की फिल्म 'आईना' देखी होगी, कुछ लोगों ने नहीं देखी होगी।

मैं क्योंकि यहाँ इतिहास नहीं दर्ज कर रहा, इसलिए आप हैरान मत हों कि इंदिरा गांधी की तुलना मैं किसी फिल्म की नायिका से कर रहा हूँ।

फिल्म आईना में अमृता सिंह और जूही चावला सगी बहनें होती हैं। अमृता शहर के बड़े उद्योगपति जैकी श्राफ से प्यार करती है। अमृता बड़े घर की बेटी है, माँ-बाप उसकी हर मुराद आँखें मूँद कर पूरी करते हैं। अमृता महत्त्वाकांक्षी है और उसका मन मॉडलिंग में लगता है।

कहानी में ट्विस्ट तब आती है, जब जैकी और अमृता की शादी तय हो जाती है और अचानक अमृता को मॉडलिंग में एक बड़ा ऑफर मिल जाता है। बड़ी अजीब स्थिति होती है, जैकी श्राफ बरात लेकर अमृता के घर पहुँचे हैं और अमृता अचानक लापता

हो जाती है। वो एक चिट्ठी छोड़ जाती है कि उसे एक बड़ा ब्रेक मिला है, और वो उसे नहीं गँवाना चाहती। शादी तो फिर कभी हो सकती है।

यहाँ तक कहानी सामान्य है। लेकिन अमृता के मन में इस विश्वास का होना बहुत मायने रखता है कि जैकी श्राफ जाएगा कहाँ, शादी तो उसी से करेगा।

क्यों करेगा?

क्योंकि वो खूबसूरत है, जवान है, स्मार्ट है, फैशन परस्त है, बड़े बाप की बेटी है और सबसे बड़ी बात कि वो उसके बिना जी नहीं सकता।

शेक्सपीयर ने कहा था कि खुद पर विश्वास होना बहुत अच्छी बात होती है, लेकिन अति विश्वास का होना बुरा होता है।

अमृता सिंह के भीतर का विश्वास कब अति विश्वास में तबदील हो गया, उसे खुद भी पता नहीं चला। नतीजा यह हुआ कि जैकी श्राफ बरात वापस ले जाने की जगह उसकी छोटी बहन जूही चावला से विवाह करने का प्रस्ताव रख देता है। और जैकी की शादी उससे हो जाती है।

फिल्मी कहानी फिल्मी ही होती है। अमृता इस बात को सह नहीं पाती कि जैकी उसकी जगह जूही को चुन लेगा। उसके अति विश्वास यानी ओवर कॉन्फिडेंस को बहुत चोट पहुँचती है और फिर शुरू होती है तिकड़म की राजनीति। अपनी ही बहन को मात देने का खेल।

इलाहाबाद के आनंद भवन में पलती हुई इंदिरा गांधी की शायद ही कोई इच्छा ऐसी रही होगी, जिसे समय ने पूरा नहीं होने दिया होगा। इंदिरा गांधी में आत्मविश्वास कूट-कूटकर भरा था, इससे तो कोई इनकार कर ही नहीं सकता। लेकिन प्रधानमंत्री बनने के बाद ये आत्मविश्वास कब अति आत्मविश्वास में तबदील हुआ, इसका उन्हें भी पता नहीं चला होगा।

मैं अपने लिखे को आज एक काल्पनिक कहानी मान लूँ, तो मुझे ये मानने में कोई हिचक नहीं कि इंदिरा गांधी ने इमरजेंसी लगाते हुए ये सोचा ही नहीं होगा कि वो जनता जो उनसे बेहद प्यार करती थी, उनका साथ छोड़ देगी। ठीक वैसे ही जैसे फिल्म में अमृता को लगा था कि जैकी उसके बिना जी ही नहीं सकेगा।

गणित की भाषा में कहूँ तो ऐसा सोचना अमृता का एक गलत कैलकुलेशन था। यह एक ऐसी गणना थी, जिसमें उसने खुद को ही धोखा दे दिया। सुनने में ऐसा लग

सकता है कि जैकी ने अमृता को छोड़ दिया, पर सच यही है कि अमृता ने अमृता को छोड़ दिया था।

आप में से जो लोग इमरजेंसी के उस दौर में रहे होंगे और इमरजेंसी के ठीक बाद होने वाले चुनाव को जरा सा पढ़ने की कोशिश की होगी, वो समझ सकते हैं कि इंदिरा गांधी के मन में यह गलतफहमी किसी और ने नहीं, खुद उन्होंने अपने मन में डाल ली थी कि अगर चुनाव हुए तो वो भारी बहुमत से चुनाव जीत जाएँगी।

सच तो यह है कि मुझ जैसा पाँचवीं कक्षा का विद्यार्थी जो चुनाव, वोट ये सब नहीं समझता था, उसके कानों तक यह बात पहुँचने लगी थी कि चुनाव में इंदिरा गांधी के खिलाफ अगर इस बार गधा भी खड़ा होगा तो वो जीत जाएगा। वैसे एक सच ये भी है कि उनकी इस सोच को उनके पुत्र संजय और उनके चंपुओं से भी ये बल मिला ही था।

जयप्रकाश नारायण बनाम इंदिरा गांधी की इस लड़ाई में जनता के मन में ये बैठाया जा चुका था कि ये आखिरी मौका है, जब आप लोकतंत्र और या तानाशाही में से किसी एक को चुन सकते हैं। अगर फिल्मी कहानी को फिल्मी कहानी न मानें और फिल्म आईना में अमृता सिंह की छोटी बहन बनी जूही चावला के मन की दबी इच्छा को किसी शालीन फैसले के रूप में न देखें, तो सोचने की कोशिश कीजिए कि जूही कैसे आखिरी वक्त में जैकी से शादी के लिए हाँ कह गई। अमृता के मन पर ये कितनी बड़ी चोट थी कि उसी की सगी बहन ने उसके साथ छल कर दिया।

फिल्म देखते हुए दर्शकों को जूही चावला से बेशक हमदर्दी होती है, क्योंकि उसने तो समय का साथ दिया था। वो जानती थी कि उसकी बड़ी बहन जिद्दी, बददिमाग और तानाशाह है। वो नहीं चाहती थी कि उसका प्रेमी, जो बरात लेकर घर आया हो और उसे बेइज्जती के साथ वापस जाना पड़े। वैसे जितना सच यह है, उतना ही बड़ा सच यह भी है कि जूही के मन में बहन के लिए प्यार नहीं था।

जिस जगजीवन राम, हेमवती नंदन बहुगुणा और नंदनी सदपती जैसे नेताओं पर इंदिरा को अथाह भरोसा था, उन्होंने समय की चाल पहचान कर इंदिरा गांधी से खुद को अलग कर लिया। इन लोगों ने खुद को कांग्रेस से तोड़कर अलग पार्टी खड़ी कर ली—कांग्रेस फॉर डेमोक्रेसी।

जिस संजय गांधी को इन लोगों ने अपनी गोद में खिलाया, उसी संजय गांधी की उद्दंडता का हवाला देते हुए इन लोगों ने इंदिरा को छोड़ दिया। सनद रहे कि संजय

गांधी अगर भारतीय राजनीति में उद्दंड हो चुके थे, तो इस चुनाव से बहुत पहले उनकी उद्दंडता सामने आ चुकी थी। लेकिन जगजीवन राम और उनके साथियों ने इमरजेंसी में इंदिरा गांधी का खूब साथ दिया था। सिर्फ साथ ही नहीं दिया, बल्कि उन्हें उकसाया भी कि ऐसा करना कतई गुनाह नहीं।

दुश्मन का दुश्मन दोस्त होता है, इसी सिद्धांत के तहत जेपी के छात्र आंदोलन में सारे लोग इकट्ठा होने लगे।

जेपी का आंदोलन एकदम अलग आंदोलन था। संघ की मंशा एकदम अलग मंशा थी। इंदिरा के साथ उठने-बैठने वाले संजय गांधी के सताए लोगों का दुःख एकदम अलग दुःख था। जनता का दुःख एकदम अलग था।

अगर संघ, इंदिरा विरोधियों, इंदिरा के दोस्त से दुश्मन बने लोगों की चाहतों और जेपी के आंदोलन को अलग-अलग करके कोई अध्ययन करे, तो समझ जाएगा कि जेपी सिर्फ इस्तेमाल हो रहे थे, जिसका भान उन्हें हुआ लेकिन तब तक पानी बह चुका था। बहुत पुरानी बात नहीं है। आपकी जरा सी यादों को मैं कुरेदूँगा तो सब साफ हो जाएगा।

याद कीजिए अन्ना हजारे का रामलीला मैदान का वो आंदोलन, जिसमें न जाने कहाँ-कहाँ से आकर लोग जुड़ते चले गए थे। अन्ना भ्रष्टाचार के खिलाफ आंदोलन कर रहे थे। उनके संगी-साथी अपने एनजीओ के लिए अन्ना के साथ जुड़ गए थे। कोई राजनीतिक दल जो अपनी लकीर बड़ी करने की जगह, इस आंदोलन में दूसरे की लकीर छोटी करने में लग गई थी। उसे न लोकपाल से मतलब था, न अन्ना से, लेकिन रामलीला मैदान में उसे अपनी रोटी बेवजह सिंकती नज़र आ रही थी। उसके सामने 1977 का चुनाव था, जब सबकुछ करके जेपी ने खुद को चुनाव से बाहर कर लिया था। उसे पता था कि जेपी जो खाना पका रहे हैं, उसे वो खुद नहीं खाएँगे। अन्ना आंदोलन में भी इन्हें पता था कि महान लोग अपनी महानता के बोझ तले दबकर सिर्फ आंदोलन खड़ा करते हैं, उसे बिठाने की जिम्मेदारी वो नहीं निभा सकते।

मैं बहुत से लोगों को जानता हूँ, जो अन्ना आंदोलन से सिर्फ इसलिए जुड़ गए थे कि उनके मन में कोई नाराजगी थी। सबके मन में सोनिया गांधी और मनमोहन सिंह से नाराजगी नहीं थी। कोई अपने बॉस से नाराज था। कोई पत्नी से तंग आया पड़ा था। कोई पति से आहत थी। किसी को नौकरी नहीं मिल रही थी, तो कोई परीक्षा में फेल हो गया था। किसी की बिजली का बिल ज्यादा आया था, तो कोई मकान मालिक से परेशान था। कहने का मतलब ये कि अन्ना के आंदोलन में

रामलीला मैदान में बैठे लाखों लोगों में से ढेरों लोगों की अपनी कोई शिकायत थी। उन्हें लग रहा था कि कोई है, जो उनके लिए कुछ कर रहा है। वो कौन है, वो क्या कर रहा है, इससे उनका बहुत लेना-देना नहीं था। अन्ना के आंदोलन में ढेरों ऐसे लोग थे, जो अमिताभ बच्चन के हाथों विलेन के पिटने पर जोर-जोर से तालियाँ बजाकर अपनी भड़ास निकालते हैं।

मैंने एक बार अन्ना हजारे से कहा भी था कि आपने जनता के साथ धोखा किया। आपने दरअसल जनता के उस गुस्से को अपने आंदोलन से धो-पोंछ दिया, जो उसके मन में था और वह एक राजनीतिक सुधार के रूप में प्रस्फुटित हो सकता था। लेकिन आपने बिना मौसम के बरसात की तरह बरस कर उसके मन को सांत्वना तो दे दी, लेकिन विकल्प के रूप में कुछ नहीं दिया। तब आम चुनाव नहीं हुए थे और मैंने अन्ना से कहा था कि आपने भी जेपी की तरह ही अपने लिए नहीं, जनता के लिए एक मौका गँवा दिया।

अन्ना आंदोलन के समय जनता में गुस्सा था, लेकिन अलग-अलग वजहों से। जेपी आंदोलन के समय भी जनता में गुस्सा था, लेकिन अलग-अलग वजहों से।

जेपी के आंदोलन और जनता के गुस्से को कब सत्ता के आकांक्षियों ने अपने पक्ष में मोड़ लिया, किसी को पता भी नहीं चला। ठीक वैसे ही जैसे अन्ना के आंदोलन और जनता के गुस्से को राजनीतिक महत्त्वाकांक्षियों ने अपने पक्ष में मोड़ लिया।

खैर, ये राजनीति का विषय है और मैं उस पर कुछ लिख नहीं पाऊँगा।

मुझे तो ये याद करते हुए आश्चर्य हो रहा है कि 1977 में इंदिरा गांधी किस संसार में थीं, जो उन्हें नहीं पता था कि होने वाले चुनाव में उनकी धज्जियाँ उड़ जाएँगी।

फिल्म आईना में अमृता सिंह किस भरोसे पर ऐन शादी के दिन घर छोड़कर भाग गई कि उसका कुछ नहीं बिगड़ेगा।

सोनिया गांधी की कांग्रेस ने किस भरोसे पर पिछला चुनाव लड़ा कि उनकी पार्टी चुनाव जीत ही जाएगी।

ये सारे वो सच हैं, जिन्हें समझने के लिए किसी विशेषज्ञ की जरूरत नहीं पड़नी चाहिए थी। इतना तो आदमी खुद पढ़ ले सकता है। पढ़ लेना चाहिए।

मैंने कहा था न कि आदमी जिंदगी का सफर तय करता है, मोटर गाड़ियाँ सड़कों का सफर तय करती हैं। मैंने ये भी कहा था कि आदमी जिंदगी के सफर में नया होता है,

मोटर गाड़ियाँ पुरानी होती हैं।

पर जो समय की चाल के साथ खुद को नहीं माँजता, समय उसका साथ छोड़ देता है। यही हुआ था उस चुनाव में इंदिरा गांधी के साथ। समय ने उनका साथ छोड़ दिया। पर जो हार कर जीतते हैं, उसे ही बाजीगर भी कहते हैं। तो 1977 के चुनाव में इंदिरा गांधी की हार और फिर किसी मामले में उनकी गिरफ्तारी के बाद जब सबने ये मान लिया था कि इंदिरा युग का अंत हो गया, तब इंदिरा गांधी खुद को समय के साथ माँजने में जुटी थीं।

नतीजा?

सिर्फ तीन साल बाद इंदिरा गांधी दुगुने उत्साह के साथ देश की उम्मीद बन बैठी थीं। □

30 जून

खुशी ने कहा हँसी से कि तुम सदा हँसती रहना। हँसी ने कहा खुशी से कि तुम साथ रहोगी तो मैं सदा हँसती रहूँगी।

बहुत गजब का संवाद था खुशी और हँसी के बीच।

मैं इमरजेंसी को भूल जाता, मैं इंदिरा गांधी को भी भूल जाता, अगर दीदी के मन में खुशी रहती और चेहरे पर हँसी रहती। लेकिन साल भर की इमरजेंसी ने पंद्रह साल की लड़की की जिंदगी में उथल-पुथल मचा दिया था। हालाँकि कभी-कभी मैं सोचता हूँ कि कहीं ऐसा तो नहीं कि मैं इंदिरा गांधी पर गलत लाँछन लगा रहा होऊँ, क्योंकि दीदी की जिंदगी में उथल-पुथल मची थी जेपी आंदोलन के दौरान।

खैर, अभी वो सब याद करने का वक्त नहीं आया है। यादों के कारवाँ को बीच के बहुत से महीनों को पार करते हुए मुझे इंदिरा गांधी की इमरजेंसी, फिर इंदिरा गांधी की गिरफ्तारी, फिर संजय गांधी के तांडव, संजय गांधी की दिल्ली में हवाई दुर्घटना में मौत, फिर ऑपरेशन ब्ल्यू स्टार, इंदिरा गांधी की हत्या, और फिर देश भर में फैले दंगों के बीच से गुजरना होगा।

इन्हीं यादों के बीच दीदी की खो गई हँसी और खो गई खुशी मुझसे बार-बार टकराएगी। पर जिसकी याद भविष्य में आनी है, उसकी चर्चा ही अभी क्यों।

ऐसा नहीं है कि उस काल में सिर्फ दीदी की हँसी और खुशी ही उससे रूठ गई थी। इंदिरा गांधी की हँसी और खुशी भी उनसे रूठ गई थी। मैं था तो बच्चा, लेकिन मुझे उस पूरे कालखंड से रूबरू होना था।

मेरे मामा सीबीआई में संयुक्त निदेशक थे। मुझे उनके पास रहने आना था। वहाँ से मेरी यादों को नया आयाम मिलने वाला था। फिर मुझे पत्रकारिता में आना था और वहाँ मुझे अपनी कहानी के बहुत से पात्रों से सीधे मिलना था। मतलब ये कि जो

काढ़ा मेरे बचपन में पकने के लिए धीमी आँच पर रखा गया था, उसमें नीम और करैला दोनों को अभी मिलाया जाना था और मैं समय के हाथों में बँधा हुआ महाभारत के संजय की तरह सबकुछ सिर्फ देखने पर मजबूर होने वाला था।

क्योंकि मुझे बहुत कुछ देखना था, इसलिए मैं कभी उन यादों को सिलसिलेवार इतिहास को तरह दर्ज नहीं कर पा रहा। कभी मेरी यादें इमरजेंसी से पहले छात्र आंदोलन तक जाती हैं, तो कभी वो इमरजेंसी के पूरे साल को पार कर, जनता पार्टी की सरकार पर जाकर रुक जाती हैं।

जनता पार्टी की सरकार बन चुकी थी। मैं उन दिनों मध्य प्रदेश के शहर भिलाई में था। नंदन, चंपक और चंदामामा के अलावा ढेर सारी किताबें हम बच्चों के पढ़ने के लिए घर में मँगाई जाती थीं। पर मेरा ध्यान अटका रहता था, रोज सुबह आने वाले अखबारों पर। हिंदी मैं पढ़ने लगा था। माँ-पिताजी के बीच इमरजेंसी के उस काल की इतनी चर्चा मैं सुन चुका था कि आज आश्चर्य होता है, कैसे सिर्फ सुना हुआ किसी की आँखों की रेटिना पर जाकर तस्वीर में तबदील हो सकता है।

मैंने बहुत पहले जेपी से मुलाकात की एक कहानी यहीं लिखी थी। मैं कभी उसे यहाँ दुहराऊँगा जरूर, और यह भी बताऊँगा कि जेपी ने मुझसे क्यों कहा था कि तुम पढ़ाई करते रहना। तब जो कहानी मैंने लिखी थी, आज वो यहाँ आकर एकदम फिट हो ज़ा सकती है, लेकिन अभी मुझे सिर्फ याद करना है राजनीति के अधोपतन की उस कहानी को, शह और मात के उस खेल को, जिसमें इंदिरा गांधी को गिरफ्तार कर लिया गया और उससे बड़ी बात ये कि जिसने इंदिरा गांधी को गिरफ्तार करने का फरमान सुनाया था, अपने बहुत मामूली से स्वार्थ के लिए खुद वही इंदिरा गांधी के चरणों में लोट गया।

चौधरी चरण सिंह देश के गृह मंत्री थे। इंदिरा गांधी कुछ नहीं थीं। उनके नाम के आगे पूर्व प्रधानमंत्री लग चुका था। हालाँकि तब भी वो ऐसी प्रधानमंत्री नहीं थीं कि उनका वजूद ही मिट गया हो। याद कीजिए 28 जून की तारीख, अपने देश के एक पूर्व प्रधानमंत्री पी.वी. नरसिम्हा राव के हैप्पी बर्थ डे के रूप में दर्ज है, लेकिन दो दिन पहले ये तारीख बीत गई और कोई उनका नामलेवा तक नज़र नहीं आया। लेकिन इंदिरा गांधी उस महिला का नाम नहीं था, जिन्हें सत्ता से बेदखल होने के बाद भी कोई हल्के में ले पाता।

जेपी की पीठ पर सवार होकर जनता पार्टी ने अपनी समझ में शेर को पकड़ लिया था, अब उसे पिंजरे में डालना भर बाकी रह गया था।

इंदिरा गांधी को भ्रष्टाचार के कुछ मामलों में गिरफ्तार करने का आदेश कभी भी आ सकता था। ये सही है कि इस गिरफ्तारी को अंजाम सीबीआई के अधिकारी देने वाले थे, लेकिन पीछे खड़े थे गृह मंत्री चौधरी चरण सिंह। इंदिरा गांधी के अपराधों की जाँच के लिए कमीशन बनाया गया था, कमीशन ने इंदिरा गांधी के अपराधों पर पुष्टि की मुहर लगा दी थी। बहुत दिलचस्प घटना थी, जिस दिन सचमुच इंदिरा गांधी को गिरफ्तार किया गया था। किसी दिन उस पूरी घटना को मैं याद कर सकता हूँ और सिलसिलेवार सारा कुछ बयाँ कर सकता हूँ कि इंदिरा गांधी की एक दिन की गिरफ्तारी के मायने क्या थे।

आपने कम-से-कम सौ फिल्में देखी होंगी, जिसमें हीरो का पूरा परिवार विलेन के हाथों में पड़ जाता है। माँ, पत्नी या प्रेमिका, छोटे भाई-बहन सभी को विलेन अपने किसी गोदाम में बाँध कर खड़ाकर देता है और फिर हीरो और विलेन में फाइट होती है। ढेर सारे ड्रम होते हैं, कहीं कुछ खौलता हुआ रसायन होता है, ढेर सारे कारिंदे होते हैं। हीरो अकेला होता है और बुरी तरह पिटता है।

उधर से हीरो की माँ चीखती है, "छोड़ दो मेरे बेटे को।"

पत्नी या प्रेमिका तो उस सीन को देख ही नहीं पातीं, आँखें बंद कर लेती हैं। छोटे-भाई बहन चीखते हैं, भइया छोड़ना मत उसे।

बचपन में ऐसी फिल्में देखते हुए मैं मन में डरा रहता था कि आगे क्या होगा। ऐसी फिल्में देखते हुए दीदी मुझे समझाती कि तुम डरो मत, संजू। अभी कुछ ही देर में देखना कि सारी परिस्थितियाँ बदल जाएँगी। पुलिस के आने के ठीक पहले विलेन की पिटाई शुरू होगी, हीरो मारेगा और मामला उल्टा पड़ जाएगा।

मुझे तो नहीं, लेकिन दीदी को इंदिरा गांधी पर पूरा भरोसा था। स्क्रिप्ट लिखी जा चुकी थी, पुलिस आने ही वाली थी और ऐसा लगने वाला था कि इंदिरा गांधी का पन्ना सदा के लिए खत्म हो गया है। तारीख थी 3 अक्तूबर, 1977 और प्रधानमंत्री के दफ्तर से लेकर गृह मंत्रालय तक में हलचल मची हुई थी। सीबीआई के अधिकारियों की स्पेशल मीटिंग ली जा रही थी। ऐसा लग रहा था कि आज बकासुर वध होगा।

इंदिरा गांधी और संजय गांधी को घेरने की पूरी तैयारी कर ली गई थी, वह भी उन मामलों में जिसे वाकई साबित कर पाना असंभव सा काम था। चरण सिंह फिल्म के निर्देशक बने हुए थे। सारा कुछ उनकी निगरानी में चल रहा था। आज भारत के सबसे शक्तिशाली व्यक्ति को पकड़ लिया जाना था।

सबकुछ हुआ।

क्योंकि आज मेरी पोस्ट लंबी हो रही है, इसलिए जल्दी में कहानी सुनाता चलूँ कि पुलिस आई, कई तरह की ऐक्टिंग हुई और इंदिरा गांधी को गिरफ्तार कर लिया गया। अगले दिन ही उन्हें छूट भी जाना था।

केवल इस विषय पर अगर कभी लिखा तो पूरा अध्याय तैयार हो सकता है। अपने घर की चर्चाओं में ही मैंने सुना था कि कैसे संजय गांधी, राजीव गांधी व ढेर सारे लोग इंदिरा गांधी के घर में मौजूद थे और उनकी मौजूदगी में इंदिरा गांधी को गिरफ्तार किया गया।

आदमी जितना बड़ा होता है, उससे होने वाली गलती उतनी ही बड़ी होती है। मैंने बहुत पहले एक चुटकुले का हवाला देते हुए यही एक पोस्ट में लिखा था कि कैसे एक आदमी अपने तोते के साथ हवाई जहाज में यात्रा कर रहा था, और रास्ते में जब उस व्यक्ति ने एयर होस्टेस से शराब माँगी, तो तोते ने भी शराब की माँग की। एक पैग शराब पीने के बाद तोते ने एयर होस्टेस को चूम लिया। तोते को ऐसा करते देख उस व्यक्ति से नहीं रहा गया और उसने भी एयर होस्टेस को चूम लिया।

उसके ऐसा करने से एयर होस्टेस बहुत नाराज हुई और उसने पायलट से इसकी शिकायत की। पायलट ने गुस्से में आकर उस व्यक्ति और तोता दोनों को उड़ते विमान का दरवाजा खोल कर नीचे धकेल दिया। हवा में नीचे गिरते आदमी ने तोते को बहुत गालियाँ सुनाईं, "तुम्हारे चलते आज मेरी जान जा रही है।"

आदमी तो गिर रहा था, लेकिन तोता उड़ रहा था। आदमी के ऐसा कहने पर तोते ने उससे कहा, "जब पंख नहीं था, तो पंगा क्यों लिया?"

सचमुच अगर आज 1977 के उस काल को याद किया जाए, तो कोई भी सहज ही कह सकता है कि जनता पार्टी के उन नेताओं के पास पंख नहीं थे, लेकिन उन्होंने पंगा खूब लिया।

नतीजा?

जिस इंदिरा गांधी को देश ने यह कहकर सत्ता से बेदखल कर दिया था कि वो तानाशाह हैं, भ्रष्ट हैं, उसी इंदिरा गांधी के लिए उस एक दिन की गिरफ्तारी के बाद जनता के मन में सहानुभूति पनपने लगी। बिना पंख के पंगा लेने वालों में शामिल चौधरी चरण सिंह को तो कुछ ही दिनों बाद इंदिरा गांधी ने अपना मोहरा बना लिया।

उनके मन में सपने जगाए कि आप जैसा योग्य और होनहार आदमी यहाँ गृह मंत्री की कुर्सी पर क्या कर रहा है। आप अपने माथे पर लिखे को पढ़िए, उस पर लिखा है— चौधरी चरण सिंह, प्रधानमंत्री, भारत।

मुझे बहुत सी कहानियाँ बाद में राजनीतिक चेहरों से मिलती नज़र आने लगती हैं। मुझे यकीन है कि जिस दिन इंदिरा गांधी ने यह लारा-लप्पा चरण सिंह के सामने फेंका होगा, चरण सिंह ने एक आँख बंद की होगी और सिर को झटका देते हुए मुंगेरी लाल की तरह खुद को प्रधानमंत्री की कुर्सी पर विराजमान पाया होगा। उनके हसीन सपनों को बल मिलना था, क्योंकि उसी के बूते इंदिरा गांधी का भरोसा चरण सिंह जीतने वाले थे।

सारा देश जानता है कि जनता पार्टी के संतरे का छिलका उतर चुका था। प्रधानमंत्री की कुर्सी पर बैठने वालों के बीच होड़ मच गई थी। और फिर 1979 में इंदिरा गांधी ने जयप्रकाश नारायण को अपने पंख दिखा दिए। जेपी की मौत से कुछ महीने पहले बिना कहे इंदिरा गांधी उन्हीं से कह रही थीं कि पंख नहीं हो, तो पंगा नहीं लेना चाहिए।

जेपी की मौत के कुछ ही महीनों बाद, यानी 1980 में जनता पार्टी का अवशेष सबके सामने था।

खुशी हँसी से कह रही थी कि तुम हँसती रहना। हँसी खुशी से कह रही थी, तुम साथ रहो तो सदा हँसती ही रहूँगी।

□

1 जुलाई

मेरी यादों में जेपी का छात्र आंदोलन, इमरजेंसी के बाद जनता पार्टी की सरकार का बनना, इंदिरा गांधी की गिरफ्तारी की हर घटना दिन तारीख और समय के साथ दर्ज है। मैं बहुत छोटा ही था तब, लेकिन अखबार पढ़ने की आदत और माँ-पिताजी के बीच होने वाली राजनैतिक चर्चाओं में मैं बहुत कुछ समझने लगा था। उसमें भी मजा तब बढ़ जाता, जब मेरे आईपीएस मामा हमारे घर आ जाते या हम उनके घर जाते। मामा तब सीबीआई में थे और उनकी बातचीत मेरे लिए किसी हिंदी सिनेमा से कम नहीं होती थी।

इमरजेंसी के ठीक बाद मैं इंदिरा गांधी को बेहद करीब से देख चुका था, उनके आत्मविश्वास से रूबरू हो चुका था। ऐसे में मामा की सुनाई कहानियों और अखबारों में छपी खबरों के आधार पर मैं आज जो लिखता, उसे वैज्ञानिक आधार मिला पूर्व आईपीएस अधिकारी एन.के. सिंह की किताब 'खरा सत्य' से, जिसका हिंदी अनुवाद संजय सिंह ने ही किया था। फिलहाल वो किताब मेरे पास नहीं है, लेकिन जनसत्ता में नौकरी के दिनों में मैंने वो किताब पढ़ी थी। क्योंकि मैं उस घटना के हर हिस्से से वाकिफ था, इसलिए उस किताब को पढ़ने में मुझे दुगुना आनंद आया था। एक तो उस किताब को पढ़ते हुए मुझे कहीं से नहीं लगा था कि मैं अनुवाद पढ़ रहा हूँ, क्योंकि अंग्रेजी से हिंदी अनुवाद करते हुए संजय सिंह ने इस बात का बहुत ध्यान रखा कि उसकी आत्मा मरे नहीं, दूसरे एन.के. सिंह ने अपनी डायरी को सचमुच बहुत रोचक ढंग से शब्दों में पिरोते हुए किताब का रूप दिया था।

सीबीआई में एसपी रहते हुए एन.के. सिंह ही वो अफसर थे, जिन्हें इंदिरा गांधी को गिरफ्तार करने की जिम्मेदारी मिली थी।

मैं अपने मन-मस्तिष्क पर बहुत जोर देते उस पूरे घटनाक्रम को अगर आज यहाँ आपके लिए याद करूँ, तो भी अब उन पन्नों से खुद को आजाद नहीं कर सकता,

जिसे एन.के. सिंह ने अपनी किताब में लिखा है। आमतौर पर होता यही है कि जब आप कहीं कुछ पढ़ या सुन लेते हैं, तो आपका मन घूम-घूमकर वहीं विचरने लगता है। जैसे कॉलेज में जो बच्चे ट्यूशन पढ़ते हैं, वो चाह कर भी मौलिक नहीं रह पाते। परीक्षा में बेशक अच्छे नंबर आ जाएँ, लेकिन मौलिकता तो उसी के जवाब में मिलेगी, जिसने खुद पूरी किताब को आत्मसात किया हो, बिना किसी की मदद के।

खैर, आज मैं जिस घटना का वर्णन करने जा रहा हूँ, वो मेरे लिए मुमकिन ही नहीं था, अगर मैंने खरा सत्य नहीं पढ़ी होती। इंदिरा गांधी की गिरफ्तारी की सारी घटनाएँ बेशक मेरे ज़ेहन में दर्ज हैं, लेकिन एन.के. सिंह की किताब में गिरफ्तारी के बाद उन्हें कार में बिठाकर फरीदाबाद के पास बडखल जैसी किसी जगह पर ले जाने की घटना का उल्लेख बहुत मजेदार तरीके किया गया है। अगर मैं दक्षिण भारत के किसी प्रोड्यूसर की तरह किसी फिल्म का निर्माण कर रहा होता, तो मैं उस फिल्म का नाम रखता, 'पावर अरेस्ट'।

किसी फिल्मकार ने अगर इस घटना की स्क्रिप्टिंग की होती, तो उसके पास बहुत ही गंभीर मसाला होता।

काश ऐसा हुआ होता!

खैर मैं ज्यादा भूमिका में जाने की जगह सीधे-सीधे मुद्दे पर आता हूँ।

सीबीआई के सीनियर एसपी एन.के. सिंह अपनी टीम के साथ इंदिरा गांधी को गिरफ्तार करने उनके घर पहुँच चुके थे। इंदिरा गांधी के घर पर उनके दोनों बेटे राजीव गांधी और संजय गांधी मौजूद थे। संजय गांधी ने तो तमाशा खड़ा करने के लिए फोन करके अपने उत्पाती ब्रिगेड को घर पर बुला लिया था। उन्हें उम्मीद थी कि उत्पात के आगे पुलिस गिरफ्तारी को टाल देगी। राजीव गांधी संयत और सहमे से खड़े थे। वे मामले की नजाकत को समझ रहे थे।

सुबह से शाम तक गिरफ्तारी का ड्रामा इंदिरा गांधी के घर पर चलता रहा। इंदिरा गांधी गिरफ्तारी से बचने के सारे हथकंडे अपनाती रहीं और आखिर देर शाम एन.के. सिंह इंदिरा गांधी को अपने साथ ले ज़ाने में कामयाब हो पाए।

इस कहानी में चाहे दम जितना हो, रोमांच रत्ती भर नहीं।

रोमांच वाली कहानी कुछ इस तरह है—

सीबीआई के अधिकारी इंदिरा गांधी को कार में बिठाकर फरीदाबाद के आगे कहीं ले जा रहे थे।

फरीदाबाद तक तो सबकुछ ठीक रहा। लेकिन जैसे ही कार फरीदाबाद से आगे बडखल की ओर बढ़ी अचानक राजीव गांधी, संजय गांधी अपने तमाम चंपुओं के साथ कई गाड़ियों में वहाँ आ धमके और उन्होंने उस कार को घेर लिया, जिसमें इंदिरा गांधी को गिरफ्तार करके ले जाया जा रहा था।

एन.के. सिंह ने अपनी किताब में लिखा है कि संजय गांधी की टीम के साथ एक वकील भी था। वकील ने सीबीआई अफसरों के आगे दलील दी कि इंदिरा गांधी को दिल्ली के बाहर नहीं ले जाया जा सकता।

हालाँकि बतौर सीबीआई अधिकारी एन.के. सिंह ने तर्क देने की कोशिश की कि जिस धारा में श्रीमती गांधी बंद हैं, उसका कार्यक्षेत्र पूरे हिंदुस्तान में कहीं भी हो सकता था।

काफी हुज्जत हुई। गाड़ी रुकी हुई थी, और जैसे ही इंदिरा गांधी ने सुना कि उनके वकील के मुताबिक उन्हें दिल्ली से बाहर नहीं ले जाया जा सकता है, तो वो गाड़ी से कूद पड़ीं और वहीं जमीन पर बैठ गईं। उन्होंने कहा कि वो अपने वकील की बात मानेंगी और बडखल नहीं जाएँगी।

मेरा यकीन कीजिए, मैंने जितनी बार इस पन्ने को पढ़ा इंदिरा गांधी की छवि मेरी निगाहों में उन्हें बेहद कमजोर साबित करने लगी। मैं सोच भी नहीं सकता था कि इतनी महान और बड़ी शख्सियत जेल जाने के नाम पर इस तरह बिफर सकती हैं। आखिर इंदिरा गांधी बडखल नहीं गईं, तो नहीं गईं। हार कर सीबीआई की टीम को अगले दिन उन्हें दिल्ली में मजिस्ट्रेट के सामने पेश करना पड़ा।

बकौल एन.के. सिंह की किताब, वहाँ पूरी फिल्मी फाइट भी हुई। संजय गांधी के चंपुओं ने फरीदाबाद-बडखल रोड पर जमकर हंगामा किया। उनके किसी चंपू ने संजय गांधी के साथ आए वकील को ही एक घूसा रसीद कर मारा। वकील साहब रोड पर गिर पड़े। अपनी तरफ से तो चंपुओं ने कोट-पैंट वाले उस व्यक्ति को इसलिए घूसा दिया था, क्योंकि उन्हें लगा कि वो सीबीआई वाला है। जैसा कि आम बंबइया हिंदी फिल्मों में होता है कि भगदड़ में कोई किसी को थप्पड़ मारता है, कोई किसी को। कोई किसी को क्यों मार रहा है इसका पता भी मारने वाले को और मार खाने वाले को नहीं होता।

एन.के. सिंह की किताब के उस पन्ने को पढ़ते हुए मेरी आँखों में मसालेदार फिल्म तैयार थी।

हालाँकि एक बात मुझे बहुत कचोट रही थी।

जेपी आंदोलन के दौरान मेरी कॉलोनी में रहनेवाली विमला दीदी ने मुझसे कहा था कि इंदिरा गांधी मर्द हैं।

तो क्या यही मर्दानगी थी उनकी? मेरे मामा ने मुझे शहीद भगत सिंह की जीवनी पढ़ने को दी थी। उनके बारे में पढ़ते हुए मेरे मन में मर्दानगी की हजार तसवीरें बनी थीं। बच्चों की ही किसी किताब में मैंने ऊधम सिंह की कहानी भी पढ़ी थी, उसमें भी मुझे मर्दानगी वाला हिस्सा नज़र आया था। यहाँ तक कि अपने ही शहर के वीर कुँअर सिंह की गाथा हम बचपन से सुनते आए थे, उनमें भी मर्दागनी वाला पार्ट हमें रोमांचित करता था। सुभद्रा कुमारी चौहान की कविता, 'खूब लड़ी मर्दानी, वो तो झाँसी वाली रानी थी', को पढ़ते हुए मेरे मन में लक्ष्मी बाई के प्रति एक अजीब सा सम्मोहन भर जाता था।

ऐसे ही विमला दीदी ने जब इंदिरा गांधी को मर्द कहा था तो मेरे मन में एक वीरांगना की तस्वीर बैठ गई थी।

एन.के. सिंह की किताब तो मैंने बहुत बाद में पढ़ी। लेकिन मामा के मुँह से इंदिरा गांधी की गिरफ्तारी की कहानी जितनी बार मैंने सुनी, मेरे मन में यही बात रहती कि दीदी को इस बारे में नहीं पता चलना चाहिए। दीदी के दिल को चोट लगेगी। वैसे तो दीदी बहादुर है, पर इंदिरा गांधी उसका हौसला हैं।

वो इंदिरा गांधी को अपना आदर्श मानती है। किसी के आदर्श को यूँ फर्श पर नहीं उतर आना चाहिए। आदर्श हमेशा ऊँचे आसमान पर ही आदर्श बना रहता है।

क्या हो जाता अगर इंदिरा गांधी डंके की चोट पर कहतीं कि मैंने कोई गुनाह नहीं किया है, ले चलो मुझे जहाँ जिस जेल में तुम्हें ले चलना है।

शायद तब कालिया फिल्म नहीं बनी थी। अगर बनी होती तो मैं खुद जाकर इंदिरा गांधी से कहता कि आप परवाह मत कीजिए। देखिए कालिया में अमिताभ बच्चन ने कितनी मजबूती से कहा कि दुनिया में ऐसी कोई जेल ही नहीं बनी, जहाँ कालिया को गिरफ्तार करके रखा जा सके।

हालाँकि ये भी इत्तेफाक ही था कि कश्मीर में जब कालिया फिल्म की शूटिंग चल रही थी, तब मैं सबके रोकते हुए भी परवीन बाबी और अमिताभ बच्चन के बीच घुस गया था और वहीं अमिताभ बच्चन से मेरी पहली मुलाकात हुई थी। पर यह सब

बहुत बाद में हुआ था। उसके पहले इंदिरा गांधी की गिरफ्तारी हो चुकी थी, वो अगले ही दिन छूट भी चुकी थीं, जेपी की मौत हो चुकी थी, इंदिरा गांधी दुबारा प्रधानमंत्री बन चुकी थीं।

यादों का सिलसिला थम नहीं सकता, अगर आप इन यादों को ऐसे ही इतने प्यार से पढ़ते रहे और लाइक बटन दबाते रहे। मैं जैसे ही अपनी यादों के साथ इमरजेंसी में दुबारा घुसा, यकीन कीजिए मेरे कंधे दीदी के आँसुओं से सराबोर होते चले जाएँगे। पर वहाँ तक पहुँचने से पहले मुझे इमरजेंसी की गहरी यादों से गुजरना पड़ेगा। सबकुछ निर्भर करेगा, आपकी चाहत पर। अभी तो आपके लाइक बटन ही मेरा हौसला हैं।

□

2 जुलाई

राम जाने सच क्या होता है और झूठ क्या होता है। मुझे तो कभी-कभी लगता है कि सच और झूठ कुछ होता ही नहीं है। सब वक्त के पहियों पर चलने वाला एक करतब भर है, जिसमें कभी सच ही झूठ बन जाता है, कभी झूठ सच बन जाता है। कई बार सबकुछ सिर्फ आडंबर भर रहता है।

अमिताभ बच्चन और अजय देवगन की फिल्म 'खाकी' देखते हुए मुझे उन दोनों के बीच का वो डॉयलग कभी नहीं भूलता, जिसमें आतंकवादी बने अजय देवगन पुलिस अधिकारी बने अमिताभ बच्चन से कहते हैं, "तुम्हारा बॉस भी अजीब है, तुम्हें भेजा है मुझे रोकने के लिए और मुझे भेजा है, तुम्हें ठोकने के लिए।"

बहुत अजीब स्थिति हो जाती है, जब एक ही सिस्टम दो अलग-अलग व्यक्तियों से दो विरोधाभासी काम कराता नज़र आता है। ऐसा होने पर समझ में नहीं आता कि सच क्या है, झूठ क्या है।

कल मैंने सीबीआई के पूर्व अधिकारी एन.के. सिंह की चर्चा की थी। मैंने बताया था कि एन.के. सिंह को ही इंदिरा गांधी को गिरफ्तार करने का आदेश मिला था। उन्होंने इंदिरा गांधी को गिरफ्तार भी किया था। इंदिरा गांधी को दिल्ली के उनके घर से पकड़कर वो फरीदाबाद के पास बडखल ले जाने की कोशिश कर रहे थे। बडखल के रास्ते में संजय गांधी और उनके ब्रिगेड ने सीबीआई की गाड़ी रोक ली और गाड़ी के ड्राइवर और कुछ लोगों के साथ मारपीट की। संजय गांधी के साथ आए कुछ वकीलों ने सीबीआई के अफसरों को दलील दी कि वो इंदिरा गांधी को दिल्ली की सीमा से बाहर कानूनी तौर पर नहीं ले जा सकते। हालाँकि एन.के. सिंह ने किसी हांडा नामक वकील की चर्चा अपनी किताब 'खरा सत्य' में की थी और ये भी लिखा था कि हांडा की ही पिटाई भी संजय गांधी के साथियों ने कर दी थी।

खैर, मुद्दा ये नहीं है।

मुद्दा ये है कि संजय गांधी और उनकी सेना के विरोध के बाद इंदिरा गांधी को दिल्ली लाया गया और उन्हें किंग्सवे कैंप में बने उस पुलिस मेस में ले जाया गया, जहाँ कुछ साल पहले मैं अपने मामा के साथ रह चुका था। किंग्सवे कैंप का वो पुलिस मेस पुलिस अधिकारियों के लिए बना एक हॉस्टल था, जहाँ एक ओर दो कमरों के सूट जैसे कई फ्लैट बने हुए थे। वहाँ वीआईपी रूम भी था, क्लब भी था। मुझे दुबारा वहाँ जाने का मौका नहीं मिला, लेकिन उस जगह से मेरी कई यादें जुड़ी हैं। मैंने एक-दो बार वहाँ के यादों की चर्चा भी अपनी पोस्ट में की है, जिसमें से एक बहुत मजेदार घटना थी कि मैं और मेरे मामा का बेटा, हम दोनों एक सरदार पुलिस अफसर के स्कूटर के पहियों की हवा निकाल दिया करते थे। एक बार पकड़े भी गए थे।

आज उस कहानी को दुहराने की यहाँ जरूरत नहीं।

आज तो मैं सिर्फ इतना बताने जा रहा हूँ कि इंदिरा गांधी को उस रात वहीं रखा गया। लेकिन बीच में एक महत्त्वपूर्ण बात ये भी है कि बकौल एन.के. सिंह, जब उनकी टीम दिल्ली के किंग्सवे कैंप पहुँची, तो वहाँ लोकल पुलिस मौजूद थी। सीबीआई अधिकारी एन.के. सिंह ने पुलिस को बताया कि संजय गांधी ने रास्ते में कार के पायलट और कुछ लोगों के साथ मारपीट की है। पुलिस ने जब उन लोगों से पूछताछ की, तो उन लोगों की हिम्मत नहीं हुई कि सच को बयाँ कर सकें। इंदिरा गांधी और संजय गांधी के नाम का इतना खौफ था कि कार के पायलट ने इतना कहकर पिंड छुड़ा लिया कि मारपीट नहीं हुई, बस यूँ ही झड़प हो गई थी।

तब जनता पार्टी की सरकार थी। मोरारजी देसाई प्रधानमंत्री थे और चौधरी चरण सिंह गृह मंत्री थे।

सत्ता में बैठे एक-एक नेता को पता था कि इंदिरा गांधी का पत्ता साफ हो चुका है। खुद सीबीआई के अधिकारियों को लग रहा था कि इंदिरा और संजय का दौर गया। लेकिन उस कार के पायलट को पता था कि इनका पत्ता साफ नहीं हुआ है। छोटी कहानियाँ लिखने वाले अंग्रेजी लेखक 'ओ हेनरी' की कहानी 'द लास्ट लीफ' की तरह वृक्ष का वो आखिरी पत्ता तमाम आँधियों में भी बचा रहेगा।

बहुत बड़े और बहुत पढ़े-लिखे लोग जीवन की घटनाओं का लेखा-जोखा किताबी संसार में करते हैं। लेकिन जो लोग जिंदगी की यात्रा वक्त के पहियों पर करते हैं, उनका अपना अनुभव बहुत कुछ बोलता है। मुझे पूरा यकीन है कि सीबीआई के अधिकारियों ने इंदिरा गांधी और संजय गांधी के विषय में सोचने और समझने में

जो भूल की, वो भूल सीबीआई की कार का ड्राइवर नहीं कर रहा था। ड्राइवर 1977 से आगे बढ़कर 1980 को देख पा रहा था। इसलिए सीबीआई अधिकारियों के लाख चाहने पर भी उसने मामला दर्ज कराने की जगह खुद को उससे बचाने की कोशिश की।

अगले दिन सुबह इंदिरा गांधी को संसद् मार्ग पर चीफ मेट्रोपोलिटन मजिस्ट्रेट के सामने लाया गया।

जिस समय की मैं बात लिख रहा हूँ, उस समय तो अजय देवगन छोटे बच्चे ही रहे होंगे। अमिताभ बच्चन बेशक हीरो बन चुके थे, लेकिन अजय देवगन के साथ उनकी फिल्म 'खाकी' की तो तब कल्पना भी नहीं की गई होगी। लेकिन मुझे यकीन है कि उसी दिन उस डॉयलाग का जन्म हुआ होगा कि 'तुम्हारा बॉस भी अजीब है, तुम्हें भेजा है मुझे रोकने के लिए और मुझे भेजा है तुम्हें ठोकने के लिए।'

हालाँकि फिल्म में बॉस की 'पॉलिटिक्स' शब्द का इस्तेमाल हुआ है, लेकिन मैंने उसे बॉस बना दिया है।

तो, हुआ ये कि सीबीआई इंदिरा गांधी को लेकर मजिस्ट्रेट के सामने पहुँची। इंदिरा गांधी की ओर से वकीलों की फौज खड़ी थी, और सीबीआई की ओर से एक जूनियर वकील।

एन.के. सिंह ने अपनी किताब में इस मुद्दे की चर्चा कितनी और कैसे की है, मुझे याद नहीं, पर अपने घर में होने वाली चर्चाओं में मैंने सुना था कि जिन लोगों ने इंदिरा गांधी को गिरफ्तार करवाने का सारा खेल रचा, जिसे सीबीआई के अधिकारियों ने अमिताभ बच्चन की तरह हीरो बनकर पूरा किया, उसी सीबीआई को अगले ही दिन किसी अजय देवगन के जरिए ठोक देने का पुख्ता इंतजाम कर दिया गया था। यानी जिस तामझाम से सीबीआई को इंदिरा गांधी को गिरफ्तार करने के लिए लगाया गया था, वो सब अगली सुबह फुस्स होता नज़र आया। इंदिरा गांधी को छूट ही जाना था और वहीं से नींव पड़नी थी, 1980 की।

मुझे नहीं पता कि उस पूरे मामले में स्क्रिप्ट लिखनेवाला कौन था, लेकिन जो भी था, वो भविष्य द्रष्टा था। उसने एक ही कहानी में सीबीआई, इंदिरा गांधी, चरण सिंह और जयप्रकाश नारायण तक को नचा कर रख दिया। कोई नहीं जानता था, वो कौन था। आप उसे सिस्टम कहें, राजनीति कहें या बॉस कहें, पर सच यही था कि परदे के पीछे बैठकर किसी ने इंदिरा गांधी को उनकी औकात दिखाई और फिर उन्हें पकड़ने

वाली, देश की एक शक्तिशाली इकाई, सीबीआई को भी औकात दिखा दी गई।

सच क्या था, झूठ क्या था कभी किसी को पता नहीं चलेगा।

दरअसल सच और झूठ कुछ होता ही नहीं है। अगर कुछ होता है तो वो बॉस ही होता है, जिसके हाथों की हम सभी कठपुतलियाँ हैं। आप चाहें तो उसे सर्वोच्च बॉस कहकर ऊपर वाले की ओर भी इशारा कर सकते हैं, क्योंकि बॉस तो ऊपर वाला ही होता है। वो चाहे आपके महकमे का हो या संसार का।

□

3 जुलाई

एक राजा था। दुष्ट और महामूर्ख था। एक बार एक साधु ने उसे दिव्य वस्त्र दिया और कहा कि ये ऐसा वस्त्र है, जो सिर्फ उसी व्यक्ति को नज़र आएगा जिसकी आत्मा में छल-कपट न हो, जो अच्छा व्यक्ति हो। ऐसा कहकर उसने राजा के सारे कपड़े उतरवा दिए और उसे दिव्य वस्त्र पहना दिया।

राजा ने खुद को देखा तो वह संपूर्ण रूप से नंगा खड़ा था। वो सोच ही रहा था कि साधु से कहे कि बाबा मैं तो नंगा दिख रहा हूँ, पर उसे याद आया कि ऐसा कहते ही ये साबित हो जाएगा कि उसके मन में छल-कपल है, वो दुष्ट है। वो साधु की ओर देख ही रहा था कि साधु ने कहा कि तुम बेहद स्मार्ट और दिव्य नज़र आ रहे हो। न यकीन हो तो अपने मंत्रियों और सैनिकों से पूछ लो।

राजा ने मंत्रियों की ओर देखा। मंत्रियों ने देखा कि राजा नंगा है, लेकिन कौन कहे कि वो नंगा है। ऐसा कहने का सीधा अर्थ कि उसे वो दिव्य वस्त्र नज़र नहीं आ रहा, और जिसे वो दिव्य वस्त्र नज़र नहीं आ रहा, वो तो छली-कपटी है। सबने कहा कि महाराज अद्‌भुत वस्त्र है। आप दिव्य लग रहे हैं।

राजा खुश हो गया। अब वो नंगा ही रहने लगा, नंगा ही घूमने लगा। सबको उसकी नग्नता नज़र आती, पर सब चुप रहते।

एक दिन राजा जंगल में शिकार खेलने गया। वो घोड़े पर सवार था, अचानक एक छोटे बच्चे की निगाह राजा पर पड़ी, वो राजा को देखते ही चिल्लाया, राजा नंगा है, राजा नंगा है।

राजा चौंका। इतना छोटा बच्चा और उसके मन में छल? मुमकिन ही नहीं। उसने बच्चे को बुलाया और उससे पूछा कि उसे क्या दिख रहा है।

बच्चे ने अपनी तोतली आवाज में कहा कि आप नंगे हैं। आपने कपड़े नहीं पहने।

राजा सच समझ गया।

फिर लंबी बातें हैं कि कैसे उसने अपने मंत्रियों से बात की और उसे पता चला कि कोई इस डर से सच नहीं बोल पाया, क्योंकि कोई खुद को नापाक साबित नहीं करना चाहता था।

पर बच्चे तो बच्चे होते हैं। उनके मन पाक होते हैं। उनकी जुबाँ तोतली होती है। मुझ जैसे बच्चों की तो यादें भी तोतली होती हैं।

मेरी तोतली यादों में समाहित है, भविष्य का एक ऐसा पेशा जिसमें मैं खुद भी आया। जो लोग पत्रकारिता पर शोध कर रहे हैं, जो लोग पत्रकारिता को समझना चाह रहे हैं, उनके लिए मेरी तोतली यादों में बहुत कुछ ऐसा मिल जाएगा जो उनके काम न भी आए तो राजा के दिव्य वस्त्र का सच उन्हें जरूर बता देगा।

दरअसल होता ये है कि हम अपनी यादों के सफर से ज़ब भी गुज़रते हैं, तो हम ये समझने की जहमत नहीं उठाते कि क्या वो यादें सिर्फ गुजरे हुए पल हैं, या फिर उन यादों का वजूद इतना गहरा है कि आप जो हैं, सिर्फ उन्हीं यादों के चलते हैं। हम और आप अक्सर अपने आसपास घटने वाली हर घटना को सिर्फ समय की एक चाल मान कर उसे घटने देते हैं, बाद में हम उन्हें परिस्थितियों का विघटन मात्र मानने की भूल कर बैठते हैं। कई बार हम उसे नियति भी मान लेते हैं। अगर वो घटना देश और काल से जुड़ी है तो उसे इतिहासकार के हवाले कर देते हैं और घर परिवार की होती है तो उसे अपनी यादों में समाहित करके भूल जाते हैं।

पर सच ये है कि कुछ लोग परिस्थितियों को रचते हैं, बाकी लोग उसे भुगतते हैं। चंद ईश्वरीय घटनाओं को छोड़ दें, तो बाकी सारी घटनाएँ, जिन्हें हम भुला देते हैं, वो दरअसल आपकी जिंदगी में रासायनिक किरणों की तरह चुपचाप ऐसे घुस चुकी होती हैं, जिनका असर तो होता है, लेकिन किरणें नज़र नहीं आतीं।

आज मैं दीदी को याद नहीं करूँगा, विमला दीदी को भी याद नहीं करूँगा। आज मैं अपनी एक पुरानी पोस्ट आपके सामने सिर्फ ये याद दिलाने के लिए प्रस्तुत करने जा रहा हूँ, ताकि आपको याद आए जयप्रकाश नरायण से हुई मेरी वो मुलाकात। उसके बाद कल, परसों मैं कोशिश करूँगा कि आपको ये बता पाऊँ कि आजादी के आंदोलन से लेकर इमरजेंसी के बीच में पत्रकारिता कैसे पूरे देश की जिंदगी में कैमेस्ट्री की अदृश्य मगर खतरनाक किरण बनकर चुपचाप घुसती चली गई और किसी को पता भी नहीं चला कि कब पत्रकारिता राजनैतिक दलालों के हाथ का खिलौना बन गई।

मेरे परिजनों में से बहुत से लोग पत्रकार भी हैं। यहाँ कुरेदी जाने वाली मेरी यादों पर मुझे वो माफ करेंगे, जब मैं ये बताऊँगा कि जिस पेशे को उन्होंने सीने से लगाए रखा, वो दरअसल उनका शौक या पैशन नहीं था, वो वक्त के हाथों में कठपुतली की तरह खेलते हुए, वहाँ तक पहुँचे और खुद को तुर्रम खाँ मानने की भूल करते रहे।

दरअसल समय की न दिखने वाली खरतरनाक किरणों ने उन्हें कब अपना शिकार बनाया उन्हें पता भी नहीं चला। खास तौर पर हिंदी के ज्यादातर लोग जो जेपी आंदोलन के दौरान इस धंधे में आए, वो आज भले इतराते फिरें कि उन्होंने अखबार चलाया, खबरें बनाईं, देश की दिशा बदल दी, पर सच ये नहीं है। सय ये है कि वो जीवन भर खुद से झूठ बोलते रहे। दरअसल उनकी पढ़ाई लिखाई ही ठीक से नहीं हुई और चंद नेताओं के हाथ के खिलौना भर बनकर वो रह गए। मेरी यादें तोतली हैं और तोतली यादों को आप गंभीरता से लें या न लें, पर इतना तो मानना ही पड़ेगा कि उनका मन साफ है।

तो आज पढ़िए जेपी से एक बच्चे की मुलाकात की कहानी, जिसे मैंने पिछले साल यहीं लिखा था।

फिर बच्चे का क्या है, क्या पता कल वो नई कहानी लेकर यहाँ चला आए और इमरजेंसी काल के तमाम पत्रकारों को याद दिला दे कि आपने जिसे अब तक दिव्य वस्त्र समझा था, वो दरअसल कभी दिव्य था ही नहीं। पर कल की बात कल। आज तो जेपी से मुलाकात की मेरी कहानी—

यकीनन पढ़ा आपने भी होगा प्रोफेसर हिगिंस के बारे में, लेकिन मैंने आत्मसात किया।

शहर में किसी नेता का भाषण हो और मैं वहाँ न जाऊँ, तब ऐसा हो ही नहीं सकता था। जनता पार्टी इंदिरा गांधी को ध्वस्त कर चुकी थी, और ऐसा लग रहा था कि इंदिरा के जाते ही देश में राम राज्य आ जाएगा। बेरोजगारी मिट जाएगी, भ्रष्टाचार का नामोनिशान खत्म हो जाएगा। महँगाई छू मंतर हो जाएगी।

उस दिन शहर में जगजीवन राम का भाषण था, और कहा जा रहा था कि जयप्रकाश नारायण आने वाले हैं । जगजीवन राम माइक पर लगे हुए थे, कह रहे थे, "कांग्रेस वाले कह रहे हैं कि जनता पार्टी संतरे की तरह है। ऐसे संतरे की तरह जिसका छिलका उतारो तो कई फाँक हो जाएँगे। मतलब ये कि पार्टी एक होकर नहीं रह सकती...मैं कह रहा हूँ कि संतरे का एक फाँक भी अगर कांग्रेस के मुँह में चला जाए

तो उनका इलाज हो सकता है।"

गड़-गड़ तालियाँ बज रही थीं। मेरी आँखें जेपी को तलाश रही थीं। उसी जेपी को जिनके आंदोलन की शुरुआत में ही सुनयना दीदी की बदनामी हो गई थी, और बेवजह, बेसमय उन्हें ब्याह दिया गया था। मैं जेपी का इंतजार करता रहा, लेकिन जेपी शायद तबीयत खराब होने की वजह से उस दिन नहीं आए।

फिर जब पटना गया तो अपनी क्लास के सीनियर दोस्तों से मैंने जेपी के बारे में बातचीत शुरू कर दी। मैं बिन दाढ़ी का था, लेकिन कई साल परीक्षा न दे पाने वाले जेपी के जो दाढ़ी वाले सैनिक परीक्षा और नौकरी के लिए बेताब नज़र आ रहे थे, उन्हीं में से एक ने मुझे जेपी के घर का पता बताया।

अपनी साइकिल लेकर मैं चुपचाप जेपी के घर चला गया। वहाँ बहुत से लोग बैठे थे। जेपी लेटे हुए थे। मेरे जाते ही मुझसे पूछा गया कि किससे मिलना है। मैंने बेलाग कहा कि जेपी से। उन लोगों ने कहा कि जेपी बीमार हैं। मैंने कहा कि इतने लोग आ और जा रहे हैं, तो क्या ये लोग डॉक्टर हैं?

फिर कोई मुझे जेपी के पास ले गया। मैंने देखा एकदम पतले से जेपी लेटे हुए थे। रेडियो बज रहा था, और कई लोग वहाँ बैठे थे। दो-चार दाढ़ी वाले छात्र भी थे, जिनकी पढ़ाई छूट गई थी।

उन्हीं बेरोजगार छात्रों में से कोई पूछ रहा था कि अब क्या करना है? जेपी खामोश थे। बीच में धीरे से उन्होंने कुछ कहा, लेकिन मैं सुन नहीं पाया। फिर कोई मुझे उनके एकदम करीब लेकर गया, मैंने जेपी के पाँव छूने की कोशिश की, तब तक जेपी ने मेरे सिर पर हाथ रख दिया था। ज्यादा कुछ उन्होंने नहीं कहा, बस इतना कहा कि मन लगाकर पढ़ना।

मैं उलझन में था। जब दीदी की स्कूल में पढ़ाई चल रही थी तब जेपी ने छात्रों से आंदोलन का आह्वान किया था। हमारे शहर के सारे स्कूल, कॉलेज बंद हो चुके थे। सबकी पढ़ाई लटक गई थी। स्कूल-कॉलेज में सत्र साल दर साल देर से होने लगे। कई सत्र की परीक्षाएँ नहीं हुईं। जनता पार्टी की सरकार बन चुकी थी। कोकाकोला जा चुका था, और उसकी जगह डबल सेवेन यानी 77 नाम का कोई सॉफ्ट ड्रिंक आ चुका था।

बहुत कुछ बदल चुका था। साथ ही बदल गया था दीदी की क्लास में पढ़ने वाले छात्रों का हाल। दीदी की पढ़ाई छूट चुकी थी, शादी हो चुकी थी और पिटाई होने

लगी थी। उसकी क्लास में पढ़ने वाले बहुत से भैयाओं के चेहरे कुंठित होने लगे थे। किसी की समझ में नहीं आ रहा था कि क्या किया जाए?

शायद जेपी को सुनयना दीदी और उसकी क्लास के भैयाओं की कहानी पता चल गई होगी, तभी उन्होंने मुझसे कहा था मन लगाकर पढ़ना।

और मैं मन लगाकर पढ़ता रहा, तब तक जब तक माँ की मौत नहीं हो गई। माँ की मौत के बाद मन पढ़ाई से हट गया था, लेकिन वहाँ भी अमिताभ बच्चन मेरी जिंदगी में आ गए और कहा पढ़ो।

मैं सचमुच पढ़ने लगा।

क्लास में टीचर प्रोफेसर हिगिंस की कहानी सुना रही थीं। अंग्रेजी की टीचर जब भी जॉर्ज बर्नाड शॉ के ड्रामा को पढ़ातीं, तो बाकी छात्र मस्ती करते, लेकिन मैं उनके ड्रामा 'पिगमेलियन' को बहुत तन्मयता से सुनता। टीचर पढ़ाती हुई खो जातीं और ऐसा लगता कि एलिजा डू लिटल की कहानी उनकी अपनी कहानी है।

टीचर पढ़ा रही थीं कि कैसे प्रोफेसर हिगिंस ने इंग्लैंड में फूल बेचनेवाली एक लड़की एलिजा को संभ्रांत लड़की में तबदील करने का फैसला किया। ये प्रोफेसर का प्रयोग था कि अपनी विद्वत्ता से वे किसी गँवार को संभ्रांत बना सकते थे।

फूल बेचनेवाली लड़की प्रोफेसर के संपर्क में आने के बाद हाई क्लास की लड़की की तरह व्यवहार करने लगी, उनकी तरह बोलने लगी...

और एक दिन उसने प्रोफेसर से शादी का प्रस्ताव रख दिया। प्रोफेसर ने कहा कि शादी? असंभव।

एलिजा ने प्रोफेसर से सवाल पूछा कि आपके कहने पर मैंने अपना फूल बेचने का काम बंद कर दिया, आपके कहने पर मैंने अपने समाज को छोड़ दिया, और आपके कहने पर मैंने ये संभ्रांत तरीका अपना लिया है। अब मेरा पिछला समाज मुझे अपने साथ नहीं पाता, और मुझे अस्वीकार कर चुका है। आपका असली संभ्रात समाज मुझे आज भी वही गँवार फूल बेचनेवाली मानता है, ऐसे में मैं न तो घर की रही न घाट की। अब क्या करूँ? आप शादी नहीं करेंगे तो कौन मुझसे शादी करेगा?

मुझे पक्का यकीन है कि उस दिन जब मैं जेपी से मिलने उनके घर गया था और दो-चार दाढ़ी वाले छात्र जब उनसे पूछ रहे थे कि अब क्या करना है...तो जेपी भी प्रोफेसर हिगिंस की तरह उलझन में रहे होंगे...कि सचमुच एलिजा का किया क्या

जाए? जिनकी एक आवाज पर उन छात्रों ने अपना सबकुछ छोड़ दिया...उनके लिए जेपी के पास कोई जवाब नहीं था। और भविष्य में भी किसी जेपी के पास नहीं होगा, कभी नहीं होगा...कि आखिर उन एलिजाओं का किया क्या जाए, जिसे वो उस समाज से निकालकर नए समाज से जोड़ते हैं, सिर्फ अपने प्रयोग के लिए।

मैं भाग्यशाली हूँ, कि जब जेपी से मिला तो उन्होंने ये नहीं कहा कि पढ़ाई छोड़ दो, उन्होंने तो कहा था कि मन लगाकर पढ़ना। और मैं चाहे सेकेंड डिविजन ही लाता रहा, लेकिन पढ़ा मन लगाकर।

□

4 जुलाई

अगर मैं जेपी आंदोलन, इमरजेंसी, इंदिरा गांधी, दीदी, विमला दीदी को इतनी शिद्दत से लगातार याद करता हूँ, तो मुझे याद करना होगा 1984 की उस तारीख को जिस दिन इंदिरा गांधी की हत्या हुई थी। मुझे याद करना होगा उस 'जनसत्ता' अखबार को जहाँ मेरी किस्मत के फूल खिलने जा रहे थे। और मुझे याद करना होगा प्रभाष जोशी को, जिनसे 'जनसत्ता' में रहते हुए चाहे संपादक और उप-संपादक के पद वाली जितनी दूरी रही हो, लेकिन अखबार छूटते ही हमने दिल खोलकर बातें कीं। खास तौर पर जब प्रभाष जोशी टेलीविजन चैनल के हमारे दफ्तर में बतौर गेस्ट आने लगे तो, हमने घंटों बातें कीं। उस बातचीत में उन्होंने कई बार कहा भी संजय, जनसत्ता में रहते हुए मैं कभी सोच भी नहीं सका कि तुम इतनी बातें कर लेते हो।

अपने दफ्तर के गेस्ट रूम में बैठकर मैंने भी उनसे कहा कि भाई साहब जनसत्ता में नौकरी करते हुए मैं भी खुद को आपके करीब नहीं पाता था। कम-से-कम दो मौके तो ऐसे थे, जब मुझे आपका स्टैंड पसंद नहीं आया था।

प्रभाष जोशी मेरा मुँह देख रहे थे। मैंने कहा, "1989 में बछावत वेज बोर्ड लागू करने के मामले में इंडियन एक्सप्रेस में हुई हड़ताल में आपने गांधी शांति प्रतिष्ठान में हम सबको बिठाकर हड़ताल तोड़ने की बात की थी, जो पत्रकार विरोधी थी। बेशक तब मैं बहुत छोटा था, और आपसे बहुत दूरी पर बैठा था, लेकिन आपके मुँह से ऐसा सुनकर मुझे तकलीफ हुई थी। हालाँकि कुछ पत्रकार हड़ताल तोड़ने में आपका साथ दे रहे थे, और हड़ताल खत्म होने के बाद, वो आपके बहुत करीब भी हुए, लेकिन मैं जनसत्ता में आया ही आपके नाम को पढ़ कर था।"

"दूसरी बात?"

"अपने दफ्तर के एक वरिष्ठ उप-संपादक श्री भगवान सुजानपुरिया के अचानक

निधन के बाद हुई शोक सभा में आपने उनकी निंदा की थी। कम-से-कम शोक सभा में तो उनकी निंदा नहीं की जानी चाहिए थी।''

प्रभाष जोशी मेरा मुँह देख रहे थे। उन्हें उम्मीद नहीं थी कि मैं इतनी स्पष्ट राय उनके सामने रखूँगा।

जनसत्ता में जैसा माहौल था, उसमें कॉरपोरेट कल्चर कम, भाई साहबवाद ज्यादा था। प्रभाष जोशी, बनवारी और तमाम लोग अपने को सर की जगह भाई साहब कहलवाना पसंद करते थे। अंग्रेजी वाले अपने संपादक अरुण शौरी को अरुण बुलाते थे, हम भाई साहब।

शुरू-शुरू में मुझे भाई साहब शब्द अटपटा लगता था, क्योंकि हमारे घर में बड़े भाई को भइया कहते थे और दीदी के पति को भाई साहब बुलाते थे।

खैर, अभी दीदी और भाई साहब को याद करने बैठ गया, तो नई कहानी शुरू हो जाएगी। अभी तो प्रभाष जोशी पर सिमटता हूँ।

ये सच है कि इंदिरा गांधी की हत्या के बाद जनसत्ता में छपने वाली तमाम खबरों ने मुझे उकसाया कि जनसत्ता में नौकरी करनी चाहिए। बिना तस्वीर देखे प्रभाष जोशी, बनवारी, जवाहरलाल कौल, आलोक तोमर की छवि आँखों में बन गई थी। तब मुझे लगता था कि अखबार में काम करनेवाले लोग बहुत पढ़े-लिखे और काबिल होते हैं।

उन दिनों मैं भोपाल में था और मुझे एक आदमी लगातार उकसा रहा था कि मुझे पत्रकारिता में ही जाना चाहिए। ये तय हो चुका था कि मैं सरकारी नौकरी नहीं करूँगा, लेकिन पत्रकारिता में क्या करूँगा ये तय नहीं था। हालाँकि मैं अखबारों में संपादक के नाम पत्र लिखने लगा था, खूब छपने भी लगा था। उनकी कतरनें सँभाल कर रखता था और कई बार अकेले में उन्हें पढ़-पढ़कर खुश हुआ करता था।

भोपाल में मैं रूसी अध्ययन संस्थान चलानेवाले एक दंपती एम.जी. वैद्य और शकुंतला वैद्य के संपर्क में आया। मलीन चंद्रमा और माँ के सुख से दूर संजय सिन्हा को एमए की पढ़ाई के दौरान शकुंतला वैद्य ने पुत्र मान लिया और खुद को माँ बुलाने का मुझे सौभाग्य दिया। कभी लिखूँगा उनकी भी कहानी। पर अभी [illegible] से काम चला रहा हूँ कि वो दोनों कम्युनिस्ट विचारधारा के थे, उन्होंने मु[illegible] विचार समझने के लिए रूस तक भेजा। उन्होंने ही मुझे पत्रकारिता में अ[illegible]ल से उकसाया। मैं मामा के पास रहता था, मामा को बहुत उम्मीद थी कि उनका भानजा आईएएस, आईपीएस बनेगा। हालाँकि मामा खुद आईपीएस थे, लेकिन सरकारी रवैए से वो बहुत

आहत थे। ऐसे में जब मैंने उन्हें पत्रकारिता की ओर जाने के बारे में बताया तो वो बहुत खुश हुए। उन्होंने भी इस बात की सराहना की।

एम.जी. वैद्य से मिलकर मुझे लगता था कि पत्रकार वामपंथी होते हैं। क्योंकि जो सबके हक के लिए लड़ते हैं, जो सबकी आवाज बनते हैं, उनका वामपंथी होना जरूरी है। लेकिन मास्को में रहते हुए ही मेरा मन वामपंथ से ऊब गया था। मुझे हमेशा लगता था कि दुनिया के हर आदमी को गरीब बनाने की जगह दुनिया के हर आदमी को अमीर बनाना चाहिए। हालाँकि ये मेरा विषय नहीं है और मैं जानता हूँ कि इस पर लिखते हुए मैं फँस जाऊँगा।

वैद्य सर मुझे भोपाल में दैनिक भास्कर के दफ्तर में ले गए। वहाँ संपादक थे, महेश श्रीवास्तव। दिन भर पान खाते और मुँह में पान लिए मीटिंग करते। मुझे पहले दिन ही बहुत कोफ्त हुई। मैं एक ब्यूरोक्रेट परिवार में पल रहा था और वहाँ पान वगैरह खाना, पान खाकर सबके सामने डस्टबिन में पुच्च से थूक देना ये सब अभद्रता की निशानी थी। दैनिक भास्कर में संपादकजी का पाना खाना और पुच्च-पुच्च करना देखकर मन लिजलिजा सा हो गया। लेकिन मैंने देखा कि ज्यादातर पत्रकार पान या गुटखा खाते थे। दारू के बारे में क्या कहना?

मेरे मन में एक बात बैठने लगी कि अगर पत्रकारिता ही करनी है, तो राष्ट्रीय स्तर की करनी चाहिए।

मैंने जनसत्ता में नौकरी के लिए अंतरदेशीय पत्र पर यूँ ही लिखकर प्रभाष जोशी के नाम पोस्ट कर दिया। महीने भर बाद टेस्ट, इंटरव्यू, नौकरी और भोपाल से दिल्ली आना सब हो गया।

जनसत्ता से नौकरी पर आने के लिए टेलीग्राम आया था कि आपका चयन हो चुका है, आप नौकरी ज्वॉइन करने आ सकते हैं।

मामा बहुत खुश थे।

एक शाम पुलिस का एक अधिकारी हमारे घर आया और साथ में एक फाइल लाया था। उसने मामा से कहा कि संजय जनसत्ता में नौकरी करने दिल्ली जा रहे हैं, लेकिन वहाँ काम करनेवाले फलाँ पत्रकार फलाँ नेता के 'पे रोल' पर काम करते हैं।

मामा चौंके। पूरी फाइल उन्होंने पढ़ी। मुझे पहली बार मालूम हुआ कि राज्य स्तर पर भी खुफिया विभाग इस बात की जानकारी रखती थी कि कौन पत्रकार किस नेता के

कितना करीब है, कौन किसके लिए काम करता है, किसे नौकरी के अलावा ऊपर से पैसे मिलते हैं। खास तौर पर उनकी निगाहें पत्रकारों और नेताओं के गठजोड़ पर होती थी। मुझे नहीं पता कि ऐसी जानकारी से उन्हें क्या हासिल हुआ होगा, पर सच यही है कि मुझे बताया गया कि मध्य प्रदेश के इतने लोग वहाँ काम करते हैं, इनमें से फलाँ पत्रकार फलाँ नेता के लिए काम करते हैं।

आज मैं इससे अधिक नहीं लिख सकता। वैसे मेरे पास कभी इस बात का प्रमाण नहीं था कि कोई ऐसा करता था या नहीं, न मैंने कभी उस तह में जाने की कोशिश की। पर ये सच है कि पुलिस की खुफिया फाइल में वो नाम दर्ज थे। मामा ने पहला पाठ पढ़ाया, पत्रकारिता में बहुत से लोग राजनीतिक महत्त्वाकांक्षा लेकर जाते हैं, बहुत से लोग बिना सोचे-विचारे राजनीतिक विचारधारा से प्रभावित होते हैं। तुम ऐसा मत करना।

मैंने मामा को भरोसा दिलाया कि पत्रकारिता में रहकर मैं किसी राजनीतिक विचारधारा के करीब नहीं रहूँगा।

फिर मामा ने कुछ और समझाया, फिर कुछ और। फिर कुछ और।

सब लिखूँगा। पर अभी मामा की बातों से अधिक मेरी दिलचस्पी प्रभाष जोशी के साथ होने वाली बातचीत में है।

गेस्ट रूम में प्रभाष जोशी के साथ मैं बैठा था। मैंने उनसे साफ-साफ कहा था कि आपने हड़ताल तुड़वाने के लिए मैनेजमेंट की ओर से बात की थी, जो मुझे नागवार गुजरी थी। वो हैरान होकर मेरी ओर देख रहे थे। गांधी शांति प्रतिष्ठान की उस बैठक में कोने में बैठा कोई उप-संपादक अपने सीने में उस बात को छिपाए बैठा होगा, उन्हें कतई उम्मीद नहीं थी। उन्होंने पूछा कि और क्या-क्या बुरा लगा?

मैंने कहा कि आप चुनिंदा लोगों से स्नेह करते थे, जो सही नहीं था।

उन्होंने कहा, ''स्नेह तो मैं सबसे करता था, लेकिन आदमी दफ्तर में सबके करीब नहीं हो पाता।''

एक बार संजय कुमार सिंह और मैंने पटना के जनसत्ता संवाददाता सुरेंद्र किशोर जी से आपकी शिकायत की थी, तो आपने इंडियन एक्सप्रेस के गेस्ट हाउस में मीटिंग बुलाकर हमें 'नया खलीफा' कहा था।

''मुझे तो याद नहीं आ रहा कि मैंने ऐसी कोई मीटिंग की थी। वो भी तुम दोनों के

कुछ कहे पर। वो तो मैं संजय सिंह और तुम्हें, दोनों को बुलाकर ऐसे ही डाँट देता, मीटिंग की क्या जरूरत पड़ती?"

"हो सकता है, आप सही कह रहे हों। लेकिन हमारे मन में यही बात थी।"

"अगर मन में बात थी, तो मुझसे कहते।"

"आपका खौफ ही इतना था कि कोई कैसे कुछ कहता?"

"पत्रकार हो, धारणा बनाकर रिपोर्टिंग नहीं कर सकते। न खबरें एडिट कर सकते हो। मैं पूरी जिंदगी निष्पक्ष रहा।"

मैं चुप हो गया। मैं चाहता तो कह सकता था कि वी.पी. सिंह को प्रधानमंत्री बनवाने के लिए आपने जितनी जोड़-तोड़ की थी, उसे तो मैंने अपनी आँखों से देखा है।

पर ये उस उम्रदराज आदमी के साथ उद्दंडता होती। मैं मुस्कुराता रहा।

उन्होंने पूछा, "मेरे लिए मन में कोई अच्छी बात भी है या... ।"

मैंने पहली बार उन्हें सर कहकर संबोधित किया। "सर, आपके लिखे का कोई सानी नहीं। आप कैसे इतनी जल्दी इतना बढ़िया लिख लेते हैं?"

"लिखने का संबंध जल्दी और देर से नहीं। कई बार पूरी कविता या कहानी आदमी एक ही बैठक में लिख सकता है। कई बार घंटों लग जाते हैं। जल्दी के कारण लिखा हुआ बुरा नहीं हो जाता, और समय लगाकर लिखने से लिखा हुआ उम्दा नहीं हो जाता। मैं तो हमेशा मानता रहा हूँ कि तत्काल का दबाव ही सृजन को जन्म देता है। जो लोग पत्रकारीय लेखन को जल्दी में लिखा साहित्य कहते हैं, वो गलत कहते हैं। ऐसा सोचने वाले साहित्य और सृजन को नहीं समझते। तुम फटाफट लिखकर भी साहित्य रच सकते हो।"

प्रभाष जोशी बहुत साफ बोलते थे। उस दिन मैंने उनसे दो और सवाल किए थे। उसके उस जवाब में पत्रकारिता का पूरा मानदंड छिपा है। ये भी छिपा है कि भारत में आजादी के आंदोलन से शुरू होने वाली पत्रकारिता कब वामपंथ की ओर मुड़ी और कब दक्षिणपंथ की ओर। कैसे इमरजेंसी के बाद बनने वाली जनता पार्टी की सरकार में विदेश मंत्रालय और सूचना प्रसारण मंत्रालय खास लोगों को देने की सिफारिश की गई। क्या थे उसके मायने। कैसे वहीं कहीं छिपा था आज की पत्रकारिता का भविष्य। सब पर चर्चा हो सकती है। चर्चा इस पर भी हो सकती है कि तब पत्रकारों के दाँत

दिखाने खाने और दिखाने के अलग-अलग क्यों थे।

मैं जानता हूँ कि मैं लिखते-लिखते कहीं-से-कहीं पहुँच जाता हूँ। पर आपकी माफी का हकदार हूँ, क्योंकि आज भले आपको लगे कि मैं कहीं से शुरू होकर कहीं और पहुँच गया, पर आप कल, परसों की कड़ियों से इसे जोड़ेंगे तो आपको लगेगा कि मैंने कुछ बातें शुरू करके बीच में क्यों छोड़ी हैं, कुछ बातें बीच से शुरू करके उसे किनारे तक क्यों नहीं लाया। अभी के लिए इतना ही।

चलते-चलते कानपुर के सुनील मिश्र की एक टिप्पणी को जस का तस अपनी आज की पोस्ट के साथ चिपका रहा हूँ। मुझे लगता है कि इसमें बहुत से सवालों के जवाब छिपे हैं।

सुनील मिश्र, ''संजय भाई, मान लो किसी को पैसे देकर ये कहा जाए, ये पैसे वापस नहीं लिये जाएँगे, वह शख्स उस पैसे के साथ बड़ी बेरहमी से पेश आएगा। ऐसा ही कुछ हुआ था, जेपी के साथ सत्तर में। इसके पहले सैंतालिस में गांधी के साथ, हम भले ही समझने, समझाने को सात समंदर पार के देशों की कितनी भी मिसालें देते रहे हों, हमने सिर्फ मिसालें भर ही दीं, कभी आत्मसात नहीं किया। हमसे कुछ दूरी पर इजराइल एक बड़ा उदाहरण था, मगर हम अपनी आजादी को मुफ्त समझते रहे, लिहाजा जेपी के आंदोलन के बाद जेपी के सैनिकों को लगने लगा ये परिवर्तन उनकी वजह से है। ऐसे में परिवर्तन की बन चुकी लाखों इकाइयों को जेपी समझाते भी तो कैसे, जब संजय सिन्हा जैसे अबोध बच्चे को जेपी ने सामने पाया, तो उनके मुँह से सच निकल पड़ा। जो बात संजय को समझ आ गई थी, दाढ़ी वाले शायद समझकर भी नासमझी की जिद पर अड़े थे। रही बात पत्रकारिता के पेशे की तो अस्सी के दशक से ये धंधे की शक्ल में आकार लेने लगा था। आज की तारीख में ये चमकाते हुए व्यापार के रूप में सियासत के समकक्ष स्थापित है, जिसमें उस दौर के हारे हुए पलायित भले ही महानायक बनने के कितना भी दावा कर लें, फिर भी वो परिवर्तन के महानायक तो क्या कभी नायक भी नहीं हो सकते। आपने आज इन नायकों के दस्तावेज को करीने से बखिया किया है, यानी इतिहास का इतिहास लिख दिया है...।''

□

7 जुलाई

आज मैं आपको आधुनिक भारत के प्राचीन इतिहास के संसार में ले चलूँगा। आज मैं उस कामचोर अंग्रेज इतिहासकार, विन्सेंट स्मिथ की पोल खोल कर रख दूँगा, जिसने यमुना तट पर कौरवों और पांडवों के बीच हुए महाभारत युद्ध के तुरंत बाद की घटनाओं की अनदेखी कर अपना इतिहास सातवीं शताब्दी ईसा पूर्व के बीच से लिखना शुरू कर दिया।

मेरे ससुरजी कभी-कभी खुश हो जाते थे, तो मुझसे कहा करते थे कि फलाँ आदमी को चाहे जितना समझा लो, वो नहीं समझने को तैयार होगा, क्योंकि उसे अपनी ही अंग्रेजी बोलनी है। मतलब जिस बात से वो सहमत नहीं होते थे, उसे ये कहकर चुप कराने की कोशिश करते थे कि अपनी अंग्रेजी अपने पास रखो।

इतिहासकार विन्सेंट महोदय ने भी अपनी अंग्रेजी बघार दी और हमारे उस प्राचीन इतिहास को काल्पनिक कथा बन जाने दिया, जिसकी नींव पर आज का हिंदुस्तान टिका है।

वैसे तो मेरा सबसे प्रिय विषय फिजिक्स रहा है, लेकिन मैं जरा ध्यान से सोचता हूँ तो कैमेस्ट्री दरअसल मुझे अधिक प्रिय था। पर मेरे टीचर कहते थे कि इतिहास और अर्थशास्त्र पर मेरी गहरी पकड़ थी।

राम जाने सच क्या है। पर इतना तय है कि स्कूल से निकलते-निकलते मैं इतिहास को घुट्टी बनाकर पी चुका था। मेरी माँ ने इतिहास को बिना सिल-बट्टे पर पीसे मुझे पानी में घोल कर पिला दिया था। आप मुझसे कभी इक्ष्कवाकु वंश के राजाओं की बात कर लें या फिर पौरव या कुरू वंश की, मैं लाल चोंच वाले हरे तोते की तरह टांय-टांय करता हुआ आपको सारा कुछ मिनटों में सुना दे सकता हूँ।

अब क्योंकि मैं कपोल कथा तो सुनाता नहीं हूँ, इसलिए आज जो आपको सुनाने जा

रहा हूँ, वो बेशक आपको पौराणिक कथा भर लगे, लेकिन हकीकत में वो आधुनिक भारत का प्राचीन इतिहास है।

हिमाचल प्रदेश में कई मंदिरों के बीच एक मंदिर है ममलेश्वर महादेव मंदिर। मेरी माँ ने मुझे इतिहास की पुस्तक से जो कहानी मुझे सुनाई थी, उसके मुताबिक पांडवों ने अपने अज्ञातवास का कुछ समय इस मंदिर वाले गाँव में भी गुजारा था। इस गाँव में मेरी कोई दिलचस्पी नहीं होती, अगर माँ ने यह नहीं कह दिया होता कि वहाँ एक राक्षस था, जो रोज एक आदमी को खा जाता था।

"माँ, राक्षस रोज एक आदमी को खा जाता था? मैं इतना कहता और माँ छाती के बीच में दुबक जाता।"

"हाँ बेटा। उस गाँव ने तय कर लिया था कि वो रोज एक आदमी को खा सकता है।"

"लेकिन माँ, गाँव वालों ने ऐसा क्यों तय कर लिया था?"

"असल में गाँव वालों ने तय नहीं किया था बेटा। गाँव के मुखिया ने तय कर दिया था। मुखिया का घर गाँव के दूसरे छोर पर था, और उसे लग रहा था कि उसकी बारी कभी आएगी ही नहीं। राक्षस गाँव के उस किनारे से लोगों को खाता रहेगा और इस तरह मुखिया बचा रहेगा।"

"लेकिन माँ, ये तो गलत बात थी। मुखिया का काम तो लोगों की रक्षा करना होता है। ये कैसा मुखिया था, जिसने लोगों को राक्षस के हवाले ही कर दिया?"

"ये राजनीति है बेटा। इस राजनीति का पहला पाठ ही यही है कि सामने वाले को फँसा दो, खुद को बचा लो।"

"तो क्या मुखिया सदा के लिए बचा रहा माँ?"

"नहीं बेटा, ऐसा भला कब होता है? भगवान के घर में देर होती है, अँधेर नहीं होती। गाँव के किनारे से खाते-खाते एक दिन मुखिया का नंबर आ गया। राक्षस ने तय कर लिया कि कल सुबह मुखिया ही उसकी खुराक बनेगा।"

"माँ मुझे बहुत डर लग रहा है।"

"बिल्कुल डरना चाहिए बेटा। लेकिन इस बात के लिए नहीं कि मुखिया का नंबर राक्षस की खुराक के रूप में आ गया, बल्कि इस बात के लिए डरना चाहिए कि कैसे

मुखिया ने अपने बहुत छोटे से स्वार्थ के लिए राक्षस को गाँव के किनारे पनपने दिया।''

''फिर क्या हुआ माँ?''

''पांडव वहीं ठहरे थे। उन्होंने रात में मुखिया की पत्नी को रोते हुए सुना, तो उन्होंने रोने की वजह पूछी। रोती हुई माँ ने सारी कथा कह सुनाई कि कैसे पप्पू के पापा ने ही ये व्यवस्था की थी कि गाँव के उस पार से राक्षस रोज एक आदमी को अपनी खुराक बनाएगा। तब इन्होंने सोचा नहीं कि उनके घर का नंबर भी एक दिन आ ही जाएगा। आज आ गया है, इसीलिए मैं रो रही हूँ।

खैर, पाडंवों ने ये सुना तो भीम से कहा कि जाकर उस राक्षस को मार दे। और भीम ने जाकर उस राक्षस को मार दिया।''

''वाह माँ! मैंने टी.वी. पर छोटा भीम देखा है। वो बहुत बहादुर है।''

''बहादुरी नियत में होती है बेटा। जो क्षणिक फायदा सोचता है, उसे लगता तो है कि उसने अगर दूसरे को किसी का शिकार बना दिया तो उसका कभी कुछ नहीं बिगड़ेगा, पर ऐसा होता नहीं है। राक्षस तो राक्षस है, एक दिन वो उसे भी खा जाता है। इसलिए कुशल राजा, राक्षस को पलने नहीं देता। वो उससे शुरू में ही युद्ध कर लेता है। युद्ध में वो उसे पराजित भी कर सकता है।''

''तुम खुद देख लेना बेटा। जो मुखिया ऐसे राक्षसों को पालता है, एक दिन खुद उसका शिकार हो जाता है। एक नहीं, सौ उदाहरण मिल जाएँगे।''

''माँ, एक बात बताऊँ? ये वाली कहानी तुमने मुझे पहले भी सुनाई थी। लेकिन दुबारा सुनाई, तो मुझे ज्यादा मजा आया। अब मैं इसे आधुनिक भारत की राजनीति से जोड़कर देख पा रहा हूँ। मैं छोटे भीम से रिक्वेस्ट करूँगा कि इस बार वो राक्षस को नहीं मारे। ऐसा मुखिया किस काम का, जो अपने ही लोगों को राक्षस का निवाला बनने दे?''

''तुम इस कहानी को याद रखना। तुम्हारी स्कूल के इतिहास की किताबों में इतिहासकार विन्सेंट स्मिथ इसे काल्पनिक कथा करार दे देंगे, लेकिन यही असली इतिहास है। प्राचीन भारत का आधुनिक इतिहास। एक ऐसा इतिहास जिसमें जब-जब मुखिया ऐसे राक्षसों को पालेंगे, वो उन्हें अपना शिकार बनाएँगे ही।

बस जरा सा इंतजार।''

□

9 जुलाई

मेरे फुफेरे भाई के पास एक जोड़ी हवाई चप्पल थी। चप्पल क्या, समझिए ऊपर रंग उतरा हुआ फीता था, नीचे घिसी हुई एड़ी थी। एड़ी इतनी घिसी हुई कि पाँव फर्श छूता था। लेकिन थी चप्पल।

उन्हें उस चप्पल से बहुत प्यार नहीं था। न उस चप्पल से उनकी कोई ऐसी याद ही जुड़ी थी कि उसे वो छाती से सहेज कर रखते। पर चप्पल पाँव की इज्जत बचाने का काम कर रही थी। एक दफा मैं उनसे मिलने गया और उन्हें उस चप्पल को पहने देखा तो बहुत बुरा लगा। मैंने उनसे पूछा, "भइया, आप इस चप्पल को फेंक क्यों नहीं देते?"

भइया ने कहा, "क्यों, इसमें क्या बुराई है? हवाई चप्पल है, तीन साल पहले बीस रुपए में खरीद कर लाया था, अब इसे फेंक क्यों दूँ? चप्पल टूटी भी नहीं है।"

"आप इसे नहीं फेंकेंगे, तो मैं ही फेंक दूँगा।"

"फेंक दोगे, फिर मैं क्या पहनूँगा? क्या मैं नंगे पाँव रहूँगा?"

"लेकिन भइया, इस चप्पल की कीमत तो आज दो कौड़ी भी नहीं है।"

"संजू, मेरे प्यारे भाई, जिंदगी को इस तरह कीमतों में नहीं तौलते। माना कि आज इस चप्पल की कीमत दो कौड़ी भी नहीं। कहीं सड़क पर फेंक आऊँ, तो भिखारी भी इसे नहीं उठाएगा। लेकिन तुम ध्यान से देखो और ध्यान से सोचो। आज इस चप्पल को मैं फेंक दूँ, तो मुझे अभी तुरंत एक हवाई चप्पल की जरूरत पड़ेगी। मतलब मुझे बाजार जाकर पहले एक जोड़ी चप्पल खरीदनी होगी। जब मैंने चप्पल ली थी, तब इसकी कीमत बीस रुपए थी, पर अब लगता है कि तीस रुपए हो गई होगी। मतलब ये कि मुझे तत्काल तीस रुपए खर्च करने होंगे।

"आज मैं जब इस चप्पल को पहनकर चलता हूँ, तो बेशक ये घिसी हुई और पुरानी दिखती है, लेकिन पाँव में चप्पल दिखती तो है! कहीं जाने के बाद कोई ये तो नहीं

कहता कि नंगे पाँव आया हूँ। और अभी लगातार पहनता रहा तो कम-से-कम दो महीने और चलेगी ये चप्पल। सोचो, मैं इसे फेंक दूँ, क्योंकि तुम्हारी भाषा में इसकी कीमत कुछ नहीं, लेकिन बाजार की भाषा में मेरी यह चप्पल कम-से-कम तीस रुपए की है। आज अगर चप्पल को फेंक दूँ, तो मुझे दूसरी चप्पल कौन खरीद कर देगा? सच बात ये है मेरे भाई कि जब तक विकल्प नहीं हो, तो जो हो उससे खुश रहना चाहिए। यही है जिंदगी का फलसफा।''

कई साल पुरानी बात है। मेरी एक चाची अपने घर में रोज नौकरानी से लड़ पड़ती थीं। कभी कहतीं, ये काम ठीक नहीं हुआ, वो काम ठीक नहीं हुआ। फर्श तो देखो, यहाँ मिट्टी रह गई है, वहाँ मिट्टी रह गई है। चाची के घर काम वाली पचास रुपए महीने के लेती थी और बिना नागा रोज आती थी। काम वाली आ जाती तो समझिए कि उनका पूरा बिखरा घर दुरुस्त हो जाता। वो सारे जूठे बरतन धो देती, रसोई साफ कर देती, मसाले पीस देती, सब्जियाँ भी काट देती, घर की सफाई कर देती। उसका आना मतलब घर सारे दिन के लिए ठीक। लेकिन चाची को लगता कि पचास रुपए लेती है, तो ये भी ठीक कर दे, वो भी ठीक कर दे। पता नहीं क्या-क्या ठीक कर दे।

और चाची उसे तुनक कर हड़कातीं।

एक दिन काम वाली गुस्से में उनके घर का काम छोड़कर चली गई।

मैं चाची के घर गया था। चाची सुबह से माथा पीट रही थीं। दूसरी काम वाली उतने पैसों में उन्हें मिली नहीं और अब सुबह उठकर बरतन धोने से लेकर झाड़ू, चौका, बिस्तर उनके माथे पर चला आया। चाची सुबह से रसोई में लगी थीं।

मैंने उनसे पूछा कि काम वाली क्यों छोड़ गई? चाची ने कहा, ''पूछ मत, बेटा। कोई काम ढंग से नहीं करती थी। फर्श काले पड़ गए थे। एक दिन डाँटा तो छोड़कर भाग गई।''

मैंने कहा कि आप दूसरी कामवाली रख लो।

''अरे दूसरी मिलती कहाँ हैं? और मिलती भी हैं तो महँगी मिलती हैं। फिर उन्हें शुरू से समझाओ कि ये करना है, ये नहीं करना है। अब तो मैं भारी मुसीबत में हूँ। कई दिनों से इसी चक्कर में तुम्हारे चाचा के लिए लंच भी नहीं पैक कर पा रही हूँ। बेचारे ऑफिस की कैंटीन में खाते हैं। बहुत परेशानी है।''

बहुत कमाल की बात थी। पचास रुपए महीने पर काम करनेवाली एक महिला ने चाची की जिंदगी को उलझाकर रख दिया था।

मैंने चाची को बुआ के बेटे की हवाई चप्पल वाली पूरी कहानी सुनाई। कहा कि जब तक विकल्प न हो, उसे नहीं हटाना चाहिए था। कहने को कामवाली चली गई है, लेकिन आपने अपनी खुद की जिंदगी पचास रुपए की काम वाली में तबदील करके रख ली है। जो काम पचास रुपयों में हो रहा था, उसे होते रहने देना चाहिए था। या तो आपके पास बेहतर विकल्प होता, नहीं तो जो था उसी में खुश रहना चाहिए था। माना कि वो रोज बहुत रगड़-रगड़कर फर्श बहुत साफ नहीं करती थी, लेकिन कुछ तो साफ करती थी। हफ्ते-महीने में उसके साथ मिलकर आप ये सफाई करा लेतीं, तो वो खुशी से वो भी कर देती। और सबसे बड़ी बात कि वो इतने दिनों से आपके घर में परिवार की तरह हो गई थी। उसे पता था कि आपकी क्या जरूरतें हैं, कब क्या करना है। वो छुट्टी नहीं करती थी, और उसकी ईमानदारी पर आपको संदेह नहीं था।

चाची ने पूछा कि उस चप्पल का क्या हुआ?

वो चप्पल भइया का साथ देती रही। बहुत दिनों तक देती रही। उसने इतना साथ दिया कि मेरी दो नई चप्पलें टूट गईं, पर उनकी वो चप्पल चलती रही। अब सुना है कि उन्होंने नई चप्पल ले ली है। चाहे सब लोग उन्हें कंजूस कहें, लेकिन मुझे उनकी ये बात बहुत भीतर तक छू गई कि जब तक विकल्प न हो, जो हो उसी में खुश रहना चाहिए। मतलब जो है, वो है।

अब आप पूछेंगे कि उस कामवाली का क्या हुआ?

अरे! उसी शाम कामवाली के घर किसी को भिजवा कर चाची ने उसे बुलवा लिया। वो घर आई तो, चाची उससे कह रही थीं, इतना पुराना घर कहीं ऐसे छोड़ा जाता है? और डाँट दिया तो कौन सी बड़ी बात हो गई? मैं चाचा को भी डाँट देती हूँ, तो क्या चाचा घर छोड़कर चले जाते हैं?

कहने की दरकार नहीं कि उसके बाद भी चाची का डाँटना कम नहीं हुआ, पर कामवाली उसके बाद घर छोड़कर नहीं गई।

आप भी सोचते होंगे कि मैं कहाँ के तीर कहाँ छोड़ने बैठ जाता हूँ हर सुबह। पर क्या करूँ। स्कूल में मास्टर ने जो पढ़ाया था, जिंदगी की गाड़ी उससे नहीं चल रही। जिंदगी की गाड़ी तो घर के छोटे-बड़ों ने जो सिखा दिया उससे चल रही है।

मेरी चिंता ये है कि आजकल के बच्चों के पास रिश्तों का ऐसा कारवाँ नहीं, तो क्या वो जीवन के वो सभी पाठ पढ़ पाएँगे, जिसे मेरे फुफेरे भाई ने फटी चप्पल से मुझे पढ़ा दिया था, और मैंने उस चप्पल की कहानी से चाची को।

□

10 जुलाई

'बेब'—ये नाम सूअर के एक बच्चे का है।

मैं बार-बार सूअर नहीं लिख पाऊँगा, इसलिए उसे सिर्फ 'बेब' कहकर ही संबोधित करूँगा। मुझे नहीं याद कि मैंने कभी आपके साथ अपने सबसे प्रिय दोस्त बेब की कहानी साझा की है या नहीं। अगर की भी हो तो कोई बात नहीं, क्योंकि आज मैं अपने सबसे प्रिय दोस्त 'बेब' को अगर याद कर रहा हूँ, तो यकीनन संदर्भ कोई और होगा।

जिन दिनों मैं अमरीका में था, मैंने 'बेब' फिल्म देखी थी। 'बेब' बच्चों की फिल्म है, जिसमें जानवरों की भावनाओं को कैमरे से फिल्माया गया है। फिल्म की कहानी में ढेर सारे जानवर हैं। भेड़, कुत्ते और एक सूअर।

आइए, पहले आपको 'बेब' का पूरा परिचय दे दूँ। फिर आप संदर्भ खुद-ब-खुद समझ जाएँगे कि क्यों मुझे मेरा ये दोस्त आज इतना याद आ रहा है।

एक फार्म हाउस के मालिक के बाड़े में कहीं से सूअर का एक बच्चा आ जाता है, जिसका नाम बेब है। उस फार्म हाउस में बहुत सारी भेड़ें हैं, और उन भेड़ों की रक्षा के लिए कई शिकारी कुत्ते भी हैं। फार्म हाउस का मालिक बेब को उन भेड़ों और कुत्तों के बीच पलने देता है। उसके मन में कई बार ये बात भी रहती है कि जब बेब बड़ा हो जाएगा, फिर उसे काट कर पका लेंगे। लेकिन अभी वो छोटा सा बच्चा है, और उसे उन्हीं जानवरों के बीच बड़ा होने दिया जा रहा है।

गुजरते समय के साथ बेब ये समझ जाता है कि फार्म हाउस के मालिक ने मूल रूप से भेड़ों को पाला है और कुत्ते उन भेड़ों के पहरेदार है, रक्षक हैं। भेड़ जब सुबह-सुबह घास चरने जंगल में जाती हैं, तो उनके आगे-पीछे उन शिकारी कुत्तों का काफिला ऐसे चलता है, मानो वो उन कमजोर भेड़ों के रहनुमा हों। उन कुत्तों की

अकड़ ही इस बात को बयाँ करने के लिए काफी है कि भेड़ जनता है, कुत्ते उनके रक्षक और मालिक तो मालिक है ही।

मालिक, भेड़ और कुत्तों के बीच बेब के मन में उलझन है कि वो क्या है।

बहुत बड़ा सवाल है कि जानवरों के उस फार्म हाउस में अकेला बेब आखिर क्या है?

क्योंकि बेब बच्चा है, इसलिए उसके मन में ये बात बैठ जाती है कि वो भी कुत्ता है। कुत्तों के बीच रहते हुए उसे लगने लगता है कि उसे भी यहाँ उन मासूम भेड़ों की रक्षा के लिए रखा गया है। बहुत द्वंद्व है। भेड़, कुत्तों, फार्म हाउस के मालिक और बेब के बीच।

कुत्ते बेब को गंभीरता से नहीं लेते। मालिक बेब का सच जानता है, और उसके बड़े होने का इंतजार सिर्फ इसलिए कर रहा है कि एक दिन दावत की टेबल पर उसके मांस की खुशबू उड़ेगी, और रही बात भेड़ों की, तो उन्हें बेब भला कब अपना रहनुमा लगने लगा?

पर बेब को ये सारी बातें नहीं पता हैं। वो मन-ही-मन सोचता है कि वो कुत्ता है और उसे मालिक ने बहुत दुलार से भेड़ों की रक्षा के लिए रखा है। वो अपनी तरफ से भेड़ों की रक्षा भी करने की कोशिश करता है। सब उसकी उस बेवकूफी पर हँसते हैं, पर बेब को सच समझ में नहीं आता।

कहानी लंबी है, लेकिन मैं संक्षेप में इतना बताता हुआ आगे बढ़ चलता हूँ कि समय की चाल में और ओवर कॉन्फिडेंस में पड़े कुत्ते कई बार भेड़ों की मदद नहीं करते, बल्कि हमारी कहानी का वो पात्र बेब एक-दो बार भेड़ों की जान बहुत मुश्किल परिस्थिति में शिकारियों से बचाता है। लेकिन तब भी फार्म हाउस के मालिक उसे गंभीरता से नहीं लेते।

इस बीच बेब थोड़ा बड़ा हो जाता है और उसे एक दिन अहसास होता है कि वो कुछ भी कर ले, उसे शिकारी कुत्तों का दर्जा नहीं मिल सकता। हालाँकि ये सच है कि उसने अपनी सूझ-बूझ और अपनी लगन से मालिक की भेड़ों की कई बार रक्षा की है, कुत्तों से ज्यादा ईमानदार और वफादार रहा है, पर मालिक के मन में ये भरोसा नहीं है कि बेब ऐसा कुछ कर सकता है।

फिल्म में बेब कई बार रोता है। फिल्म देखते हुए संजय सिन्हा भी कई बार रोता है।

जितनी बार बेब को अपने सूअर होने का अहसास होता है, अपनी लाचारगी का

अहसास होता है, उतनी बार वो रोता है।

ये तो फिल्म की कहानी थी, और इसमें जानवरों की भावनाओं और संवेदनाओं को बहुत बारिकी से उकेरा गया है, इसलिए फिल्म के अंत में मालिक का दिल पसीजता है और वो बेब को प्यार करने लगता है। उसे उसकी अहमियत का अहसास होता है।

जिंदगी में ऐसा कई बार होता है कि हम होते तो बेब हैं, लेकिन समझते खुद को शिकारी कुत्ता हैं। हम मन-ही-मन खुद को बहुत अहमियत दे बैठते हैं। हम अपनी जान पर खेल कर भेड़ों की रक्षा में जुट जाते हैं। हमें लगता है कि ये हमारा काम है।

पर न तो भेड़ों को हम पर यकीन होता है, न भेड़ के मालिकों को। रही बात शिकारी कुत्तों की, तो उनके लिए तो हम हास्य के पात्र भर होते हैं। वो कई बार अपना काम हमसे करा लेते हैं, पर पीठ पीछे हँसते हैं। कहते हैं...बेब कहीं का।

बहुत मुश्किल होता है सच को समझ पाना। बहुत मुश्किल होता है मालिकों के मन में इस बात का अहसास दिला पाना कि कुत्ते जिन्हें वो इतना तवज्जो देते हैं, वो दरअसल बेईमानी करते हैं अपने काम में।

जिंदगी सिनेमा नहीं है, इसलिए बेब का सच कभी सामने नहीं आ सकता। पर बेबों को अपना सच पता होना चाहिए। सिनेमा में भी बेब को जब तक अपना सच नहीं पता होता है, वो रोता है, बिलखता है। पर जिस दिन वो अपना सच समझ जाता है, वो करे चाहे जो भी, पर उसे दु:ख नहीं होता। क्योंकि वो जान लेता है कि उसकी हैसियत एक दिन लंच टेबल पर गोश्त बन जाने से ज्यादा नहीं है।

फिल्म में बेब बच जाता है। वो मालिकों का दुलारा भी बन जाता है।

हमारी आपकी जिंदगी भी काश फिल्म होती!

पुन:—

ईश्वर से दुआ कीजिए कि या तो हमारी कहानी फिल्मी हो, या फिर हमें अहसास हो कि हम बेब हैं। नहीं तो भेड़ों की रक्षा में निकलने का अंत सिर्फ मौत है। चाहे वो दिल्ली में हों या भोपाल में, पर अंत मौत ही है।

□

11 जुलाई

क्या आपने कभी ये जानने की कोशिश कि महाभारत काल में गांधारी की शादी जब हस्तिनापुर के नेत्रहीन राजा धृतराष्ट्र से हो गई, तो गांधार के लोगों ने उस पर क्या प्रतिक्रिया जताई होगी? क्या आपने कभी ये जानने की कोशिश की कि जब कोई स्त्री अपने विवाह को अपनी किस्मत मान कर अपनी आँखों पर पट्टी बाँध लेती है, तो उससे जुड़े लोगों पर क्या गुजरती है?

इतना तो आपको आपकी माँ, दादी या नानी ने कहानी में सुना दिया होगा, या फिर आपने टी.वी. पर भी महाभारत सीरियल में देख लिया होगा कि गांधारी को अँधेरे से डर लगता था। और उससे ज्यादा उसके भाई शकुनि को अपनी बहन के डर से डर लगता था। गांधारी के महल में क्षण भर के लिए भी अँधेरा न हो, इसलिए वहाँ रात-दिन दीपक जलते रहते थे, पर भाई का दिल इतने से नहीं मानता, तो वो बहन के लिए जंगल से जुगनू पकड़कर लाया करता था और शीशे की जार में रखकर बहन के कमरे में रख दिया करता था, ताकि कभी हवा के झोंके दीपक की लौ इधर-उधर कर दें, तो भी बहन को जुगनुओं से रोशनी मिलती रहे।

मेरा यकीन है कि आपने इस विषय में कभी जानने की जहमत ही नहीं उठाई होगी कि जिस दिन गांधारी ने जन्मांध धृतराष्ट्र से विवाह की हामी भर दी, साथ ही ऐलान कर दिया कि अब वो पति के अंधेपन को समझने के लिए अपनी आँखों पर सदा के लिए पट्टियाँ बाँध लेगी, उस दिन उस गांधार के लोगों पर क्या गुजरी होगी?

आइए, आज आपको मैं एक नए संसार की यात्रा पर ले चलता हूँ। आपने हस्तिनापुर की बहुत सी कहानियाँ सुनी हैं। आज मैं आपको ऋग्वेद और अथर्ववेद के उन पात्रों से मिलवाना चाहता हूँ, जिन्हें उसमें गांधार कहकर संबोधित किया गया है। खास तौर पर ऋगवेद में जिन्हें गांधार कहा गया है, वो पुष्करावती नामक जगह थी, जहाँ बहुत से चरवाहे रहा करते थे। इनका संबंध मुजावत नामक जाति के साथ था, जिसका अर्थ

अशिक्षित और असभ्य समाज से था।

धृतराष्ट्र जन्म से नेत्रहीन थे। सारा संसार इस सच को जानता था। हस्तिनापुर के बाहुबली भीष्म भी इस सच को जानते थे कि दुनिया में कोई भी पिता अपनी बेटी को उनके जन्मांध राजकुमार से ब्याहना पसंद नहीं करेगा। भीष्म को ये पता चला कि पुष्करावती की राजकुमारी बेहद खूबसूरत है, वहाँ के लोग दुनिया से कटे हुए हैं, भेड़ चराने और ऊन निकालने तक उनका संसार ठहरा हुआ है। शिक्षा से वो कोसों दूर हैं। मतलब वहाँ के लोगों की आँखों पर अज्ञान की पट्टी बँधी हुई है। भीष्म समझ गए कि ऐसे में अगर वहाँ की राजकुमारी उठा ली जाए, या जोर-जबरदस्ती उसका विवाह धृतराष्ट्र से करा दिया जाए, तो कहने को राजकुमारी से विवाह भी हो गया, और कोई विरोध भी नहीं होगा।

वही हुआ। जब शादी का पैगाम गांधार नरेश के पास पहुँचा, तो साथ में यह भी कहलवा दिया गया कि अगर न हुई तो अपना और अपने राज्य का अनजाम भुगतने को तैयार रहना।

और यह शादी ताकत के बल पर तय हो गई।

गांधारी फूट-फूटकर रोई। उसका भाई तड़प उठा, बहन को नेत्रहीन के पल्ले बँधने की खबर सुनकर।

उसने पिता से बहुत गुहार लगाई और कहा, "पिताजी, आप अपनी आँखों से अज्ञान की पट्टी उतारिए, मन से डर निकालिए, युद्ध के लिए तैयार हो जाइए, पर अपनी फूल सी बेटी को हस्तिनापुर के सैनिकों के खौफ से उस जन्मांध को मत सौंपिए।"

पर गांधार नरेश की हिम्मत नहीं हुई।

फिर भाई ने अपने राज्य के लोगों से गुहार लगाई कि आप साथ दें, तो वो खुद युद्ध लड़ लेगा, पिता के विरुद्ध जाकर लड़ेगा, लेकिन उसकी बहन की रक्षा के लिए कोई तो आगे आए।

पर जिस राज्य के लोगों की आँखों पर अज्ञान की पट्टी बँधी होती है, वो भयभीत समाज होता है। दुनिया के सारे सत्ताधीशों की कोशिश रहती है कि उनके राज्य में ज्ञान की किरणों की कोपलें न फूट पाएँ। वो जानते हैं कि अगर ज्ञान की कोपलें फूटेंगी तो फिर उनके दोषों पर लोग एकजुट हो जाएँगे। इसलिए जो लोग राजनीति करते हैं, पहले आम आदमी से ज्ञान का अधिकार छीन लेते हैं। वो स्कूल, कॉलेज,

इंजीनियरिंग, मेडिकल कॉलेज तो खोलते हैं, पर ज्ञान देने के लिए नहीं, धन कमाने के लिए खोलते हैं। खैर, आज मैं अपने विषय से भटकूँगा नहीं। आज मैं बताऊँगा कि जब गांधारी ने देख लिया कि उसका विवाह टल नहीं सकता, उसके राज्य में कोई उसके पक्ष में खड़ा होने के योग्य ही नहीं, तो उसने ऐलान कर दिया कि अब वो भी नेत्रहीन हो जाएगी।

आह! कितनी बड़ी बात कह दी थी, फूल कुमारी ने। जिसे अँधेरे से डर लगता था, उसने अँधेरे से रिश्ता जोड़ लिया।

सारा संसार जानता है कि गांधारी ने आँखों पर पट्टियाँ इसलिए बाँध ली थीं, ताकि उसे धृतराष्ट्र का दर्द समझ में आए। लेकिन ये सच नहीं था। खुद धृतराष्ट्र ने गांधारी के इस फैसले का बहुत विरोध किया था। कहा था कि तुम मुझसे दरअसल प्यार नहीं करती, तुमने बदले की भावना में ये फैसला लिया है। इसका क्या मतलब हुआ कि तुम मेरी आँखें बनने की जगह खुद अंधी हो गई। गांधारी ने उनके इन सवालों का कोई जवाब नहीं दिया था।

पर गांधार की जनता गांधारी के इस फैसले का मर्म समझ गई थी। वो समझ गई कि फूलों से अधिक कोमल उनकी राजकुमारी ने दरअसल अपनी आँखों पर पट्टियाँ बाँधकर अपना विरोध उनके प्रति जताया है। अपने पिता के प्रति जताया है, अपने राज्य के प्रति जताया है। उस डर के प्रति जताया है, जिसने उससे उसकी जीवन भर की खुशियाँ छीन लीं। उस अज्ञानता के प्रति जताया है, जिसके कुचक्र में पूरा गांधार घुटने टेकने को मजबूर हो गया।

गांधारी की शादी धृतराष्ट्र से हो गई। बहन की शादी से छलनी भाई शकुनि भी अपने देश को छोड़कर बहन के घर ही रहने चला आया। उसने वहाँ के लोगों से कह दिया कि तुम इस लायक नहीं हो कि तुम्हारे लिए कुछ भी किया जाए। जाओ, अपनी किस्मत पर आँसू बहाओ।

अंग्रेज इतिहासकारों ने महाभारत की कहानी को भले कल्पना की उड़ान बताने की भूल की हो, लेकिन अज्ञात इतिहासकार संजय सिन्हा ने अपनी माँ के मुँह से तब जब ऋग्वेद और अथर्ववेद की कहानियाँ सुनते रहे और सच को आत्मसात करते रहे।

गांधार से गांधारी के चले जाने के बाद उसकी सहेलियाँ वहाँ फूट-फूटकर रोईं। जनता कई दिनों तक उदास रही। गांधार नरेश ने भी कई दिनों तक खाना नहीं खाया। हाय! कलेज के टुकड़े का ये हाल!

और यहीं से शुरू हुआ जनता में विद्रोह। लोगों में बहुत क्षोभ हुआ कि उनकी राजकुमारी ने अंधेपन को कबूल लिया है।

गांधारी ने आँखों पर पट्टी बाँध ली थी। लेकिन जिस पल गांधारी ने ये फैसला लिया, उसी पल गांधार के लोगों ने भी एक फैसला लिया। उन्होंने फैसला लिया कि अब वो अपनी आँखों से अज्ञानता की पट्टी उतार फेंकेंगे। वो शिक्षित होंगे और डर पर विजय पाएँगे। लोगों ने तय कर लिया कि अब कोई उनकी बेटियाँ इस तरह उनकी मर्जी के खिलाफ ताकत के बूते नहीं ले जा पाएगा।

यही हुआ।

जब हस्तिनापुर युद्ध में लीन था, पूरा आर्यावर्त रक्तरंजित होने का खेल, खेल रहा था, गांधार की राजधानी में ज्ञान पर चर्चा के लिए लोग इकट्ठा हो रहे थे। गांधार के लोगों ने अपना पूरा ध्यान शिक्षा पर केंद्रित कर लिया था। अपने व्यापार को बढ़ाने पर कर लिया था। क्योंकि भेड़ पालना उनका मूल पेशा था, इसलिए उन्होंने ऊन के कारोबार को फैलाना शुरू किया। और एक दिन ऐसा आ गया कि जब हस्तिनापुर और आसपास के राज्य के लोग युद्ध की अज्ञानता के दलदल में फँसकर मरने मारने का खेल, खेल रहे थे, गांधार शिक्षित हो रहा था।

गांधारी ने अपनी आँखों पर पट्टी बाँधी, सारे गांधार ने अपनी आँखों से पट्टियाँ उतार फेंकी। धृतराष्ट्र जन्म से नेत्रहीन थे, पूरा हस्तिनापुर उनके पीछे नेत्रहीन हो गया। हश्र बताने की दरकार नहीं। आपने उसके आगे की पूरी दास्तान सुनी हुई है। मैं तो एक अज्ञात इतिहासकार हूँ, इसलिए आपको आज ये बता रहा हूँ कि अगर आपने छांदोग्य उपनिषद् में गांधार के विषय में पढ़ने की कोशिश की तो आपको गांधार की चर्चा कुछ इस तरह मिलेगी।

''ओ मेरे बच्चे! संसार में जब मनुष्य को उसकी आँखों पर पट्टी बाँध कर किसी एकाकी स्थान पर छोड़ दिया जाता है, तो वह चिल्लाता है—मैं यहाँ पट्टी बाँधकर लाया गया हूँ। उसका यह स्वर पूर्व, पश्चिम, उत्तर व दक्षिण चारों दिशाओं में प्रतिध्वनित होता है और उसी समय कोई दयालु आकर उसकी पट्टी खोल देता है, और कहता है कि ये है गांधार का मार्ग। तू इसी मार्ग से आगे बढ़। बुद्धिमान मनुष्य गाँव-गाँव होते हुए और मार्ग पूछते हुए आगे बढ़ता है और अंत में गांधार पहुँच जाता है। जो गांधार पहुँच जाता है, उसके सामने ज्ञान का भंडार खुल जाता है।''

मतलब ये कि एक ऐसा वक्त आ गया, जब दुनिया में गांधार को शिक्षा का भंडार कहा जाने लगा।

आपने आरुणि की कहानी सुनी होगी। वही आरुणि जो गुरु के आदेश पर खेत में जाकर मेड़ बन गया था। उसने भी गांधार जाकर ही शिक्षा पाई थी।

इतिहास से भी पुराना इतिहास गवाह है कि जो अपनी आँखों से अज्ञान की पट्टी उतार फेंकते हैं, जो डर को जीतने का दम दिखाते हैं, उनका ही नाम उपनिषदों में दर्ज होता है। वेदों में दर्ज होता है। जो ताकत के बूते संसार को जीतने की मूर्खता करते हैं, उनके लिए महाभारत नामक ग्रंथ भले लिखा जाए, पर वो रक्तरंजित 'अ इतिहास' होता है। वो शूर गाथा नहीं होती, वो पतन की गाथा होती है।

□

12 जुलाई

दीदी को जीव विज्ञान पढ़ना अच्छा लगता था। मुझे इतिहास।

इतिहास पढ़ने का मेरे लिए सबसे बड़ा लाभ ये था कि मुझे माँ की गोदी में चिपककर सोने का मौका मिलता और पिताजी जब कहते कि तुम पढ़ नहीं रहे संजू, तो माँ ही कह देती कि मैं इतिहास अपने बेटे को पढ़ा रही हूँ। दीदी हँसती और कहती कि अच्छा विषय तुमने चुन लिया है, पढ़ने के नाम पर माँ की गोद।

तब मैं बहुत छोटा था, लेकिन दीदी की बातों के मर्म को मैं आसानी से समझ लेता था। मैं जानता था कि उसे माँ से जीव विज्ञान का ज्ञान नहीं मिल पाने का अफसोस मन में रहता होगा।

दीदी तब पढ़ती तो आठवीं में ही थी और उसके लिए बॉयोलॉजी में मेंढक और कॉकरोच की चीर-फाड़ करनेवाला डिब्बा खरीद कर ला दिया गया था। नीले रंग के उस डिब्बे में ढेर सारी कैंचियाँ, लेंस और दूसरे कई उपकरण थे। मेरे लिए वो बहुत संकट का वक्त था कि भविष्य में मैं इतिहास पढ़ूँगा या बॉयोलॉजी।

बॉयोलॉजी पढ़ने का मतलब ये कि ऐसा ही नीला डब्बा भविष्य में मेरे लिए भी आएगा, लेकिन इतिहास पढ़ने का मतलब जीवन भर माँ की गोद।

जाहिर है माँ की गोद जीत गई। मैंने तय कर लिया कि मैं भविष्य में इतिहास ही पढ़ूँगा। या फिर ये समझ लीजिए कि अगर किसी ने विज्ञान पढ़ने को कहा, तो इतिहास माँ से पढ़ता रहूँगा, स्कूल में साइंस पढ़ लूँगा। यही हुआ। पिताजी साइंस पढ़ाना चाहते थे, तो मैंने उनसे कह दिया कि अगर आप मुझे साथ में इतिहास पढ़ने की अनुमति देंगे तो मैं साइंस भी पढ़ लूँगा। पिताजी जानते थे कि माँ की गोद पाने के लालच में उनका बेटा इतिहास पढ़ने की बात कह रहा है।

समय साक्षी है कि सारी जिंदगी साइंस पढ़ता-पढ़ता मैं इतिहास में एमए कर बैठा।

इतनी बात बताने का सिर्फ एक ही मकसद है। मकसद ये कि मैंने सचमुच एमए में इतिहास की परीक्षा में जो कुछ लिखा, वह सब किसी किताब के बूते नहीं लिखा। मैंने तो वही लिखा, जिसे माँ ने स्कूल जाने से पहले पढ़ा दिया था।

दीदी कहती थी कि इतिहास फालतू विषय है। बीते हुए को पढ़ने का क्या लाभ?

मुझे चिढ़ाने के लिए वो ये भी कहा करती थी, ''इतिहास-भूगोल बड़े बेवफा, सुबह पढ़ो शाम को सफा।''

मैं माँ से दीदी की शिकायत लगाता, तो माँ कहती कि इतिहास पढ़ने वाला जीवन की सभी मुश्किलों से मुक्त होने की विद्या जानता है, जैसे चंद्रमा राहु से।

माँ इतिहास को जय की संज्ञा देती और कहती कि विजय की अभिलाषा रखने वाले को इतिहास जरूर पढ़ना चाहिए।

जय और विजय ये दोनों शब्द मेरे कानों में गूँजते।

मैं स्कूल में अपने इतिहास के शिक्षक से उपनिषद् की चर्चा करता तो वो मुझे आँखें दिखाने लगते। कहते कि उपनिषद् इतिहास नहीं है।

''माँ, क्या उपनिषद् इतिहास नहीं है?''

''किसने कहा मेरे लाल?''

''माँ, मास्टर साहब कहते हैं कि तुम इतिहास को सिर्फ रटा करो, उसमें उपनिषद् वगैरह मत डालो।''

''जिस तरह नदियाँ समुद्र में मिल समुद्र हो जाती हैं और अपनी सत्ता को नहीं पहचानतीं, उसी तरह इस संसार में बहुत ले लोग अपनी सत्ता को नहीं पहचानते। जो अपनी सत्ता को नहीं पहचानते, वो ऐसी भूल करते हैं। तुम मास्टर साहब से बहस मत करना। लेकिन तुम इतिहास को अपनी नज़र से समझना। इतिहास में दर्ज घटनाएँ सिर्फ घटनाएँ नहीं होतीं, वो भविष्य का दर्पण होती हैं।''

''वाह माँ! फिर, फिर आज तुम मुझे वो कहानी सुनाओ, जिसे दुनिया न सिर्फ इतिहास कहे, बल्कि भविष्य भी वही हो। माँ, वो कहानी सुनाओ जिसे सुनकर दीदी भी सोच में पड़ जाए कि काश उसने इतिहास की पढ़ाई चुनी होती।''

''सुनो बेटा, आज वो कहानी सुनो, जिसे अगर तुमने आत्मसात कर लिया, तो फिर तुम अपनी सत्ता पहचान उठोगे।''

"महाभारत का युद्ध खत्म होने पर था। युद्ध में अब न पक्षी रह गए थे और न विपक्षी।

युद्ध के आखिरी पड़ाव पर द्रौपदी विजय पर्व मनाने में व्यस्त थी। उसने मान लिया था कि पांडव युद्ध जीत चुके हैं।

इस बीच द्रौपदी के सोते हुए पाँचों पुत्र—प्रतिविंध्य, सुतसोम, श्रुतकीर्ति, शतानीक, श्रुतवर्मा सब के सब मार दिए गए। पाँच पांडवों के सिवा अब कोई और जीवित नहीं था। अब कुछ नहीं बचा था।

द्रौपदी को पता चला कि उसके पाँचों पुत्रों की हत्या हो चुकी है, तो वो भागी-भागी युद्ध स्थल तक आई। कृष्ण युद्ध में कहीं नहीं थे। बिलखती द्रौपदी के आँसुओं को पोंछने की किसी में हिम्मत नहीं थी।

युधिष्ठिर ने कृष्ण को बुलवाया। कृष्ण को देखते ही द्रौपदी उनसे चिपटकर रोने लगी। फिर उसने कृष्ण से गुस्से में कहा कि हमारे इस विनाश के मूल में तुम्हीं हो। जब-जब तुम हमसे दूर हुए हमारा विनाश हुआ। जब मैं जुए में हारी तब भी तुम नहीं थे। जब अभिमन्यु को चक्रव्यूह में घेर कर मारा गया तब भी तुम नहीं थे। आज भी तुम नहीं थे। मेरे सारे पुत्र मार दिए गए।"

"लेकिन माँ, कृष्ण तो अर्जुन के साथ थे, फिर द्रौपदी ने ऐसा आरोप क्यों लगाया?"

"द्रौपदी ने बहुत कम शब्दों में बहुत बड़ी बात कही थी बेटा। उसने स्पष्ट कहा था कि जब-जब तुम मुझसे दूर हुए हो, हमारा विनाश हुआ है।"

"लेकिन कृष्ण दूर ही क्यों हुए थे?"

"भगवान कभी दूर नहीं होते बेटा। भक्त दूर हो जाते हैं। याद करो मैंने शुरू में क्या कहा था। युद्ध के आखिरी पड़ाव पर द्रौपदी ने मान लिया था कि उसके पाँच महाशक्तिशाली पतियों ने मिलकर दुश्मनों का नाश कर दिया है। जिस पल उसके मन में ये भाव आया कि जीत उसकी है, उसके पतियों की है, उस पल ईश्वर स्वयं उससे दूर हो गए। इसी बीच सोते हुए उसके पुत्रों की हत्या दुश्मनों ने कर दी। द्रौपदी ने कृष्ण से चिपटकर रोते हुए यही तो कहा था कि जब-जब तुम हमसे दूर हुए हमारा विनाश हुआ। उसने कहा भले यही था, पर उसका कहने का अर्थ यही था कि जब-जब हम तुमसे दूर हुए हमारा विनाश हुआ।"

"यही इतिहास है। यही वर्तमान है। यही भविष्य भी है। जब-जब आदमी भगवान से

दूर होगा, महाविनाश उसके सामने होगा।''

''और माँ, आदमी भगवान से दूर कब-कब होता है?''

''जब-आदमी प्रतिशोध की आग में जल रहा होता है, या विजय जश्न में डूबा होता है। प्रतिशोध में जलता हुआ आदमी भूल जाता है कि प्रतिशोध से प्रतिशोध का अंत नहीं होता है। वो यह भी भूल जाता है कि एक आग दूसरी आग को जलाती है।''

''और विजय के जश्न में डूबा आदमी?''

''जो विजय जुलूस निकालते हैं, उनका अहंकार उनके ईश्वर से ऊपर हो जाता है। उस एक पल के लिए वह ईश्वर से दूर हो जाता है। सुख में आदमी ईश्वर को नहीं याद करता। दुःख में करता है। द्रौपदी ने भी तो हर बार दुःख में ही कृष्ण को याद किया।''

''दुःख में सुमरिन सब करे, सुख में करे न कोय।

जो सुख में सुमरिन करे, दुःख काहे को होय॥''

□

13 जुलाई

मेरी साली के बेटे से स्कूल टीचर ने उसके परिवार की तस्वीर बनाने के लिए कहा।

बच्चे ने जो तस्वीर बनाई, उसमें उसने मम्मी-पापा और अपनी तस्वीर के अलावा मौसी, मौसा और मौसेरे भाई की तस्वीर बनाकर उसने दे दी।

टीचर दंग रह गई। परिवार में छह लोग?

उसने बच्चे को बुलाकर पूछा, ये कौन लोग हैं?

बच्चे ने बहुत सहजता से तस्वीर को बयाँ किया कि मम्मी-पापा के अलावा ये मेरी मौसी-मौसा हैं। और एक बच्चा वो खुद है, दूसरा बच्चा मौसी का बेटा है। यही उसका परिवार है।

टीचर ने उससे पूछा कि क्या तुम्हारी मौसी-मौसा और उनका बेटा, तुम लोग सब साथ रहते हो?

बच्चे ने कहा कि नहीं, वो अलग रहते हैं। हम कभी-कभी मिलते हैं।

इस पर टीचर बिदक गई। उसने बच्चे को समझाया कि परिवार का मतलब होता है, जो साथ रहते हैं। तुमने यह तस्वीर गलत बनाई है और इसके लिए तुम्हें एक भी नंबर नहीं मिलेगा। साथ ही उसे ये कहा गया कि तुम अपने मम्मी-पापा को बुला लाना।

बच्चा बहुत उदास हो गया।

बारहवीं में पढ़नेवाले उस बच्चे की उदासी का सबब पूछा गया, तो उसने कहा कि उसकी टीचर ने मम्मी-पापा को बुलाया है।

मम्मी-पापा स्कूल गए। टीचर मिली। उसने बच्चे की शिकायत की कि उसे परिवार

का मतलब नहीं पता। इतना बड़ा हो गया है, कह रहा है कि उसके परिवार में मम्मी-पापा के अलावा, मौसी-मौसा और मौसेरा भाई भी हैं। क्या आपने बच्चे को यही सिखाया है?

माँ-बाप सहम गए कि कहीं कम नंबर के चक्कर में बच्चे का भविष्य ही ये टीचर न खराब कर दे।

खैर, मामला इतने से शांत नहीं हुआ। मामला स्कूल की प्रिंसिपल तक पहुँचा और स्कूल की प्रिंसिपल ने माँ-बाप की मौजूदगी में बच्चे से पूछा कि क्या तुम्हारा कोई और भाई-बहन है? बच्चे ने कहा, "हाँ, मेरा एक बड़ा भाई है।" बच्चे ने मेरा बड़ा भाई है, इतना कहा ही था कि माता-पिता दोनों एक साथ बोल उठे, "नहीं ये अकेला है।"

प्रिंसिपल उलझ गईं। "ये क्या दुविधा है?"

बच्चा कह रहा है कि उसका एक बड़ा भाई भी है, आप कह रहे हैं कि आपकी एक ही संतान है।

तब मेरे साढ़ू ने सहमते हुए प्रिंसिपल को समझाया कि वो अपने मौसेरे भाई को अपना बड़ा भाई कहता है। उसने जन्म से ही मौसी-मौसा और उनके बेटे को परिवार के रूप में देखा है। हम कहीं घूमने जाते हैं, तो साथ जाते हैं। जीवन के हर महत्त्वपूर्ण फैसले हम मिलकर लेते हैं। इस तरह बच्चा इन सबको मिलाकर परिवार मानता है। इसमें बच्चे का कसूर नहीं। हमारी गलती है, जो हमने उसे परिवार का सही मतलब नहीं समझाया।

पिछले दिनों हम सपरिवार उदयपुर घूमने गए थे। सपरिवार का मतलब हम छह लोग।

वापसी में मेरी साली ने मुझसे कहा कि उसके बेटे की स्कूल टीचर बहुत परेशान कर रही है। मैंने उससे पूरे मामले के विषय में पूछा, तो ये सच सामने आया।

मेरा एक बेटा है। मेरी साली का भी एक ही बेटा है।

बहुत साल पहले एक दिन मेरा बेटा स्कूल से आया था और उसने मम्मी से पूछा कि बुआ की बेटी जिसे वो दीदी बुलाता है, क्या वो उसकी बहन नहीं है?

मेरी पत्नी चौंकी। उसने पूछा कि किसने तुमसे ऐसा कहा? वही तुम्हारी बहन है।

बेटे ने कहा कि नहीं, वो तुम्हारी बेटी नहीं। वो बुआ की बेटी है। वो हमारे साथ नहीं

रहती, इसलिए वो मेरी बहन नहीं है।

माँ ने समझाने की कोशिश की कि बेटा, हर साल वो तुम्हें राखी बाँधने आती है। तुम उसे दीदी बुलाते हो। वही तुम्हारी बहन है। बुआ तुम्हारे पापा की बहन हैं, इस तरह पापा के बहन की बेटी तुम्हारी बहन हुई। फिर तुम्हारे मन में ये संदेह क्यों आया कि वो तुम्हारी बहन नहीं?

बेटा फूट-फूटकर रोने लगा। तब वो चौथी कक्षा में पढ़ता था। उसने बताया कि स्कूल की टीचर ने उसे समझाया है कि जो बच्चे एक माँ-बाप से पैदा होते हैं, वही परिवार होते हैं।

टीचर का ये परिवार ज्ञान मुझे तब बहुत अखरा था। उसके रिश्तों की समझ पर मुझे तरस आया था। मैं उस टीचर को जाकर परिवार का मतलब समझा आता। लेकिन उसकी किस्मत अच्छी थी, जो उन्हीं दिनों मेरा बेटा उस स्कूल को छोड़कर अमरीका चला गया, आगे की पढ़ाई के लिए। फिर पाँच साल उसने वहीं पढ़ाई की।

वहाँ उससे किसी ने नहीं पूछा कि तुम्हारे कितने भाई-बहन हैं।

मुझे मेरे चाचा ने पाला है। मुझे मेरे मामा ने पाला है। मुझे मेरी बुआ ने पाला है।

एक बार मेरे चाचा से किसी ने कह दिया था कि संजय तो आपके भाई का बेटा है न! मुझे याद है मेरे चाचा ने पूछनेवाले को बिठाकर समझाया था कि खबरदार जो कभी बच्चे के सामने ऐसी बातें कीं। तब तो मैं बहुत छोटा था। मामा के पास जब मैं पढ़ने और रहने गया तब मैं बहुत बड़ा हो चुका था। मामा के तीन बच्चे थे। लेकिन मुझे नहीं याद कि मेरे मामा ने कभी अपने दोस्तों के बीच मुझे चौथे बच्चे की तरह नहीं मिलवाया हो। मुझे एक पल के लिए नहीं लगा कि मैं परिवार का हिस्सा नहीं हूँ। मैं उन बच्चों का फुफेरा भाई हूँ।

जब हम छोटे थे, तो हमें सालों साल नहीं पता चलता था कि कौन चचेरा भाई है, कौन चचेरी बहन है। कौन ममेरा भाई है, कौन ममेरी बहन है। हम ढेर सारे बच्चे एक साथ एक बिस्तर पर पले। न माँ-बाप ने फर्क किया, न हम बच्चों ने। तब तो घर में जो समर्थ होता, बच्चे उसके घर पढ़ने और रहने चले जाते थे। माँ-बाप के दिमाग में एक पल को भी ख्याल नहीं आता था कि बच्चे-बच्चे में फर्क होगा। स्कूलों में रिश्तों का ऐसा लेखा-जोखा पेश किया जाएगा।

बहुत साल पहले मेरे छोटे भाई की बेटी हुई थी। एक दिन हम किसी रिश्तेदार के घर

बैठे थे, तो उन रिश्तेदार ने मुझसे कहा कि अब आपकी भी एक बेटी हो जानी चाहिए। मैंने कहा कि क्यों मेरे छोटे भाई की बेटी मेरी नहीं है क्या? इसपर उन्होंने हौले से कह दिया कि अरे वो तो भाई की बेटी है न!

इतना सुनना था मैं फूट-फूटकर रो पड़ा। उन्हें अपनी गलती का अहसास हुआ। उन्होंने मुझे चुप कराने की बहुत कोशिश की, पर मेरा गला रुँध गया, रोते-रोते मेरी साँस उखड़ने लगी। पहली बार मुझे लगा कि क्या सचमुच मेरे भाई की बेटी मेरी नहीं है। जो मेरी पत्नी की कोख से पैदा नहीं हुआ वो मेरा बच्चा नहीं है?

उफ! ये दुनिया इतनी जालिम क्यों है?

रिश्तों का पाठ वो क्यों पढ़ाने की कोशिश करते हैं, जिन्हें नहीं पता कि रिश्ते क्या होते हैं।

मैं पिछले हफ्ते बनारस गया था। मैंने वहाँ ऐलान किया कि संजय सिन्हा का परिवार दुनिया में सबसे बड़ा परिवार है। फेसबुक पर उसके पाँच हजार मित्र और आज की तारीख तक 7404 लोग बतौर फॉलोअर जुड़े हैं। यानी आज की तारीख में कुल 12 हजार 404 लोग तो इस परिवार के घोषित सदस्य हैं। इनके अलावा ढेरों लोग और हैं, जो इस परिवार से जुड़े हैं, बेशक उनकी गिनती यहाँ दर्ज नहीं, पर हैं तो हमारे परिवार के हिस्सा ही।

वो तो फेसबुक के आविष्कारक मार्क जुकरबर्ग को नहीं पता कि रिश्तों की गिनती नहीं हो सकती, वरना उसे पाँच हजार की सीमा लगाने की जरूरत नहीं थी।

रही बात स्कूल की उस टीचर की, जिसने मेरी साली के बेटे को परिवार का अर्थ समझाने की कोशिश की है, तो वो मुझे घृणा की नहीं, दया की पात्र लगने लगी है। उसने परिवार देखा ही नहीं। जिसने देखा ही नहीं, उसे क्या पता कि रिश्ते क्या होते हैं। अगर उस टीचर में जरा भी बुद्धि होती, तो वो मेरी साली के बेटे से ही रिश्ते का पाठ पढ़ लेती और समझने की कोशिश करती कि माँ की बहन को मौसी क्यों कहते हैं। वो जानने की कोशिश करती कि माँ शब्द से ही माँ जैसी यानी मौसी शब्द बना है। जिस बच्चे ने अपनी माँ के साथ मौसी की तस्वीर बनाई उसे तो इनाम दिया जाना चाहिए था, बजाए नंबर काटने की धमकी देने के।

पर ऐसा तो वही कर सकता है न, जिसे रिश्तों की अहमियत पता हो।

□

18 जुलाई

प्रेम की बात करते-करते मैं निकल पड़ा हूँ धर्म यात्रा पर। एकदम अचानक, एकदम अप्रायोजित।

कुंडली देखकर पंडितों ने बताया था कि मेरा जन्म सिंह लग्न में हुआ है। और पिछले दिनों गुरु ने सिंह में प्रवेश किया है। बस यही समझ लीजिए कि सिंहस्थ के इस मौके पर मैं निकल पड़ा हूँ, उज्जैन यात्रा पर। पिछले दो वर्षों से मैं लगातार उज्जैन जा रहा हूँ। अगर मेरी किसी पुरानी पोस्ट को आप याद करेंगे, तो आपको याद आएगा कि अपने छोटे भाई के अचानक निधन के बाद एक सुबह मैंने पोस्ट में एक सपने की चर्चा की थी।

सपना तो सपना ही होता है, उसके देखे जाने की वजह क्या होती है, पता नहीं। लेकिन मैंने तड़के तीन बजे सपना देखा था कि मैं मर गया हूँ और अपने भाई से मिलने उसके पास चला गया हूँ। मैंने देखा कि मैं पहाड़ जैसी ऊँची जगह पर कोई छेद है, उससे जमीन के नीचे जा रहा हूँ। जमीन के बहुत नीचे। वहाँ हजारों लोग मुझे फर्श पर लेटे हुए नज़र आए। कोई रेंग रहा था, कोई घिसट रहा था। मेरा भाई मुझे अपनी पीठ पर बिठाकर सब घुमा रहा था। फिर मैंने देखा कि कोई बहुत ऊँची सी मूर्ति जैसी चीज है, जिसका चेहरा मैं नहीं देख पा रहा था, वहाँ कोई व्यक्ति बैठा था। भाई ने मुझे उससे मिलवाया। उस व्यक्ति ने मेरी ओर देखा और कहा कि अभी तुम्हें यहाँ नहीं आना। तो भाई ने धीरे से कहा कि चलो तुम्हें छोड़ आता हूँ। मैं हतप्रभ था। फिर मैंने भाई से पूछा कि तुम कैसे हो?

भाई ने कहा कि मैं बिल्कुल मजे में हूँ। यहाँ सब ठीक है। इतने सारे लोग हैं, सबके साथ ही खाना खाता हूँ। मैंने पूछा कि तुम्हारे पास पैसे हैं, कैसे खाना खाते हो?

मेरा यकीन कीजिए, एक प्रतिशत भी गप नहीं मार रहा, लिखते हुए मेरे रोंगटे खड़े हो

रहे हैं। भाई ने कहा कि यहाँ पैसे नहीं चलते। यहाँ 'कोट मुक्ति' के बूते खाना खाते हैं।

कोट मुक्ति? ये क्या है?

उसने कहा कि ये यहाँ की केरेंसी है। आप वहाँ अपनी दुनिया में अपनी मेहनत से जो कमाते हैं, उसे रुपया कहते हैं, यहाँ वो नहीं चलता। यहाँ कर्मों के फल चलते हैं और उसे 'कोट मुक्ति' कहते हैं। उसने आगे फिर कहा, ''भैया आप 'कोट मुक्ति' जमा करना। वही यहाँ काम आएगा। बाकी चीजें वहीं रह जाएँगी।''

मैंने तुरंत अपनी पत्नी को जगाया। पूरा सपना जस का तस सुनाया, ताकि मुझे याद रहे, वरना सपने भूल जाता हूँ।

उसके बाद मैंने अपने भाई के संसार में झाँकना शुरू किया। मैंने इस बात पर सोचना शुरू किया कि क्यों वो सबसे जुड़े रहना चाहता था? क्यों सबको एक दूसरे से जोड़ना चाहता था? बहुत मंथन के बाद इतना ही समझ में आया कि इस संसार के परे भी एक संसार है। बेशक बहुत से लोग संसार के इस सबसे बड़े सच को नहीं मानेंगे, लेकिन मैं मानने लगा। जैसे आप अपने भावी जीवन की तैयारी करते हैं, वैसे ही हमें उस संसार में जाने और रहने की तैयारी भी करनी चाहिए जिसकी मेरे भाई ने की थी। भले आपको मेरा सपना काल्पनिक और बे सिर-पैर का लगे, लेकिन मैंने वो जगह देखी थी, जहाँ हजारों लोग रेंग रहे थे और मेरा भाई मौज में दस लोगों के साथ खाना खा रहा था।

दो साल पहले जब मैं पहली बार उज्जैन में महाकाल के दर्शन के लिए गया था, तो आधी रात को मेरी निगाह अचानक उस सरोवर पर गई, जिसके बाहर लिखा था, कोटि तीर्थ।

तो क्या मैंने सपने में यही देखा था? क्या यही वो शब्द था, जिसे मेरा भाई मुझे समझाना चाहता था।

मैंने दो दिनों तक प्रेम की चर्चा की थी। मेरा मन आज भी प्रेम की कहानी को ही आगे बढ़ाने का था। मुझे बताना था कि जब मैं दिल्ली नौकरी के लिए आया था, तब मेरे मामा ने पहली बार मुझे जिस परिचित के घर ठहरने का पता बता दिया था, उनकी छोटी बिटिया ने हफ्ते भर में ही मुझे एक पत्र पकड़ा दिया। उस दो लाइन के पत्र की ही मुझे आज चर्चा करनी थी और चर्चा करनी थी उस पत्र की भी जिसे मैंने शादी के दूसरे महीने में अपने दफ्तर में प्राप्त किया था। पर आज पता नहीं क्यों मैं

अटक गया, धर्म और प्रेम की सामूहिक यात्रा पर।

जब कभी मैं बहुत गंभीरता से सोचता हूँ, तो मुझे लगता है कि धर्म और प्रेम ये दोनों ऐसे विषय हैं, जिनसे हमारा पाला रोज पड़ता है, पर सबसे कम इन्हीं दो विषयों पर सोचते हैं, मंथन करते हैं। मैं कभी इस बात पर चर्चा करूँगा कि प्रेम और धर्म दोनों मंथन के विषय नहीं होते, दोनों आत्मसात के विषय होते हैं। जब हम प्रेम को आत्मसात करते हैं, तब हम प्रेम को जीने लगते हैं। जब हम धर्म को आत्मसात करते हैं, तो ईश्वर में समाहित होने लगते हैं। जब धर्म को समझने लगते हैं, तो ये भी समझने लगते हैं कि कृष्ण ने गांधारी से क्यों कहा था कि युगों-युगों तक जो अश्वथामा भटकेगा, वो कोई और नहीं मैं ही हूँ।

इन सबको विस्तार से समझूँगा, समझाऊँगा। ये भी बताऊँगा कि हम क्यों ये सवाल कभी-कभी खुद से पूछते हैं कि ईश्वर है कि नहीं? और अगर ईश्वर है, तो क्या वो पत्थर की मूर्ति में ही है?

अभी ट्रेन उज्जैन पहुँचेगी। मैं महाकाल के दर्शन करूँगा। कोट मुक्ति इस शब्द को मैं आत्मसात करूँगा, जिसे मेरे छोटे भाई ने अपनी मृत्यु के बाद आकर मुझे समझाने की कोशिश की थी।

भाई ने कहा था कि उस संसार में कोई और केरेंसी नहीं चलती, बस कर्म की करेंसी चलती है और उसे हम जीवित में रहते हुए ही अर्जित कर सकते हैं।

मैं भाई के कहे को सच मानता हूँ। भाई को संसार छोड़े हुए दो वर्ष हो चुके हैं। इन दो वर्षों में मैंने कोशिश की है कि भूल कर भी भूल हो न!

इन दो वर्षों में मैंने रिश्तों का नया पाठ पढ़ने की कोशिश की है। इन दो वर्षों में मैंने जिंदगी को नए तरीके से समझने की कोशिश की है। पिछले दो वर्षों से मैं प्रेम को समझने की कोशिश कर रहा हूँ। पिछले दो वर्षों से मैं धर्म को समझने की कोशिश कर रहा हूँ।

इसी कोशिश में आज मैं उज्जैन में हूँ। कल ओंकारेश्वर में रहूँगा।

फिर कल शाम इंदौर से ही उड़कर दिल्ली पहुँच जाऊँगा, एक बार फिर जिंदगी की जद्दोजहद में फँसने के लिए।

□

19 जुलाई

कई लोग मुझसे पूछते हैं कि मैं पत्थर में भगवान क्यों तलाशता हूँ। मैं कई लोगों से पूछता हूँ कि आप हाड़-मांस के पुतले में प्रेम क्यों तलाशते हैं। कई लोगों को लगता है कि ईश्वर एक हारे हुए मन की कल्पना है। कई लोगों को लगता है कि यह जीत की कामना के लिए किया जाने वाला जतन है।

लेकिन दोनों सत्य नहीं हैं।

बहुत साल पहले जब मैं बहुत छोटा था, मैंने जया बच्चन का एक इंटरव्यू पढ़ा था। उस इंटरव्यू में उन्होंने कहा था कि जो लोग ईश्वर पर यकीन नहीं करते, उनसे उन्हें बहुत डर लगता है।

इंटरव्यू लेने वाले ने पूछा था, "क्यों?"

"क्योंकि जो लोग उस अघोषित सत्ता को नहीं मानते, उनके मन में किसी भी काम को कर गुजरने का खौफ नहीं होता। अब जिसके मन में किसी का डर नहीं, वो तो खतरनाक हो ही जाएगा। आदमी के मन में चाहे जिससे हो, डर का होना जरूरी है। जो लोग डरते नहीं, उन पर भरोसा कैसा?"

जब मैंने उस इंटरव्यू को पढ़ा था, तब मुझे ठीक से उसका अर्थ समझ में नहीं आया था। मैंने बहुत बार ये समझने की कोशिश की थी कि आदमी के मन में किसी से डर क्यों होना चाहिए। लेकिन समय के साथ मुझे बात समझ में आती चली गई। मैंने महसूस किया कि जो बच्चे बचपन में किसी से नहीं डरते थे, जिन्हें अपने पिता का भी खौफ नहीं होता था, वो बच्चे उद्दंड होते थे। मुझे बहुत बाद में समझ में आया कि क्यों हमसे बचपन में कहा जाता था कि वो काम मत करना, वरना पिताजी बहुत नाराज होंगे। पिता की नाराजगी के खौफ से हमने बहुत से गलत काम नहीं किए।

इसी तरह ईश्वर का डर जरूरी है। इस बात का ख़ौफ होना जरूरी है कि बुरे काम का

बुरा नतीजा होता है। जब आदमी के मन में डर नहीं होगा, तो वो निरंकुश हो जाएगा। जमीन पर रेंगते, अपंग, दुःखी, आहत, भूख से तड़पते, बहुत बीमार लोगों की मौजूदगी ही हमारे भीतर ईश्वर का अहसास कराने के लिए काफी बड़ी वजह है।

मैंने बचपन में माँ की कहानियों में जिस तरह ईश्वर के वर्णन को सुना, अगर उसकी मीमांसा नहीं करता, तो शायद मेरे लिए भी वो सब धर्मग्रंथ में छपे हुए चंद शब्द भर रह जाते। राम, कृष्ण, ईसा और मूसा मेरे मन में सिर्फ कहानियों के चंद चरित्र बनकर जीवित रहते। लेकिन भला को माँ का, जिसने मुझे प्रेम और धर्म का पाठ सिर्फ शब्द चित्र भर नहीं बने रहने दिया। उसने जीवन की प्रयोगशाला में उसका सच मेरे सामने बार-बार परोस कर साबित किया कि इस संसार में या तो सबकुछ मिथ्या है या फिर सबकुछ सत्य है।

कहानियों को सुनाने के क्रम में जब-जब वो मुझे बताती कि गुरु द्रोण के पुत्र अश्वथामा को अमर होने का वरदान हासिल था, तो वो मुझे ये समझाने की कोशिश भी करती थी कि इस जानकारी की अहमियत कहानी में आगे होगी। मैं माँ से पूछता था कि माँ आप कृष्ण के लिए तो नहीं कहतीं कि वो अमर हैं, पर अश्वथामा के लिए इस शब्द का इस्तेमाल करती हैं, इसका मतलब क्या हुआ।

माँ कहती कि तुम धीरे-धीरे खुद समझने लगोगे कि अमरत्व के साथ ही एक शाप क्यों जुड़ा है।

इतना तो आपने सुना होगा कि जब गांधारी के सारे पुत्र मार दिए गए, कौरवों का विनाश हो गया, तब आखिरी युद्ध अर्जुन और अश्वथामा के बीच भयंकर हुआ। अश्वथामा के पास ब्रह्मास्त्र था। समझ लीजिए उनके पास उस समय का ऐटम बम था। जिसे छोड़ने का अधिकार तो उसके पास था, लेकिन उसकी भयावहता इसी बात में छिपी थी कि उसके बाद संसार ही खत्म हो जाने वाला था।

युद्ध के आखिर में क्रोधित अश्वथामा ने उस हथियार का इस्तेमाल कर लिया।

जैसे की कृष्ण को पता चला, तो उन्होंने अश्वथामा को अगाह किया कि तुमने ऐसा करके ठीक नहीं किया। इससे तो मनुष्य जाति का अंत हो जाएगा। लेकिन सोचो तुम्हारा क्या होगा। तुम्हें तो अमरत्व का वरदान हासिल है। तुम अकेले इस संसार में जीवित रह जाओगे।

अश्वथामा को अपनी भूल का अहसास हुआ। उन्होंने उस हथियार को वापस लेने की कोशिश की। और उसी क्रम में वो बुरी तरह जख्मी होकर रह गए।

गांधारी कृष्ण से कह रही थी कि जिस तरह उसके सौ पुत्रों की मौत हुई है, उसी तरह कृष्ण की भी मौत होगी।

कृष्ण कह रहे थे, माते जो शाप दिया है तुमने, वो मंजूर है मुझको। पर मत भूलना कि सौ पुत्र जो मर गए तुम्हारे, वो कोई और नहीं मैं ही था। बच गए हैं, जो पाँच पांडव, वो भी कोई और नहीं मैं ही हूँ। युगों-युगों तक भटकेगा जो अश्वथामा, वो भी कोई और नहीं, मैं ही रहूँगा।

तो क्या आज जो मानव युगों-युगों से भटक रहा है, अपने दुःख और अपने अवसाद से भरा हुआ जीवन को रेंग-रेंगकर काट रहा है, वही अश्वथामा है? क्या हम सभी अश्वथामा हैं?

ईश्वर का अंश लिये हुए भी हम अपने-अपने हिस्से के शाप को भुगतने को मजबूर हैं?

हाँ, यही सच है। माँ ने कहा था कि हमें पता चल जाएगा कि ऐसी कहानियाँ क्यों सुनाई जाती हैं। क्यों एक तरफ अमरत्व का वरदान दिया जाता है, और दूसरी तरफ आजीवन भटकने का शाप।

क्यों हमें ब्रह्मास्त्र की ताकत भी मिलती है और साथ ही उसके इस्तेमाल पर रेंग-रेंगकर जीने का शाप।

खैर, मैं आज ओंकारेश्वर में भगवान को तलाशता हुआ नहीं पहुँचा हूँ। मैं यहाँ पहुँचा हूँ खुद को तलाशता हुआ।

पत्थर में उपजने वाली आस्था खुद में भरोसे को जन्म देती है। खुद में भरोसा होने का अर्थ ही है, प्रेम में आस्था का होना। प्रेम में आस्था का होने का अर्थ है, ईश्वर में आस्था का होना।

ध्यान रहे, जो खुद से प्यार नहीं करते, वो किसी से प्यार नहीं करते। जो किसी से प्यार नहीं करते, वो मनुष्य नहीं होते। सिर्फ शरीर भर होने से मनुष्य होना प्रमाणित नहीं होता। मनुष्यता की पहचान ही है, उस अदृश्य शक्ति पर यकीन करना, जो प्राण वायु को फूँकता है, हाड़-मांस के पुतले में।

ऊँचे टीले पर बैठकर प्रेम नहीं हो सकता। नीचे उतरिए और पहचानिए उस सच को, जिसकी तलाश में आपका विज्ञान रात-दिन एक किए हुए है।

आपका विज्ञान जानता है कि शरीर के सारे तंत्र-यंत्र से चलाए जा सकते हैं, लेकिन प्राण वायु जो एक बार निकल गया, तो संसार की कोई ताकत उसे दुबारा उसी शरीर में समाहित नहीं कर सकती।

जब तक प्राण वायु को विज्ञान शरीर में दुबारा समाहित नहीं कर सकता, तब तक तो मुझे पत्थरों में भगवान को तलाशने दीजिए।

मुझे नहीं पता कि मेरी इस खोज से मुझे क्या हासिल होगा, लेकिन इतना तय है कि मन में ईश्वर के होने का अहसास मुझे प्रेरित करता रहेगा मनुष्य बने रहने के लिए।

□

21 जुलाई

अपने एक रिश्तेदार की तबीयत खराब होने पर कल मुझे अस्पताल जाना पड़ा।

वार्ड में ढेर सारे मरीजों के बीच अचानक मेरी निगाह कोने में बैठे एक ऐसे मरीज की ओर गई, जो मुझे बहुत गौर से देख रहा था और पहचानने की कोशिश कर रहा था। कुछ मिनट मुझे लगे, लेकिन मैंने पहचान लिया। अरे! ये तो राहुल है, मेरे दोस्त अरविंद का बेटा।

मैं राहुल की ओर लपका। लगा कि राहुल ने भी मुझे पहचान लिया है, पर उसे मेरा नाम याद नहीं था। उसने इतना समझ लिया था कि मैं उसके पापा का दोस्त हूँ।

मैं उसके करीब गया। मैंने उससे पूछा कि तुम राहुल हो न!

उसने हाँ, में सिर हिलाया।

"पहचाना मुझे? "

"जी, देखा-देखा लग रहा है। पर नाम नहीं याद आ रहा।"

"मैं संजय सिन्हा, तुम्हारे पापा का दोस्त।"

अरविंद और हम भोपाल में साथ कॉलेज में पढ़ते थे। मैं पत्रकारिता में चला आया, अरविंद को मुंबई में किसी पब्लिक सेक्टर की कंपनी में बड़ी नौकरी मिल गई। हम और अरविंद खूब मिलते। जब वो दिल्ली आता, तो मेरे साथ रुकता। हम साथ घूमते, फिल्म देखते। उन दिनों मैं दिल्ली में सुंदर नगर इलाके में अकेला रहता था। न मेरी शादी हुई थी, न अरविंद की।

मैं कभी उसके शहर जाता, तो उसके घर रुकता।

पहले मेरी शादी हुई। फिर अरविंद की शादी हुई। मैं उसकी शादी में गया था। खूब

धूम-धाम से शादी हुई।

शादी के बाद भी अरविंद जब कभी दिल्ली आता तो मुझसे मिलता था। उसकी शादी जिस लड़की से हुई थी, वो बहुत अच्छी थी। अरविंद का बहुत ध्यान रखती। अपने घर का ध्यान रखती।

समय बीतता गया। हम दोनों दोस्त अपनी-अपनी नौकरी और परिवार में खोते चले गए।

मेरा बेटा हुआ, तो मैंने उसे फोन कर बताया। उसका बेटा हुआ, तो उसने भी फोन कर मुझे बताया। फिर कभी मैं उसके घर गया, तो उसके बेटे से मिला। अरविंद भी दिल्ली आया, तो मेरे बेटे से मिला। इस तरह हमारी दोस्ती चलती रही।

अरविंद की पत्नी प्रियंका अपने बेटे राहुल के कॅरियर को लेकर बहुत सजग थी। बच्चा पढ़ने में अच्छा था। मैं अक्सर सुनता था कि उसने फलाँ क्लास में टॉप किया, फलाँ परीक्षा में उसने बहुत अच्छे नंबर लाए। हमें बहुत खुशी होती थी।

करीब 15 साल पुरानी बात है। मुझे खबर मिली की अरविंद के पिता का निधन हो गया।

मैं भागा-भागा उस शहर में गया, जहाँ अरविंद के पिता रहते थे। बहुत से लोग आए थे। अरविंद बहुत दुःखी था। जब सारा कुछ हो गया, तो मैंने अरविंद से पूछा कि प्रियंका कैसी है? उसने बताया कि प्रियंका एकदम ठीक है। वो इस मौके पर यहाँ नहीं आ पाई है, क्योंकि अगले महीने राहुल की कोई परीक्षा है। वो उसकी पढ़ाई को लेकर लेकर बहुत सजग है।

''इसका मतलब राहुल भी नहीं आया?''

''नहीं। बताया न, महीने भार बाद ही उसकी परीक्षा है। प्रियंका नहीं चाहती थी कि राहुल का एक दिन भी खराब हो।''

''लेकिन यार, यहाँ सारे रिश्तेदार आए हैं। और ये कोई बर्थ डे पार्टी का समारोह नहीं। उसके दादा इस दुनिया में नहीं रहे, तुमने उसे ये भी बताया है कि नहीं?''

''ये तो उसे पता है।''

''फिर उसने आने के लिए जिद नहीं की?''

''नहीं। पिताजी से उसकी ज्यादा मुलाकात ही नहीं हुई। पिताजी क्या यहाँ मौजूद

ज्यादातर रिश्तेदारों से उसकी मुलाकात नहीं हुई है। पिछले दिनों उसकी बुआ के बेटे की शादी हुई थी, तब भी वो बेचारा नहीं आ सका था। उस समय भी उसकी परीक्षा आ गई थी। और तुम्हें तो पता ही है कि प्रियंका उसकी पढ़ाई और कॅरियर को लेकर कितनी परेशान रहती है।''

मैं चुप था।

याद कर रहा था कि मेरे पिता की बड़ी माँ, यानी मेरी बड़ी दादी की 93 साल की उम्र में मृत्यु हुई थी।

दादी गाँव में थीं, हम शहर में पिताजी के साथ रहते थे। माँ-पिताजी बहुत उदास थे। उस दिन घर में खाना नहीं बना था। वो रात काटनी मुश्किल थी। पिताजी सुबह-सुबह बड़ी सी गाड़ी लेकर आए थे, हमारा पूरा परिवार गाँव चला गया था। दीदी उन दिनों मैट्रिक में पढ़ती थी। बोर्ड की परीक्षा महीने भर बाद होनी थी। दीदी ने शायद कहा था कि स्कूल में प्रैक्टिकल की कुछ क्लास होनी है। माँ ने कहा था कि दुनियादारी से बढ़कर जीवन में और कोई प्रैक्टिकल नहीं। जो इस संसार से चली गई हैं, वो तुम्हारे पिता की बड़ी माँ थीं। उनका कुछ अंश तुममें भी है। प्रैक्टिकल की क्लास के बारे में पिताजी टीचर से बात कर लेंगे। तुम चाहो तो एक-दो किताबें साथ रख लो। पर चलना जरूर है।

किसी शादी-ब्याह, मरनी, बच्चे के पैदा होने का समारोह हो, माँ हम सबको वहाँ जाने को उकसाती थी। वो मुझसे कहती थी कि हर समारोह के होने की वजह होती है। इन समारोहों में जाना, आदमी के सामाजिक होने का प्रमाण है। आदमी को ऐसे समारोहों में जाकर ही रिश्तों से जुड़ने का मौका मिलता है। वरना तुम अपनी बुआ की बेटी के बेटे से कब और कैसे मिलोगे। बच्चे कैसे जानेंगे कि उनका एक संजू मामा भी है।

बहुत लंबी कहानी को छोटी कर रहा हूँ।

राहुल की मम्मी राहुल के कॅरियर को लेकर बहुत सजग थी। बच्चा साल दर साल टॉप करता रहा। मैं कुछ साल पहले मुंबई गया था, तो अपने दोस्त अरविंद के घर गया था। बहुत बड़ा घर। बड़ी सी गाड़ी। राहुल अपने कमरे में था। शायद कोई टीचर आया था, राहुल को ट्यूशन पढ़ा रहा था। वो तो मैंने काफी जिद की, तो राहुल कमरे के बाहर आया। मिनट भर को मिला। वही आखिरी मुलाकात थी। उसी एक मुलाकात के बूते आज दिल्ली के इस अस्पताल में वो मुझे पहचानने की कोशिश कर रहा था।

जिन दिनों मैं अमरीका में था, मुझे पता चला था कि प्रियंका को लीवर सिरोसिस नामक बीमारी हो गई थी। काफी इलाज हुआ, लेकिन प्रियंका नहीं बची। मैंने एक-दो बार अरविंद से फोन पर बात की। जो होना था, हो चुका था। मुझे फोन पर बात करते हुए कई दफा लगा कि अरविंद काफी अकेला हो गया है। फिर उसने भी किसी से मिलना-जुलना बंद कर दिया। समय के काल खंड पर हम भी दूर होते चले गए।

यही जीवन है।

राहुल बहुत कमजोर लग रहा था। वो अकेला ही अस्पताल आया था।

मैंने उसे अपना परिचय दिया। वो पहचान गया। उसने बताया कि वो अभी गुड़गाँव में ही किसी मल्टीनेशनल कंपनी में है। उसने इंजीनियरिंग की पढ़ाई की और बढ़िया नौकरी में है। पापा मुंबई में ही हैं। बहुत अकेले हो गए हैं। मुंबई में तो आप जानते ही हैं कि आदमी किसी से बात नहीं करता।

''मुंबई में कोई किसी से बात नहीं करता?'' ये मेरा सवाल था।

''जी अंकल।''

''नहीं बेटा, ये झूठ है। जब हम किसी से बात नहीं करना चाहते, तो कोई हमसे बात नहीं करता।''

''राहुल मेरी ओर देखने लगा।''

''तुम्हें तकलीफ क्या है?''

''पता नहीं। बहुत दिनों से बुखार है। कमजोरी है। आज रिपोर्ट आएगी तो पता चलेगा। डॉक्टर आज तय करेंगे कि एडमिट करना है कि नहीं। मेरी कंपनी ने मेरा इंश्योरेंस करा रखा है, सारा इलाज का खर्चा कवर हो जाएगा।''

''और कोई रिश्तेदार?''

''पता नहीं। शायद मेरी बुआ का बेटा दिल्ली में ही है। पर मेरी उससे कभी मुलाकात नहीं हुई। अंकल मैं कभी घर के किसी फंक्शन में गया ही नहीं। पहले जो लोग मुंबई आते थे, हमारे घर भी आते थे। लेकिन धीरे-धीरे लोगों ने आना छोड़ दिया। माँ के बाद तो हम बाप-बेटा बहुत दिन अकेले ही रहे। मुझे पिछले साल ही यहाँ नौकरी मिल गई।''

मैं अपने किसी रिश्तेदार की तबीयत खराब होने पर उनसे मिलने अस्पताल आया था।

जब मेरी नौकरी दिल्ली में लगी थी, मेरे गाँव से कई लोग एम्स में इलाज के नाम पर यहाँ आते थे। मैंने न जाने कितनों को एम्स का पता बताया। कई तो बस किराए से लेकर टैक्सी किराया तक मुझी से लेकर गए। पर जो भी आए, माँ के शब्दों में कोई गाँव वाला बाबा था, कोई चाचा। आज भी गाँव जाता हूँ, तो बिना बताशे के कोई खाली पानी नहीं पीने को देता।

मेरी तो छोड़िए, मेरे घर में किसी की तबीयत खराब हो जाती है, तो न जाने कितने फोन आने लगते हैं। अगर अस्पताल ही पहुँच गया, तो फिर ये तय करना मुश्किल हो जाता है कि किसे मना करूँ, किसे बताऊँ। दिल्ली मैं नौकरी करने आया था। पैसे कम कमाए, रिश्ते खूब कमाए। मेरे पास रिश्तों का पूरा कारवाँ खड़ा है। मुझे नहीं याद कि कभी दाँत दिखाने भी मैं अस्पातल अकेला आया होऊँगा।

यहाँ मेरे दोस्त का बेटा राहुल अकेला अस्पताल में भरती होने चला आया है।

उसकी बुआ का बेटा यहीं रहता है, पर उसे नहीं पता। मैं यहीं रहता हूँ, लेकिन मुझे नहीं पता।

मुमकिन है राहुल की नौकरी बहुत अच्छी होगी। मुमकिन है उसे इसी उम्र में मुझसे ज्यादा सैलरी मिलने लगी होगी। वो अमरीका, इंग्लैंड हर हफ्ते जाता होगा। पर आज वो बेहद अकेला था।

अस्पताल के उस कोने में वो अपनी बारी का इंतजार करता हुआ, बहुत थका हुआ दिख रहा था।

मैंने राहुल से कह दिया है कि कोई जरूरत हो तो मुझे फोन करना।

इतना कहकर अस्पताल से निकल तो आया। लेकिन सारे रास्ते सोचता रहा कि आदमी इतना तनहा कैसे जी सकता है?

जिनके पास रिश्ते नहीं, वो क्या बन जाएँगे तो क्या हो जाएगा? क्या करना मल्टीनेशनल कंपनी का? क्या करना अमरीका और इंग्लैंड की यात्राओं का? क्या करना बहुत बड़े मकान का? क्या करना पैसों का? क्या करना उन पैसों का? जब आपके पास कोई है नहीं, तो किसी भी चीज का क्या करना?

□

22 जुलाई

मैं पिछले दो दिनों से अस्पताल में हूँ। मेरे एक रिश्तेदार की तबीयत खराब है और मैं उनके साथ बतौर अटेंडेंट यहाँ रुका हूँ।

अटेंडेंट शब्द का इस्तेमाल मैंने इसलिए किया, क्योंकि मुझे अस्पताल से यहाँ रुकने के लिए एक कार्ड दिया गया है, उस पर अटेंडेंट लिखा है। दिल्ली के इस अस्पातल में जहाँ मेरे रिश्तेदार एडमिट हैं, वो प्राइवेट वार्ड है और प्राइवेट वार्ड का मतलब होता है, होटल की तरह आपका अपना कमरा।

मरीज के लिए तो लोहे के पहिए वाला अति आधुनिक कंप्यूटर संचालित बेड है ही, अटेंडेंट के लिए भी सोफा कम बेड कमरे में लगा है। ढेर सारी मशीनें लगी हैं, एक बटन के दबाने भर की दूरी पर ढेर सारी नर्सें खड़ी हैं, डॉक्टर खड़े हैं।

मेरे सामने इंटरकॉम फोन रखा है, सामने दस रेस्तराँओं के मेनू पड़े हैं और एक कॉल पर रूम डिलीवरी की सुविधा मुहैया है।

अस्पताल से मेरा रिश्ता बहुत पुराना है।

सबसे पहले पहली बार मैं तब अस्पताल गया था, जब माँ बीमार हुई थी। तब मैं दस साल का रहा होऊँगा। माँ के कैंसर का ऑपरेशन होना था और हम उनके इलाज के लिए कानपुर गए थे। वहाँ के हैलट हॉस्पिटल में माँ जिस वार्ड में भरती हुई थी, वहाँ बड़ा सा हॉल था। दस से ज्यादा मरीज उसमें एक साथ थे। हर मरीज के साथ उनके ढेरों तिमारदार हुआ करते थे। बेड पर मरीज, बेड के ठीक नीचे उनके तिमारदार।

माँ करीब महीने भर तक उस अस्पताल में रही। ये मेरा सौभाग्य था कि दिन में चाहे जितने रिश्तेदार माँ से मिलने आते रहे हों, लेकिन रात में माँ के साथ रहने का मौका सिर्फ मुझे मिलता था। एक तरह से सच यही है कि माँ जितने दिन उस अस्पताल में रही, मैं माँ के साथ वहीं रहा। दिन में वहीं नहाता, वहीं खाता और रात में माँ के बेड

के नीचे चादर बिछाकर माँ के साथ ही सो जाता।

तब तक मुझे ये बताया जा चुका था कि माँ को कैंसर है और उनका ऑपरेशन हो चुका है।

माँ के बीमार होने की खबर आने के एक दिन पहले तक मैं माँ की गोद में ही सोया करता था। मैंने हजारों कहानियाँ माँ की गोद में दुबक कर ही सुनी थीं। फिर जब माँ बीमार हो गई, तो भले मैं माँ की गोद में दुबक नहीं सकता था, लेकिन उनके बेड के नीचे सोने से मुझे कौन रोक सकता था।

खैर, उस अस्पताल में मेरा एक संसार बस गया था। वहाँ रहनेवाले तमाम मरीजों और उनके रिश्तेदारों से मेरा रिश्ता जुड़ गया था। किसी के कराहने की आवाज आई, तो मैं उस बेड की ओर दौड़ पड़ता। किसी का रिश्तेदार कुछ समय के लिए बाहर गया, तो मुझसे कह जाता था कि संजू जरा तुम देख लेना। मुझे ठीक से याद है कि उस पूरे वार्ड में मैं सबसे छोटा बच्चा था, जो रात में वहाँ रुकता था।

वहीं से मेरे लिए अस्पताल एक नए संसार के रूप में विकसित होता चला गया। ढेर सारे लोग, ढेर सारी कहानियाँ, ढेर सारे दुःख।

आज मैं फिर अस्पातल में हूँ। मैं इस प्राइवेट वार्ड से निकलकर नीचे दूसरे वार्ड के खूब चक्कर लगता हूँ। लोगों से मिलता हूँ। उनके दुःख को समझता हूँ।

मैंने बहुत पहले एक पोस्ट लिखी थी। मैंने लिखा था कि माँ जिस दिन संसार को गुड बाय कहने जा रही थी, उसके एक रात पहले अपने पास बिठाकर उसने मुझे जीवन का एक बहुत बड़ा पाठ पढ़ाया था। आज अस्पताल में बैठकर मैं उसे एक बार फिर याद कर रहा हूँ।

माँ ने एक रात पहले मुझे बता दिया था कि वो कल चली जाएगी। हालाँकि मैं तब इन बातों का बहुत मतलब नहीं समझता था, लेकिन जिस दिन उसकी मौत हुई उसके पहले वाली रात वो मुझे बैठाकर बहुत दुलार करती रही और उसने मुझसे कहा कि अब मैं तुम्हारा साथ नहीं दे पाऊँगी। मैं एक छोटा बच्चा था। इतना छोटा कि ठीक से उनके नहीं होने का मतलब नहीं समझ पा रहा था और न ही ये समझ पा रहा था कि आखिर वो मेरा साथ क्यों नहीं दे पाएगी, या उसने मेरा साथ कैसे दिया है। मैं बस इतना जानता था कि वो बहुत बीमार है, इतनी बीमार कि उसका वजन 60 किलो से कुल 15 किलो रह गया था और वो मुझे हमेशा कपड़े में लिपटी हुई हड्डियों का ढाँचा भर नज़र आती थी। फिर भी माँ कह रही थी और मैं सुन रहा था। लेकिन माँ ने दो

बातें ऐसी कही थी, जो आज मुझे बहुत प्रासंगिक लगती हैं।

पहली बात माँ ने कही थी, ''जिस चीज को दिल में नहीं रख सकते, उसे मुट्ठी में पकड़ने से कोई फायदा नहीं।''

और दूसरी बात, ''हमेशा खुश रहना।''

माँ ने ये क्यों कहा था तब ये मेरी समझ में नहीं आया था। लेकिन आज उस सवाल को कुरेदता हुआ ही आया हूँ।

मैं पिछले महीने वाशिंगटन डीसी से न्यूयॉर्क ट्रेन से गया। ट्रेन में मुझे एक गुजराती सज्जन मिले। बातचीत में उन्होंने बताया कि वे योगी हैं। और इसी ट्रेन से कनाडा जा रहे हैं। रास्ते में ही उन्होंने मुझे ये भी बताया कि उनके भीतर आध्यात्मिक शक्ति है और वे कनाडा में इसी विद्या से लोगों का इलाज करते हैं। मैंने पूछा कि आपने भारत क्यों छोड़ दिया तो उन्होंने सीधे और साफ शब्दों में कहा कि भारत में उनकी विद्या का कोई कद्रदान ही नहीं था। मुझे हैरानी हुई कि ऐसा कैसे हो सकता है। खैर, मैं उन्हें कुरेदता रहा और वो बताते रहे। साढ़े तीन घंटे के सफर में उन्होंने बहुत कुछ बताया, लेकिन आखिर में उन्होंने मुझसे कहा कि कनाडा में वे रह जरूर रहे हैं, लेकिन उनका मकसद अमरीका में बसना है और यहाँ बसने के लिए वे कई चक्कर लगा चुके हैं। उन्हें ग्रीन कार्ड की तलाश थी, जो उन्हें नहीं मिल पा रहा था और कनाडा का उनका वीजा बस खत्म ही होने वाला था। वे दु:खी थे। उनकी इच्छा पूरी नहीं हो पा रही थी और एक बिंदु पर तो उन्होंने अपनी बेबसी को इस हद तक उजागर कर दिया कि इस दुनिया में अच्छे आदमी को लोग समझ ही नहीं पाते, न ही उनकी कोई कद्र होती है।

एक योगी जो मेरी समझ में सुख-दु:ख के मायने मुझसे कहीं बेहतर जानता और समझता होगा, वो दु:खी दिखा तो मुझे अफसोस हुआ।

प्रसंगवश दूसरी एक और घटना की चर्चा करना चाहूँगा—मेरे एक मित्र को भारत में कोई नौकरी नहीं मिली तो वो अमरीका के ही न्यूजर्सी शहर में किसी तरह बस गया। कैसे बसा ये कभी विस्तार से बताऊँगा। लेकिन अभी अपनी इस बार की यात्रा में मैं उससे मिला। मेरा मित्र मुझे कुछ आहत और दु:खी दिखा। मैंने उससे पूछा कि तुम खुश तो हो न! इसके बाद उसकी आँखें छलछला आईं, उसने यही कहा कि खुशी किसे कहते हैं नहीं पता। धन है, बस धन है। भारत जाता हूँ तो लोगों के लिए गिफ्ट ले जाता हूँ। लोग मुझे हाथोंहाथ लेते हैं। सभी मुझे घर पर बुलाते हैं। मैं लोगों के

लिए सफलता की मिसाल हूँ। लोगों के सामने खुश हूँ। लेकिन आज तुमने ऐसा सवाल पूछ दिया है कि क्या मैं खुश हूँ?

फिर उसने बताया कि वो बस पैसा कमाने की मशीन भर बन गया है। उसे हाई ब्लडप्रेशर और शुगर की बीमारी हो गई है और वो कभी अपनी जिंदगी जी ही नहीं पाया। खुशी की तलाश में वो बस भटक रहा है। कौन सी खुशी ये उसे भी नहीं पता।

माँ ने कहा था जिस चीज को दिल में नहीं रख सकते उसे मुट्ठी में पकड़ने का कोई फ़ायदा नहीं, और हमेशा खुश रहना।

मेरा दोस्त और मुझे जो योगी मिला था, दोनों दिल से खुशी को नहीं पकड़ पाए थे। दोनों खुशी को मुट्ठी में पकड़े घूम रहे हैं और दोनों ही खुश नहीं हैं। इतने दिनों बाद समझ में आया कि मरती हुई माँ ने दो वाक्यों को एक साथ क्यों कहा था। मैंने उदाहरण में दो घटनाएँ आपको सुनाई, लेकिन हकीकत में जितने लोगों से मिला सभी दु:खी दिखे और वजह यही कि हम खुशी को दिल में नहीं रखते। जाहिर है कि उसे मुट्ठी में रखने की कोशिश करते हैं और तलाश भी वहीं से करते हैं। जिस दिन दिल में रखने लगेंगे और दिल में तलाशने लगेंगे, हमारी जिंदगी के मायने बदल जाएँगे। ठीक वैसे ही जैसे मेरी मरती हुई माँ मरने के एक दिन पहले भी जिंदगी से पूरी संतुष्ट और पूरी खुश दिख रही थी। ठीक वैसे ही जैसे मेरे पिताजी अपनी पत्नी के इलाज में अपनी जिंदगी भर की कमाई को खर्च करके बाकी के जीवन खुश रहे।

चालीस साल की उम्र में अपने जीवनसाथी को गँवा देने वाले पिताजी बाकी की जिंदगी उनकी उन्हीं यादों के सहारे काटते चले गए, लेकिन वे जब तक रहे, खुश रहे। दिल की खुशियों को उन्होंने मुट्ठी में भर-भरकर लुटाया। कई सालों बाद मैंने उनसे एक दिन पूछा था कि आपको क्या कभी कोई दु:ख नहीं होता, तो वो हिंदी फिल्म का एक गाना गुनगुनाने लगे—"मुझे गम भी उनका अजीज है कि ये उन्हीं की दी हुई चीज है।"

□

23 जुलाई

एक बच्चा था। तमाम सुख-सुविधाओं और लाड़-प्यार के बीच उसका लालन-पालन हुआ।

एक दिन वसंत ऋतु में वह घर से बगीचे की सैर के लिए निकला। उसे सड़क पर एक बहुत बूढ़ा आदमी दिखा। वो सड़क पर लाठी के सहारे चला जा रहा था। बालक ने उस आदमी के बारे में अपने सेवकों से पूछा। सेवकों ने बताया कि यह आदमी कई साल पहले जवान था, खूबसूरत था।

बालक ने पूछा कि क्या सभी एक दिन ऐसे हो जाते हैं। सेवकों ने हाँ में सिर हिलाया।

अगले दिन वह फिर बगीचे की सैर पर निकला, उसकी निगाह एक ऐसे आदमी पर पड़ी, जो बहुत बीमार था। उसकी बाँहें सूखी हुई थीं, चेहरा पीला पड़ा था, पेट फूला हुआ था। उसने सेवकों से उसके बारे में पूछा। सेवकों ने बताया कि यह बीमार है।

"क्या मैं भी कभी बीमार पड़ सकता हूँ?"

"हाँ, कोई भी कभी भी बीमार पड़ सकता है।"

"ओह!"

तीसरे दिन उसने एक अरथी को कंधे पर उठाए लोगों को जाते हुए देखा।

"यह क्या है?"

"यह मुर्दा है। लोग इसे अंतिम संस्कार के ले जा रहे हैं।"

"क्या सभी का हश्र यही होता है?"

"हाँ।"

लाड़-प्यार, दुलार में पला वह किशोर विचलित हो गया। उसने मन में सोचा कि व्यर्थ

है ऐसी जवानी, जो जीवन को सोख लेती है। व्यर्थ है यह स्वास्थ्य, जो शरीर को नष्ट कर देता है। व्यर्थ है यह जीवन, जो इतनी जल्दी अपना अध्याय पूरा कर लेता है।

चौथे दिन उसे बगीचे की यात्रा पर जाते हुए एक संन्यासी दिखा। संसार की सारी कामनाओं से मुक्त संन्यासी।

अब उस बालक का परिचय देने की जरूरत आपको थोड़े न है। आप जानते हैं कि उस बालक का नाम सिद्धार्थ था। आगे चलकर उसे दुनिया ने गौतम बुद्ध के नाम से जाना।

मुझे लगता है कि स्कूल में फिजिक्स, केमेस्ट्री, बायोलॉजी, गणित, इतिहास, भूगोल, हिंदी, अंग्रेजी और ढेर सारे विषय पढ़ाए जाने के बीच सभी बच्चों को साल में एक बार किसी अस्पताल के कैंसर वार्ड में ले जाना चाहिए। उन्हें मरीजों से मिलवाना चाहिए, उनके परिजनों से मिलवाना चाहिए।

मुझे लगता है कि स्कूल के पाठ्यक्रम में एक अध्याय होना चाहिए, जिसमें हर बच्चा कम-से-कम एक हफ्ते तक अस्पताल में किसी मरीज के साथ रहकर उसकी सेवा करेगा। वो मरीज के साथ जमीन पर सोएगा, उसकी तकलीफ को देखेगा, समझेगा और समझेगा कि शरीर का सच यही है। वह यह भी समझेगा कि शरीर को स्वस्थ रखना ही खुद की सबसे बड़ी उपलब्धि है। वह समझेगा कि करुणा से बड़ा इस संसार में कोई ज्ञान नहीं है। वह समझ पाएगा कि जीवन अनंत नहीं है। वह यह भी समझ पाएगा कि मानव इच्छाओं की एक सीमा होनी चाहिए, उसके बाद इच्छा ही दुःख का कारण बन जाती है। दरअसल जितनी इच्छा आदमी एक जीवन में कर बैठता है, उतना तो जीवन भी नहीं होता है।

मैंने पहले भी लिखा है कि दस साल की उम्र में मैं माँ के साथ कानपुर के हैलट अस्पताल में जब महीने भर रहा, तो मेरी जिंदगी की दिशा बदल गई। उस उम्र में, जब मैं बीमारी नहीं समझता था, जीवन को समझने की कोशिश करने लगा था। दर्द से चीखते, बिलबिलाते मानव शरीरों को देखकर मुझे किसी सेवक से ये पूछने की जरूरत नहीं पड़ी कि क्या ऐसा सबके साथ हो सकता है।

किसी लाचार शरीर को देखकर सहज ही समझ में आने लगा था कि मानव शरीर का हश्र सिर्फ यही है। और वहीं उस अस्पताल में मैंने जीवन का पहला पाठ पढ़ा था कि आदमी तन से चाहे गृहस्थ रहे, लेकिन मन से उसे संन्यास धारण कर लेना चाहिए। माँ तब तक गीता का पूरा पाठ मुझे कहानियों की चाशनी में डुबो कर सुना चुकी थी। कृष्ण के मुँह से कही बातों को उसने अपनी जुबाँ से मुझे बता दिया था कि सुख और

दु:ख दोनों मन के भाव हैं। लेकिन इस भाव को समझने के लिए जरूरी है कि दोनों परिस्थितियों को समझा जाए।

हालाँकि माँ नहीं चाहती थी कि मेरे कानों तक उसके कैंसर की चीख पहुँच पाए। शायद इसीलिए वह यह भी नहीं चाहती थी कि मैं उसके साथ अस्पताल में रूकूँ। पर वह यह जानती थी कि उसका मेरा साथ छूटने वाला है, ऐसे में मैं जितनी देर माँ के साथ अस्पताल में रहता, माँ अपने दर्द को काबू में कर लेती थी। उसकी आँखों से बहने वाले पानी से मैं उसकी तकलीफ का सिर्फ अंदाजा लगाया करता था।

बूढ़ा, बीमार, मुर्दा देखकर सिद्धार्थ घर से निकल गए। सब कुछ उन्होंने छोड़ दिया था।

माँ की मृत्यु के बाद एक शाम मैं भी घर से निकल गया था। सिद्धार्थ लौट कर नहीं आए थे। मैं लौट आया था। इसलिए नहीं कि मैं डर गया था। इसलिए लौट आया कि माँ को खो देने के बाद मुझे लगने लगा था कि मेरे बिना बाबूजी कैसे रहेंगे। मैं इसलिए भी लौट आया था कि जिस दु:ख से मैं दु:खी था, वह सिर्फ मेरा दु:ख नहीं था। फिर तो मुझे उस दु:ख को साझा करना चाहिए था।

मैं लौट आया। मुझे देखकर बाबूजी की जान में जान आई थी।

बाबूजी की आँखों में झाँककर मैंने जीवन का एक अहम पाठ पढ़ा था कि अगर दुनिया में दु:ख है, और उस दु:ख का कारण है तो उसका निवारण भी है। निवारण है, उस दु:ख के कारण को समझना। उस दु:ख को आत्मसात करना। जो दु:ख है, उसे मिल-बाँटकर सहना।

मिल-बाँटकर दु:ख को सहना आसान होता है। मैंने बाबूजी के साथ उनकी जीवन-संगिनी के चले जाने का दु:ख बाँटा, उन्होंने मेरे संग मेरी माँ के चले जाने का दु:ख बाँटा। जिसे दु:खों की साझेदारी करने की विद्या मिल गई, फिर वो गृहस्थ जीवन में रहकर भी संन्यास को प्राप्त कर सकता है। फिर उसे घर को छोड़ने की जरूरत नहीं होती।

जीवन से वितृष्णा न हो, इसके लिए जरूरी है कि हम सुख से साथ दु:खों को भी देखें, समझें और आत्मसात करें। इसीलिए मैंने लिखा कि जिसे भी जीवन को समझना हो, उसे किसी भी अस्पताल के कैंसर वार्ड से एक बार गुजरना चाहिए। उस वार्ड से गुजरते हुए उसे ईश्वर को धन्यवाद देना चाहिए कि संसार में जो भी दु:ख है, वो दूसरों के दु:खों की तुलना में कम है।

□

24 जुलाई

मेरे एक परिचित की बिटिया की शादी थी।

शादी के चंद इंतजामों में मैं उनके साथ ही रहा। सबसे दिलचस्प रहा शादी पर मेहमानों के लिए खाने का किया जाने वाला इंतजाम।

हम जिस बैंक्वेट हॉल वाले के पास गए थे, वो बहुत विनम्र आदमी था। मेरे परिचित ने बताया कि बिटिया की शादी है, खाने का अच्छा इंतजाम होना चाहिए। बैंक्वेट हॉल वाले ने मेनू में ढेर सारी चीजें गिनाईं—शाही पनीर, मटर मशरूम, वेज बिरयानी, चिकन बिरयानी, मटन रोगन जोश, चिकन करी, रायता, जलेबी, मूँग दाल का हलवा, रबड़ी और न जाने क्या-क्या। काफी मोल-भाव के बाद सौदा तय हुआ कि प्रति प्लेट करीब ढाई हजार रुपए का खर्चा आएगा।

मेरे परिचित ने अंदाजा लगा लिया था कि करीब पाँच सौ लोग तो आएँगे ही।

जब सब कुछ तय हो चुका, तो बैंक्वेट हॉल वाले ने हाथ जोड़कर मेरे परिचित से गुजारिश की कि आपकी बिटिया की शादी है, तो समझ लीजिए मेरी बिटिया की शादी है। खाने का सारा मेनू आपने तय कर दिया है, पैसे भी तय हो चुके हैं, तो मेरी ओर से मेहमानों को स्नैक्स का तोहफा कबूल कीजिए।

स्नैक्स?

"जी! दिल्ली की बरात है, तो कुछ चाट, पकौड़े, स्प्रिंग रोल, गोलगप्पे, आलू-टिक्की, चिल्ला आदि आप मेरी ओर से अपने मेहमानों की सेवा में जोड़ लीजिए।"

मैं हैरान था। जो आदमी प्रति प्लेट खाने के दाम में इतना मोल-भाव कर रहा था, वही आदमी अचानक बिटिया की शादी के नाम पर इतना विनम्र कैसे हो गया। अचानक उसने चाट-पकौड़े, स्प्रिंग रोल जैसी चीजें मुफ्त देने की बात कहकर हमारा दिल जीत

लिया था। मुझे लगने लगा कि बेकार हम इतना मोल-भाव कर रहे थे। अगर वो सौ दो सौ रुपए ज्यादा भी माँग रहा था, तो उसमें कोई बुराई नहीं थी।

बेटी की शादी में वो बैंक्वेट हॉल वाला हाथ जोड़कर मदद कर रहा था। ठीक है कि वो बिजनेस भी कर रहा था, पर मानवता उसके भीतर जिंदा थी।

शहनाई बजने लगी। मेरे परिचित की बिटिया की शादी के मेहमान जुटने लगे। बैंक्वेट हॉल वाले की तरफ से पुख्ता इंतजाम था। जैसे ही कोई आता, सबसे पहले उसे कोल्ड ड्रिंक पिलाई जाती। फिर हाथ में प्लेट लिये उसके लोग वहाँ घूम रहे थे। कोई स्प्रिंग रोल लेकर आता, कोई उबले आलू की चाट हाथ में लिये होता। मैंने भी दो-तीन बार स्प्रिंग रोल का स्वाद लिया, उबले आलू की चाट खाई। फिर मैंने देखा कि गोलगप्पे वाले के पास लोग लाइन लगाकर खड़े हैं, तो मैंने भी तीन-चार गोलगप्पे खाए। फिर किसी ने मुझे इशारा किया कि संजय भइया, पुरानी दिल्ली की चाट है, खाना मत भूलिएगा। मैंने एक प्लेट चाट भी खा ली।

शहनाई बज रही थी। मेहमान आ रहे थे। फ्री कोल्ड ड्रिंक, स्प्रिंग रोल और आलू चाट से सबका भव्य स्वागत हो रहा था।

आखिर में खाने की बारी आई। मुझे तो रत्ती भर भूख नहीं थी। पर मैंने एक प्लेट उठा ली और अनमने से आधी रोटी ली। वो भी मुझसे नहीं खाई गई। पेट में आलू टिक्की उछल रही थी। मन ऊपर तक भरा था।

मैंने देखा कि ज्यादातर मेहमान प्लेट में या तो एक चम्मच चावल लिये बैठे हैं, या कोई सिर्फ सलाद उठाकर मुँह जूठा कर रहा है। उसे पूरे समारोह में सभी मेहमान बहुत खुश थे, सबके पेट भरे हुए थे। सबने प्लेट हाथ में उठाई थी, लेकिन खाने का मन किसी का नहीं था। या इसे इस तरह से समझिए कि स्नैक्स से ही सबका दिल भर चुका था।

पर प्लेट तो प्लेट थी। हमारा सौदा पाँच सौ प्लेटों के लिए तय था। ऊपर से यह भी तय हुआ था कि पाँच सौ से ऊपर जितनी प्लेटें होंगी उनके चार्ज अतिरिक्त होंगे। यानी एक प्लेट जूठी हुई तो बैंक्वेट हॉल के खाते में ढाई हजार रुपए गए।

हमने जोड़ा, करीब सात सौ प्लेटें जूठी हो चुकी थीं, पर आधा से अधिक खाना बचा था।

मैंने मन-ही-मन अंदाजा लगाया कि करीब सौ आदमी के लिए खाना बना होगा,

जिसे सात सौ लोग खा चुके थे। अभी न जाने कितने लोग खा सकते थे।

ऐसा क्यों हुआ?

ऐसा इसलिए हुआ कि ज्यादातर मेहमान स्नैक्स से संतुष्ट थे। सबने यही कहा कि खाने का इंतजाम बहुत अच्छा था। किसी ने ये सोचने की जहमत नहीं उठाई कि उन्होंने जो आलू की टिक्की और गोलगप्पे खाए हैं, वो पचास-सौ रुपए से अधिक का नहीं था, लेकिन उसके बदले में बेटी के बाप को ढाई हजार रुपए प्रति प्लेट का पैसा भरना पड़ा।

यानी बैंक्वेट हॉल वाले को प्रति प्लेट दो हजार से अधिक रुपए की बचत।

मुझे सारा खेल समझ में आ गया। मुझे याद आया कि बैंक्वेट हॉल वाले ने सारा कुछ तय होने के बाद क्यों कहा था, "आपकी बिटिया तो मेरी भी बिटिया हुई। तो स्नैक्स मेरी तरफ से।"

मैं दिल्ली के चाँदनी चौक इलाके में घूम रहा था। फुटपाथ पर दुकानें सजी थीं। लोग बेतरतीब इधर-उधर ठेला लगाए बैठे थे। ऑटो, रिक्शा, आदमी सब एक-दूसरे पर चढ़े जा रहे थे। गाड़ियाँ इधर-उधर पार्क की हुई थीं। पैदल चलना तक मुश्किल लग रहा था। अंदर की तो दुकानें भी एक-दूसरे पर सवार थीं।

मैंने एक दुकानदार से पूछा कि भाई आपको अजीब नहीं लगता कि आप सारा दिन इतने प्रदूषण, इतनी शोर, इतनी भीड़ के बीच बैठकर बिजनेस करते हैं।

दुकानदार ने मुस्कुराते हुए कहा कि साहब दुकान ठीक चल रही है। सरकार की तरफ से यही मेहरबानी बहुत है कि वो हमें फुटपाथ पर दुकान लगाने से नहीं रोक रही। गाड़ियों के चालान नहीं काट रही, हमें तो इसी बात की खुशी है।

मैं मन-ही-मन हँस पड़ा।

सरकार ने ये सुविधा दी हुई है? अरे भाई! सरकार ने तुम्हें स्नैक्स दिया हुआ है। तुम्हारा पेट स्नैक्स से भर दिया है। तुम्हारे नाम पर ढाई हजार रुपए का खाना न खिलाना पड़े, इसलिए उसने दूसरे की बेटी अपनी बेटी बता दी है। उसने ऐसा इसलिए किया है कि खाना सौ लोगों का बने और पैसे सात सौ लोगों के लिए वसूल लिये जाएँ।

आपने जिन नेताओं को वोट दिया था, जिसके बदले में आपको अच्छी सड़क, अच्छी

हवा, साफ सुथरे शहर का वादा किया गया था उसे भुलाकर वो आपके ऊपर इसी बात का अहसान लाद रहे हैं कि वो आपकी फुटपाथ की दुकान चलने दे रहे हैं, आपको सड़कों पर गाड़ी पार्क करने दे रहे हैं, आपको अपनी ही दुकान के पीछे छुपकर सुसु करने से नहीं मना कर रहे हैं। आपको सारा दिन बदबू से गुजरने से नहीं रोक रहे।

आप जिसे अपने ऊपर अहसान मान रहे हैं, वो दरअसल उनकी साजिश की स्नैक्स है। आपको चाट-पकौड़ी मेहमानवाजी में नहीं खिलाई जा रही, साजिश में खिलाई जा रही है।

आपके लिए बेहतर शहर का इंतजाम करना सरकार की जिम्मेदारी है, पर आप गोलगप्पे में खुश हुए जा रहे हैं।

मत भूलिए कि जो नेता रूमाल नाक पर लगाकर आपसे वोट माँगने आए थे, वो बीच-बीच में आपके पास चालान काटने के लिए सिर्फ इसलिए पुलिस भेजते हैं, और फिर आपको छोड़ देते हैं, ताकि आपको उनके अहसानों का अहसास हो।

वो नगर दुरुस्त करने नहीं आते हैं। उनके घरों से कई किलोमीटर दूर तक बदबू नहीं आती, रिक्शे नहीं चलते। आपके ढाई हजार रुपयों से वो आपको ही पचास रुपयों की आलू-टिक्की खिलाकर आपको खुश किए जा रहे हैं।

मुफ्त कुछ नहीं मिलता। दुर्भाग्य यह है कि आपको अपनी ही कीमत का अंदाज नहीं।

□

26 जुलाई

तब मेरी नई-नई शादी हुई थी। पत्नी के साथ मैं राजधानी एक्सप्रेस से मुंबई जा रहा था।

ट्रेन धड़धड़ाती हुई चली जा रही थी। उन दिनों राजधानी एक्सप्रेस में सफर करने का अपना ही क्रेज था। तब ढेर सारे विमान नहीं हुआ करते थे। बस इंडियन एयरलाइंस के ही कुछ हवाई जहाज होते थे और उनमें उड़ने का मतलब होता था, बड़ा आदमी। तब या तो नेता, बड़े सरकारी अफसर सरकार के पैसे पर उड़ने का दम दिखा पाते थे, या पैसे वाले व्यापारी। इन दो श्रेणियों के अलावा तीसरी श्रेणी होती थी, हनीमून और इमरजेंसी वालों की। अब किसी को डॉक्टर ने ही कह दिया कि इन्हें फौरन दिल्ली, मुंबई ले जाइए, तो फिर उन्हें उड़ने से कोई नहीं रोक सकता था। इनके अलावा बाकी सब ट्रेन में चला करते थे।

लेकिन मुझ जैसे लोग, जिनकी डबल इनकम थी, वो राजधानी में चलने को अपना गौरव मानते थे। डबल इनकम मतलब मेरी सैलरी और मेरी पत्नी की सैलरी।

तो उस डबल इनकम के बूते मैंने राजधानी एक्सप्रेस के एसी टू टायर वाले क्लास में अपने लिए बर्थ बुक करा ली। नई दिल्ली रेलवे स्टेशन हम घंटा भर पहले पहुँच गए, ताकि राजधानी एक्सप्रेस को आते हुए निहार सकें।

जैसे ही ट्रेन आई, मैंने जेब में अपने टिकट को टटोल लिया कि कहीं टिकट घर पर ही तो नहीं छोड़ आया न! खैर, ट्रेन आई। मुझे अपना कोच और सीट नंबर सब पता था, लेकिन फिर भी कोच के बाहर जाकर मैंने वहाँ टँगने वाली लिस्ट पर निगाह दौड़ाई। संजय सिन्हा, दीप ये नाम तो मैंने पढ़ लिये। आगे-पीछे, ऊपर-नीचे भी नामों को झाँक लिया कि आखिर कौन है, जो अगले 17-18 घंटे हमारा हमसफर होगा।

अहा! मेरे सामने वाली सीट पर एक और दंपती। चलो सफर मजे में कट जाएगा।

हाँ, तो मैंने बताया न कि ट्रेन धड़धड़ाती हुई चली जा रही थी। पहले चाय, नाश्तेवाला आया। लगा कि टिकट का पैसा पूरा सध रहा है। फिर सूप वाला आया। फिर रात का खाना। अब तक हमने अपने पड़ोसी से दोस्ती भी कर ली थी। ऐसा लगने लगा था कि जनम-जनम का हमारा बंधन है। हम ट्रेन से उतरेंगे और फिर हमारी दोस्ती जीवन भर निभने के लिए हुई है। खैर, इस विषय पर फिर कभी।

अभी तो मूल बात आपको बतानी है।

तो जनाब, हमने खाना भी खाया। फिर सिर के ऊपर लगी बत्ती को जलाकर उस किताब को पढ़ने की कोशिश भी की, जिसे दो साल से नहीं पढ़ पाया था। पर दो पन्ने से ज्यादा नहीं पढ़ पाया। यही सोचकर नहीं पढ़ा कि किताब तो मेरी ही है, फिर पढ़ लूँगा।

कुछ देर और पत्नी से बात करता रहा। फिर हम सो गए।

ट्रेन में कुछ लोगों को बीमारी होती है कि सुबह उठते ही वाशरूम की ओर भागते हैं। ठीक वैसे ही जैसे करीब पिछले दो सालों से मैं नींद खुलते ही कंप्यूटर की ओर भागता हूँ। लेकिन उन दिनों कंप्यूटर, मोबाइल फोन तो थे नहीं। एक वाशरूम था, तो लोग उसी ओर भागते थे। लेकिन मुझे उसमें ज्यादा इंटरेस्ट नहीं था। मैं देर तक सोता रहा। नींद खुल गई थी, लेकिन यही सोचकर आँखें बंद किए लेटा रहा कि चाय आ जाए, वाशरूम की लंबी लाइन खत्म हो जाए, फिर चला जाऊँगा।

चाय आई। पत्नी ने नीचे से आवाज दी, ''संजू, चाय आ गई है।''

मैं अँगड़ाई लेता हुआ नीचे आया। फिर मैंने कहा कि पता नहीं लोग सुबह-सुबह क्यों भागते हैं तैयार होने के लिए। अरे ट्रेन तो दस बजे पहुँचेगी मुंबई सेंट्रल। इस बीच मैंने नोट किया कि मेरी पत्नी तैयार हो चुकी है। सामने वाले दंपती भी तैयार हो चुके हैं। मतलब ये लोग भी सुबह-सुबह भागकर पहुँच गए थे, फ्रेश होने के लिए।

खैर, चाय पीकर मैं भी बढ़ा वाशरूम की ओर।

फ्रेश होने के बाद मैंने देखा कि वाश बेसिन के ऊपर बहुत ही बढ़िया परफ्यूम की शीशी रखी है।

मैं समझ गया कि कोई अपना परफ्यूम यहाँ भूल गया है। माना कि राजधानी एक्सप्रेस तब हवाई जहाज को टक्कर देने लायक ट्रेन थी, पर भारतीय रेल अभी ऐसी भी नहीं हुई थी कि पाँच हजार रुपयों के परफ्यूम की शीशी वहाँ रख दे।

मैंने हाथ-मुँह धो लिया। उसके बाद परफ्यूम की खुशबू भी अपने ऊपर तबीयत से छिड़क ली। पर अभी भी उसमें इतना परफ्यूम बचा था कि दो चार और लोग और खुशबूदार हो सकते थे।

पूरी तरह सज-धजकर मैं अपनी सीट पर आया। वहाँ आकर मैंने अपनी पत्नी को बताया कि इस बार की यात्रा में पूरे पैसों की वसूली हुई है। ट्रेन तो अच्छी है ही, वाशरूम में कोई अपना कैल्वेन क्लाइन का परफ्यूम भूल आया है। मैंने तो अपने ऊपर खुशबू छिड़क ली है। तुम चाहो तो तुम भी इस्तेमाल कर लो। अभी उसमें कुछ-कुछ है। मुफ्त में इतनी बढ़िया खुशबू कहाँ मिलेगी। जो वाशरूम ज़ा रहा है, वो महकता हुआ बाहर आ रहा है।

परफ्यूम?

पत्नी चौंकी। हाय, मैं ही सुबह-सुबह वो परफ्यूम लेकर वाशरूम में गई थी। परसों ही खरीदी थी। लगता है, वहीं भूल आई हूँ।

पत्नी वाशरूम की ओर भागी। भीतर कोई था। बाहर खुशबू आ रही थी। वो भी उसकी खुशबू में नहा रहा था।

उसके निकलने के बाद पत्नी ने परफ्यूम की शीशी उठाई। अब उसमें एक आदमी के इस्तेमाल के लायक खुशबू बची थी।

पत्नी का चेहरा रुआँसा हुआ पड़ा था।

वो आकर अपनी सीट पर बैठ गई।

मैं समझ गया कि जिस परफ्यूम को दूसरे का माल समझकर हम इतनी बेदर्दी से लगा रहे थे, वो दरअसल हमारी ही चपत है।

मैंने पत्नी से पूछा, ''कितने का था?''

''साढ़े पाँच हजार।''

''हाय! इतनी बड़ी चपत?''

''कोई बात नहीं, जो माल-ए-मुफ्त, दिल-ए-बेरहम होते हैं, उनके लिए यही सज़ा होती है।''

पत्नी मुझे समझा रही थी कि किसे दोष दूँ। किसी का कुछ बाथरूम में छूट गया तो

तुम्हीं उसे मुफ्त का माल समझकर लूट आए, ये तक झाँकने की कोशिश नहीं की कि यह लड़कियों के लिए है, फिर मैं किसी और को क्यों दोष दूँ।

अरे इस ट्रेन के लोग तो ईमानदार हैं। कोई अपनी जेब में रखकर भी ले जाता तो मैं क्या कर लेती। लोगों ने तो एक खुशबू के कुछ छींटे ही मारे। जिन लोगों ने ऐसा किया उनसे मेरा क्या मतलब? पर तुम तो मुफ्त की परफ्यूम देखकर उससे लिपट ही गए। ऊपर से मुझे उकसा रहे थे कि जाओ तुम भी लगा लो।

किसी के माल पर नज़र डालना चोरी होती है। यह खुशबू की चोरी थी।

अब चोरी तुमने की है, तो सज़ा भी भुगतो।

बात आई-गई हो गई। लेकिन उस यात्रा में मैंने जीवन का बहुत बड़ा पाठ पढ़ा।

किसी का कुछ सामान छूट जाए, आदमी को अपनी नीयत खराब नहीं करनी चाहिए। जो नीयत खराब करते हैं, उन्हें भुगतना भी पड़ता है।

मेरे लिए तो 20 साल पहले साढ़े पाँच हजार की वो चपत थी। बाकियों से मुझे क्या लेना।

□

31 जुलाई

नगर में चारों ओर चर्चा थी कि बाहर गाँव से कोई आया है और बीच चौराहे पर कुछ बना रहा है। लोग घरों से निकलकर चौराहे की ओर दौड़ पड़े। सड़क जाम हो गई। बाजार बंद हो गए। क्या बच्चे, क्या जवान, क्या बूढ़े, हर किसी की जबान पर पर बस एक ही चर्चा।

कोई आया है, जो बीच चौराहे पर कुछ बना रहा है।

कोई कहीं से आया था। चौराहे पर उसने कुछ ईंटें जमा कीं, उन पर एक बड़ी सी कड़ाही रखी और सुबह से उसमें कड़छी हिलाए जा रहा था। न नीचे आग थी, न कड़ाही में कुछ था, पर वो बड़ी तन्मयता से कड़छी हिलाए जा रहा था। उसकी आँखों में बसी गंभीरता देखकर कोई भी सहज ही अंदाज लगा सकता था कि यह आदमी जो भी हो, चाहे कड़ाही के नीचे आग हो, न हो और बेशक कड़ाही में भी कुछ न हो, पर यह कुछ बना रहा है।

नगर बंद हो गया। सबकुछ थम गया। किसी की समझ में नहीं आ रहा था कि क्या हो रहा है। संजय सिन्हा की तरह कुछ ने लोगों से पूछा भी कि भई अगर कोई बीच चौराहे पर कुछ बना भी रहा है तो पूरा नगर बंद क्यों हो गया। लोगों ने काम पर जाना क्यों छोड़ दिया है। किसी के पास कोई माकूल जवाब नहीं था। सबका बस इतना ही कहना था कि चौराहे पर इतनी भीड़ है, लोग सुबह से वहीं खड़े हैं, सबकुछ इसीलिए थम गया है।

मामला राजा के पास पहुँचा। राजा ने पूरी बात सुनी। बड़ा हैरान हुआ।

बीच चौराहे पर कोई कुछ बना रहा है?

सिपाही उस आदमी को पकड़ने के लिए दौड़ पड़े। सिपाहियों ने आदमी को देखा। वो सचमुच पूरी तन्मयता से कुछ बना रहा था। लेकिन खाली कड़ाही में वो क्या बना रहा

था? क्यों बना रहा था? आदमी का दिव्य चेहरा बयाँ कर रहा था कि वो सचमुच कुछ बना रहा है। सिपाहियों का मन नहीं था कि उसे पकड़कर राजा के पास ले जाया जाए। आखिर इस आदमी में कुछ तो खास बात है, जो कुछ अलग बना रहा है। पर राजा का आदेश था, वो उसे अपने साथ पकड़कर ले गए।

दरबार खचाखच भरा था। आदमी चुपचाप खड़ा था। भारी भीड़ बाहर खड़ी थी। सबके दिल में एक ही सवाल था। आखिर यह आदमी क्या बना रहा था। राजा ने उसे क्यों पकड़वा लिया।

राजा ने आदमी से कहा, ''तुम पर आरोप है कि तुमने बीच चौराहे पर कुछ बनाने की कोशिश की, नगर के काम में रुकावट डाली, लोगों का हुजूम वहाँ इकट्ठा हुआ, पूरा नगर थम गया, लोगों को बहुत परेशानी हुई। पहले तो यह बताओ, नागरिक कि तुम इस तरह कड़ाही में सुबह से क्या बना रहे थे? और तुम्हें क्या हक है कि इतनी भाग-दौड़ भरी जिंदगी में ऐसे बीच चौराहे पर कुछ बनाओ, जिससे कि सारा कामकाज ठप पड़ जाए?''

आदमी खामोश खड़ा मुस्कुराता रहा। फिर उसने धीरे से कहा, ''राजन, इसी नगर में कुछ साल पहले आपने कोई ऐसी इमारत गिरवा दी थी। वो सैकड़ों साल पुरानी एक ऐसी चीज थी, जिसके होने और नहीं होने से आम आदमी को कोई फर्क नहीं पड़ता था। पर जिस दिन वो गिरी, उसके बाद आप तो आकर सिंहासन पर बैठ गए, लेकिन आम आदमी बहुत परेशान हुआ। आपके ऐसा करने के बाद नगर में दंगे हुए, कई लोग मरे। आपने ऐसा क्यों किया था?''

राजा चौंका। फिर ऐंठा। ''तुम मुझसे सवाल पूछ रहे हो, आम आदमी? तुम गली के कीड़े, मुझसे प्रश्न कैसे कर सकते हो? मैं नगर का राजा हूँ, मैं चाहे जो करूँ?''

''राजन! आपने जो किया था, दरअसल उसके बाद दूसरे शहर में आपके ही भाई-बंधु ने कुछ लोगों की दुकानों में बेवजह आग लगा दी। उसकी वजह से भी नगर बंद हो गया था। जिसे आप गली का कीड़ा कह रहे हैं, वैसे कई कीड़ों की जिंदगी तबाह हो गई थी। क्या मैं पूछ सकता हूँ कि वो सब क्यों किया गया था? ऐसा किए जाने से किसी को क्या मिला?''

''मैं तुम्हें इस गुस्ताखी के लिए मृत्युदंड दे सकता हूँ। मैं राजा हूँ। मैं बहुत से काम ऐसे ही करता हूँ।''

''राजन! आपके बहुत से काम, जिन्हें आप यूँ ही करते हैं, उनकी वजह से आपके ही

नगर में कुछ लोगों ने बम फोड़ कर अपना विरोध जताया। वो विरोधी भी आपकी ही तरह थे। उन्होंने विरोध आपका किया, बदले में गली के कीड़ों के मासूम बच्चे स्कूल जाते हुए मरे। दुकानों में बैठे दो वक्त की रोटी की जुगत में बैठे लोग मरे। वो क्या था?''

''यह सियासत है, कीड़े। मैं राजा हूँ। मैंने पहली बार जब इमारत गिरवाई थी, तब मैं उस पर नहीं चढ़ा था। न मेरे राजकुमार या राजकुमारी ही उस पर चढ़े थे। वो तो तुम जैसे कीड़े थे, जिन्होंने ईंट से ईंट बजाई थी। और सुनो, मैंने लोगों को मूर्ख बनाया था। तुम जैसे लोग भावनाओं से खिलवाड़ करने के लिए ही पैदा होते हो। मैं तुम्हारे संग खेल रहा था। वो मेरा मनोरंजन था।''

''और जिसने उसके बाद जाकर लोगों की दुकानें जला दीं, वो भी कुछ नहीं था। संक्षेप में कहूँ तो वो भी तुम जैसों को मूर्ख बनाने के लिए था। तुम जैसे लोग मूर्ख बनने के लिए ही पैदा होते हैं। और फिर जिसने नगर में जगह-जगह बम फोड़े, उसमें मेरे खानदान का कोई नहीं मरा। कोई मर ही नहीं सकता था। वो सब जो मरे, तुम्हारे भाई-बंधु थे। पहले हमने मूर्ख बनाया। फिर मेरे नाम पर मेरी ही तरह दूसरे सियासी दल ने मूर्ख बनाया। फिर जिसने बम फोड़े, उसने मूर्ख बनाया। तुम गौर से देखो, सोचो तीनों ही मामलों में हम तीनों ने अगल-अलग तरीकों से सिर्फ तुम जैसों को मूर्ख बनाया। हाँ, हमने मूर्ख बनाया। यही आधार है राजशाही का। जनता को मूर्ख बनाना पड़ता है। उसे ऐसी चीजों में उलझाना पड़ता है। उसके सामने उलझनें खड़ी करनी पड़ती हैं, ताकि वो यह सोचने और जानने की कोशिश न करे कि नगर का राजा क्या कर रहा है, क्या खा रहा है, कितनी सुविधाओं में जी रहा है। राजा का काम होता है जनता को मूर्ख बनाना। उसके लिए हम इमारतें गिरवाते हैं, बनवाते हैं, आग लगवाते हैं, बम फोड़वाते हैं, फिर सज़ा सुनाते हैं। यह सब करते हैं, ताकि तुम ऐसे मनोरंजनों में फँसे रहो।''

इतना बोलते-बोलते राजा के मुँह से थूक निकलने लगी थी। आँखें बाहर निकल आई थीं। वो चिल्ला रहा था कि हाँ, हाँ, हाँ हम सब मिलकर तुम्हें और तुम्हारे बंधुओं के मूर्ख बनाते हैं। बस मूर्ख बनाते हैं।

''पर तुम तो बताओ कि तुम बीच सड़क पर खाली कड़ाही जो सुबह से हिला रहे हो, जिसकी वजह से लोग काम पर नहीं गए, लोग चौराहे पर खड़े होकर तमाशा देख रहे हैं, तुम उस कड़ाही में कौन सी दिव्य चीज पका रहे थे?''

''राजन! मैं भी सुबह से कुछ नहीं बना रहा। मैं जानता हूँ कि हमारी बिरादरी का

जन्म मूर्ख बनने के लिए हुआ है। आप इमारतें गिरवाएँ, बम फोड़वाएँ, इससे अच्छा मुझे लगा कि जब इनका जन्म मूर्ख बनने के लिए ही हुआ है, तो खाली कड़ाही ही घुमाकर इन्हें मूर्ख बनाऊँ। तो सुनिए राजन, मैं सुबह से कुछ नहीं बना रहा, सिर्फ इन्हें मूर्ख बना रहा हूँ। इन्हें मूर्ख बनने की आदत पड़ गई है। अगर आप जान बख्श दें तो कुछ-कुछ दिनों में इन्हें ऐसे ही मूर्ख बनाता रहूँगा, ताकि ये बेचारे ऐसी छोटी-छोटी मूर्खताओं से खुश रह लें।''

मेरे बनाने में तो सिर्फ दिन बेकार गया। आप जब बनाते हैं, तो इनके घरों में बहुत दिनों तक क्रंदन गूँजता है, सिसकियाँ गूँजती हैं।

□

1 अगस्त

मेरे बेटे को रास्ते में पाँच सौ रुपए का एक नोट गिरा हुआ मिला। उसने उस नोट को उठाकर जेब में रख लिया। लेकिन कुछ दूर जाकर वो वापस लौटा और उसने उस नोट को जेब से निकालकर वहीं फेंक दिया।

मैंने उसकी इस हरकत को बहुत बारीकी से नोट किया। जब उसे वो नोट मिला था, तब अचानक उसके चेहरे पर चमक आई थी। वो खुश हुआ था। फिर जेब में रखते हुए वो थोड़ा झिझक रहा था। लेकिन कुछ ही मिनटों में वह परेशान सा होने लगा। जब उसने उस रुपए को सड़क पर दुबारा रख दिया, तब वो बहुत खुश हुआ।

मैं जिन दिनों अमरीका में था, मैंने नोट किया था कि सड़क पर किसी को अगर गिरा हुआ पैसा मिल जाए, तो वो उसे अपनी किस्मत मानते हैं। उनका मानना है कि जिसका खोया उसकी बदकिस्मती, जिसे मिला वो उसकी किस्मत।

मैंने अपने बेटे से पूछा कि तुमने नोट क्यों फेंक दिया। वो तुम्हें सड़क पर गिरा हुआ मिला था, इसमें कोई बुराई नहीं थी कि तुम उसे अपनी जेब में रख लेते। और अगर तुम्हें खुद नहीं रखना था, तो तुम किसी जरूरतमंद को दे देते।

बेटे ने कहा, "पापा, जब वो नोट मुझे मिला, तो मैं बहुत खुश हुआ। लेकिन उस नोट को जेब में रखने के बाद मुझे बहुत बेचैनी सी होने लगी। मैं बहुत असहज महसूस करने लगा। मुझे लगने लगा जैसे मैंने चोरी कर ली हो। मैं सोचने लगा कि जिसका नोट गिरा होगा, पता नहीं वो कितना परेशान होगा। मुझे नहीं पता कि पाँच सौ रुपए की कीमत उसके लिए कितनी होगी। और मैंने उस नोट को दुबारा फेंक दिया।"

मैंने कहा, "लेकिन जिसका नोट गिरा होगा, क्या पता उसे पता भी नहीं हो कि कहाँ गिरा। तुमने उसे फेंक दिया, तो दूसरा कोई उसे उठा लेगा। मुझे लगता है कि तुम्हें वो

नोट नहीं फेंकने चाहिए थे। तुम रख सकते थे।''

''नहीं पापा। वो मेरा नोट नहीं था। जो मेरा नहीं था, उसे रखते हुए मैं कतई सहज नहीं था। मैंने कहा न शुरू में मुझे खुशी हुई थी, पर पता नहीं कैसे जल्दी ही अपराध बोध सा होने लगा। मैं उस अपराध बोध को जज्ब नहीं कर पा रहा था। और मुझे तत्काल लगा कि इससे मुक्ति का एकमात्र उपाय यही है कि उसे त्याग दिया जाए।''

''लेकिन बेटा, पैसे की एक अहमियत होती है। तुम अभी तक पैसे की अहमियत नहीं समझे हो। इतने बड़े हो गए हो। कल को नौकरी करोगे। पैसे की कीमत तो समझनी चाहिए न!''

''पापा, आदमी को पैसे कमाने में जिंदगी नहीं खर्च कर देनी चाहिए। ऐसा कुछ करना चाहिए कि पैसा आपकी जिंदगी को सुविधाजनक बनाए, न कि आप पैसे के पीछे अपना सब सुख गँवा बैठें। असल चीज जिंदगी को खुशी से जीना है, और वो खुशी सिर्फ मेहनत के पैसे से आ सकती है। किसी और के पैसे पर क्या मजा आएगा? और इस बात के अलावा एक बात और बता देता हूँ पापा कि असल मजा तो यह है कि पैसे को आपके लिए काम करना चाहिए, आपको पैसे के लिए काम नहीं करना चाहिए।''

मैं हैरान था। अब तक अपने बेटे को ज्ञान देने वाले को आज अपने बेटे से ज्ञान प्राप्त हो रहा था। दुनिया को खुश रहने का ज्ञान देने वाले संजय सिन्हा आज खुश रहने का फॉर्मूला सीख रहे थे।

कल गुरु पूर्णिमा थी। कल गुरु को नमन करने का दिन था। कल मुझे मेरा गुरु मिला।

कल मैंने जिंदगी का सबसे बड़ा पाठ पढ़ा, ''पैसे को आपके लिए काम करना चाहिए, आपको पैसे के लिए काम नहीं करना चाहिए।''

इस एक वाक्य ने अब मेरी सोच बदल दी है।

मेरे पिताजी कहा करते थे कि पैसा कितना कमाया, उससे ज्यादा महत्त्वपूर्ण है ये जानना कि पैसा कैसे कमाया है।

मेरा बेटा कह रहा था कि पैसा आपके लिए काम करें, यह तो पैसे का सार्थक गुण

हुआ। लेकिन अगर आप पैसे के लिए काम करते हैं, तो यह आपका निर्रथक गुण हुआ।

खुशी तब मिलेगी, जब सार्थक पैसा जेब में होगा। हर पैसे से खुशी मिलने लगती तो संसार में कोई दु:खी ही नहीं होता।

सारा दु:ख सिर्फ इस बात के लिए है कि लोग न तो सच समझते हैं, न सच का मर्म समझते हैं। जो सच नहीं समझते, उनके लिए किया गया हर काम व्यर्थ है।

□

4 अगस्त

कल मैंने लिखा था कि मुझसे मेरे एक परिचित ने पूछा था कि फेसबुक पर रोज लिख़्कर मैं अपना समय क्यों जाया करता हूँ, तो मैंने बता दिया था कि यही वो मेला है, जहाँ मुझे अपने सारे खोए हुए रिश्ते मिले हैं।

पहले मुझे लगता था कि मैं अकेला हूँ, जिससे लोग इस तरह के सवाल पूछते हैं। लेकिन मुझे तब बहुत हैरानी हुई, जब कई लोगों ने मुझे बताया कि उनसे भी कुछ लोग इस तरह के सवाल पूछते हैं।

मुझसे मेरे परिचित ने रविवार को यह पूछा था कि इस फेसबुक से मुझे क्या मिलता है। उसी शाम बनारस से अपने डॉक्टर साहब यानी शैलेंद्र सिंह का फोन आया और वो खूब बात करने के मूड में लगे। बात-बात में उन्होंने बताया कि उनसे उनके किसी जानने वाले ने पूछा है कि डॉक्टर साहब आप इतना व्यस्त रहते हैं, फिर आप फेसबुक पर अपना समय क्यों खर्च करते हैं। क्या मिलता है आपको अनजान लोगों से बातें करके?

डॉक्टर साहब ने उनसे बहुत सादगी से कहा कि आपको तीन कहानियाँ सुनाता हूँ, फिर मुझसे कहिएगा कि मैं ठीक कर रहा हूँ या गलत?

उन्होंने पहली कहानी सुनाई जिसमें उनके अस्पताल में कैसे किसी हादसे के बाद एक अनाथ बच्चा उनके अस्पताल में इलाज के लिए आया और उन्होंने इलाज के बाद उसकी कहानी फेसबुक पर लिखी। उनकी कहानी फेसबुक पर पढ़कर एक परिवार आगे आया और उसने उस बच्चे को गोद ले लिया। आज वो बच्चा डॉक्टर साहब की पोस्ट की बदौलत एक अच्छी जिंदगी जी रहा है। दूसरी कहानी भी उन्होंने ऐसी ही सुनाई, जिसमें एक लड़की को नया जीवन मिला। और तीसरी कहानी उन्होंने कुछ ही दिन पहले अपनी वाल पर लिखी थी कि कैसे वहाँ पास के एक स्कूल में बिजली की हाई वोल्टेज तार गिर गई और उसकी चपेट में एक बच्चा आ गया।

बच्चे को बिजली का झटका इतनी जोर से लगा कि उसका एक पाँव और एक हाथ काटना पड़ गया।

मैं मीडिया में काम करता हूँ। मेरे पास यह रिपोर्ट नहीं आई। मैंने पूरा इंटरनेट खँगाल लिया मुझे इसके बारे में बनारस के छोटे से अखबार में भी खबर नहीं मिली। मतलब यह कि स्कूल में 1100 वोल्ट का तार खंभे से टूटकर गिरा रहा और स्कूल प्रशासन ने उसकी ओर कोई ध्यान नहीं दिया। ऐसा नहीं कि वह सरकारी स्कूल था, जिसका कोई माई-बाप नहीं होता। वह एक प्राइवेट स्कूल था। उस छोटी सी जगह पर 'ट्विंकल-ट्विंकल लिटल स्टार' पढ़ाने के लिए अंग्रेजी स्कूल खोला गया है, जिसमें माँ-बाप अपना पेट काटकर बच्चों को पढ़ने भेजते हैं, ताकि बच्चा आगे चल गिटपिट-गिटपिट बोल सके। पर उस स्कूल का प्रशासन इतना लापरवाह था कि स्कूल के सामने से जा रहे हाई वोल्टेज के खंभे से टूटकर गिरे तार की उसने परवाह नहीं की, और एक बच्चा उसकी चपेट में आ गया।

कायदे से उस दिन उस शहर की यह सबसे बड़ी खबर थी। लेकिन मैं जैसे ही यह सब लिखूँगा, कुछ लोग मेरे ही पीछे पड़ जाएँगे कि मीडिया कुछ नहीं करता, मीडिया मूर्ख बना रहा है, मीडिया में अब खबरें होती ही कहाँ हैं।

मैं चुप रह जाऊँगा। जाहिर है हर बात पर प्रतिक्रिया नहीं दी जा सकती। पर सच यही है कि मेरी निगाह में यह बड़ी खबर थी।

मामला अपने डॉक्टर साहब के अस्पताल तक पहुँचा। डॉक्टर साहब ठहरे संवेदनशील आदमी। उन्होंने उस बच्चे का इलाज किया और कलम में स्याही की जगह आँसू भरकर उन्होंने फेसबुक पर उसकी पूरी कहानी लिख डाली। उन्होंने बच्चे की ओर से सवाल उठाया कि वो तो अंग्रेजी पढ़ने घर से निकला था, उसका क्या कसूर था, जो उस स्कूल में पढ़ने के बदले उसे अपना एक हाथ और एक पाँव पूरी तरह गँवाना पड़ा।

मुझे यकीन है कि पिछले ही हफ्ते लिखी यह पोस्ट आपने भी पढ़ी होगी। मैंने भी पढ़ी थी। पढ़कर खूब रोया था। पर मैंने उस पर चर्चा नहीं की कि सुबह-सुबह क्या करुण क्रंदन लेकर बैठ जाऊँ!

रविवार की शाम छत पर टहलते हुए डॉक्टर साहब ने बनारस से फोन किया। कहने लगे मन नहीं लग रहा था, सोचा अपने छोटे भाई को फोन करूँ। उस दिन मैं भी घर पर ही था। हमने खूब बातें कीं। डॉक्टर साहब ने कहा कि उनके एक परिचित ने

उनसे पूछा कि फेसबुक पर रोज-रोज अपना समय क्यों बरबाद करते हो।

मैंने कहा, "अरे कमाल हो गया। मुझसे भी लोग यही पूछते हैं।"

डॉक्टर साहब ने अपने परिचित से जो कहा, उसे मैं आपके सामने रख रहा हूँ।

उन्होंने कहा कि किसी को यहाँ क्या मिलता है, मुझे नहीं पता। लेकिन मैं आपको अपने जीवन की तीन कहानियाँ सुनाता हूँ, इतना ही काफी होगा आपकी सोच बदलने के लिए। और उन्होंने अपने परिचित को तीनों कहानियाँ सुनाईं।

उन्होंने कहा कि उनकी पोस्ट को पढ़ने की वजह से उस अनाथ बालक की जिंदगी बदल गई, जिसका सबकुछ एक रोज एक्सिडेंट में खत्म हो गया था। दूसरी में भी यही हुआ। और रही करंट वाली कहानी की बात, तो उस हादसे के बाद स्कूल प्रशासन की पूरी कोशिश यही रही कि किसी तरह मामला दब जाए। लेकिन इलाज के लिए बच्चा अपने डॉक्टर साहब के अस्पताल पहुँच चुका था, तो मामला दबता कैसे। उन्होंने उसे फेसबुक पर लिख दिया।

उनके लिखे को कई लोगों ने पढ़ा। किसी ने पूरी कहानी बात-बात में गाजीपुर के कलेक्टर तक पहुँचा दी। और फिर उसी पोस्ट के आधार पर पूरे मामले की जाँच हो गई। स्कूल प्रशासन को उस गरीब बच्चे के परिवार को मुवावजा देना पड़ गया। उसकी पढ़ाई-लिखाई का खर्चा उठाने को कहा गया।

जाहिर है बच्चा अभी छोटा है, तो अगले कई वर्षों तक उसे एक हाथ-पाँव से ही जीवन की जंग लड़नी होगी। पर जब वो बड़ा हो जाएगा, तो कृत्रिम अंग से उसका यह दोष भी दूर हो जाएगा।

डॉक्टर साहब ने यह कहानी अपने परिचित को सुनाई। परिचित ने पूरी कहानी सुनने के बाद चलते हुए डॉक्टर साहब से कहा कि कल आप मेरा भी अकाउंट फेसबुक पर खोल दीजिएगा।

माँ कहती थी कि पाँव की मोच और छोटी सोच आदमी को आगे बढ़ने से रोक देती है।

डॉक्टर साहब के परिचित ने तो तुरंत अपनी सोच बदल ली और आगे बढ़ चले। □

11 अगस्त

मेरे एक दोस्त के पिताजी ने मुझे बताया था कि उनके किसी मित्र ने रिटायरमेंट के बाद बिहार में पेंशन पाने के लिए न सिर्फ अपने कई जोड़े जूते घिस दिए, बल्कि उन्हें अपनी हुलिया तक बदलवाना पड़ा। पूरी कहानी लिखूँगा, लेकिन पहले आपको अपने साथ आज इटली की सैर कराऊँगा।

यूरोपीय महाद्वीप के दक्षिणी हिस्से में बसा यह छोटा सा देश एक बहुत पुराना राष्ट्र है। जैसे हमारे पड़ोस में एक तरफ पाकिस्तान है, दूसरी तरफ बांग्लादेश है, जैसे हमारी सीमा चीन से सटी है वैसे ही इटली की सीमा फ्रांस, ऑस्ट्रिया और स्लोवेनिया से जुड़ी है। इटली के उत्तर में आल्प्स पहाड़ है, वही आल्प्स पहाड़ जिसे हम सबने बहुत बार यश चोपड़ा की तमाम फिल्मों में देखा है।

मैं आज जो आपको बता रहा हूँ उसमें जानने के लिए नया कुछ भी नहीं है। बस इसलिए बता रहा हूँ, क्योंकि आज ही मुझे अपने दोस्त के पिताजी के दोस्त की कहानी आपको सुनानी है, जिन्हें बिहार में कुल 35 साल की नौकरी के बाद पेंशन पाने के लिए अपना हुलिया बदलवाना पड़ा। उसी कहानी को सुनाने से पहले मैं आपके लिए भूमिका बाँध रहा हूँ।

भूमिका की उसी कड़ी में आपको बता रहा हूँ कि फ्रांस, स्विट्जरलैंड, ऑस्ट्रिया और स्लोवेनिया की सीमाओं से सटा यह छोटा सा देश बेहद शांत और सौम्य देश है। दिलचस्प तो यह है कि इस देश के भीतर भी दो देश हैं, जो पूरी तरह आजाद हैं। वैटिकन सिटी और सैन मरीनो ये दोनों इटली में समाहित हैं, लेकिन आजाद हैं।

ऐसा नहीं कि यहाँ भ्रष्टाचार की खबरें नहीं छपतीं। ऐसा भी नहीं कि यहाँ चोरी-चकारी की घटनाएँ नहीं घटतीं। पर यहाँ के लोग मूल रूप में शांतिप्रिय हैं।

किसी भी देश को समझने के लिए उसके इतिहास में जरूर जाना चाहिए। ऐसे में

आपको मैं इटली के विषय में वो बताते हुए आगे बढ़ना चाहता हूँ, जिसे भोपाल के हमिदिया कॉलेज में मुझे मित्तल मैडम बताया करती थीं। वो आधुनिक यूरोप का इतिहास पढ़ाते हुए हमेशा बताती थीं कि रोम की सभ्यता दुनिया की सबसे पुरानी सभ्यताओं में से एक है। इटली पहले बहुत से गणराज्यों को मिलाकर टूटा-फूटा देश हुआ करता था और यहाँ एक समय में नेपोलियन का शासन भी रहा। लेकिन भारत के आजाद होने से ठीक साल भर पहले यानी 1946 में इटली एक जनतांत्रिक गणराज्य बन गया।

अगर उम्र के हिसाब से बातें करें तो भारत और इटली दोनों पुरानी सभ्यताओं वाले देश हैं। अगर आधुनिक समाज की बात करें तो इटली भारत से कुल जमा साल भर बड़ा है।

अब सुनिए आगे की दास्तान।

इटली ने नहीं पूरे यूरोप ने इस बात को भुला दिया है कि अतीत में उनके साथ क्या हुआ। किसने किसके साथ क्या किया। कब नेपोलियन ने फ्रांस से आकर उनपर शासन किया। कब हिटलर ने कहर बरसाए। कब जर्मनी के सीने को काटकर उसे दो हिस्सों में बदल दिया। यहाँ के लोग सब भूलकर आपस में मिल गए। सब आजाद होकर अलग-अलग हुए और एक बन गए। ऐसे जैसे एक पिता की कई संतानें आपस में लड़ने की जगह एक ही अपार्टमेंट के कई फ्लैटों में अपनी-अपनी रसोई के साथ रह रहे हैं, पर सब एक-दूसरे के साथ खुशियाँ साझा करते हैं।

अगर आप यूरोप आने के लिए वीजा लेंगे तो आपको किसी देश का अलग से वीजा नहीं मिलेगा। आपको पूरे यूरोप के लिए बस एक ही वीजा लेने की जरूरत होती है। यूरोप घूमने के लिए आपको ट्रेन के भी अलग टिकट की दरकार नहीं। यूरो रेल के लिए एक ही पास खरीदिए और पूरा यूरोप ऐसे घूमिए जैसे दिल्ली, गुड़गाँव, नोएडा, ग्रेटर नोएडा, गाजियाबाद घूम रहे हों। हालाँकि यहाँ तो आपको फिर भी पुलिस नाका, टोल नाका आदि झेलना पड़े, लेकिन यहाँ तो सब आपस में ऐसे मिले हैं मानो एक हों। सबकी भाषाएँ अलग हैं, खान-पान अलग है, आंतरिक मुद्रा तक अलग है। पर सबने मिलकर अपनी एक कॉमन मुद्रा बना ली है, जिसे हम 'यूरो' कहते हैं। यह यूरो पूरे यूरोप में चलता है।

सब आपस में मिल-जुलकर रहते हैं। 1947 में किसने किसको उसके शहर से निकाल दिया था, किसने किसके परिवार की हत्या कर दी थी इन बातों में अब इनकी दिलचस्पी नहीं। यहाँ जमीन कब्जाने की लड़ाई नहीं चलती। ठीक है कि यहाँ से

राजकीय भ्रष्टाचार की खबरें आपके सामने आती हैं, लेकिन आम आदमी को उससे क्या?

आम आदमी रोजमर्रा की जिंदगी में खुश है। उसे रोज जीने के लिए मारा-मारी नहीं करनी पड़ती।

और हम?

हम जब शांति से जीने की बात करते हैं तो हमें बाबर की बर्बरता की याद दिलाई जाती है। हमें यह भूलने ही नहीं दिया जाता कि मेरी पत्नी के पिता जो कराची के रहनेवाले थे, उन्हें कैसे वहाँ से बेदखल करके निकाला गया था। कैसे उनकी सारी जमीन वहाँ के लोगों ने उनसे छीन ली थी। कैसे वो किसी ट्रक में अपने छोटे भाई बहनों के साथ दिल्ली आकर शरणार्थी बन गए थे। कैसे उन्हें बताया गया कि आपका कराची, आपका लाहौर आपका नहीं रहा। मेरी पत्नी के पिता ने कई बार चाहा कि जो हुआ सो हुआ कहकर सब भुला दिया जाए। उसे एक बुरा सपना मान कर फिर से जिंदगी शुरू की जाए। पर हमारे हुक्मरानों ने ऐसा नहीं होने दिया। उनकी मौज ही इस बात में थी कि उनके मन में करण-अर्जुन की तरह पूर्व जन्म का बदला लेने लिए उन्हें तैयार रखा जाए।

पर यूरोप इस बात को भूल कर अब एक हो चुका है। जर्मनी की दीवार वहाँ के हुक्मरानों ने नहीं गिराई, बल्कि वहाँ के लोगों ने गिराई। जैसे ही उनकी समझ में ये आ गया कि लोगों के गुस्से की दीवारों से निकलने वाली गर्मी पर किसी और की रोटियाँ सिकतीं हैं, उन्हें तो सिर्फ उसका ताप सहना पड़ रहा है, उन्होंने नफरत की वो दीवार गिरा दी।

हम?

हमें रोज उकसाया जाता है कि माँ के सच्चे पूत हो तो उस दीवार पर और नफरत का सीमेंट और लगाओ। मत भूलना कि बाबर के समय से उन्होंने तुम्हारी इज्जत उतारी है। तुम लड़ो। तुम जलो। तुम बम बनाओ। तुम बनो। तुम मरो। तुम वह सब करो, क्योंकि मैं कह रहा हूँ। क्योंकि मैं हुक्म देने के लिए पैदा हुआ हूँ। क्योंकि हुक्मरान को जिंदगी की ज्यादा दरकार होती है इसलिए मैं सात सुरक्षा में जीता रहूँगा। पर तुम मर जाना। क्योंकि तुम देश के महान सपूत हो।

यूरोप में अब ऐसे सपूत नहीं रहे। दरअसल यूरोप को ऐसे सपूतों की जरूरत नहीं रही। वो आपस में मिल गए हैं।

वो एक-दूसरे को नहीं नोचते।

अब आप मुझसे पूछेंगे कि हम कौन सा एक-दूसरे को नोच रहे हैं?

तो सुनिए मेरे दोस्त के पिता के दोस्त की कहानी—

मेरे एक दोस्त के पिताजी के दोस्त जो माप तोल विभाग में काम करते थे, एक दिन रिटायर हो गए। कुल जमा 35 सालों तक जिंदगी को नापते-तोलते रहे और जैसे कि सबको एक दिन रिटायर होना ही होता है, तो वो भी रिटायर हो गए।

रिटायरमेंट के बाद उन्हें पेंशन मिलती ही। पर कैसे मिलती? उन्होंने खूब चक्कर लगाए। जहाँ गए, सबने यही कहा कि साहबजी, नाप-तोल विभाग में दुकानदारों से आपने खूब पैसे कमाए। अब थोड़ी हमारी भी आवभगत कर दीजिए, तो हम आपकी सारी जिंदगी जीने की व्यवस्था कर दें।

दो जोड़ी जूते घिस गए। बाबू साहब ठीक से आवभगत नहीं कर पाए। ऐसे में अपने ही भाई-बंधु उनके पेंशन को रोके रहे।

अब किसी की मदद से वो बड़ा साहब तक पहुँच गए। बड़ा साहब ने उनके पेंशन वाले पेपर पर दस्तखत कर दिए।

बड़े साहब से ओके लिखवाकर बाबू साहब छोटे क्लर्क के पास पहुँचे। क्लर्क ने उनकी ओर देखा, मुस्कुराया और कहा कि अब आपका काम हो चुका है। आप इकलौते ऐसे पेंशनर हैं, जिन्हें किसी को कुछ खिलाए-पिलाए बिना पेंशन मिलेगी।

पूरे फार्म को ठीक से भर क्लर्क ने उन्हें बता दिया कि अगले महीने से आप एक तारीख को आ जाइएगा, वहाँ खिड़की है, वहीं आपको पेंशन मिल जाएगी।

मेरे दोस्त के पिताजी के दोस्त बहुत खुश होकर घर चले गए।

महीना बाद जब वो पेंशन खिड़की पर पहुँचे, वहाँ खड़े क्लर्क ने मुस्कुराते हुए कहा कि आप अपनी पहचान तो दिखाइए कि वो आप ही हैं, जिसे पेंशन मिलनी है।

बाबू साहब ने कहा कि मैं सामने खड़ा हूँ, यही पहचान है। क्लर्क ने कहा, ''इसमें तो शारीरिक पहचान में लिखा है कि पेंशन पाने वाले के सामने के दो दाँत टूटे हुए हैं। आप अपने दाँत दिखाएँ।''

''हांय! सामने के दो दाँत टूटे हुए हैं? लेकिन मेरे तो दोनों दाँत सही सलामत हैं।''

"तो फिर वो आप नहीं।"

मरता क्या न करता। मेरे दोस्त के पिता के दोस्त को दाँत वाले डॉक्टर के पास जाना पड़ा। सामने से दो दाँत उखड़वाने पड़े। फिर अपने दाँतों की खिड़की खोलकर वो पेंशन खिड़की पर पहुँचे और अपनी पहचान मुँह खोलकर उन्होंने दिखाई। खिड़की पर बैठा बाबू फिर मुस्कुराया और उसने कहा कि हाँ, अब ये आप ही हो। ये लो पेंशन।

जागिए। सोचिए। कितने जन्मों तक हम करण–अर्जुन बनते रहेंगे पुराने हिसाबों को चुकता करने के लिए?

दुनिया के छोटे–छोटे देश जीने लगे हैं, हम कब जीना शुरू करेंगे?

□

12 अगस्त

मेरे मन में हमेशा से था कि अगर मैं कभी इटली आया तो कोलेजियम जरूर जाऊँगा, जहाँ ईसा पूर्व कई सौ वर्ष पहले बना स्टेडियम है, जहाँ ग्लैडिएटर्स कहे जाने वाले योद्धा जमींदारों की मौज के लिए मरने को लड़ते थे। मैं इटली के रोम शहर आया तो शहर के बीच मौजूद पवित्र देश वैटिकन को देखने सबसे पहले पहुँचा, फिर मैं उस कब्रगाह में भी गया, जहाँ पहली और दूसरी सदी में मसीहियों के शवों को दफनाया जाता था। जमीन से कई मंजिल नीचे बने इस कब्रगाह की कहानी बेहद दिलचस्प है। लेकिन अभी मैं आपको अपने साथ लिये चलता हूँ, उस स्टेडियम में, जिसमें दरअसल रोम शहर का रोम-रोम बसा है। ईसा पूर्व बने मिट्टी और ईंट के इस स्टेडियम का आकार दिल्ली के फिरोजशाह कोटला मैदान से छोटा नहीं। लेकिन यहाँ क्रिकेट या फुटबॉल के मैच नहीं होते। यहाँ सैकड़ों साल पहले आदमी को आदमी से लड़ाया जाता था। तलवारों से लैस दो योद्धा, मनोरंजन की वजह बनाए जाते थे, जमींदारों और उनके दोस्तों के लिए।

यह एक निहायत असभ्य खेल था, जिसमें दो इंसान लड़ते थे और एक को इसमें से निश्चित रूप से मरना पड़ता था। मतलब किसी एक की मौत तय थी।

मौत के इसी जश्न को इस स्टेडियम में बैठकर तालियाँ पीटते हुए जमींदार, उनके परिजन, उनके चंपू सब देखा करते थे। यह पूरी कहानी शुरू होती है, ईसा मसीह के जन्म के कुछ सौ साल पहले, और रोम ने मानव असभ्यता से भरे इस खेल को खेले जाने वाले मैदान और उसकी इमारत को सँजोकर रखा है, ताकि मानव की आने वाली पीढ़ियाँ देख सकें कि देखो, कितनी बर्बरता के दौर से निकलकर हम यहाँ पहुँचे हैं। हम अमन और चैन की ओर जन्म की गौरवमयी गाथा कहते और सुनते हुए नहीं पहुँचे, बल्कि समाज और देश ने मानव सभ्यता का के इस क्रमिक विकास के पर्व को मनुष्य के खून में खुद को रंग कर विकसित किया है।

दोपहर का खाना खाने के बाद मेरी दिलचस्पी इस जगह जल्दी-से-जल्दी पहुँचने की हो गई थी। मेरी टीम में कुछ लोगों का मन स्ट्रीट पर खरीदारी करने का भी रहा होगा, लेकिन मेरे लिए रोम के उस इतिहास को अपनी आँखों से देखने की जल्दी थी, जहाँ बस कर ही सचमुच रोम का रोम-रोम आज एक सभ्य समाज बन सका है।

टिकट लेकर मैं ढाई हजार साल से अधिक पुरानी इस जर्जर इमारत के भीतर दाखिल हो सका। मेरे गाइड ने मुझे समझाया कि तब करीब साठ हजार लोग यहाँ मानव मौत के युद्ध का लुत्फ उठाने के लिए एक साथ बैठ सकते थे। चारों ओर स्टेडियम और बीच में गहरे तक बसे मैदान को देखकर मेरी रूह बिल्कुल नहीं काँपी। बल्कि मुझे खुशी हुई कि समय के क्रमिक विकास में यही रोम शहर खुद को तैयार कर रहा था, भावनाओं से संचालित होने के लिए।

बेशक मुझसे मेरी माँ ने कहा था कि आदमी भावनाओं से संचालित होता है, कारणों से तो मशीनें चला करती हैं, पर मुझे यकीन है कि प्रभु ईशु ने भी आदमी के लिए भावनाओं से चलने की तरफदारी की होगी। यकीनन इस़ देश में इस तरह के खूनी खेल उनके होने से पहले ही शुरू हो सकते थे। मुमकिन है कि उनके होने के बाद भी कुछ बिगड़ैल जमींदारों ने अपना मनोरंजन ऐसे ही खेलों से साधा होगा। पर अगर आपसी दुश्मनी को कैसे भूल कर फिर मानवता के सीने से लगा जा सकता है, यही देखना हो, तो एक बार यूरोप की यात्रा जरूर करनी चाहिए। एक बार उस धर्म देश में जरूर जाना चाहिए, जो किसी मुल्क के बीच में एक अलग मुल्क बनकर रहने का भी हौसला दिखाता हो।

मैं चाहूँ तो ग्लैडिएटर्स के लड़ने की इस जगह को उनका एम्फी थिएटर्स भी कह सकता हूँ। इस जगह को पेट्रोनियस भी कह सकते हैं। पर मैं यहाँ यह देखने नहीं पहुँचा था कि किस तरह की ईंट और मिट्टी से इनका निर्माण किया गया। मैं यहाँ पहुँचा था, यह महसूस करने के लिए मौत के इस खेल से मुक्ति पाने के लिए कितनी मशक्कत करनी पड़ी, इस पूरे समाज को।

और अपने जानने की इसी चाहत में मैंने पाया कि जला दिए जाने, बाँधने, मारने और तलवार से मृत कर दिए जाने को सहन करने के लिए शपथ लेने वाले ग्लैडिएटर्सों के बीच से ही निकलकर स्पार्टकस नामक एक दास ने कैसे इस पूरे खेल की पारी बदल दी और जमींदारों को समझाने में कामयाब रहा कि आदमी होने का अर्थ होता है, जीओ और जीने दो। 'मरो और मार दो' का सिद्धांत समय के साथ बदल गया है।

यूरोप ने विध्वंस का इतिहास देखा है। उसे जिया है, इसलिए पूरे यूरोप के लिए अब

जीने का एक मतलब जीना होता है।

काश! हम यह समझ पाते कि जीओ और जीने दो को ही जीना कहते हैं। रोम और भारत की सभ्यता एक-दूसरे के बहुत करीब से होकर गुजरने वाली सभ्यता है। पर हम कब सोच सकेंगे कि मरो या मारो वाले खेल को खेलाने वाले हमारे राजनीतिक जमींदार हमें आज भी ग्लैडिएटर की तरह इस्तेमाल करके सिर्फ अपना मनोरंजन करते हैं।

तरीका बदल गया है। स्टेडियम बदल गया है। शहर बदल गया है, देश बदल गया है।

खेल कब बदलेगा, यह देखने का इंतजार रहेगा।

□

13 अगस्त

कहते हैं कहीं नई जगह जाएँ, तो आपके पास कोई-न-कोई गाइड जरूर होना चाहिए। गाइड कुछ सच्ची तो कुछ काल्पनिक कहानियाँ सुनाकर आपका मार्गदर्शन करते हैं, और रोचक ढंग से इतिहास के पन्ने परत-दर-परत खोलते हुए आपको नई जगह से वाकिफ कराते हैं।

इटली के रोम शहर में मुझे मेरा गाइड मिला एक पाकिस्तानी ईसाई लड़का, जिसने अपना नाम बताया था एरिक।

एरिक आमतौर पर यहाँ के लोगों से इटैलियन भाषा में बात करता है। दूसरे मुल्कों से आए पर्यटकों से वो बहुत सधे हुए अंदाज में अंग्रेजी बोलता है। लेकिन जैसे ही उसे मालूम हुआ कि मैं हिंदुस्तान से हूँ, उसने खुद पेशकश रखी कि वो उर्दू बोल सकता है।

"क्या आप उर्दू समझते हैं?"

"बिल्कुल समझता हूँ।"

"हाँ, मुझे भी यही लगता है कि हिंदी और उर्दू दोनों में कोई अंतर नहीं है, दोनों हैं एक ही जुबाँ।"

और फिर उसने मुझे बताना शुरू किया लाशों के उस अंडर ग्राउंड तहखाने के बारे में।

"यह कैटकॉम्ब है। दूसरी सदी में इसका निर्माण किया गया था और मसीही लोगों को यहाँ दफनाया जाता था। जो लोग रोम की प्राचीन सभ्यता के विषय में जानते हैं, जो रोम के विकास क्रम से जुड़े हैं, उनके लिए यह कैटकॉम्ब शोध का विषय हो सकता है।"

मैं ऐसी कई जगहों पर गया हूँ, जहाँ शवों को सुरक्षित रखने का रिवाज रहा है।

आमतौर पर शवों को सुरक्षित रखने के पीछे दो मंशा होती है। एक तो दर्शनार्थ और दूसरी यह उम्मीद की रूह लौटकर अपने शरीर में वापस आएगी।

मॉस्को में मैंने क्रेमलिन में लेनिन के शव को शीशे के जार में रखे देखा है। रूस के जनक लेनिन का शव लोगों के दर्शनार्थ रखा है। वो शव इसलिए मॉस्को में सुरक्षित रखा है, ताकि लोगों को यकीन हो सके कि दुनिया में हाड़-मांस का एक ऐसा पुतला भी सच में आया था, जिसने पूरी मानव सभ्यता को बदल दिया। पतली काठी, हल्की दाढ़ी और छोटे से कद के उस महान व्यक्ति को शव को देखना उस वक्त बदन में झुरझुरी पैदा करने के लिए काफी था। जब मैंने लेनिन के शव को देखा था, उससे पहले मैंने सिर्फ अपनी माँ के शव को देखा था।

जब माँ की मौत हुई थी, और माँ को बिस्तर से उतारकर जमीन पर रख दिया गया था, तब मेरे मन में हजार बार यह ख्याल आया था कि माँ को जलाना नहीं चाहिए। क्या पता माँ की आत्मा लौटकर आना ही चाहे, तो कहाँ आएगी? मेरी कोशिशें एक हताश बच्चे की दिमागी हालत समझकर टाल दी गई थी।

पर आज यहाँ इस अंडर ग्राउंड कब्रिस्तान में जब एरिक मुझे बता रहा था कि रूहें लौट सकती हैं, इसी उम्मीद में दूसरी सदी से लेकर कुछ वर्षों तक यहाँ शवों को कुछ इस तरह दफनाया जाता रहा गया कि कोई रूह लौटना चाहे तो लौट आए, तो मुझे लगा कि अपने प्रिय की आत्मा की वापसी की कल्पना सिर्फ मेरी नहीं थी।

खैर, मेरा मन आज इस कब्रिस्तान की कहानी सुनाने का रत्ती भर नहीं। मेरा मन है, एरिक की जुबाँ से निकले उस सच को आप तक पहुँचाने का, जिसे उसने यूँ ही चलते-चलते बोल दिया था।

एरिक बता रहा था कि यह कब्रिस्तान आठ मंजिल नीचे की ओर है। यानी ऊपर से नीचे तक कब्र ही कब्र।

मैंने पूछ लिया कि कैसे तय होता है कि किसकी लाश कहाँ दफनाई जाएगी।

आदमी जब तक जिंदा रहता है, तब तक उसकी ख्वाहिश ऊपर की ओर बढ़ने की होती है। पर जब आदमी इस संसार से चला जाता है, तो वो नीचे की ओर बढ़ता है। ऊपर होने की ख्वाहिश में अपनी जिंदगी को गुजार देने वाले इंसान को पता होता है कि उसका असली मुकाम जमीन के नीचे है। पर वो पूरी जिंदगी इस सच से खुद को दूर रखता है। उड़ने की ख्वाहिश में अपने मसीहा से दूर होता हुआ वह यही सोचता है कि उसका मुक्कमल जहाँ कहीं और है। पर एक दिन वो इसी जमीन के नीचे की

दूसरी परत में समा जाता है। यहाँ पहले आओ, पहले पाओ का सिद्धांत लागू होता है। ऊपर की एक मंजिल भर गई, फिर उसके नीचे खुदाई होती थी। बिना किसी भेदभाव के। रूह की वापसी के इंतजार में पड़े शरीर हैं ये।

वह कह रहा था कि आदमी का सबसे पुराना ठिकाना यही है, लेकिन आज भी सबसे अज्ञात जगह यही है।

ओह! तो रोम में एरिक मुझे जीवन और मृत्यु का फलसफा समझा रहा था। सच बता रहा था—"होगा मसीहा सामने तेरे, फिर भी न तू बच पाएगा, आसमान में उड़ने वाले, मिट्टी में मिल जाएगा...।"

□

14 अगस्त

दुनिया में जीने के लिए सबसे शक्तिशाली होना कोई शर्त नहीं है। दुनिया में जीने के लिए सबसे चालाक होना भी कोई शर्त नहीं है। दरअसल दुनिया में जीने की सबसे बड़ी शर्त होती है, समय के साथ सामंजस्य बिठाने की।

डॉर्विन का पूरा सिद्धांत ही शायद इसी परिकल्पना पर आधारित है कि जीवित वही रह सकता है, जो जीने के योग्य खुद को बनाता है। सर्वाइवल ऑफ द फिटेस्ट। बेशक 'स्वस्थतम की उत्तरजीवितता' जैसी सोच को गढ़ने के पहले सिर्फ सजीव की कल्पना ही की गई होगी, लेकिन अपनी इटली यात्रा में फूलों के शहर फ्लोरेंस जाते हुए पीसा की मीनार देखने के लिए कुछ घंटों के लिए पीसा में रुकने के बाद मेरे मन में डॉर्विन का सर्वाइवल ऑफ द फिटेस्ट कहना एक बार फिर उभरा।

पीसा की झुकी हुई मीनार बेशक वैज्ञानिकों के लिए चिंता का विषय रही हो कि कहीं यह झुकते-झुकते गिर ही न जाए, पर मुझे यह सर्वाइवल ऑफ फिटेस्ट होने का एक बेहतरीन उदाहरण नज़र आया।

आप सोचेंगे कि मैं भी कहाँ के तीर को कहाँ छोड़ने बैठ गया हूँ, पर सच यही है कि करीब नौ सौ साल पहले यहीं की एक महिला ने अपनी वसीयत में एक मीनार बनवाने की जो इच्छा लिख छोड़ी थी, उस पर दुनिया की निगाह जाती ही नहीं, अगर वह झुक नहीं गई होती। अगस्त का ही महीना था और साल था, 1173 जब पीसा की मीनार बननी शुरू हुई थी। करीब दो सौ साल लगे इस मीनार को बनने में। बनने में ही शायद कोई तकनीकी खराबी आ गई और मीनार झुकने लगी।

आमतौर पर कोई इमारत तकनीकी खराबी की वजह से झुक जाए, तो उसे या तो गिरा दिया जाता है, या फिर वो खुद ही समय के साथ जमींदोज हो जाती है। लेकिन पीसा की मीनार क्योंकि बेर्टा नामक महिला के छोड़े 60 सोने के सिक्कों की उम्मीदों की कोख से निकली थी, इसलिए झुकने के बाद भी यह गिरी नहीं, बल्कि दुनिया की

निगाहों में समा गई।

यह इमारत बनने के आठ सौ वर्षों तक थोड़ी-थोड़ी झुकती रही। और इसका झुकना ही सबके लिए आश्चर्य का विषय बन गया।

बहुत दिलचस्प कहानी यह है कि जब इसका निर्माण शुरू हुआ, तब इटली के कई राज्यों में जंग छिड़ गई और यह इमारत अधूरी रह गई। फिर करीब सौ साल बीत जाने के बाद इसका काम दुबारा शुरू हुआ। इस बीच शुरुआती तकनीकी गड़बड़ी के बावजूद इसकी नींव पक्की होती चली गई।

अपने 2001 के अमरीका प्रवास में मैंने न्यूयॉर्क के मैनहैटन इलाके में ट्वीन टावर नामक दो बड़ी इमारतों को तने हुए खड़ा भी देखा है। उसे ध्वस्त होते हुए भी देखा है। मैंने देखा है कि आज की तारीख में दुनिया की तमाम बड़ी इमारतें, कड़े सुरक्षा कवच से घिरी रहती हैं कि कहीं कोई उसे गिरा न दे। पर पीसा की मीनार को देखते हुए मुझे बहुत हैरानी हुई कि दुनिया भर से आए लोग यहाँ एक पोज में फोटो खिचवा रहे थे कि मानो गिरती हुई इस इमारत की वो रक्षा करना चाहते हैं।

सच भी यही है कि इस इमारत को लेकर किसी को यह चिंता नहीं कि कोई इसे कहीं साजिश कर गिरा तो नहीं देगा! सबकी चाहतों में यही है कि कहीं ये इमारत गिर न जाए, इसलिए सब इसे बचाने में लगे हैं। जबकि सच यही है कि इस इमारत ने खुद को जरा सा झुक जाने देकर खुद को न सिर्फ विश्व के एक आश्चर्य में शामिल कराया, बल्कि विश्व की उन धरोहरों में शामिल हो गई, जहाँ सबको इसकी चिंता है कि कही यह गिर न जाए।

माँ कहती थी कि जो झुक जाता है, वो कभी नहीं गिरता। विनीत को पतन का भय नहीं होता। गिरते वो हैं, जो झुकना नहीं जानते।

माँ ने यह बात शायद आदमी के संदर्भ में कही होगी। डॉर्विन ने फिटेस्ट का सिद्धांत सजीव प्रजाति के लिए दिया होगा। लेकिन मैंने तो पीसा आकर इमारत के संदर्भ में भी यही पाया कि दुनिया में जीने के लिए सबसे शक्तिशाली होना कोई नहीं शर्त नहीं है। दुनिया में जीने के लिए सबसे चालाक होना भी कोई शर्त नहीं है। दरअसल दुनिया में जीने की सबसे बड़ी शर्त होती है, समय के साथ सामंजस्य बिठाने की। शायद पीसा की मीनार ने थोड़ा सा झुककर यही साबित किया है कि वह न तो शक्ति के बल पर जीवित है, न चालाकी के बल पर। पीसा की मीनार तो जीवित है, वक्त के साथ सामंजस्य बिठाकर।

□

15 अगस्त

कैपरी द्वीप पर जाते हुए मुझे गाइड ने जब बताया कि इटली में सड़कों पर फेरीवालों से सामान खरीदना जुर्म है, तो मुझे बहुत हैरानी हुई।

"खरीदना जुर्म है?"

"जुर्म तो बेचना होना चाहिए।"

नेपोलियन बोनापार्ट संसार जीतने की कल्पना के साथ लगातार आगे बढ़ता चला जा रहा था। लेकिन जब वो अपने सैनिकों के साथ रूस के एक इलाके की ओर बढ़ा, तो गाँव वालों ने तय किया कि वो नेपोलियन का मुकाबला नहीं करेंगे। उन्होंने नेपोलियन के हमले के ठीक पहले अपने घरों में आग लगा दी, सारा रसद लेकर दूसरे गाँव में भाग गए।

नेपोलियन के सिपाही जब गाँव तक पहुँचे, तो उन्होंने देखा कि गाँव में सन्नाटा पसरा है। न रहने के लिए घर बचे हैं, न खाने के लिए रसद।

सिपाही आगे बढ़े। दूसरे गाँव वालों को खबर लगी कि नेपोलियन की सेना उस गाँव तक पहुँचने वाली है, तो वो उस गाँव को छोड़कर आगे बढ़ गए। सारा घर जला दिया, सारा खाना लेकर और आगे बढ़ गए।

नेपोलियन अपनी सेना के साथ वहाँ पहुँचा। वहाँ सन्नाटा मिला। खाने को कुछ नहीं। सैनिकों ने नेपोलियन के खिलाफ विद्रोह कर दिया। ऐसे कैसे चलेगा? न रहने को ठिकाना, न खाने को खाना। अजीब विडंबना थी। सेना की जीत ही इस बात पर निर्भर करती थी कि जिस जगह को हमला कर वो जीते हैं, वहाँ उनके खाने और रहने का ठिकाना उन्हें मिलता था। पर यहाँ तो रूस में युद्ध नहीं लड़ा जा रहा था, बल्कि उन्हें खाली मैदान मिल रहा था। इस तरह एक समय नेपोलियन की सेना साइबेरिया के इलाके में फँस गई और उसके पास न लौटने की गुंजाइश बची, न आगे बढ़ने की।

कुछ बीमार पड़ गए, कुछ मर गए। जो बचे अपनी जान बचाकर वहाँ से भाग सके तो भाग लिये।

इटली दुनिया भर में फैशन के लिए जाना जाता है। दुनिया के सारे बड़े ब्रांड जिनके नाम हम भारत में सुनते हैं वो यहीं के हैं।

मेरी गाइड ने कहा कि यहाँ सड़कों पर कई बार उन बड़े ब्रांड के नकली सामान लोग हाथों में लिए बेचते हैं। कई पर्यटक, जिन्हें कानून की जानकारी नहीं, उन्हें सस्ता समझकर खरीद लेते हैं। पर ऐसे खरीदना यहाँ जुर्म है।

यहीं मैंने सवाल पूछा था कि जुर्म तो बेचना होना चाहिए। खरीदने वाले की क्या गलती है?

मेरी गाइड ने बहुत आसान लफ्जों में मुझे समझाया कि बेचने वाले पर रोक लगाना तब तक असंभव है, जब तक उसे उसे खरीदने वाले मिलते रहेंगे। इसीलिए यहाँ की सरकार ने आसान सा कानून बना दिया है कि खरीदना जुर्म है। आप ऐसी कोई भी चीज अगर खरीद रहे हैं, जिसका बिल आपके पास नहीं, जिस पर टैक्स का भुगतान नहीं हुआ है, उसके लिए आप दोषी हैं। आपको जगह-जगह आगाह किया जाता है कि आप राह चलते लोगों से कुछ न खरीदें। अगर आप खरीदते हैं, तो आप दोषी हैं।

मैंने गाइड से पूछा कि क्या इस तरह यह अपराध रुका है?

हाँ, रुका है। रुका नहीं है तो बहुत कम हुआ है। पर यह इन बेचने वालों की तुलना में खरीदने वालों को रोकने से आसान हुआ है। लोग यह समझने लगे हैं कि अगर आप इटली में कुछ खरीदना चाहते हैं, तो आपको उचित दुकान से ही वो चीज खरीदनी है। इस तरह बेचने वालों की गिनती खत्म भले नहीं हुई है, कम बहुत हुई है।

रूस के लोगों ने नेपोलियन की सेना का विरोध इसी तरह किया था। हम तुमसे लड़ेंगे नहीं। हम तुम्हें छोड़ देंगे। इटली के लोगों ने नकली सामान बेचने वालों का मुकाबला नहीं किया। उन्हें जेल भेजने की जगह उनके धंधे पर रोक लगाने की यह अनूठी मुहिम है। जब कोई खरीददार ही नहीं होगा, तो किसे बेचोगे?

हमारा काम बेशक न हो, पर जब हम रिश्वत देंगे ही नहीं, तो कोई रिश्वत लेगा कैसे?

दहेज माँगने वालों का मुँह बंद हो सकता है, जब दहेज देने वालों पर शिकंजा कस

दिया जाए। चाहे लड़कियाँ घर बैठी रह जाएँ, पर जो दहेज माँगेगा, उसके घर रिश्ते की बात ही नहीं होगी। उल्टे मेरी गाइड की तरह सबको बता देना चाहिए कि फलाँ साहब पैसे माँगते हैं।

हमने दादी–नानी के मुँह से सुना था, किसी पौधे को अगर आप नहीं चाहते कि वो उगे और वो बार–बार उग जाए, तो उसकी जड़ों में मट्ठा डाल देना चाहिए। इटली के लोगों ने नकली सामान बनाने और बेचने वालों के इरादों पर मट्ठा डाल दिया है। अगली बार जब मैं यहाँ आऊँगा, तो मुझे यकीन है कि एक भी नकली सामान बेचने वाला यहाँ नहीं मिलेगा। आखिर कौन पाँच यूरो के सामान खरीदने के बदले पाँच सौ यूरो का जुर्माना चुकाना चाहेगा?

नेपल्स के बेहद करीब कैपरी द्वीप दुनिया भर में रोमांस का शहर माना जाता है। यहाँ के आसमान से मुहब्बत बरसता है। यहाँ के पानी में मुहब्बत घुलती है।

□

16 अगस्त

क्या आपने कभी किसी से प्यार किया है?

अगर किया है, तब आप समझ सकते हैं कि स्विट्जरलैंड क्या है। और अगर नहीं किया है तो स्विट्जरलैंड आकर आप समझ जाएँगे कि प्यार कैसे किया नहीं जाता, हो जाता है।

यह दुनिया का इकलौता ऐसा देश है, जिसे कुदरत ने शायद एक पेंटिंग के रूप में बनाया है।

आपने स्विट्जरलैंड में छिपे भारतीय उद्योगपतियों और नेताओं के काले धन की चर्चा भी हजार बार सुनी होगी। आपने यश चोपड़ा की फिल्मों में स्विट्जरलैंड की खूबसूरती भी सौ बार देखी होगी। लेकिन आज मैं स्विट्जरलैंड के बारे में आपको इसलिए नहीं बताने जा रहा कि यहाँ के बैंकों में लोगों ने अनाप-शनाप पैसे रख छोड़े हैं। मैं आज आपको स्विट्जरलैंड की खूबसूरती भी बयाँ नहीं करने जा रहा। मैं तो आपको सिर्फ यह बताने जा रहा हूँ कि यह दुनिया का इकलौता शहर है, जहाँ एक मिनट में 60 सेकेंड की जगह 59 सेकेंड होते हैं।

आप आप सोचेंगे कि ऐसा तो न आपने कभी सुना, न कभी आपने पढ़ा कि दुनिया की किसी घड़ी में 59 सेकेंड का मिनट होता है।

पर सच यही है।

समय की क्या अहमियत होती है अगर आपको यह समझना हो, तो एक बार स्विट्जरलैंड जरूर आना चाहिए। याद कीजिए आखिरी बार आप कब रेलवे स्टेशन पहुँचे थे और आपको ट्रेन एकदम सही समय पर मिली थी। एकदम सही समय का मतलब सेकेंड-दर-सेकेंड सही। मुझे नहीं लगता कि दुनिया के किसी और मुल्क में ऐसा होता होगा। पर स्विट्जरलैंड में ऐसा ही होता है। यहाँ अगर ट्रेन एक सेकेंड देर

से चल रही होगी तो बाकायदा अनाउंस किया जाता है कि ट्रेन लेट है। कितनी लेट है, तो एक सेकेंड या दो सेकेंड।

आप आप पूछेंगे कि घड़ी में 59 सेकेंड का क्या चक्कर है?

तो मैं जल्दी से बता दूँ कि यहाँ स्टेशनों पर जो घड़ी लगाई जाती है, उसमें सेकेंड की सुई 59वें सेकेंड पर रुकती है और फिर वो एक सेकेंड वहाँ अधिक रुक कर शून्य की जगह सीधे एक पर पहुँचती है। इसका मतलब यह कि घड़ी को इस तरह सेट किया गया है कि अगर ट्रेन ठीक दस बजने छूटनी हो तो एक सेकेंड की भी देर न हो। मुझे नहीं पता कि मैं अपनी बात ठीक से आपको समझा पा रहा हूँ या नहीं। पर हकीकत यही है कि यहाँ एक-एक सेकेंड की अपनी अहमियत है। किसी ने आपसे अगर दस बजे मिलने को कहा है, तो उसका मतलब दस बजे ही होता है। यह बात सिर्फ ट्रेन या प्लेन के संदर्भ में नहीं, बल्कि आम आदमी के व्यवहार में भी समाहित है।

दुनिया में दो तरह की करेंसी होती है। एक धन के रूप में और दूसरी समय के रूप में।

आप चाहे धन खर्च कर सकते हैं, आप चाहे समय खर्च कर सकते हैं। मुझे नहीं पता कि स्विट्जरलैंड के बैंकों में सचमुच कोई काला धन है भी या हमारे यहाँ के नेताओं ने सिर्फ हमारा ध्यान भटकाने के लिए ऐसी कहानियाँ गढ़ी हैं। क्योंकि हर पार्टी यह कहकर सत्ता में आती है कि वो वहाँ से धन ले आएँगे, पर लाते कुछ नहीं। हाँ, अगर उनका मतलब समय रूपी धन से है, तो मुझे इतना ही कहना है कि उसे लाया जा सकता है। पर उसके लिए आपको अपनी जनता से प्यार करना होगा। आपको अपने लोगों को शिक्षित करना होगा।

पर आप भी जानते हैं कि ऐसा कभी नहीं होगा। हमारे यहाँ के हुक्मरान दरअसल सत्ता में आने के टोटके जानते हैं पर वो उसे जान-बूझकर अमल में नहीं लाना चाहते। वो आपको ठीक से दुनिया की सैर भी नहीं कराना चाहते। वो नहीं चाहते कि आप दुनिया के सच को समझें।

आप यह जानकर हैरान होंगे कि भारत के छुटभैये नेता तक विदेश की सैर कर आते हैं, कभी इस बात का अध्ययन करने कि यहाँ की नालियाँ कैसे काम करती हैं, तो कभी यह जानने के लिए यहाँ ट्रेन कैसे चलती है। पर वो यहाँ आकर सब देख जाते हैं और वहाँ पहुँचकर अपने देखे और समझे का एक फीसदी भी सच बयाँ नहीं

करते। वो इसी बात का रोना रोते रहेंगे कि अंग्रेजों ने उन्हें लूट लिया। पश्चिम के लोग चोर होते हैं। यहाँ की विद्या बेकार है।

और आप जीवन भर इस सच को नहीं जान पाते कि सचमुच इसी दुनिया में ऐसे देश हैं, जहाँ की परिवहन व्यवस्था से लोग अपनी घड़ियाँ मिलाते हैं। जहाँ के लोग एक सेकेंड विलंब के लिए माफी माँगते हैं।

अगर यह सब सचमुच हमें पढ़ा दिया जाता तो यकीन कीजिए भारत से खूबसूरत कोई जगह संसार में नहीं।

पर सत्ता का पहला पाठ ही यही है कि जनता को ऐसी चीजों में फँसाए रखो कि वह इन चीजों को न समझ पाए, न इनके विषय में सोच पाए।

उनसे जब स्विट्जरलैंट की चर्चा हो तो वो यही समझें कि दुनिया में एक देश है, जहाँ उनके नहीं दूसरों के काले पैसे रखे हैं, जिसे वो जाएँगे और लेकर आएँगे।

जब वो लाएँगे तब आपकी सारी मुश्किलें उन पैसों से दूर हो जाएगी।

खैर, यह मेरा विषय नहीं। मैं तो इतना ही बताना चाहता हूँ कि समय की जो इज्जत करते हैं, समय उनकी इज्जत करता है।

आप भी समय रूपी धन को पहचानिए। समय बहुत बड़ा धन है।

□

17 अगस्त

नीरो कभी बाँसुरी नहीं बजाता था। उसे बाँसुरी बजानी नहीं आती थी। जिसे बाँसुरी बजानी आएगी, वह नीरो नहीं हो सकता।

फिर यह मुहावरा कहाँ से चल पड़ा कि 'जब रोम जल रहा था, तब नीरो बाँसुरी बजा रहा था।'

दरअसल जब आप अंग्रेजी में इसी मुहावरे को सुनेंगे तो उसका अर्थ यह होगा कि जिस दिन रोम की तमाम ऐतिहासिक इमारतें जल रही थीं, उस दिन वहाँ की जनता भागकर अपने राजा नीरो के पास गई, तो नीरो रोम से दूर एक नदी के किनारे खड़ा होकर चैन से मुस्कुरा रहा था।

जो चैन से होते हैं, वही बाँसुरी बजा सकते हैं। इसीलिए हिंदी में कहावत बनी कि वह चैन की बंसी बजा रहा था। दरअसल बाँसुरी बजाने के लिए तन और मन को चिंता-फिक्र, आकांक्षा, महत्त्वाकांक्षा और दूसरी सभी चीजों से दूर करना पड़ता है। बंसी होंठों से निकलने वाली फूँक से नहीं, दिल से निकलने वाली तरंगों से बजती है।

मैं नीरो से कभी नहीं मिला। लेकिन मेरी आदत है कि जब मैं किसी अनजान शहर की ओर निकलता हूँ, तो वहाँ की सभी उपलब्ध जानकारियों पर एक नज़र डालता हूँ। और इसी क्रम में जैसे ही मुझे पता चला कि मुझे रोम जाना है, तो मेरा ध्यान सबसे पहले दो बातों की ओर गया।

एक तो यह कि ऐसा क्यों कहा जाता है कि रोम एक दिन में नहीं बना। और दूसरी बात यह कि जिस दिन रोम जल रहा था, नीरो को बाँसुरी बजाने की क्यों पड़ी थी।

दोनों सवालों के जवाब मैंने रोम में तलाशे।

आज नीरो की कहानी, फिर कभी रोम के निर्माण की कहानी।

नीरो दरअसल महत्त्वाकांक्षा की कोख से निकले एक आदमी का नाम था। जिस

व्यक्ति के बारे में मुझे पहली बार में ही पता चल गया कि वह महत्त्वाकांक्षा की कोख से निकला था, उसके बारे में मैं आश्वस्त था कि वह बंसी बजाना नहीं जानता होगा। इसकी तस्दीक हुई, रोम में मिलने वाले गाइडों से। मैंने ग्लैडिएटर्स के लिए लड़ने वाली जगह, कोलेजियम से बाहर निकलते हुए इतालवी गाइड से पूछा था कि नीरो कैसा राजा था। और क्या वह बाँसुरी बजाने के लिए जाना जाता है, यहाँ इटली में?

गाइड ने मेरी ओर घूरकर देखा। मानो मैंने उसके किसी जख्म पर नमक छिड़क दिया हो। उसने कहा क़ि इतने वर्षों से वह गाइड का काम कर रही है, पर आजतक किसी ने उससे नीरो के बारे में नहीं पूछा। मैं पहला पर्यटक था, जिसने नीरो की बात की। पर नीरो के साथ बाँसुरी वाली बात कहाँ से जुड़ी यह उसकी समझ के परे था। उसने कहा कि कई सौ साल पहले, शायद हजार से भी ज्यादा साल पहले नीरो नामक एक राजा हुआ करता था। उसने सुना है कि वह बेहद अत्याचारी था।

फिर वह रुकी। उसने मुझसे सवाल किया, अत्याचारी बाँसुरी बजा सकता है क्या?

मुझे मेरे सवाल का जवाब मिल गया था। मैंने भी कई जगह तलाशने की कोशिश की थी कि क्या सचमुच नीरो बंसी बजाया करता था?

मुमकिन ही नहीं है।

हमारे धर्म-ग्रंथों में भी कृष्ण के तभी तक बाँसुरी बजा पाने की चर्चा है, जब तक कि वो युद्ध, छल-प्रपंच से दूर थे। जिस दिन उन्होंने खुद को युद्ध की आग में झोंक दिया, उस दिन भले सिंधु की तरंगों में उनका चेहरा नज़र आ जाए, हिमालय के शिखर पर भी उनका नाम दिख जाए, लेकिन कहीं से संगीत की तरंगें उनके आसपास उठती हुई नहीं नज़र आतीं। ज्वालामुखियों के विस्फोट में धमाके गूँजा करते हैं, संगीत और प्यार की तरंगें तो उस विस्फोट की कल्पना मात्र से ध्वस्त हो जाती हैं। इसीलिए युद्ध की लपटों की कहानियों में आपको एक बार भी संगीत प्रेमी कृष्ण नज़र नहीं आता। न संगीत है, न प्रेम।

तो जैसे ही इतालवी गाइड ने कहा कि नीरो तो अत्याचारी शासक था, मेरे मन में यह स्पष्ट हो गया कि प्रेम और संगीत से वह हजारों मील दूर था।

नीरो एक नाम है, क्लाडियस वंश के आखिरी उत्तराधिकारी का। उसकी माँ एग्रिपिना रोमन सम्राट् आगस्तन की परपोती थी। नीरो उसके पहले पति का बेटा था, लेकिन उसने अपने मामा से इस लालच में शादी कर ली कि उसका बेटा नीरो ही रोम का सम्राट् बनेगा।

जिस तरह महाराज शांतनु ने मल्लाह कन्या सत्यवती को वचन दे दिया था कि उनकी कोख से उत्पन्न संतान ही हस्तिनापुर की गद्दी सँभालेगी, उसी तरह एग्रिपिना के मामा पति क्लाडियर प्रथम ने उसे वचन दे दिया कि नीरो ही राजा बनेगा।

नीरो छोटा ही था पर उसकी माँ को एक समय पर ऐसा लगने लगा कि शायद नीरो को सम्राट् न बनाया जाए। इस ख्याल के मन में आते ही, उसने अपने पति को जहर देकर मरवा दिया और नीरो को रोम का राजा घोषित कर दिया।

नीरो को रोम के लोगों ने स्वीकार भी कर लिया। पर नीरो को लोगों में कोई दिलचस्पी नहीं थी। राजा बनने पर उसने हजार वादे किए। पर समय के साथ उसकी दिलचस्पी निजी सुख और महिलाओं तक सिमट कर रह गई। लिखने बैठूँगा तो बहुत लंबी कहानी बन जाएगी, पर सच यही है कि उसने कई विवाह किए। अपनी कई पत्नियों को उसने जहर देकर मरवा दिया। कई लड़कियों से उसने जबरन शादी की कोशिश की। जिसने मना किया उसे भी उसने मरवा दिया। इतना ही नहीं, उसने बाद में अपनी माँ की भी हत्या करवा दी।

इस तरह अपने शासन काल में वह बहुत अलोकप्रिय राजा घोषित हो गया। नीरो का अपना मन था कि कई पुरानी इमारतों को मिटाकर उस जमीन पर वो अपने लिए एक अति आलीशान महल बनवाए। मुझे नहीं पता कि उन दिनों जमीन कब्जाने के लिए किस तरह के हथकंडे अपनाए जाते रहे होंगे, पर यह सच है कि एक दिन रोम की कई इमारतें धधक कर जल उठीं। उन दिनों टी.वी. और अखबार नहीं हुआ करते थे, जाहिर है कहीं यह ब्रेकिंग न्यूज नहीं चली या छपी कि रोम कैसे एकाएक झुलस उठा है। पर दबे-छुपे लोगों ने आरोप लगाया कि नीरो ने ही जमीन पर कब्जा करने के लिए यह आग लगवाई है, और खुद रोम के बाहर नदी किनारे आराम से बैठा है।

कई लोग जिन्हें अंत तक राजा की सत्ता और उसके न्याय पर भरोसा था, वो नीरो के पास पहुँचे। उन्होंने नीरो से गुहार लगाई कि हुजूर रोम जल रहा है और आप यहाँ बैठे हैं। चलिए, रोम चलिए। उस आग को बुझाने की कोशिश कीजिए, कुछ फरमान जारी कीजिए। पर नीरो मुस्कुराता रहा।

यही है राजनीति।

जब हम उससे कुछ उम्मीद कर बैठते हैं, जो खुद उसका कारक होता है, तो आपको मौन और मुस्कुराहट के सिवा कुछ नहीं मिलता।

भोली जनता इस सच को तत्काल नहीं समझ पाई। तो उसने यही कहा कि जब रोम

जल रहा था, नीरो चैन से बैठा था।

रोम जल गया। नीरो ने बाद में अपने लिए आलीशान महल भी बनवाया। महल के अवशेष रह गए, नीरो का अवशेष मिट जाना था, मिट गया।

नीरो की कहानी इतनी दिलचस्प नहीं कि उसे अंत तक आपको सुनाऊँ, पर इतना बताना तो बनता है कि बाद में नीरो अपने खिलाफ विरोध के युद्ध में फँस गया और गिरफ्तारी, फाँसी के डर से उसने खुद को मार लिया।

दुनिया का इतिहास उठाकर पढ़ लीजिए। हर अत्याचारी का अंत ऐसे ही होता है।

ईसा मसीह के जन्म के सौ साल के भीतर की यह कहानी है। साल की गिनती शुरू हो चुकी थी। इस इतिहास के पन्नों में दर्ज है कि नीरो का जन्म 15 दिसंबर, 0035 में हुआ था और 9 जून, 0068 में उसकी मृत्यु हो गई।

पर मुझे लगता है कि नीरो मरा नहीं है। नीरो मरा नहीं करते। रोम अब भी जलते हैं, नीरो अब भी कहीं दूर चैन से बैठकर मुस्कुरा रहे होते हैं।

मैं उनके मुहावरे में बंसी की बात नहीं लिख सकता, क्योंकि बंसी बजाने वाले रोम न जलाते हैं, न उसके जलने पर मुस्कुराते हैं।

□

18 अगस्त

कोई इटली जाए और संसार की सबसे दर्द भरी प्रेम कहानी की आहट न सुन सके तो यह उसकी किस्मत का दोष है।

बहुत बड़ी विडंबना है। प्रेम और दर्द?

कृष्ण वृंदावन छोड़कर मथुरा की ओर चल पड़े थे। राधा बिलख रही थीं।

''मत जाओ, कान्हा। मैं तुम्हारे बिना जी न सकूँगी।''

''मैं भी तुम्हारे बिना कौन सा जी सकूँगा राधे! लेकिन प्रेम तो संपूर्ण हो ही नहीं सकता अगर उसमें जुदाई न हो।''

''कान्हा, बातें न बनाओ। तुम जानते हो कि एक तुम ही मेरे सहारा हो, तुम नहीं तो कुछ भी नहीं।''

''राधे! जो प्रेम में होते हैं, उनके लिए जीने का दूसरा सहारा होता भी नहीं। जिनके पास जीवन का विकल्प हो, वो प्रेम नहीं कर सकते।''

''इसका मतलब मैं अब न रहूँगी इस संसार में!''

''मैं भी कौन सा रहूँगा इस संसार में। ये तो चंद तारीखें होंगी हमारे और तुम्हारे बीच। फिर हम दोनों होंगे, बस हम दोनों। दो का एक होना जाना ही संपूर्ण होना होता है।''

''और जब तक हम एक नहीं होते, तब तक?''

''तब तक साँस चलेगी, पर हर साँस तुम्हारी होगी।''

''क्या हमारे बाद भी कोई प्रेम करेगा? क्या हर प्रेम कहानी शापित रहेगी?''

''हाँ, प्रेम हर युग में होगा। पर उसका अधूरापन ही उसका पूरा होना होगा।''

कहाँ इटली, कहाँ वृंदावन?

उत्तरी इटली का एक बेहद खूबसूरत शहर, वेरोना।

आपने जरूर वेरोना का नाम सुना होगा। पानी पर बसे शहर वेनिस के बहुत पास है वेरोना। जो इटली घूमने आते हैं, उनके लिए वेरोना आना किसी सपने के पूरा होने से कम नहीं। संसार का एक अति प्राचीन शहर। एक ऐसा शहर जिसे संसार की धरोहर मान लिया गया है। इस शहर में सैकड़ों चीजें हैं, जिन्हें आप देख सकते हैं। पर शायद ही किसी को वेरोना नाम से मुहब्बत की बहुत पुरानी कहानी याद आती हो। संजय सिन्हा को आती है।

वेरोना के एक अमीर की बेटी की मुहब्बत की कहानी।

मैं आज आपको अपने साथ वेरोना ले चलूँगा। वेरोना की उस बेहद खूबसूरत लड़की से आपको मिलवाऊँगा, जिसे आपने अब तक सिर्फ एक काल्पनिक पात्र भर माना है, उसे मैं इतिहास का एक सच साबित कर दूँगा। मैं बता दूँगा कि मेरी आज की कहानी की नायिका अगर हकीकत में न होती, तो संसार का कोई भी लेखक, चाहे उसकी कल्पना कितनी भी उड़ान भर ले, इस पात्र तक नहीं पहुँचता।

विलियम शेक्सपीयर तो बिल्कुल नहीं।

मेरी आज की नायिका की उम्र ज्यादा नहीं है। वो सिर्फ 14 साल की है, पर है बला की खूबसूरत। बेहद जहीन, संजीदा और परिपक्व।

एक दिन उसका नायक रोमियो उसे मिलता है और वह उसे दिल दे बैठती है।

अब आपको अपनी नायिका से परिचय कराने की मुझे दरकार नहीं। आप समझ गए हैं कि मैं आपको मिलवा रहा हूँ, जूलिएट से। स्कूल-कॉलेज में न जाने कितनी बार आपने रोमियो-जूलिएट ड्रामा पढ़ा होगा। खेला होगा। देखा होगा। महसूस किया होगा।

पर आज मैं आपको सचमुच की जूलिएट से मिलवा रहा हूँ।

इटली के वेरोना शहर में मौजूद लाखों कब्रों में से एक कब्र जूलिएट की भी है।

उसी जूलिएट की, जिसने अपने प्रेम को पाने के लिए मरने का अभिनय किया था और फिर उसके प्रेमी रोमियो को जैसे ही पता चला कि उसकी माशूका ने उसके लिए जान दे दी है, तो उसने भी अपनी जान दे दी। यह अलग बात है कि जूलिएट ने

रोमियो को पाने के लिए सिर्फ अभिनय भर किया था। पर रोमियो की मौत के बाद उसके लिए जीने का अर्थ खत्म हो गया और उसने सचमुच अपनी जान दे दी।

यह मुहब्बत के इतिहास में दर्ज अब तक की सबसे दर्दनाक प्रेम कहानी है।

मैंने आजतक नहीं सुना कि कोई वेरोना तक सिर्फ जूलिएट की कब्र देखने गया हो। मैंने आजतक नहीं सुना था कि कोई उस बालकनी तक भी गया, जिसके बाहर कभी जूलिएट अपने रोमियो की बाट जोहती थी। अमीर पिता की जिद और युद्ध में फँसी महत्त्वाकांक्षा के बीच किसी को फुर्सत ही कहाँ थी जूलिएट के सीने में धड़कते दिल को महसूस करने की।

पर वहाँ मैंने जिस जूलिएट के दिल की धड़कन को महसूस किया, उसे तो दुनिया भर के हजारों प्रेमी आज भी महसूस करते हैं। आप हैरान होंगे, लेकिन सच यही है कि जूलिएट का घर आज भी वेरोना में मौजूद है। वह आज सिर्फ घर नहीं, मुहब्बत करनेवालों का मंदिर है। दुनिया भर से लाखों लोग रोज उस पते पर अपनी मुहब्बत की दास्तान लिख भेजते हैं। तमाम प्रेमी वहाँ अपने प्रेम की कहानी जूलिएट के घर पर चिपका कर आते हैं। ऐसा माना जाता है कि जो जूलिएट के नाम खत लिखकर वहाँ पहुँचा पाता है, उसकी मुहब्बत की कहानी पूरी होती है। लोग जूलिएट की कब्र को छूकर अपनी मुहब्बत पूरी होने की मुराद माँगते हैं।

महाभारत का युद्ध खत्म हो चुका था। कन्हैया हस्तिनापुर से द्वारिका लौट रहे थे। रास्ते में उत्तंग मुनि मिले। उन्होंने कान्हा से पूछा कि हस्तिनापुर में सब शांति तो है न! कृष्ण समझ गए कि मुनि को भयंकर प्रलयकारी युद्ध के विषय में कुछ नहीं पता। बहुत धीरे से कृष्ण ने कहा कि मुनि सब खत्म हो गया।

''सब खत्म हो गया? क्या तुम भी युद्ध में भागीदार थे? तुम जरूर रहे होंगे। मैं तुम्हें शापित करूँगा।''

''शाप? क्या मेरा जीवन शापित नहीं?''

कालचक्र उल्टा घूम चला था। रास्ते में खूब तेज बारिश हुई। कृष्ण एक वृक्ष के नीचे सो रहे थे।

अचानक सपने में राधा मिली।

''कान्हा, कालचक्र विपरीत घूम रहा है। अब तुम मुझे फिर नहीं मिलोगे। अब मैं तुम्हें नहीं छोड़ूँगी। चाहे तुम्हें अपना तन छोड़ना पड़े,'' इतना कहते हुए वो यमुना में कूद गई।

वियोग के पल में ममता और समवेत होकर घनीभूत हो जाती है। रोमियो मृत पड़ा था। सामने ही जूलिएट का शव पड़ा था। दो मुहब्बत करनेवाले जुदा होकर एक हो गए थे।

कितने कमाल की बात है। दुनिया भर में राधा-कृष्ण प्रेम के देवी-देवता माने जाते हैं। जिनका प्रेम खुद अधूरा रहा, वो प्रेम के भगवान बन गए।

वेरोना में रोमियो और जूलिएट भी प्रेम के भगवान हैं। दुनिया भर की किशोरियाँ अपनी अधूरी प्रेम कहानी पूर्ण करने के लिए जुलिएट की बालकनी पर हॉल ए दिल चिपका देती हैं। उसे चिट्ठियाँ लिखती हैं।

मैंने कहा था न कि आप सोचेंगे, कहाँ इटली में वेरोना और कहाँ भारत में वृंदावन।

पर इतना तो आप भी जानते ही हैं कि प्रेम की भाषा पूरी दुनिया में एक होती है।

□

19 अगस्त

पोप जॉन पॉल द्वितीय 1999 में भारत यात्रा पर आए थे। मैं उन दिनों जी न्यूज में रिपोर्टिंग करता था और मेरी ड्यूटी पोप के साथ लगाई गई थी। पोप अपनी दिल्ली यात्रा में पालम स्थित सेना हवाई अड्डे पर उतरे थे और वहीं से मेरी रिपोर्टिंग शुरू हुई थी। सफेद लिबास में लिपटे, सिर पर छोटी सी टोपी लगाए पोप अपने विशेष विमान से दिल्ली पहुँचे थे।

मैंने पहली बार पोप के लिए पापा शब्द का संबोधन सुना था।

पोप वैटिकन में रहते हैं, इतना तो मुझे पता था। मैं यूरोप से वाकिफ था, पर वैटिकन को लेकर मेरे मन में पता नहीं क्यों ऐसा बैठ गया था कि यह किसी पहाड़ी पर बर्फ के बीच बसा कोई ऐसा देश होगा, जहाँ ईसाई धर्म को मानने वालों के अलावा और ढेर सारे लोग रहते होंगे। दिमाग पर बहुत जोर डालता तो मेरे मन में फिनलैंड जैसे देश की कोई कल्पना उभरती।

जिस दिन मैं पहली बार पोप से मिला था, उसी दिन से मेरे मन में इस पवित्र देश तक जाने की इच्छा जाग उठी थी। मैंने मन में तय कर लिया था कि एक दिन वैटिकन सिटी जरूर जाऊँगा।

जिन दिनों मैं रिपोर्टिंग करता था और किसी नए व्यक्ति से मिलता था, मुझे लगता था कि अगली बार जब मैं उससे मिलूँगा और कहूँगा कि मैं संजय सिन्हा हूँ, तो वो मुझे पहचान जाएगा। पोप दिल्ली आए थे और अगले दिन दिल्ली के जवाहरलाल नेहरू स्टेडियम में उनका समारोह था। पूरा स्टेडियम खचाखच भरा था। मैं मंच के बहुत करीब था। दो बार ऐसे मौके आए, जब मैं एकदम पोप से मिल पाया। बस मेरे मन में बैठ गया कि पोप ने मुझे पहचान लिया है। उनका मुस्कुराता चेहरा मेरे दिल के बहुत भीतर तक बस चुका था। उसके बाद पोप तीन दिनों तक दिल्ली में रहे और मैं बस उनकी रिपोर्टिंग में लगा रहा।

तीसरे दिन पोप सेना के एयरपोर्ट से ही लौट रहे थे, उन्हें विदा करने काफी लोग आए थे और सबकी जुबाँ पर बस इतना ही था कि पापा फिर आना, पापा फिर आना। बाय-बाय पापा।

एक दिन खबर आई कि पोप जॉन पॉल द्वितीय नहीं रहे। मेरा दिल बैठ गया। अब अगर मैं वैटिकन सिटी गया, तो मुझे कौन पहचानेगा?

मेरा वैटिकन जाने का इरादा टल गया। पर जब कभी वैटिकन की चर्चा होती, तो मुझे पोप जॉन पॉल द्वितीय की खूब याद आती।

मैंने वैटिकन सिटी के बारे में खूब पढ़ा था, खूब सुना था। जब मुझे पहली बार यह मालूम हुआ कि वैटिकन सिटी इटली के भीतर मौजूद एक अलग देश है तो मैं बहुत हैरान हुआ था। किसी देश के भीतर मौजूद अलग देश?

यहाँ हम एक ही देश में रहते हुए अलग-अलग राज्य और उसकी सीमाओं के लिए लड़ रहे हैं, वहाँ एक देश के भीतर दूसरा देश बसता है।

मेरे मन में वैटिकन सिटी को लेकर उत्सुकता बनी हुई थी।

इस बार की इटली यात्रा में वैटिकन सिटी जाना मेरे लिए कुछ ऐसा ही था, मानो साक्षात् ईसा मसीह के दर्शन का मौका मुझे मिल रहा हो। भावनाओं से संचालित होने वाली सारी कहानियाँ सुनकर मुझे लगने लगा था कि वह सब ईसा की जिंदगी से जुड़ी रही होंगी। माँ जब भी मुझे ईसा की कहानियाँ सुनाती, तो हर बार वह यह साबित करने की कोशिश करती कि आदमी का आदमी बन जाना ही ईश्वरत्व को प्राप्त होना होता है। जब वो यह कहती कि धोखा देने से धोखा खाना बेहतर होता है, तो मुझे लगता कि माँ मुझे यह क्या पढ़ा रही है! माँ, जब मुझसे यह कहती कि आदमी वही होता है, जो भावनाओं से संचालित होता है, तो मुझे लगता कि माँ भीतर तक ईसा से प्रभावित है।

माँ अपनी सारी कहानियों में राम और ईसा को एक कर देती। कहती कि राम ही ईसा थे। ईसा ही मूसा थे। वह कहती कि भगवान अलग-अलग जगहों पर आते रहते हैं, लोग उन्हें अलग-अलग नाम भी दे देते हैं, पर वो होते तो एक ही हैं।

जैसे-जैसे मैं बड़ा होता गया, धर्म को पढ़ने और समझने लगा, तो मैं यह भी समझ गया कि दुनिया का हर धर्म दरअसल आदमी के आदमी बने रहने का पाठ सिखाता है। धर्म की जरूरत ही शायद पहली बार तब पड़ी होगी, जब आदमी अपना वजूद

भूला होगा। ईश्वर है, इस बात का अहसास ही पहली बार तब कराने की जरूरत पड़ी होगी, जब आदमी पहली बार अहंकार में डूबकर खुद को सर्वोच्च सत्ता मान बैठा होगा। अगर आदमी शुरू से इतना उदार होता कि वह यह समझ पाता कि यह संसार ईश्वर की सबसे सुंदर कृति मनुष्य का सिर्फ पर्यटन स्थल है, तो न देश होता, न राज्य होते, न सीमाएँ होतीं। सब एक होते, तो ईश्वर की कल्पना की जरूरत ही नहीं पड़ती। सारा झगड़ा इसी झूठ से शुरू होता है, जब हम यह कल्पना कर बैठते हैं कि हम सदा के लिए यहाँ रहने आए हैं।

खैर, मैं वैटिकन सिटी में था।

यह पृथ्वी पर मौजूद सबसे छोटा देश है। रोमन कैथोलिक चर्च का केंद्र यहीं है। पोप यहीं रहते हैं। यहाँ कई चर्च हैं।

कमाल की बात यह है कि रोम शहर के बीच में स्थित इस अलग देश की मुद्रा, उनका स्टेशन सब अलग हैं। इनका अपना डाकघर है, इनकी अपनी पुलिस है और कुल जमा सात सौ लोगों की आबादी वाला यह अलग देश है।

रोमन साम्राज्य पहले चर्च के शासन को स्वीकार नहीं करता था। बहुत वक्त लगा दुनिया को यह मानने में कि लंबी दाढ़ी वाला वह नौजवान जो पूरी दुनिया को अहिंसा और मानवता का पाठ पढ़ा रहा था, वह सचमुच देवदूत था। उसे सूली पर लटकाकर अपनी सर्वोच्च सत्ता साबित करने की आदमी की जिद ने यह समझने की जहमत भी नहीं उठाई कि एक दिन जब वह नहीं रहेगा, उसके बाद भी उसके विचारों की सत्ता से ही संसार जगमग होगा।

आज सात सौ आबादी वाला यह देश दुनिया भर को अध्यात्म का पाठ पढ़ाता है।

लोग हजारों मील की दूरी तय कर यहाँ पहुँचते हैं, यहाँ की मिट्टी को नमन करते हैं।

मैं तो वैटिकन के गिरिजा घरों के निर्माण और उसकी सज़ावट को देखकर हतप्रभ था। टाइबर नदी के किनारे, वैटिकन पहाड़ी पर स्थित इस छोटे से देश से सीखने को बहुत कुछ मिलता है। सीखने वाला चाहे तो सबसे पहले यही सीख सकता है कि अलग होकर भी कोई चाहे तो एक हो सकता है। छोटा होकर भी कोई चाहे तो बड़ा बन सकता है।

आबादी, क्षेत्रफल और पैसों से कोई बड़ा नहीं होता। बड़ा होता है अपनी सोच से, अपने विचार से। वैटिकन सिटी अपनी सोच के बड़प्पन से दुनिया भर में एक पूज्य

देश है। एक बड़ा देश है।

अमिताभ बच्चन ने फिल्म मुकद्दर का सिकंदर में यूँ ही नहीं कहा था कि मकान ऊँचा होने से इंसान ऊँचा नहीं होता। इंसान तो ऊँचा होता है, अपनी सोच से।

वैटिकन को सलाम।

उन लोगों को सलाम जो आज भी यह मानते हैं कि आदमी का आदमी बने रहना सबसे बड़ा काम है।

□

21 अगस्त

अपने एक परिचित का हालचाल पूछने के लिए कल मुझे दिल्ली के मैक्स अस्पताल में जाना पड़ा। वहाँ ऑपरेशन थिएटर के पास मैं अपने परिचित के बाहर आने का इंतजार कर रहा था। एक-एक कर कई मरीज स्ट्रेचर पर बाहर लाए जा रहे थे। मैं सभी मरीजों और उनके परिजनों को गौर से देखता। जैसे ही कोई मरीज बाहर आता, उनके परिजनों के चेहरे खिल उठते। डॉक्टर बाहर आकर पूछता कि क्या आप फलाँ के साथ हैं?

"जी, मैं इनके साथ हूँ।"

फिर डॉक्टर बताता कि ऑपरेशन सफल रहा है। मरीज होश में होता, वो आँखें खोल कर अपने परिचित की ओर देखता, परिचित उसकी ओर देखते और पल भर के लिए भावनाओं का सैलाब उमड़ पड़ता। मेरे परिचित के बाहर आने में समय था। डॉक्टर ने बता दिया था कि ऑपरेशन हो चुका है, सबकुछ सामान्य है, बस थोड़ी देर में मरीज को बाहर ले आएँगे और वार्ड में शिफ्ट कर देंगे। मेरे आगे एक लड़की बहुत देर से किसी के बाहर आने का इंतजार कर रही थी। वह बाहर खड़ी बार-बार उस कमरे की ओर झाँकती, जिधर से मरीज को बाहर लाया जा रहा था। बहुत देर इंतजार के बाद एक स्ट्रेचर बाहर लाया गया। डॉक्टर ने बाहर आते ही पूछा कि फलाँ के साथ कौन है? लड़की दौड़ी, "मैं हूँ। ये मेरे पापा हैं।" "अच्छा, आप मिल लीजिए। इनका ऑपरेशन ठीक हो गया है।" लड़की ने पापा की ओर देखा। उनके सिर को छुआ। उसकी आँखें खुशी से भीगी थीं। पापा ने भी आँखें खोलीं। बेटी को सामने देख उनका चेहरा भी खिला। बेटी ने डॉक्टर की ओर देखा और पूछा, "डॉक्टर, क्या मैं इनकी एक तस्वीर ले सकती हूँ! मुझे व्हाट्सऐप पर अपने भाई को पापा की फोटो भेजनी है। मेरा भाई अमरीका में है। वो बहुत खुश होगा, पापा की तस्वीर देखकर। वो वहाँ इंतजार कर रहा है, पापा के ऑपरेशन की खबर को सुनने का।" डॉक्टर ने कहा, "हाँ, हाँ जरूर लीजिए। बल्कि आप चाहें तो फोन पर पापा से बात भी करा

दीजिए। ये पूरी तरह होश में आ चुके हैं। बेटे से बात करके इन्हें खुशी होगी।'' बेटी ने फोन मिलाया। पापा के कान में फोन लगाने की कोशिश की, तो डॉक्टर ने कहा कि स्पीकर पर करके उनके सामने कर दीजिए। वो आसानी से सुन लेंगे। लड़की ने गौर से पापा की ओर देखा। पापा ने भी आँखें खोलीं। फिर धीरे से कहा कि रहने दो। डॉक्टर ने कहा, ''अरे रहने क्यों दे? आप देखिए आपको ठीक देखकर आपकी बिटिया कितनी खुश है। बेटे से बात कर लीजिए, आपको अच्छा लगेगा। बेटा भी चिंतित होगा। उसे भी राहत मिलेगी।'' फोन स्पीकर पर हो चुका था। उधर से आवाज आई, ''हैलो!'' इधर से बेटी ने कहा, ''भाई, पापा का ऑपरेशन हो चुका है। वो एकदम ठीक हैं। लो तुम बात कर लो।'' उधर से आवाज आई, ''अरे अभी यहाँ बहुत रात है। कल बात करूँगा। अभी तुम परेशान मत हो।'' जाहिर है, बेटे को नहीं पता था कि फोन स्पीकर पर था। फोन कट चुका था। बेटी ने पापा की ओर देखा। पापा की आँखें बंद थीं। आँखों के कोनों से बूँद भर पानी रिस रहा था। डॉक्टर खामोश खड़ा था। बेटी चुप थी। अब तक पापा को बाहर आते देख उसके चेहरे पर जो चमक थी, वो पता नहीं कहाँ चली गई थी। पल भर में बेटी ने खुद को सँभाला। ''पापा, उदास मत हो। भाई दिन भर काम के बाद देर रात घर लौटा होगा। यहाँ दिन है, वहाँ रात होगी। असल में वो आपको परेशान नहीं करना चाहता। वहाँ सुबह होते ही वो आपसे बात करेगा।'' पापा ने कुछ नहीं कहा। कोने में खड़े संजय सिन्हा चुपचाप यह सब देखते रहे। सचमुच यहाँ दिन था। वहाँ रात थी। बेटी जहाँ थी, वहाँ उजाला था। बेटा जहाँ था, वहाँ अँधेरा था। बेटियाँ अच्छी होती हैं। उनके पास उजाला होता है।

□

23 अगस्त

मैं जिस मुहल्ले में रहता हूँ, वहाँ सुबह-सुबह ढेर सारे लोग पार्क में इकट्ठा होकर गोल घेरा बनाकर बैठ जाते हैं और जोर-जोर से हँसते हैं। मेरी नींद सुबह जल्दी खुल जाती है, और मैं उनकी सामूहिक हँसी रोज सुनता हूँ। एकदम तय समय है, जब लोग पार्क में जमा होंगे और हँसना शुरू कर देंगे।

अरोड़ा अंकल, मखीजा अंकल, चुटानी अंकल और सचदेवा अंकल, शर्मा अंकल रोज सुबह मेरे फ्लैट के सामने वाले पार्क में एकदम अलार्म की तरह हुँआ-हुँआ करते हुए हँसते हैं। पूरा मुहल्ला मानता है कि ये लोग सुबह-सुबह अपने स्वास्थ्य की परवाह करते हैं, खुश रहते हैं।

खैर, मेरी आज की कहानी के पात्र न तो अरोड़ा अंकल हैं, न मखीजा, न चुटानी और न सचदेवा अंकल। मेरी आज की कहानी के पात्र हैं शर्मा अंकल।

अब आप पूछेंगे कि इतने सारे लोगों को छोड़कर मैंने अपनी कहानी शर्मा अंकल की ओर क्यों मोड़ दी है?

पूछिए, पूछिए। आपका हक है यह सब पूछने का। लेकिन आप कुछ पूछें, उससे पहले ही मैं अपनी कहानी आगे बढ़ा देता हूँ, ताकि आपके मन में कोई दुविधा न रह जाए।

मैंने बताया न कि मेरी नींद सुबह जल्दी खुल जाती है। मैं सुबह उठकर आपके लिए रोज एक कहानी लिखता हूँ। कहानी लिखते हुए अपने कमरे की खिड़की से अंकलों को हुँआ-हुँआ करते सुनता हूँ। सारे अंकल लोग एक ही जगह पर रोज बैठते हैं। करीब-करीब उनके बैठने की जगह भी तय है। उस गोल घेरे में शर्मा अंकल ठीक सचदेवा अंकल की बगल में बैठा करते हैं। पर कुछ दिनों से शर्मा अंकल नज़र नहीं आ रहे। शर्मा अंकल कहीं बाहर चले गए हैं क्या?

नहीं, वो तो कहीं बाहर जाते नहीं। उनके दो फ्लैट हमारी सोसाइटी में हैं। दोनों फ्लैट अगल-बगल हैं। एक में शर्मा अंकल का बेटा अपने परिवार के साथ रहता है, दूसरे में वो खुद रहते हैं। पिछले साल तक शर्मा आंटी थीं, तो सब ठीक था। पर शर्मा आंटी के इस संसार से चले जाने के बाद वो अपने फ्लैट में अकेले रहते हैं। लेकिन अकेले कैसे? आखिर एकदम बगल में उनका बेटा, बहू और दो पोते भी तो रहते हैं। सुबह नाश्ता, दोपहर में खाना और रात का खाना इस फ्लैट से उस फ्लैट में पहुँच जाता है। और क्या चाहिए एक अकेले बुजुर्ग आदमी को?

शर्मा अंकल मुझे अक्सर मिलते रहते थे। मैं सोसाइटी की मैनेजिंग कमेटी का सेक्रेटरी भी हूँ, तो शर्मा अंकल कभी-कभी मेरे पास आते रहते थे कि बेटा आज टंकी में पानी नहीं आया, आज बिजली की ये शिकायत है। वो जब भी मेरे पास आते तो मैं उन्हें बिठाता, उनका हालचाल पूछता। शर्मा अंकल बताते कि सब ठीक है। बस जब से आंटी गई हैं, उन्हें बहुत अकेलापन महसूस होता है।

मैं उन्हें दिलासा देता कि आप अकेले कहाँ हैं। आपका बेटा बगल में रहता है। बहू है, पोते हैं। आप अकेले नहीं हैं।

शर्मा अंकल खामोश रहते।

खैर, कुछ दिनों से शर्मा अंकल नज़र नहीं आए, तो मैंने सोचा कि आज पोस्ट लिखने से पहले जरा नीचे पार्क तक चक्कर लगा आऊँ। देखूँ तो सही कि आखिर अंकल क्यों नहीं आ रहे। सबसे दुआ सलाम कर लूँगा, फिर आकर पोस्ट लिख दूँगा। वैसे भी कभी-कभी जरा देर से भी पोस्ट लिखूँ तो क्या नुकसान है।

तो, मैं फ्लैट के नीचे उतर गया।

सारे अंकल लोग हुँआ-हुँआ कर चुके तो मैं वहाँ पहुँच गया। सबने मुझे बहुत प्यार किया। "अहा! आज संजय बेटा आया है। कहो बेटा, क्या हाल है? कैसे हो?"

"कुछ नहीं बस आपकी हँसी सुनकर चला आया। आप लोग कितना खुश रहते हैं। अच्छी बात है।"

सारे अंकल एकदम चुप हो गए। किसी एक ने भी नहीं कहा कि वो सचमुच खुशी में हँसते हैं। बड़ी मुश्किल से सचदेवा अंकल ने कहा कि हम हँसते कहाँ हैं बेटा!

"तो फिर यह हुँआ-हुँआ क्या है?"

बहुत सही पकड़े हो। यह हुँआ-हुँआ ही है। हम हँसने का खेल खेलते हैं। हमने लाफ्टर क्लब बनाया है। पर इस क्लब में जितने लोग हैं, उनकी जिंदगी में हँसी नहीं है। जिनकी जिंदगी में हँसी होती है, उन्हें ऐसे क्लबों की जरूरत नहीं पड़ती।

मैं चुप रहा। फिर धीरे से मेरे मुँह से निकला कि शर्मा अंकल कहाँ हैं? आजकल नहीं दिख रहे।

सब के सब मेरी ओर देखने लगे।

सचदेवा अंकल ने ही बताया कि वो अस्पताल में हैं। हफ्ता पहले मैं बाहर दौरे पर गया था, तभी की बात है, शर्मा अंकल सुबह बाथरूम में गिर गए। किसी को पता ही नहीं चला। वो बाथरूम में गिरे रहे। अपने लाफ्टर क्लब नहीं पहुँचे, किसी ने उन्हें नहीं ढूँढ़ा। बेटा तैयार होकर दफ्तर चला गया, बाप के फ्लैट के बंद दरवाजे को देखकर यही सोचता हुआ चला गया कि पापा किसी के घर सुबह चले गए होंगे। बहू भी दफ्तर निकल गई कि पापा अपने आप नाश्ता मँगा ही लेंगे। पोते तो सुबह-सुबह स्कूल चले ही जाते हैं।

शर्मा अंकल बाथरूम में गिरे रहे। बेहोश पड़े रहे।

दोपहर में किसी तरह पता चला कि शर्मा अंकल का दरवाजा सुबह से नहीं खुला है।

फिर तो बेटे को फोन किया गया। डुप्लिकेट चाबी से दरवाजा खोला गया। बाथरूम का दरवाजा भी किसी तरह खोला गया। अंकल जमीन पर गिरे पड़े थे।

अस्पताल भिजवाया गया।

अंकल की आवाज चली गई है। डॉक्टरों ने बताया कि सुबह अचानक उनके दिमाग की कोई नस फट गई और वो बाथरूम में ही गिर पड़े। काफी देर तक पड़े रहे। उनका दिमाग फिलहाल काम नहीं कर रहा। उनके शरीर के एक तरफ का हिस्सा भी काम नहीं कर रहा। इसीलिए वो हँसने नहीं आ रहे।

मैं घर चला आया। जब से आया, यही सोच रहा हूँ कि रोज सुबह-सुबह पार्क में हँसने वाले लोग क्या वाकई में हँसते हैं?

वैसे तो वो लोग इकट्ठा होकर हँसते ही हैं, लेकिन पता नहीं क्यों मुझे उनकी हँसी में हँसी कम, क्रंदन ज्यादा सुनाई पड़ने लगा है। मैं अक्सर सोचता हूँ कि आखिर हँसने के लिए आदमी को इकट्ठा होकर मुँह से ऐसी आवाज निकालने की क्या जरूरत है,

जो उन्हें हँसी का अहसास कराए। क्या हँसना एक स्वाभाविक क्रिया नहीं होनी चाहिए? क्या हमें हँसने के लिए किसी हँसी वाले क्लब का हिस्सा बनकर रोज तय समय पर इसलिए हँसना चाहिए, क्योंकि डॉक्टर कहते हैं कि हँसने से खून बढ़ता है। हँसने से स्वास्थ्य ठीक रहता है। हँसने से तनाव कम होता है।

यह सच है कि हँसना जरूरी है। लेकिन क्या पार्क में हुँआ-हुँआ करना हँसी है?

हँसी एक नैसर्गिक क्रिया है। सचमुच जिनकी जिंदगी में हँसी होती है, उन्हें किसी लाफ्टर क्लब की जरूरत नहीं होती।

□

24 अगस्त

एक बार जूते बनाने वाली एक कंपनी ने एक आदमी को अफ्रीका भेजा कि जाओ और जाकर मार्केट सर्वे करो कि वहाँ जूतों की कितनी खपत हो सकती है। कंपनी अपने बनाए जूतों के लिए नया बाजार तलाश रही थी और इस काम के लिए उसने अपने सबसे बढ़िया कर्मचारी को वहाँ भेजा। आदमी अफ्रीका चला गया, वहाँ कुछ दिन रुका और फिर उसने वहाँ से खबर दी कि यहाँ जूतों का कोई बाजार नहीं। यहाँ जूते बिकेंगे ही नहीं। यहाँ के लोग जूते नहीं पहनते।

कंपनी को बहुत दुःख हुआ। उसके बाजार विस्तार की योजना बेकार सिद्ध हो गई। लेकिन कंपनी को यकीन नहीं था कि दुनिया में ऐसी भी कोई जगह है, जहाँ जूतों की बिक्री एकदम नहीं। कंपनी ने तुरंत एक और मीटिंग बुलाई और एक दूसरे आदमी से कहा गया कि तुम भी अफ्रीका जाओ और जाकर अध्ययन करके बताओ कि उस मुल्क में जूतों का बाजार कैसा है।

दूसरा आदमी अफ्रीका पहुँचा। वहाँ पहुँचकर उसे बहुत खुशी हुई। उसने फौरन कंपनी में तार भेजा कि यहाँ जूतों का बहुत बड़ा बाजार है, क्योंकि यहाँ कोई जूते नहीं पहनता। क्योंकि यहाँ कोई जूतों के बारे में कुछ जानता ही नहीं। दरअसल कोई कंपनी अब तक यहाँ पहुँची ही नहीं, इसलिए मुझे लगता है कि यहाँ के बाजार में काफी उम्मीद है।

उम्मीद, यही वो शब्द है जो आदमी को जिंदा रखता है। जहाँ उम्मीद है, वहीं जीवन है।

मेरे पिता को पैंक्रियाज में कैंसर हो गया था। हमने उन्हें दिल्ली के ऑल इंडिया मेडिकल साइंस अस्पताल में कई डॉक्टरों को दिखाया। एक ऐसा वक्त आया जब डॉक्टरों ने कह दिया कि आप इन्हें घर ले जाइए। ये अब ठीक नहीं हो सकते। इनका ऑपरेशन मुमकिन नहीं। पिताजी एकदम टूट से गए। उन्हीं दिनों हमने किसी अखबार

में एक वैद्य के बारे में पढ़ा। हम अपनी आखिरी उम्मीद के रूप में पिताजी को वैद्य के पास ले गए। वैद्य ने पिताजी को देखा और कहा कि आप चिंता मत कीजिए, बिल्कुल ठीक हो जाएँगे। उसने कुछ दवाएँ दीं और कहा कि आप नियमित रूप से कुछ महीने इसका सेवन कीजिए।

पिताजी इस बात से बहुत चिंतित थे कि बच्चे अभी सेटल नहीं हुए और वो इस भयंकर बीमारी की चपेट में आ गए हैं। उनके भीतर जीने की तब उत्कट चाहत थी। उनके मन में हमेशा यह बात घूमती रहती थी कि उनके चले जाने के बाद बिन माँ के बच्चों का क्या होगा।

उन्होंने वैद्य की बात मान ली नियमित रूप से दवा लेने लगे।

मैं मेडिकल साइंस को चैलेंज करने के लिए आज की पोस्ट नहीं लिख रहा। न ही मेरे ऐसा लिखने के पीछे मेरे मन में ऐसी कोई भावना है कि मैं मेडिकल साइंस पर भरोसा नहीं करता। पर सच यही है कि करीब छह महीने में मेरे पिता बिल्कुल स्वस्थ हो गए। बाद में मैं वैद्य से मिलने गया और मैंने उससे लंबी बात की, तो उन्होंने बताया कि किसी भी इलाज में मरीज के ठीक होने की पहली शर्त होती है उसके भीतर जीने की उम्मीद का होना। और मैंने तुम्हारे पिता की आँखों में झाँक लिया था कि वो तुम लोगों के लिए जीना चाहते हैं। उनके भीतर की उसी उम्मीद ने मुझे यह भरोसा दिया कि वो इस बीमारी से ठीक हो जाएँगे।

यह सच है कि उस बीमारी से ठीक होने के बहुत साल बाद मेरे पिता की मृत्यु फाल्सीफेरम मलेरिया से हुई। उनकी मृत्यु तब हुई जब हम दोनों भाई सेटल हो चुके थे। जिस दिन उनकी मृत्यु हुई, उसके एक दिन पहले उन्होंने मुझे बहुत याद किया था। वो बड़ौदा में थे, मैं दिल्ली में था। कैंसर को चैलेंज करनेवाले मेरे पिता ने फाल्सीफेरम मलेरिया में जीने की उम्मीद पता नहीं क्यों छोड़ दी। मेरे भाई ने मुझे बताया था कि उसने एक रात पहले पिताजी को बताया था कि संजय भैया कल आएँगे। पिता ने कहा था कि कल तो देर हो जाएगी।

खैर, मेरी आज की कहानी सुनाने के पीछे बहुत छोटी सी बात मुझे यह बतानी है कि जो लोग उम्मीद नहीं छोड़ते, उनके लिए जीवन के मायने बदल जाते हैं। मैंने अफ्रीका वाली जो कहानी सुनाई, वो बेशक एक कहानी हो सकती है, लेकिन अपने पिता की जो कहानी सुनाई वो तो मेरी आँखों देखी है। जो मेरी आँखों देखी है, उस पर यकीन नहीं करने का कोई सवाल नहीं उठना चाहिए।

मैं बस इतना कहना चाहता हूँ कि आप चाहे जैसी परिस्थिति में हों, आप चाहे जिन मुश्किलों से गुजरें, पर कभी यह मत कहिएगा कि बहुत देर हो चुकी है। बहुत देर कभी नहीं होती। बहुत देर सिर्फ मन का एक भाव है। आपने मन के उस भाव पर विजय पा ली, तो देर भी सबेर बन जाता है।

आप कभी उम्मीद का साथ मत छोड़िएगा। जो उम्मीद से होते हैं, जीवन उन्हीं के साथ होता है।

कोई बड़ी बात नहीं कि आने वाले बच्चे के लिए भी शायद इसीलिए उम्मीद से होना कहा जाता है।

□

25 अगस्त

कल जब मैंने लिखा था कि मेरे पिता के पैंक्रियाज का कैंसर एक वैद्य की दवा से ठीक हो गया था, तभी मुझे लग रहा था कि कई लोग मुझसे वैद्य का पता माँगेंगे। पर अपनी सच्ची कहानी में जिस बात पर मेरा ज्यादा जोर था, वह वैद्य की दवा से कहीं अधिक पिता के आत्मबल पर था।

मेरे पिता जीना चाहते थे। मेरी माँ के निधन के बाद उन्होंने बहुत दिनों तक मुझे माँ बनकर भी पाला था। उन्हें लगता था कि बच्चों के लिए जीना जरूरी है। उनकी यही चाहत दिल्ली के ऑल इंडिया इंस्टीट्यूट ऑफ मेडिकल साइंस (एम्स) के निराशा भरे स्वर के वावजूद उन्हें वैद्य तक जाने को मजबूर कर गई थी। मेरे लिखने का कतई यह मतलब न लगाएँ कि मैं किसी मरीज को उसके इलाज से दूर कर उसे वैद्य तक जाने के लिए उकसा रहा हूँ।

मैं ऐसा कर भी सकता था, अगर सचमुच वैद्यों ने अपनी विद्या को विज्ञान की कसौटी पर कसकर उसका दस्तावेज तैयार किया होता।

अंग्रेजी साइंस ने क्या किया है?

आप सरदर्द की एक दवा खाते हैं, वो क्या होता है? कुछ रासायनिक तत्त्वों का मिश्रण ही तो होता है, जिसके बारे में हमें पता होता है कि वह शरीर पर कहाँ क्या असर डालेगा। अंग्रेजी दवा भी तो वनस्पति से निकला रसायन ही है। एक-एक वनस्पति का गहरा अध्ययन और उसे करीने से दर्ज कर उस पर किया गया शोध विज्ञान है। आयुर्वेद खानदानी तरीके से अनुभव के वृक्ष पर फलने वाला एक फल है। अगर गौर से देखेंगे तो दोनों विद्या एक ही हैं। बस फर्क इतना है कि एक पूरी तरह डॉक्युमेंटेड है, एक को हमने छुपाकर रखा। मुझे नहीं पता कि हमने ऐसी गलती क्यों की कि तमाम ज्ञान को नानी-दादी के ज्ञान में समेटकर रख लिया। आज भी पेट दर्द में मैं पहले आजवाइन खाकर पानी पी लेता हूँ। यह मेरी दादी की बताई हुई दवा है।

कभी दस्त की तकलीफ हो तो कच्ची चाय खाकर पानी पीते ही मुझे आराम हो जाता है। और पेट में तकलीफ के रूप में मेरी पसंदीदा तीसरी दवा पुदीन हरा है।

फिर वैद्य के नाम पर ढेर सारे नीम हकीमों का जन्म हुआ, इस कारण भी लोगों की आस्था वैद्यों से हटी। पर यह भी एक सच है कि आज भी कुछ वैद्य हैं, जो असाध्य रोगों का इलाज कर देते हैं। उन्हीं में से एक वैद्य थे, बालेंदु वैद्य। उन दिनों वो मेरठ में रहा करते थे और हमने कहीं पढ़ लिया था कि वो कैंसर का इलाज करते हैं। जाहिर है कि हमारे पास दिल्ली के एम्स में दिखा पाने की सुविधा थी, इसलिए हमने एम्स को ही पहले चुना। ढेर सारे टेस्ट और कई तरह के इलाज में पिताजी का स्वास्थ्य और बिगड़ गया। मुझे याद है कि उनका वजन करीब तीस किलो तक पहुँच गया था। वो हाड़-मांस के पुतला भर नज़र आने लगे थे। हमने एक बिंदु पर उम्मीद छोड़ दी थी, पर पिताजी ने उम्मीद नहीं छोड़ी थी। उन्हें अपने जीने से कहीं अधिक हमारे जीने की चिंता थी।

ऐसे में जब वो वैद्य के पास गए, तो वैद्य ने उनकी आँखों में उनकी इसी चाहत को पढ़ लिया।

मुझे ठीक से नहीं याद कि वो वैद्य जिन्होंने पिता का इलाज किया था, वो बालेंदु ही थे या उनके पिता थे। पर इतना याद है कि बालेंदु एक नौजवान वैद्य थे और उनके पिता काफी बुजुर्ग थे। हालाँकि उनके पिता ने ही वैद्य का काम शुरू किया था और मेरे पिता से उनके पिता की लंबी बात होती थी। मैंने बहुत बाद में उनके विषय में पता करने की कोशिश की थी तो यही पता चला था कि वो लोग मेरठ से चले गए। जब मैंने पता किया था, तब बालेंदु वैद्य के पिता का निधन हो चुका था।

बालेंदु वैद्य के पिता ने मेरे पिता से कहा था कि आप जरा भी परेशान न हों, ठीक हो जाएँगे। चूँकि एम्स ने हमें नहीं कह दिया था, इसलिए हमारे पास उनकी बातों पर यकीन करने के सिवा और कोई चारा भी नहीं था। उनपर किया गया यकीन काम आया। पिताजी सचमुच छह महीने में ठीक हो गए। उन्होंने दो बार पिताजी को देखा था, फिर वो पोस्ट से दवा भेज दिया करते थे। छह महीने में पिताजी का खोया हुआ वजन लौट आया और वो दफ्तर जाने लगे।

इतनी कहानी लिखने के पीछे सिर्फ मैं आपको इतना भर बताना चाहता हूँ कि सचमुच वैद्यों ने अपनी विद्या को सहेजकर रखा होता, अपनी विद्या का प्रचार और प्रसार किया होता तो आज यह अंग्रेजी इलाज से कम न होता।

हमने अपनी विद्या पर भरोसा ही नहीं किया।

हमने उस विद्या पर भरोसा नहीं किया, जिस विद्या का पहला पाठ ही भरोसा है। बालेंदु वैद्य के पिता ने मेरे पिता से कहा था कि अगर आप यह भरोसा करेंगे कि आपको बिल्कुल ठीक होना ही है, अगर आप यह भरोसा करेंगे कि कैंसर लाइलाज बीमारी नहीं है, तो मेरा यकीन कीजिए आप ठीक हो जाएँगे। उन्होंने बहुत धीरे से बुदबुदा कर पिताजी से कहा था कि जब आप शिद्दत से ठीक होना चाह लेंगे तो सारी कायनात आपको ठीक करने में लग जाएगी।

मुझे नहीं पता कि वैद्य ने जो बात पिता से कही थी, वह शाहरुख खान को कैसे पता चल गई और उन्होंने फिल्म 'ओम शांति ओम' में यह वाला डायलॉग बोल दिया।

पर सच यही है कि आदमी जब किसी चीज को शिद्दत से चाह लेता है, तो सारी कायनात उसे उससे मिलाने में लग जाती है। असल बात है शिद्दत से चाहना।

मेरे कहने से आप एक बार कुछ भी शिद्दत से चाह कर तो देखिए। सारी कायनात आपके काम को अनजाम देने में न जुट जाए तो कहिएगा।

□

26 अगस्त

घटोत्कच की कहानी तो आप सबने सुनी ही होगी। आपको यह पता ही होगा कि घटोत्कच भीम का बेटा था, जो हिडिंबा से हुआ था। मुझे इस बात में भी कोई संदेह नहीं कि आपको यह भी पता होगा कि वह संसार के सबसे शक्तिशाली व्यक्तियों में से एक था। सबसे शक्तिशाली यानी उसे मार पाना किसी के लिए भी संभव नहीं।

अब आप सोच रहे होंगे कि सुबह-सुबह संजय सिन्हा कहाँ से घटोत्कच की कहानी उठा लाए। अरे आदमी सुबह-सुबह राम और कृष्ण के नाम लेता है, ये घटोत्कच कहाँ से आज का हीरो बन बैठा?

मेरा यकीन कीजिए, घटोत्कच आज भी मेरी कहानी का हीरो नहीं है। कहानी का हीरो तो आज भी कृष्ण को ही बनना है। लेकिन बात शुरू करने के लिए मैंने घटोत्कच की चर्चा छेड़ी है। बस इतना बता दूँ कि भीम ने हिडिंबा से हुए बेटे का नाम घटोत्कच इसलिए रखा था, क्योंकि जन्म से ही उसके सिर पर एक भी बाल नहीं था। खैर, कहानी आगे बढ़ाता चलूँ।

हुआ यह कि कर्ण को इंद्र से वरदान के रूप में अमोघ बाण प्राप्त था। यह एक ऐसा बाण था, जिसे जिसके नाम पर चलाया जाता, उसका बच पाना असंभव ही था। कर्ण ने यह बाण सिर्फ और सिर्फ अर्जुन के लिए सुरक्षित रख छोड़ा था। वो जानता था कि बाकी किसी को मार देना बहुत मुश्किल नहीं, लेकिन अर्जुन को मार पाना नामुमकिन है। ऐसा भी नहीं था कि अर्जुन कर्ण से ज्यादा बड़ा धनुर्धर था, लेकिन कर्ण को यह पता था कि अर्जुन के साथ कृष्ण हैं। और जिसके साथ साक्षात् भगवान ही खड़े हों, उसे मार पाना इतना आसान भी नहीं था। ऐसे में उसने अमोघ बाण को सुरक्षित रख छोड़ा था, अर्जुन के लिए। अमोघ बाण के छूटने का मतलब अर्जुन की मृत्यु तय।

महाभारत का युद्ध चरम पर था। अब मुकाबले की वो घड़ी आ चुकी थी, जब सीधे-

सीधे कर्ण और अर्जुन के बीच टक्कर होनी थी। अर्जुन अपने मन में चाहे जितने आत्मबल से भरे हों, लेकिन कृष्ण जानते थे कि अगर कर्ण ने अमोघ बाण का इस्तेमाल कर लिया तो अर्जुन नहीं बचेंगे। फिर क्या किया जाए? युद्ध शुरू हो चुका था। कर्ण कहर बनकर पांडव सेना पर टूट पड़े थे। अचानक कृष्ण ने युद्ध की नीति बदली और घटोत्कच को सामने कर दिया।

दुनिया का सबसे शक्तिशाली व्यक्ति अचानक युद्ध में सामने आ गया। घटोत्कच बिजली बनकर कौरवों की सेना पर बरसने लगा। उसने कौरवों की आधी से ज्यादा सेना का सफाया कर दिया। ऐसा लगने लगा कि अकेला घटोत्कच ही युद्ध की दिशा तय कर देगा। अब क्या किया जाए?

आखिर हार कर दुर्योधन ने कर्ण से कहा कि तुम्हारे पास तो एक अमोघ बाण है। सुना है कि उसके निशाने पर आने वाला जीवित नहीं रह सकता। तो, तुम उसका इस्तेमाल इस बिना बाल वाले चिकने राक्षस पर करो, वरना समझो आज शाम तक युद्ध खत्म।

कर्ण बहुत बिलबिलाया, "अरे, इस पर इसका इस्तेमाल कर दूँगा तो फिर अर्जुन को कैसे मार पाऊँगा?"

"मुझे कुछ नहीं पता। मुझे तो यह राक्षसी पुत्र मरा हुआ चाहिए, बस।"

अच्छा! और कर्ण ने अपना अमोघ बाण चला दिया। जैसा कि तय था, अमोघ बाण से कोई बच ही नहीं सकता था, घटोत्कच मारा गया।

पांडव सेना में शोक की लहर फैल गई। घटोत्कच मारा गया। किसी को यकीन ही नहीं हुआ कि घटोत्कच मारा जा सकता था। अरे, जिसने अकेले कौरवों की आधी सेना साफ कर दी हो, वो एक बाण से मारा गया। युधिष्ठिर तक शोक में डूब गए। भीम तो विलाप ही करने लगे। अर्जुन का चेहरा भी लटका था। किसी ने भोजन तक नहीं किया। सबके चेहरे लटके हुए थे। पर कृष्ण चुपचाप अपनी जगह पर बैठकर मुस्कुरा रहे थे।

आखिर युधिष्ठिर उठकर कृष्ण के पास गए।

"द्वारिकाधीश, मेरी समझ में नहीं आ रहा कि जब पूरी पांडव टीम शोक में डूबी है, आप घटोत्कच की मौत पर मुस्कुरा क्यों रहे हैं?"

"बड़े भैया, यह आप समझ जाते तो फिर बात ही क्या थी। यह सच है कि घटोत्कच

जैसे वीर की मौत पर मातम मनाना चाहिए। लेकिन सोचिए, घटोत्कच मारा ही नहीं जाता अगर उस पर अमोघ बाण का इस्तेमाल नहीं किया जाता। और अगर उस पर अमोघ बाण का इस्तेमाल नहीं होता, तो उस बाण का इस्तेमाल अर्जुन पर होता। अर्जुन पर होता तो अर्जुन मारा जाता। मैंने कर्ण के उस हथियार को खर्च कराने के लिए घटोत्कच को खर्च कर दिया है। मेरे लिए दुनिया के सबसे शक्तिशाली व्यक्ति के बचने से ज्यादा जरूरी सबसे विवेकशील व्यक्ति का बचे रहना जरूरी था। मेरे लिए अर्जुन का बचे रहना जरूरी था। अर्जुन मारा जाता, तो आप युद्ध जीत कर भी हार जाते।''

मैंने जितनी बार यह कहानी सुनी, पढ़ी, मेरे मन में सिर्फ एक ही बात आती रही।

जिनके साथ भगवान होते हैं, अमोघ बाण भी उनका कुछ नहीं बिगाड़ सकते। और भगवान उन्हीं के साथ होते हैं, जो विवेकशील होते हैं। करोड़ों लोगों की भीड़ और कंधे पर राइफल लटका कर कोई भी शक्ति का चाहे जितना प्रदर्शन कर ले, पर विवेकशील होना बहुत जरूरी है, किसी भी युद्ध को जीतने के लिए।

□

30 अगस्त

एक बहुत ज्ञानी व्यक्ति था। वो अपनी पीठ पर ज्ञान का भंडार लादकर चला करता था। सारी दुनिया उसकी जयकार करती थी। ज्ञानी अपने ज्ञान पर दंभ करता इतराता फिरता था। एक बार वो किसी पहाड़ी से गुजर रहा था, रास्ते में उसे भूख लग आई। उसने इधर-उधर देखा, कुछ दूरी पर एक बुढ़िया पत्थरों के पीछे अपने लिए रोटी पका रही थी। ज्ञानी व्यक्ति उसके पास पहुँचा और उसने उससे अनुरोध किया कि क्या वो उसे भी एक रोटी खिला सकती है?

बुढ़िया ने कहा, ''जरूर खिला सकती हूँ।''

आदमी ने कहा कि लेकिन उसके पास देने को कुछ नहीं है, हाँ ज्ञान है और वो चाहे तो उसे थोड़ा ज्ञान दे सकता है।

बुढ़िया ने कहा कि ठीक है। तुम रोटी खा लो और मुझे मेरे एक सवाल का जवाब दे दो।

आदमी ने कहा कि पूछो अपना सवाल।

बुढ़िया ने पूछा कि तुमने अभी-अभी जो रोटी खाई है, उसे तुमने अतीत के मन से खाई है, वर्तमान के मन से खाई है या फिर भविष्य के मन से खाई है?

आदमी अटक गया। उसने अपनी पीठ से ज्ञान की बोरी उतारी और उसमें बुढ़िया के सवाल का जवाब तलाशने लगा। हजारों पन्ने पलटने के बाद भी उसे उसके सवाल का जवाब नहीं मिला। बहुत देर हो चुकी थी। बुढ़िया को लौटना था। आखिर में उसने उस ज्ञानी से कहा कि तुम रहने दो। इस सवाल का जवाब इतना भी कठिन नहीं था। जिंदगी में हर सवाल के जवाब कठिन नहीं होते। इसका तो बहुत सीधा सा जवाब था कि आदमी रोटी मुँह से खाता है, न कि अतीत, वर्तमान या भविष्य के मन से। वो तो तुम ज्ञानी थे, बड़े आदमी थे, तुमने अपने ज्ञान के बूते खुद को दुरूह बना

लिया है, इसलिए हर सवाल के जवाब तुम पीठ पर लदे ज्ञान के बोझ में तलाशते हो, वरना जिंदगी को सहज रूप में जीने के लिए तो सहज ज्ञान की ही दरकार होती है।

माँ ऐसी कहानियाँ सुनाकर हमेशा यह कहा करती थी कि सहजता से बढ़कर जीवन को जीने का कोई दूसरा मूलमंत्र नहीं है। जब आदमी सहज होता है, तो संतोषी होता है। जीवन के सफर को सुखमय बनाने का यह सबसे आसान फॉर्मूला है। माँ कहती थी कि जो चीज जैसी है, उसे उसी तरह स्वीकार करने की कोशिश करनी चाहिए।

मैं बहुत से लोगों को जानता हूँ, जिनके पास बहुत कुछ है, लेकिन जीवन को सहजता से जीने का मंत्र न होने के कारण उन्होंने अपने लिए कई बड़ी मुसीबतें खड़ी कर ली हैं। ऐसे लोग बड़ी-बड़ी कंपनियाँ चलाना जानते हैं, उनमें मुनाफा कमाना भी जानते हैं। बड़ी-बड़ी इमारतें खड़ी कर लेते हैं, उसमें ढेरों सुविधाएँ जुटा लेते हैं, पर जब अपनी जिंदगी जीने की बात आती है, तो उलझ जाते हैं। वो जिंदगी को कंपनी और जीवन को व्यापार मान कर यह देखने लगते हैं कि उनकी जिंदगी कैसी गुजरी है। दुनिया की निगाह में तो वो अमीर होते हैं, लेकिन जो उन्हें बहुत करीब से जानते हैं, वो जानते हैं कि उनकी अमीरी उस ज्ञानी के ज्ञान की तरह होती है, जिसे वो पीठ पर बस लादे फिरता था। ऐसे लोग मुंबई में, इंग्लैंड में मकानों के मालिक बन जाते हैं, कंपनियों के सीईओ भी बन जाते हैं, कंपनी की बड़ी-से-बड़ी मुश्किलों को पट से सुलझाने की विद्या जानते हैं, पर जब खुद जीने का मौका आता है, तो चूक जाते हैं।

काश! ये लोग समझ पाते कि कंपनियों को मुनाफा दिलाने वाला ज्ञान बाजार में भले मिल जाए, पर जीवन जीने का ज्ञान अनुभव के विद्यालय में मिलता है। कंपनी चलाना आसान होता है, जीवन चलाना मुश्किल होता है। कंपनी चलाने के लिए संसार में कई विश्वविद्यालय खुले हैं, पर जीवन चलाने के लिए माँ की गोद नसीब होनी चाहिए।

जो बचपन में रिश्तों के तार जोड़ना सीख जाते हैं, वही जीवन रूपी बल्ब की रोशनी में जीते हैं। जिन्हें रिश्तों के तार जोड़ने नहीं आते, वो चाहे हार्वर्ड में पढ़ाई कर लें, या ऑक्सफोर्ड में, उनके जीवन में अंधकार ही होता है। सबके रहते भी वो अकेले होते हैं। जो रिश्तों की मर्यादा का पाठ नहीं पढ़ पाते, उनकी सारी पढ़ाई व्यर्थ चली जाती है।

जिन दिनों माँ बहुत बीमार थी और कैंसर की वजह से जिंदगी के आखिरी पड़ाव पर लेटी थी, मैं अपना बहुत समय माँ के साथ गुजारा करता था। माँ बहुत धीरे-धीरे बोलती थी, पर वो मुझे हर पल जीवन को जीने का पाठ सिखाया करती थी। उसे पता था कि उसके चले जाने के बाद उसका बेटा स्कूल और कॉलेज की पढ़ाई तो पूरी कर

लेगा, पर जीवन की पढ़ाई कौन कराएगा? इसलिए वो जितने भी दिन रही, मुझे कुछ-न-कुछ नया कहानियों के माध्यम से समझाया करती थी। उसके पास कहानियों का भंडार था। उसकी कई कहानियों का निष्कर्ष इस बात के इर्द-गिर्द रहता कि अपने लिए जो भी रिश्ते बनाना उसमें सहजता रखना।

उसका एक संदेश बहुत स्पष्ट होता था कि लोग भले कहें कि जो हम पाएँगे, वही देंगे, लेकिन तुम इसकी जगह यह सोचना कि जो तुम दोगे, वही पाओगे।

आज उम्र के इस पड़ाव पर आकर तीन बातें तो मैं पूरी तरह मानने लगा हूँ—जीवन में हर सवाल का जवाब ज्ञान की पीठ पर सवार नहीं होता। कंपनी चलाने से ज्यादा जरूरी है जीवन चलाने का पाठ समझना। और जो हम देंगे, वही पाएँगे।

चलते-चलते—

जो रिश्तों के तार जोड़ना जानते हैं, वही जीवन रूपी बल्ब की रोशनी में जीते हैं। जिन्हें रिश्तों के तार की अहमियत नहीं पता, उनका जीवन अंधकार में गुजरता है।

□

2 सितंबर

कभी-कभी हम किसी के मुँह से ऐसा कुछ सुन लेते हैं कि मन खिल उठता है।

ऐसा ही हुआ कल जब मैंने गाड़ी में बैठते ही ड्राइवर से बात शुरू कर दी। आमतौर पर गाड़ी में मैं फोन पर मेल चेक करता हूँ और हमारी बहुत कम बात हो पाती है। पर कल मैंने बहुत दिनों बाद उससे बातचीत शुरू की।

मुझसे तो उसकी कम बात होती है, लेकिन मेरी पत्नी जब कभी उसके साथ गाड़ी में जाती है, तो उसके घर-परिवार का हालचाल जरूर पूछती है।

"घर में सब कैसे हैं? पत्नी कैसी है? बच्चे ठीक हैं न?"

मेरी पत्नी का मानना है कि जो लोग हमसे जुड़े हैं, उनका दु:ख-सुख हमसे जुड़ा है और इसीलिए वो उन सबसे समय-समय पर पूरा हालचाल पूछ लेती है। घर में काम वाली अगर देर से आए, तो उसे डाँटने की जगह वो उससे पूछती है कि सब ठीक है न?

और फिर शुरू हो जाती है कामवालियों की अंतहीन कहानियाँ।

पति ने रात में शराब पी, उसे पीटा। बच्चे को भी मारा। बहू ने तंग किया। यहाँ से घर जाकर सबके लिए खाना उसे ही बनाना पड़ता है। और ढेर सारी बातें।

बात यहीं खत्म नहीं होती। कभी-कभी सारे स्टाफ की कहानियों का निचोड़ मुझे देर रात घर लौटने के बाद सुनने को भी मिलता है। फलाँ की तबीयत खराब है, उसके घर में बहू ने उसे तंग किया हुआ है, ड्राइवर की दो बेटियाँ हैं, उसकी छोटी बेटी को बुखार हो गया था। बड़ी बेटी स्कूल जाने लगी है।

ऐसी ढेरों कहानियाँ होती हैं, जिन्हें मैं सुनता हूँ, मुस्कुराता हूँ। जिनमें मदद की दरकार होती है, पत्नी खुद ही कर देती है।

तो, मैंने बताया न कि कल मैंने गाड़ी में बैठते ही ड्राइवर से यूँ ही उसका हालचाल पूछ लिया। वो धीरे-धीरे बताता रहा कि घर में सब ठीक है। बड़ी वाली बेटी अब स्कूल जाने लगी है। छोटी वाली तो बहुत छोटी है।

ड्राइवर की उम्र बहुत कम है। मुझे याद है कि चार साल पहले ही उसकी शादी हुई थी। ऐसे में उसकी दो बेटियाँ हो चुकी हैं। मैंने बात-बात में उसे टोका कि तुम्हारी दो बेटियाँ हो चुकी हैं, घर में बेटा पैदा करने के लिए दबाव तो नहीं डाला जा रहा?

उसने कहा, "नहीं सर। अब नहीं। दबाव हो तो भी नहीं। दो बेटियाँ हो चुकी हैं और हम बहुत खुश हैं।"

"कहीं ऐसा तो नहीं कहा जा रहा कि बेटा नहीं हुआ तो वंश कैसे चलेगा?"

ड्राइवर कुछ देर चुप रहा। मैं पीछे की सीट पर बैठकर शीशे में उसके चेहरे को देख रहा था। थोड़ी देर की चुप्पी के बाद उसने मुस्कुराते हुए कहा कि सर किसी सिनेमा में एक डायलॉग था, "हम क्या डायनासोर हैं, जो बेटे नहीं हुए तो हमारा वंश ही खत्म हो जाएगा?"

है तो यह किसी सिनेमा का डायलॉग ही। लेकिन चलती गाड़ी में मेरा मन किया कि ताली बजाने लगूँ।

बहुत कम शब्दों में कितनी बड़ी बात ड्राइवर ने कही। उसने आगे कहा कि अगर वंश की ही बात है, तो बेटियों की शादी होगी, उनके बच्चे भी तो हमारे ही अंश होंगे। और क्या होता है वंश?

उसके इतना कहने के बाद मैं सारे रास्ते खामोश रहा। सोचता रहा कि काश हमारे देश में हर आदमी इस डायलॉग को आत्मसात कर ले कि हम डायनासोर नहीं हैं, जिसका वंश बेटा नहीं होने से खत्म हो जाएगा। मैं तमाम पढ़े-लिखे लोगों को जानता हूँ, जो तीन-चार बेटियों के बाद भी इस इंतजार में हैं कि एक बेटा हो जाए। मेरे एक रिश्तेदार ने तो एक बेटे की चाहत में छह बेटियाँ पैदा कर ली हैं।

मेरे घर से दफ्तर की दूरी कुल दस किलोमीटर की है। करीब 20 मिनट में मैं दफ्तर पहुँच जाता हूँ। उन 20 मिनटों में मेरे कानों में हजार बार यह डायलॉग गूँजा कि आदमी डायनासोर नहीं होता, जिसे अपना वंश बचाने के लिए बेटे की दरकार हो।

मेरे मन में कई बार यह ख्याल आया कि बेटियों को बचाने की जितनी मुहिम हमारे देश में चलाई जाती है, उन सब में इस डायलॉग को शामिल किया जाना चाहिए कि

जिनके बेटे नहीं होते उनका वंश खत्म नहीं हो जाता। बेटियाँ भी हमारा ही अंश हैं।

आज की पोस्ट मैं उन सभी लोगों को समर्पित करता हूँ, जिन्होंने बेटियों को अपना अंश माना है, और उसे ही अपना वंश माना है। आज की पोस्ट मैं उन लोगों तक पहुँचाना चाहता हूँ, जो एक बेटे के इंतजार में छह बेटियाँ पैदा करके बैठे हैं। आज मैं अपनी पोस्ट उन लोगों तक भी पहुँचाना चाहता हूँ, जो बेटियों को हेय दृष्टि से देखते हैं।

आज मैं अपने ड्राइवर की बात को दुहराते हुए बेटियों के बाप से, माँ से, दादा-दादी से यह कहना चाहता हूँ कि आप आदमी हैं। आप डायनासोर नहीं हैं। अपने मन से वंश का दंश निकाल फेंकिए और बेटियों को अपना अंश मान लीजिए।

आपका ये अंश आपके बड़े-से-बड़े वंश से ज्यादा सार्थक सिद्ध होगा।

□

3 सितंबर

कल मेरे दफ्तर में अनिल कपूर और जॉन अब्राहम आए थे। दोनों अलग-अलग गाड़ियों में थे। जॉन गाड़ी से पहले उतर गए, अनिल किसी से फोन पर बात कर रहे थे। मैं जॉन को लेकर गेस्ट रूम में चला गया और वहाँ उन्हें बिठा दिया। मैं उनसे चाय-कॉफी पूछ ही रहा था कि अपनी बात खत्म कर अनिल कपूर भी कमरे में चले आए।

जैसे ही अनिल कमरे में आए, जॉन खड़े हो गए। उन्होंने अनिल से बैठने का इशारा किया और जब तक अनिल कपूर कुर्सी पर बैठ नहीं गए, जॉन खड़े ही रहे।

मुझे बहुत आश्चर्य हुआ।

दोनों फिल्मी कलाकार हैं। दोनों साथ में काम करते हैं। फिर जॉन अनिल के लिए खड़े क्यों हो गए?

जब मैं छोटा था, एक दिन हमारे घर मेरे स्कूल के उपेंद्र मास्टर पिताजी से मिलने घर आए थे। मास्टर साहब बाहर बरामदे में बैठे थे। मैं अपने कमरे से निकलकर खेलने जा रहा था। मास्टर साहब पर मेरी निगाह पड़ी और मैं वहीं से जोर से चिल्लाया, प्रणाम मास्टरजी। और निकल पड़ा बाहर।

माँ ने उपेंद्र मास्टर को मेरा प्रणाम करना देख लिया था। जैसे ही मैं बाहर निकला, माँ ने मुझे आवाज दी।

''संजू, इधर आओ।''

मैं हाथ में क्रिकेट का बल्ला लिये माँ के सामने था।

उन्होंने उपेंद्र मास्टर की ओर इशारा किया और कहा कि मास्टर साहब के पाँव छूकर उन्हें प्रणाम करो।

मैं जल्दी में था, मैंने फटाफट पाँव छुए और चलता बना।

शाम को जब मैं खेलकर घर आया तो माँ ने मुझे पास बिठाकर एक कहानी सुनाई।

"एक राजा था। वो बचपन में पढ़ नहीं पाया था। राजा बनने के बाद उसने अपने मंत्रियों से एक ऐसे गुरु को तलाशने को कहा, जो उसे कुछ पढ़ा सकें।

मंत्रियों ने राजा के लिए एक ऐसे गुरु की तलाश कर ली।

गुरु रोज राजा के पास आते, उसे पढ़ाते। पर राजा की समझ में कुछ नहीं आता। उसने बहुत कोशिश की, बहुत मेहनत की पर उसे गुरु की बातें समझ में आतीं भी तो याद नहीं रहतीं।

एक दिन राजा ने मंत्रियों से इस समस्या पर चर्चा की। मंत्रियों ने गुरु को बुलाकर पूछा कि आप बाकी जिन लोगों को पढ़ाते हैं, वो सब तो ज्ञानी बन गए हैं, पर राजा को आपकी विद्या क्यों समझ में नहीं आ रही?

गुरु ने बहुत धीरे से कहा कि राजन अगर सिंहासन छोड़कर मेरे सामने जमीन पर बैठकर पढ़ाई करें तो उन्हें जल्दी लाभ मिलेगा।

बहुत बड़ी समस्या थी। राजा जमीन पर बैठे और गुरुजी उनके सामने कुर्सी पर!

बात राजा तक पहुँची। राजा आग बबूला हो गया। फौरन गुरु को उसके सामने पेश किया गया।

"गुरु, तुम्हारी इतनी हिम्मत कि तुम ऊपर बैठोगे और मैं नीचे बैठकर ज्ञान प्राप्त करूँगा?"

"हाँ राजन! शिक्षा का पहला पाठ ही यही है—अंहकार का त्याग। माना कि आप राजा हैं, मैं एक मामूली शिक्षक। लेकिन जब तक आप अपने अहंकार का त्याग नहीं करेंगे, मेरी सिखाई हुई विद्या आपके भीतर नहीं समाहित होगी। मैंने और आपने, दोनों ने यह कोशिश करके देख ली है।

"अब मेरा कहा मानिए, आप कुछ दिनों के लिए मन से यह भाव निकलाने की कोशिश करें कि आप राजा हैं।"

राजा ने बहुत सोचा और गुरु की बात मान ली।

अगले दिन से सचमुच राजा को सारी बातें समझ में आने लगीं। और धीरे-धीरे उसने

सारा ज्ञान प्राप्त कर लिया।

माँ कहती थी कि तुम्हारा कोई बड़ा सामने हो तो, तुम्हें उसकी इज्जत करनी चाहिए। मास्टर सामने हों तो पाँव छूकर ही प्रणाम करना चाहिए। ऐसे भागते हुए प्रणाम कहना न सिर्फ उद्दंडता है, बल्कि तुम्हारी शिक्षा में बाधक भी है। गुरु के आशीर्वाद के बिना ज्ञान प्राप्त हो ही नहीं सकता। अपने से बड़ों के आगे झुकना कमजोरी नहीं विनम्रता की निशानी है। और विनम्र होना आदमी के संस्कारी होने की निशानी है।

कल जब मैंने जॉन अब्राहम को अनिल कपूर के सामने खड़ा देखा तो माँ की वो कहानी खूब याद आई। सिनेमा में और चाहे जो हो, पर यह सच है कि वहाँ सीनियर और जूनियर के बीच एक अनकहा रिश्ता खूब निभता है। जो इन रिश्तों को निभाते हैं, वहीं टिकते हैं। वरना जिन लोगों ने अहंकार दिखाने की कोशिश की है, उन्हें मिटते हुए भी मैंने देखा है।

''विद्या विनय देती है, विनय से पात्रता आती है, पात्रता से धन की प्राप्ति होती है, धन से धर्म और धर्म से सुख की प्राप्ति होती है।''

□

6 सितंबर

मेरे एक परिचित की पत्नी अपने पति की माँ को देखना नहीं चाहती। यानी सास और बहू, जब आमने-सामने होती हैं, तो दोनों एक दूसरे पर शब्दों से ऐसे प्रहार करती हैं कि देखने और सुननेवाला दहल जाए। मुझे नहीं पता कि दोषी कौन है? पर मुझे यह पता है कि सास-बहू के इस झगड़े के क्रम में पूरा घर पिस रहा है।

सास-बहू के बीच तनातनी की कहानियाँ नई नहीं हैं। पर मेरा परिचित इन दिनों जितना परेशान है, उसमें जब भी वो मुझसे मिलता है, मैं उससे यही कहता हूँ कि तुम अपना रिश्ता तोड़ लो।

मेरा परिचित मुझसे पूछता है कि किससे रिश्ता तोड़ लूँ? माँ से या पत्नी से? और अब तो एक बच्चा भी है, तो क्या बच्चे से भी रिश्ता तोड़ लूँ?

अजीब स्थिति है। सचमुच मेरा परिचित किससे रिश्ता तोड़ ले?

कई साल पहले, जब मैं कॉलेज में पढ़ता था, तब हमारे घर में कुछ काम हुआ। काम के दौरान एक बड़ा सा आईना हमने छत पर छोड़ दिया। एक दिन मैं यूँ ही छत पर टहल रहा था कि मेरी निगाह आईने पर गई। मैंने देखा कि आईने पर जगह-जगह खून के निशान लगे हुए हैं। मैं बहुत हैरान हुआ। मुझे बहुत आश्चर्य हुआ कि आईने के ऊपर ये निशान कैसे? मैंने अपनी बहन को छत पर बुलाया, वो भी हैरान रह गई कि आखिर आईने पर इतने सारे छोटे-छोटे खून के निशान कहाँ से आए। हम दोनों ने बहुत दिमाग दौड़ाया। आईना कुछ दिन पहले तक कमरे में था, तब तो बिल्कुल ठीक था। लेकिन छत पर ऐसे रख दिए जाने से इसमें क्या हो गया?

आईना बड़ा सा था और हमें उसकी फिलहाल जरूरत नहीं थी, इसलिए वो छत पर पड़ा था। पर यहाँ तो उसे देखकर ऐसा लग रहा था, मानो किसी को अपने चेहरे से ही नफरत हो और उसने उस आईने पर एक तरह से हमला कर रखा था। आईना टूटा

नहीं था, पर उसकी सतह पर जगह-जगह खून के छींटे लगे थे।

हमने तय किया कि हम इस राज को जानेंगे कि आखिर कौन है, जिसने इस आईने में अपने चेहरे को देखकर खुद को लहूलुहान किया है।

हमने आईने को जस का तस छोड़ दिया।

अगले दिन सुबह हम छत पर पहुँच गए। हम चुपचाप कोने में बैठ गए और यह देखने की कोशिश करने लगे कि आखिर इस आईने पर कौन हमला करने आता है।

हमें बहुत लंबा इंतजार नहीं करना पड़ा। कुछ देर में हमने देखा कि कई गौरैया कहीं से उड़ती हुई आईं और छत पर बैठ गईं। जाहिर है, वो वहाँ कुछ चुगने आई थीं। अचानक हमने देखा कि एक गौरैया उस आईने के पास पहुँची। शायद उसे आईने में अपनी तस्वीर दिखी। पहले वो थोड़ा घबराई। फिर वो धीरे से और करीब पहुँची।

बड़े से आईने में अपना प्रतिबिंब देखकर वो चुपचाप वहाँ खड़ी हो गई। फिर वो आईने के एकदम करीब गई और चोंच से उसने अपने प्रतिबिंब पर चोट की। जाहिर है, उसने चोट की, तो उसे भी चोट लगी।

उसके बाद तो जो हुआ उसे देखकर हमारे रोंगटे खड़े हो गए। मेरी बहन तो तुरंत नीचे भाग गई। पर मैंने देखा कि उस छोटी सी गौरैया ने न जाने कितनी बार अपनी चोंच से अपने प्रतिबिंब पर हमला किया। इस क्रम में उसकी चोंच से खून रिसने लगा था, जिसके छींटे आईने पर जमा हो रहे थे। इस बीच कई और गौरैया वहाँ पहुँचीं और उन्होंने भी उस आईने पर हमला कर दिया। जब वो बहुत चोटिल हो जातीं, तो फिर उड़कर चली जातीं। कहाँ जातीं, उनका क्या होता, यह मुझे नहीं पता था।

पर पक्षी का आईने से यह युद्ध मुझे बहुत हैरान करनेवाला था।

मैंने उस आईने को तुरंत वहाँ से हटा दिया। पर मेरे मन में यह बात अटकी रही कि आखिर यह छोटी सी चिड़िया क्यों आईने में अपने प्रतिबिंब को देखकर हमला कर बैठती है। आमतौर पर घर की छत पर जब भी यह नन्ही सी चिड़िया आती, तो अकेले नहीं आती थी। हमेशा झुंड में कई चिड़ियों के साथ आती थी। सारा दिन घर में उनकी चीं-चीं सुनाई देती थी। उनके चहचहाने से सारा घर चहक उठता था। मैंने किसी गौरैया को दूसरी गौरैया से कभी लड़ते नहीं देखा। फिर आईने में अपने प्रतिबिंब से उनका यह युद्ध क्यों?

क्या उस आईने में दिखनेवाली चिड़िया उसके समूह की नहीं इसलिए? क्या वो चेहरा

उसके लिए नया है इसलिए? मैं कारण कभी नहीं जान सका।

पर मैं जो जान सका, वो बस इतना ही कि वो नन्ही-सी चिड़िया जो अपनी जैसी एक नन्ही-सी चिड़िया पर हमला कर बैठती थी, धीरे-धीरे उसी का वजूद मिटने लगा।

मेरे शहर में अब गौरैया इक्का-दुक्का कहीं दिख जाती हैं, पर उनका समूहगान अब नहीं सुनाई पड़ता। गौरैयाओं के कम हो जाने के पीछे और ढेरों वजहें हो सकती हैं, पर मुझे लगता है कि एक बड़ी वजह उनका खुद के वजूद पर हमला करने की फितरत भी रही होगी।

जो लोग आईने के साथ आत्मसात नहीं हो पाते, वो खुद को मिटा लेते हैं।

मेरे परिचित की पत्नी जो खुद भी कुछ वर्षों में सास बनेगी, वो अपनी सास से नहीं निभा पा रही, उसे यह सोचना चाहिए कि उसका युद्ध आईने के साथ होने वाला युद्ध है। इस युद्ध में जीत हो ही नहीं सकती। इस युद्ध में जो खून रिसेगा, वह उसी का होगा।

आईना तो सिर्फ भ्रम है, हकीकत तो चोट है, खून है।

दुनिया में जब भी हम किसी से युद्ध करते हैं, अपने अहंकार को जीतते हुए देखना चाहते हैं, तो दरअसल हमें तैयार रहना चाहिए अपने खून के छींटों को देखने के लिए। चोट के दर्द को महसूस करने के लिए।

रिश्तों से युद्ध में हार जाने वाला जीत जाता है। जीत जाने वाला हार जाता है।

□

7 सितंबर

बचपन में मुझे चिट्ठियों को जमा करने का बहुत शौक था। हालाँकि इस शौक की शुरुआत डाक टिकट जमा करने से हुई थी। लेकिन जल्दी ही मुझे लगने लगा कि मुझे लिफाफा और उसके भीतर के पत्र को भी सहेज कर रखना चाहिए। इसी क्रम में मुझे माँ की आलमारी में रखी उनके पिता की लिखी चिट्ठी मिल गई थी। मैंने माँ से पूछकर वो चिट्ठी अपने पास रख ली थी। बहुत छोटा था, तब तो चिट्ठी को पढ़कर भी उसका अर्थ नहीं समझ पाया था, लेकिन जैसे-जैसे बड़ा होता गया बात मेरी समझ में आती चली गई।

आज ज्यादा इधर-उधर की बात करने की जगह सीधे-सीधे उस पत्र को यहाँ लिख देता हूँ। यह पत्र एक पिता का अपनी उस पुत्री के नाम था, जो शादी के बाद अपने ससुराल गई थी।

''प्रिय विद्या,

मैंने आजतक तुम्हें कभी पत्र नहीं लिखा। इसकी जरूरत ही नहीं पड़ी। लेकिन आज तुम एक नए संसार में प्रवेश कर गई हो। मुझे उम्मीद है कि तुम्हारी माँ ने तुम्हें यह समझाया होगा कि शादी के बाद कैसे तुम्हारे पति का घर ही तुम्हारा संसार है। तुम्हारी माँ एक कुशल गृहिणी है, जब वो जमींदार परिवार से ब्याह कर एक स्कूल शिक्षक के घर आई थी, तो मेरे मन में बहुत दुविधा थी कि वह यहाँ खुद को किस तरह ढाल पाएगी। लेकिन मैंने देखा कि उसने बहुत कम समय में मेरी माँ का न सिर्फ भरोसा, बल्कि दिल भी जीत लिया। पिता की लाडली बनने में तो उसे जरा भी वक्त नहीं लगा। मैंने एक दफा उससे पूछा भी था कि तुम्हें कभी नए घर, नए लोगों के बीच परेशानी महसूस नहीं होती? इस पर उसने मुस्कुराते हुए जवाब दिया था कि यही तो मेरी माँ की शिक्षा थी, जिसका मैंने पालन किया। माँ ने मुझे बचपन में सिखाया था कि किसी नए घर में खुद को कैसे समाहित करना पड़ता है। माँ ने मुझे

ठीक से बताया था कि मेरे पति की माँ मेरे रक्त की माँ नहीं होंगी, वो मेरी धर्म की माँ होंगी। जहाँ धर्म शब्द जुड़ जाता है, वहाँ जिम्मेदारी बढ़ जाती है। माँ ने मुझे शादी से पहले पहला पाठ ही यह समझाया था कि लड़कियों को दो जीवन जीने पड़ते हैं। एक शादी से पहले, दूसरा शादी के बाद। यह सही है या गलत है, इस पर विवाद नहीं, यह समाज की व्यवस्था है।

मेरी प्यारी बेटी, आज मैं तुम्हें वही पाठ फिर से याद दिलाना चाहता हूँ। मैंने अपनी ओर से बहुत देखभाल कर तुम्हारे लिए उचित जीवनसाथी की तलाश की है। पर उस जीवनसाथी के साथ उसका घर भी तुम्हारे लिए और उसके लिए स्वर्ग बन जाए, इसके लिए तुम्हें शुरुआत करनी होगी। मैं दुहरा रहा हूँ, तुम्हारे जीवनसाथी की माँ तुम्हारी धर्म माँ है। धर्म का पालन तुमने ठीक से किया, तो कोई संदेह नहीं कि तुम्हें प्यार और भरोसा नहीं मिलेगा।

मुझे पूरा यकीन है कि तुम्हारी माँ ने धर्म माँ के विषय में तुम्हें जरूर समझाया होगा।

आज मैं इस विषय में कुछ भी नया नहीं कहने जा रहा। मैं सिर्फ तुम्हें यह बताना चाहता हूँ कि वो धर्म माँ, तुम्हारी कर्तव्य माँ भी है। तुम्हारा रिश्ता उनके साथ कर्तव्य का भी होगा। तुम अपनी ओर से अगर उस रिश्ते का निर्वाह करोगी, तो मेरा यकीन करो, तुम्हें कभी उस घर में तकलीफ नहीं होगी।

कई लोग कहते हैं कि लड़कों को इस बात का प्रशिक्षण नहीं मिलता कि घर आने वाली उसकी जीवन संगिनी के साथ उसे किस तरह तालमेल बिठाना है, पर मैं कहता हूँ कि लड़कियों को भी इस बात का प्रशिक्षण नहीं मिलता कि नए घर में वो खुद को किस तरह समाहित करे।

जैसे–जैसे हमारे देश में शिक्षा का बाजारीकरण हुआ, शिक्षा रोजगार से जुड़ने लगी, हम अपने बच्चों को किताबें तो पढ़ाने लगे, लेकिन जीवन, रिश्ते, मान, मर्यादा, वाणी, संयम, संतोष और चिंतन का पाठ पढ़ाना भूलने लगे। हमने बच्चों को अंग्रेजी के 26 अक्षरों का ज्ञान तो करा दिया, लेकिन जीवन जीने और जीवन का आनंद उठाने का पाठ नहीं पढ़ाया। पर बेटी, मुझे उम्मीद है कि मैंने और तुम्हारी माँ ने तुम्हें रिश्तों का पूरा पाठ तुम्हारे लालन–पालन के दौरान ही तुम्हें समझाया है। तुम मेरी बेटी हो। बेटियाँ बाप का मान होती हैं, उनकी नैतिकता होती हैं। तुम अपना और मेरा दोनों का मान रखोगी।

मेरा यकीन करना, पूजने से पत्थर भी भगवान बन जाता है।

इससे ज्यादा एक पिता अपनी बेटी को क्या लिख सकता है। तुम चली गई, सारा घर सूना-सूना है। तुम थी, तो सारा घर रोशन था। लेकिन मुझे यकीन है कि मेरी बेटी किसी और के घर की रोशनी बन रही होगी। अब कुछ दिनों बाद तुम्हारे भाई की शादी हो जाएगी, फिर एक नई बेटी हमारे घर आएगी, हमारा घर रोशन करने।

यही संसार है। यही संसार की रीत है।

अपना ख्याल रखना, सबका ख्याल रखना।

बाबूजी।''

माँ को रिश्तों का पाठ पढ़ाने वाले मेरे नाना की यह चिट्ठी आज भी मेरे पास सुरक्षित पड़ी हुई है।

मेरी शादी हुई तो मेरी पत्नी की सास नहीं थी। लेकिन ससुर थे। मैंने अपनी पत्नी को बहुत संक्षेप में नाना के पत्र के बारे में बता दिया था कि मेरे पिता तुम्हारे रक्त के पिता नहीं हैं, लेकिन वो तुम्हारे कर्तव्य के पिता हैं। तुम कभी अपने कर्तव्य से विमुख मत होना। तुम अपने कर्तव्य का पालन ईमानदारी से करोगी, तो उसका प्रतिफल भी तुम्हें उतनी ही ईमानदारी से मिलेगा।

हुआ भी यही।

दरअसल अब हम अपने बच्चों को जीवन जीने का पाठ पढ़ाते ही नहीं। हम सिर्फ पैसे कमाने का पाठ पढ़ाते हैं। उसकी कामयाबी और नाकामी पैसों से जोड़कर देखने लगे हैं। अब मैं कैसे समझाऊँ कि सचमुच मकान ऊँचा होने से इंसान ऊँचा नहीं होता। इनसानियत की ऊँचाई के पैमाने कुछ और होते हैं।

□

9 सितंबर

सर्दियों की उस रात मैं मामा के साथ हीटर के आगे बैठा था। सामने फोन रखा था, जो हर मिनट घनघनाता था।

राज्य के मुख्यमंत्री के रिश्तेदार के घर आर्थिक अपराध ब्यूरो ने छापा डाला था और मामा उस छापेमारी दल की रिपोर्ट फोन पर ले रहे थे।

मामा मध्य प्रदेश कैडर के आईपीएस थे। उन दिनों राज्य आर्थिक अपराध ब्यूरो में आईजी थे। कुछ ही दिन पहले ही दिल्ली से भोपाल आए थे। सीबीआई में संयुक्त निदेशक पद से अपना कार्यकाल पूरा कर वो अपने होम कैडर में लौटे थे। होम कैडर में पहले उन्हें लोकायुक्त में पोस्टिंग मिली थी, लेकिन कुछ महीनों में ही उनका ट्रांसफर आर्थिक अपराध ब्यूरो में हो गया था।

फोन मिनट-मिनट पर घनघनाता। मामा फोन उठाते, कुछ जरूरी निर्देश देते और फिर हम दोनों साथ बैठकर देश दुनिया की चर्चा करने लगते।

आधी रात हो चली थी। अचानक फोन की घंटी बजी। मामा ने फोन उठाया। फोन पर उधर से आवाज सुनते ही मामा कुर्सी से खड़े हो गए।

सर, यस सर, जी सर, हाँ सर, सर...सर...सर।

मैं समझ गया था कि मामा के किसी ऊँचे अधिकारी का फोन आया है। पुलिस में आप चाहे जितने बड़े अधिकारी हों, लेकिन अगर आपसे ऊपर वाले का फोन आ गया तो आपके पास सिवाय सर, सर, जी सर, हाँ सर, यस सर कहने के दूसरा कुछ कहने के लिए नहीं होता।

दो मिनट में ही फोन कट गया।

फोन कटने के बाद भी मामा मिनट भर को खड़े ही रहे। फिर धीरे से कुर्सी पर बैठ

गए और हँसने लगे। कहने लगे कि मुख्यमंत्रीजी का फोन था।

''मुख्यमंत्री ने सीधे आपको फोन कर दिया?''

''हाँ, बेटा। सीधे मुझे ही फोन कर दिया। लेकिन मुझे लग ही रहा था कि ऐसा होगा। पर आधी रात को होगा, यह उम्मीद नहीं थी। मैं सुबह का इंतजार कर रहा था।''

''क्या मामा? आप आधी रात तक सीएम साहब के रिश्तेदार के घर छापा डलवा रहे हैं, और आपको सुबह का इंतजार था?''

मामा फिर हँसने लगे।

मैंने पूछा, ''सीएम साहब ने कहा क्या?''

''अरे कुछ नहीं। मेरे काम से वो बहुत प्रसन्न थे। कहने लगे कि आपको प्रमोशन के साथ होमगार्ड में भेजा जा रहा है।''

''होमगार्ड?''

''हाँ, पुलिस में जब प्रमोशन देकर होमगार्ड में भेजा जाए तो समझ लेना चाहिए कि अब आप देर तक सो सकते हैं, फोन की घंटी कम बजेगी, घर-परिवार को ढेर सारा समय दे सकते हैं। यह सही मायने में प्रमोशन ही होता है।''

''पर मामा, आपने जो छापा डलवाया उसका क्या होगा? क्या सरकार आपसे नाराज है?''

''छोड़ो बेटा। तुम यह बताओ कि तुम एमए के बाद क्या करने की योजना बना रहे हो?''

''ठीक से तय नहीं कर पाया हूँ। लेकिन सोचता हूँ कि सिविल सर्विस के चक्कर में न पड़ूँ।''

''बिल्कुल सही सोच रहे हो। जो लोग ईमानदारी से जीना चाहते हैं, उनके लिए यह सब नौकरी मन में कुंठा पैदा करनेवाली ही है। लोग कहने को तो कहते हैं कि आदमी को ईमानदारी से काम करना चाहिए, किसी से नहीं डरना चाहिए, सच बोलना चाहिए; लेकिन हकीकत में ऐसे लोगों को कोई पसंद नहीं करता। भ्रष्टाचार इस देश की नसों में बस गया है। मुमकिन है कि वैज्ञानिक एक दिन कैंसर का पूरा इलाज ढूँढ़ लेंगे, लेकिन हमारे देश से भ्रष्टाचार कभी खत्म नहीं होगा। ऐसे में तुम

अगर सिविल सर्विस में आए तो बहुत दुःखी रहोगे।''

''इतना निराश मत हों मामा। एक दिन ऐसा आएगा, जब लोग ईमानदारी और सच्चाई की सचमुच पूजा करने लगेंगे। हमारी पीढ़ी डिप्रेशन काल की पीढ़ी है। लेकिन मेरे बाद की पीढ़ी के सामने राजनीति का यह रूप नहीं होगा। मैं भले सिविल सर्विस से मुँह मोड़ लूँ, लेकिन मेरे बाद की पीढ़ी सिविल सर्विस में सचमुच देश सेवा की भावना लेकर आएगी।''

''नहीं बेटा। मैं यही सोचकर आईपीएस बना था। तुम्हारे नाना स्वतंत्रता सेनानी थे। वो नहीं चाहते थे कि मैं पुलिस की नौकरी में जाऊँ। उन्हें लगता था कि देश में अंग्रेजों की बनाई जो पुलिस है, उसके रक्त में ही बेईमानी भरी है। लोग पुलिस से नफरत करते हैं। लेकिन मैंने उन्हें बहुत समझाने की कोशिश की थी कि देश आजाद हो चुका है। अब अंग्रेजों की पुलिस नहीं है। उनकी मर्जी के खिलाफ मैं आईपीएस की परीक्षा में बैठा और टॉप करके यहाँ तक पहुँचा। पर अब मुझे लगता है कि तुम्हारे नाना सही थे। यह अभी भी अंग्रेजों की ही पुलिस है।''

मैं मामा का दुःख समझ रहा था। मामा एक ईमानदार पुलिस अफसर थे। वो किसी पद पर छह महीने से अधिक नहीं रह पाते थे। उनका सामान बँधा ही रहता था। एक शहर से दूसरे शहर और दूसरे से तीसरे शहर जाने के वो अभ्यस्त थे। उन्हें ट्रांसफर से कभी दुःख नहीं हुआ। वो मानते थे कि जहाँ जो काम मिले, उसे ईमानदारी से करना चाहिए। लेकिन इस तरह रात में अचानक प्रमोशन होने और होमगार्ड में भेजे जाने पर समझ नहीं पा रहे थे कि किस तरह की प्रतिक्रिया दें।

खैर, मामा होमगार्ड में चले गए। और मध्य प्रदेश में डीजी होमगार्ड के पद से ही रिटायर भी हुए।

कल मैं अपने दफ्तर में बैठा था। अचानक खबर आई कि शीना मर्डर केस में इंद्राणी मुखर्जी से लगातार पूछताछ कर रहे मुंबई के पुलिस कमिश्नर राकेश मारिया का अचानक प्रमोशन हो गया। उन्हें कमिश्नर से होमगार्ड का डीजी बना दिया गया।

खबर तो मेरे पास यही आई थी कि उनका प्रमोशन समय से पहले अचानक कर दिया गया है। पर मेरी समझ में यह नहीं आया कि मैं उनके इस प्रमोशन के विषय में लिखूँ क्या? इसे उनके अच्छे काम के बदले मिलने वाला ईनाम मानूँ या फिर सज़ा? कुछ देर में मारिया साहब की तस्वीर भी टी.वी. पर दिखी। उनके चेहरे से भी पता नहीं चला कि उन्हें प्रमोशन की खुशी मिली है, या अफसोस हुआ है।

पहले तो प्रमोशन मिलते ही आदमी मिठाई का डिब्बा लिये घर की ओर दौड़ता था। यार, दोस्त, रिश्तेदारों के घर आने का सिलसिला शुरू हो जाता था। आदमी अपनी सैलरी स्लिप लेकर यह देखने बैठ जाता था कि कितने पैसों का इजाफा हुआ है। पर उस दिन आधी रात को हुए उस प्रमोशन की खुशखबरी तो मामा ने मामी को नींद से जगा कर भी नहीं दी थी।

कल मारिया साहब भी प्रमोशन की खबर के बाद घर नहीं भागे।

कल मामा की बहुत याद आई। मामा सही थे। मैं गलत था।

मैंने कभी सिविल सर्विस की परीक्षा नहीं दी। मामा ने कहा था कि यहाँ केवल कहने के लिए अच्छाई और ईमानदारी की बातें की जाती हैं। हकीकत में ऐसा करना गुनाह होता है। मैंने मामा से कहा था कि मेरे बाद की पीढ़ी तक सब ठीक हो जाएगा। पर मैं पूरी तरह गलत था।

आईआईटी से इंजीनियरिंग की पढ़ाई कर रहे अपने बेटे को मैं पिछले दिनों समझा रहा था कि तुम सिविल सर्विसेज की तैयारी करना। तुम पढ़ने में होशियार हो, तुम उसे क्वालिफाई कर सकते हो। उसे क्वालिफाई करने के बाद तुम सचमुच देश के लिए कुछ कर सकते हो। उसका बहुत मन नहीं था। उसने पता नहीं कहाँ सुन लिया था कि आईएएस, आईपीएस बनकर आदमी अगर ईमानदारी से अपना काम करना चाहे तो नहीं कर पाता।

मैं उसके दिमाग से यह बात निकालने की पूरी कोशिश कर रहा था। लेकिन मैं गलत था।

आज मैं फोन करके उससे कहूँगा कि तुम ठीक कह रहे थे बेटा। अभी भी यहाँ अंग्रेजों वाली ब्यूरोक्रैटिक व्यवस्था ही चल रही है।

कोई बात नहीं। शायद तुम्हारे आगे की पीढ़ी तक यह सब ठीक हो जाए।

जब तक अच्छे काम के लिए होमगार्ड में प्रमोशन का विकल्प खुला है, तुम गूगल, फेसबुक, एप्पल, सोनी, सैमसंग में ही नौकरी तलाशना।

□

12 सितंबर

"माँ, क्या कंस राक्षस था? माँ, क्या कंस बहुत डरावना था? माँ, ये राक्षस होते ही क्यों हैं?"

माँ मेरे सवालों से कभी विचलित नहीं होती थी। मेरे तमाम उटपटांग सवालों को वो बहुत ध्यान से सुनती और फिर मुझसे कहती कि अभी तुम नाश्ता कर लो, फिर मास्टर साहब आएँगे तो तुम उनके साथ बैठकर पढ़ाई कर लेना। फिर रात में मैं तुम्हें एक बहुत अच्छी सी कहानी सुनाऊँगी।

माँ ने कह दिया कि वो मुझे रात में कहानी सुनाएगी, तो बस मैं फटाफट नाश्ता कर लेता, मास्टर साहब के होमवर्क भी पूरे कर लेता और इंतजार करता रात होने का।

कब रात होगी? कब माँ मेरे साथ सोएगी? कब माँ कहानी सुनाएगी? यूँ तो हर रोज रात होती ही थी, लेकिन जिस दिन मैं इंतजार करता रात के होने का, कमबख्त रात होती ही नहीं थी।

कभी-कभी मेरे स्कूल जाते समय, माँ मेरे लंच बॉक्स में कोई मिठाई का टुकड़ा रख देती थी। तब मुझे मिठाई बहुत पसंद थी। क्योंकि मुझे पता होता था कि आज खाने के डिब्बे में मिठाई है, तो मेरा सारा ध्यान मिठाई पर रहता। मैं सोचता रहता कि कब दोपहर हो, टिफिन के लिए छुट्टी हो और मैं मिठाई खा लूँ।

मैंने कभी माँ को नहीं बताया कि जिस दिन मिठाई रोटियों के बीच रखी होती थी, उस दिन मेरा मन क्लास में लगता ही नहीं था। सारे मास्टर कुछ-कुछ पढ़ा जाते और मेरा मन मिठाई में अटका रहता।

ठीक उसी तरह उस रात भी मेरा मन माँ में अटका था। माँ ने सबको खाना खिलाया, सारे बरतन धो लिये। रसोई साफ कर ली। फिर वो मेरे पास बिस्तर पर आई। मैं आँखें बंद किए लेटे रहने का उपक्रम करता, पर माँ जानती थी कि मैं सोया नहीं हूँ।

इसलिए वो आते ही कान के पास कहती, "अच्छा संजू सो गया है, कोई बात नहीं बहुत थका था। अब कल इसे कहानी सुनाऊँगी।"

माँ इतना कहती और मैं खिलखिलाकर हँस पड़ता।

माँ कहती, "झूठे! सोने का नाटक कर रहे थे। वही तो मैं कहूँ कि आज मेरा राजा बेटा सो कैसे गया? सुबह तो इतने सारे सवाल कर रहा था कि क्या कंस राक्षस था? ये राक्षस होते ही क्यों हैं?"

मैं माँ को रोकता, "हाँ माँ, फटाफट शुरू हो जाओ। सुनाओ कहानी।"

सुनो बेटा।

जब कैमरे का आविष्कार नहीं हुआ था, लोग आदमी को सामने बिठाकर तस्वीर बनाया करते थे। एक बार एक राजा ने एक चित्रकार को कृष्ण के बाल रूप की तस्वीर बनाने के लिए बुलाया। उसने कहा कि तुम कन्हैया की तस्वीर बना दो।

चित्रकार ने कहा कि वो बना देगा। बस उसे कुछ बच्चों से मिला दीजिए, वो उनमें से किसी एक बच्चे को चुन लेगा और उसे सामने बिठाकर वो कान्हा की उस तस्वीर को बना देगा, जो उसके मन में बसी है।

कई बच्चे बुलाए गए। उसने एक बच्चे को चुन लिया कि उसका चेहरा कृष्ण जैसा है। उसने उस बच्चे को बिठाकर कृष्ण की तस्वीर बना दी।

राजा बहुत खुश हुआ।

अब राजा ने कहा कि एक तस्वीर कंस की भी बनाओ। चित्रकार ने कहा कि यह भी बहुत आसान है। उसने फिर कुछ बच्चों को बुलाया। पर किसी बच्चे का चेहरा उसके मन में बसे कंस के चेहरे से नहीं मिल रहा था। वह बहुत परेशान हुआ। उसने काफी इधर-उधर ढूँढ़ा, लेकिन कहीं मन में बसे कंस का चेहरा नज़र नहीं आया।

कंस की तलाश में महीना निकल गया। राजा चित्रकार पर दबाव डालता, पर चित्रकार कहता कि जब उसे कोई सामने बिठाने के लिए मिल ही नहीं रहा, तो वो कंस बनाए कैसे?

राजा ने भी काफी लोगों को बुलाया, जिनका चेहरा कंस से मिलता हो। लेकिन कोई नहीं मिला।

अब तक साल बीत गए। पर कहीं कंस नहीं मिला।

राजा बुड्ढा हो चला था। करीब 15 साल बीत गए, चित्रकार को कंस नहीं नज़र आया था। आखिर में थक कर राजा ने उस चित्रकार से कहा कि तुम राज्य के कारावास में क्यों नहीं जाते? क्या पता तुम्हें कोई कंस की तरह नज़र ही आ जाए।

चित्रकार खुश हो गया। वो राजा के साथ कारवास गया। वहाँ कई कैदियों से मिलने के बाद उसे एक व्यक्ति मिला, जिसे देखकर उसे लगा कि यही कंस जैसा नज़र आ रहा है। उसने राजा को खबर भिजवा दी कि एक व्यक्ति मिल गया है, जो कंस की तरह नज़र आता है। अब वो फटाफट कंस की तस्वीर बना देगा।

उसने उस व्यक्ति को सामने बिठाकर कंस की तस्वीर बनानी शुरू कर दी। बातचीत में उसने उस व्यक्ति को बताया कि उसे कंस की तलाश में काफी परेशानी हुई। कई साल निकल गए, लेकिन कहीं कोई कंस की तरह नज़र नहीं आया था। उसने उसे यह भी बताया कि जब उसे कृष्ण की तस्वीर बनानी थी, तब उसने कई बच्चों को बुलाया था, सारे कान्हा लगते थे।

सामने बैठे व्यक्ति ने चित्रकार से कहा कि क्या तुम मुझे उस कान्हा की तस्वीर दिखा सकते हो?

चित्रकार ने उसे वो तस्वीर दिखाई।

कंस की तरह सामने बैठा व्यक्ति तस्वीर देखकर बिलख पड़ा।

"चित्रकार, यह मैं ही हूँ। बचपन में जिस बच्चे में तुम्हें कान्हा नज़र आया था, वह मैं ही हूँ। आज जिसमें तुम्हें कंस नज़र आ रहा है, वह भी मैं ही हूँ।"

चित्रकार बहुत हैरान हो गया।

"तुम कारावास में कैसे आए?"

"अपने कर्मों से। बचपन में तो मैं बिल्कुल ठीक था। धीरे-धीरे बड़ा होने पर मैं अपराध की राह पर चल पड़ा। और एक दिन पकड़ा गया।"

ओह! हर व्यक्ति में एक कान्हा होता है। एक कंस भी होता है। बस कर्मों का अंतर है।

□

17 सितंबर

मैंने एक नई साइकिल खरीदी है। गियर वाली साइकिल मैंने दुकान में देखी और खरीद ली। हालाँकि पत्नी ने मुझे साइकिल खरीदते देखकर टोका भी था कि क्या करोगे? मैंने उसकी तरफ गंभीर नज़रों से देखा और कहा कि तुम्हीं तो कहती हो कि वजन बढ़ रहा है, तो अब साइकिल खरीद लूँगा और इसे चलाऊँगा। अब यह मत पूछना कि साइकिल चलाने से वजन कम होता है क्या?

पत्नी मुस्कुराई। उसने कहा, ''साइक़िल चलाने से तो वजन कम होता ही है। खरीदने से नहीं होता है।''

मैं सकपकाया। मैंने कहा, ''जब मैं कुछ ऐसा करने चलता हूँ, जिससे मेरा व्यायाम हो, तो तुम मीन-मेख निकालने लगती हो।''

''तुमने साल भर पहले जिम की सदस्यता ली थी, करीब साढ़े तीन हजार रुपए हर महीने फीस लेते हैं, वो लोग। तुमने वहाँ एडमिशन लेने के बाद स्पोर्ट्स जूते खरीदे, टीशर्ट, पैंट और ढेरों चीजें खरीदीं, जो जिम के लिए जरूरी होती हैं। पर तुम याद करो कि अभी तक कुल चार बार तुम वहाँ गए हो।''

अब मुझे लग रहा था कि जैसे मेरी चोरी पकड़ी गई हो। बात सही थी, मैंने एक जिम की मेंबरशिप ली थी कि रोज सुबह उठकर घंटा भर ट्रेडमिल पर दौड़ूँगा और पतला हो जाऊँगा। जिम वालों के साथ लंबा करार कर आया था, अब हर महीने वो क्रेडिट कार्ड से पैसे काट लेते हैं और मैं रोज सोचता हूँ कि आज जरूर जाऊँगा पर रोज टल जाता है।

''चलो माना कि मैं जिम नहीं जाता। लेकिन अगर यह साइकिल मैं खरीद लूँगा, तो फिर मुझे जिम जाने की जरूरत ही नहीं। मैं इसे अपनी सोसाइटी में गोल-गोल चलाऊँगा। तुम तो जानती ही हो कि सुबह उठकर मुझे अपने फेसबुक परिजनों को गुडमॉर्निंग कहना होता है, तो अब मैं देर रात दफ्तर से लौटने के बाद साइकिल चलाऊँगा। मेरा यकीन करो।''

पत्नी मेरी ओर देखकर बस मुस्कुराती रही। फिर उसने कहा कि ठीक है, अगर तुम वाकई इसे चलाओगे, तो फिर खरीद लो।

और मैं गियर वाली उस सुंदर सी साइकिल को खरीद लाया। साइकिल खरीद कर इनोवा कार के पीछे की सीट खिसका कर उसमें खड़ी कर दी और घर ले आया। अब मैं मन बना चुका था कि रोज रात में दफ्तर से लौटने के बाद सोसाइटी परिसर में कम-से-कम पाँच किलोमीटर साइकिल चलाऊँगा।

करीब आठ सौ साल पुरानी बात है। बगदाद नामक शहर में चालीस चोरों का गिरोह रहता था। वो चोर कई-कई दिनों तक चोरी करते थे और एक गुफा में सारा माल लाकर जमा कर दिया करते थे। एक दिन गाँव के एक लकड़हारे की निगाह उन चोरों पर पड़ी। उसने छुप कर देखा कि ये लोग पहाड़ी गुफा के पास जाकर खुल जा सिमसिम बोलते हैं और गुफा से पत्थर हट जाता है।

चोर जब भीतर अपना सारा माल रखकर चले गए, तो वो लकड़हारा वहाँ गया और उसने खुल जा सिमसिम बोला और जैसे ही गुफा का पत्थर हटा, वो भीतर घुस गया। वहाँ उसे ढेरों चीजें नज़र आईं। हीरे-जवाहरात, सोना-चाँदी। वो उनमें से कुछ माल उठा कर चलता बना।

अब यह मत पूछिएगा कि उस लकड़हारे का नाम क्या था? अरे वही तो था अलीबाबा।

अब उसका रोज का काम हो गया। चालीस चोर माल लाकर रखते, अलीबाबा उसमें से थोड़ा-थोड़ा उठाकर चुपचाप ले आता।

जब मैं यह कहानी बचपन में पढ़ रहा था, तब मेरे मन में दो सवाल उठते थे।

एक तो यह कि कहानी लिखनेवाले ने चालीस चोरों के चरित्र को बहुत नकारात्मक ढंग से प्रस्तुत किया है, दूसरा, वो सारे चोर कई-कई दिन मेहनत करके चोरी करते और फिर यहाँ इस गुफा में लाकर सारा माल जमा कर देते, तो फिर वो उनका भोग कब कर पाते थे?

मेरे मन में यह सवाल भी उठता कि असली चोर तो अलीबाबा है, जो उन बेचारे चोरों के माल पर हाथ साफ कर रहा है, और जिंदगी के मजे भी लूट रहा है। इतना ही नहीं, कहानी लिखनेवाले की निगाह में वह हीरो भी है।

खैर, मैं साइकिल लेकर घर चला आया। अब साइकिल ले ही ली थी, तो एक शानदार हेलमेट भी मैंने खरीद लिया। जूते तो खरीदे ही थे। अभी ज्यादा दिन नहीं हुए हैं। शायद एक महीना ही हुआ है। मैं रोज सोचता हूँ कि आज साइकिल चलाऊँगा।

लेकिन दफ्तर से घर देर रात आता हूँ। सुबह समय होता ही नहीं। तो वो दिन अभी आया ही नहीं जब साइकिल इनोवा से बाहर निकल पाए।

हम सब ऐसा ही करते हैं। हम सब चोर हैं। हम सब पता नहीं सारा-सारा दिन कितनी मेहनत कर ढेर सारा सामान, सुख-सुविधाओं की चीजें, पैसे सब जमा करते रहते हैं। हम यही सोचते हैं कि एक दिन हम उसका सुख भोगेंगे। पर वो एक दिन हमारी जिंदगी में आता ही नहीं। अपनी मेहनत की कमाई हम बगदाद के चोरों की तरह गुफा में जमा करते जाते हैं। एक दिन कोई अलीबाबा आता है। वह आपकी कमाई की गुफा के आगे आकर खुल जा सिमसिम बोलता है और आपकी कमाई ले जाता है।

दु:ख कमाई चले जाने का नहीं। दु:ख इस बात का है कि वो अलीबाबा हीरो कहलाता है।

मेरा कहा मानिए। आप एक बार मेरे कहने से फिर दोबारा अलीबाबा और चालीस चोरों की कहानी पढ़िए। अब तक आप जिन चालीसों से नफरत करते आए हैं, उनके प्रति आपकी सोच बदल जाएगी। आप उन बेचारों से हमदर्दी करने लगेंगे। नफरत आपको अलीबाबा से होगी।

आप मुझ पर भी तरस खाने लगेंगे कि सचमुच आपका संजय सिन्हा कितनी मेहनत करता है। रोज आपसे मिलने के लिए सुबह जागता है, फिर दफ्तर जाता है, वहाँ हजारों काम करता है, फिर उससे जो पैसे मिलते हैं, उनसे अपने लिए साइकिल खरीदता है और उसे इनोवा में पीछे बंद करके रखता है कि एक दिन वो उसे चलाएगा।

पर पता नहीं क्यों अब मुझे लग रहा है कि कोई अलीबाबा आएगा और मेरी साइकिल ले जाएगा। वैसे ही, जैसे अब तक सारा कुछ जाता रहा है।

आज मैं प्रतिज्ञा करता हूँ कि मेरी पत्नी जो कहेगी, वही करूँगा। अब अपनी मेहनत की कमाई मैं गुफा में जमा करने पर नहीं खर्च करूँगा।

अब मैं जिंदगी जीऊँगा, जीने की तैयारी में नहीं खर्च करूँगा।

मुझे उम्मीद है आप मेरी तरह नहीं करते होंगे। आप जिंदगी जीते होंगे। अगर नहीं जीते तो आज से जीने लगिए। जितना कमाते हैं, उसे साथ-साथ एन्जॉय कीजिए। नहीं तो कोई-न-कोई अलीबाबा आएगा और खुल जा सिमसिम कहकर धीरे-धीरे सब ले जाएगा।

□

18 सितंबर

"माँ, मैं इस बार लाल फूलों वाली कमीज नहीं पहनूँगा।"

"क्यों बेटा?"

"माँ, तुम हर बार दशहरा पर सारे बच्चों के लिए एक जैसे कपड़े सिलवा देती हो। इस बार भी तुमने दीदी के लिए लाल फ्रॉक सिलने को दिया है, मेरी कमीज भी उसी रंग की सिली जा रही है। माँ, तुम घर में सारे बच्चों के कपड़े एक ही रंग के क्यों सिलवाती हो?"

"ओह! तो तुम्हें इस बात की शिकायत है और तुम नहीं चाहते कि तुम बच्चों जैसे कपड़े पहनो?"

"हाँ, माँ।"

माँ के बीमार होने से ठीक पहले वाले दशहरा पर मैंने पहली बार माँ से पूछा था कि घर के सारे बच्चों के कपड़े एक ही जैसे क्यों सिलवाए जाते हैं?

हमारे लिए दशहरा एक बहुत खास त्योहार था। गणेश चतुर्थी के समय घर पर लोहे का बक्सा लेकर फेरीवाला आता, माँ उसी से छाँटकर कपड़े खरीदती और फिर दर्जी को बुलाकर सारे बच्चों के नाम दिए जाते। दशहरा से ठीक पहले सारे बच्चों के कपड़े सिलकर आ जाते। दीदी के लिए फ्रॉक, मेरे लिए कमीज।

उस साल दशहरा पर हम अपने ननिहाल में थे और वहाँ घर पर कपड़े बेचने वाला आया था। माँ ने लाल रंग के फूलों वाला कपड़ा सबके लिए पसंद कर लिया था। सब मतलब हम सभी भाई-बहन और माँ के चचेरे भाई-बहन।

उसी दफा मैंने माँ से पहली बार गुहार लगाई थी कि मैं लाल रंग की कमीज नहीं पहनूँगा।

हालाँकि मुझे लाल कमीज से कोई आपत्ति नहीं थी, लेकिन मेरे एक चचेरे मामा ने मुझे उकसाया था कि मैं माँ से यह कहूँ कि लड़के और लड़कियाँ एक ही रंग के कपड़े क्यों पहनें?

माँ ने मुझे पास बिठाया। मुझे खूब प्यार किया और कहा, ''देखो, पर्व-त्योहार पर जो कपड़े सिले जाते हैं, उनका महत्त्व अलग होता है। पहली बात तो यह कि तुम सारे बच्चे एक ही रंग के कपड़ों में कितने प्यारे लगते हो। दूसरी बात यह कि तुम दशहरा पर मेला देखने जाओगे और मान लो कि तुम कहीं अकेले छूट गए, तो दूर से तुम्हें बाकी बच्चे पहचान लेंगे कि ये लाल कमीज में तो संजू है। इस तरह तुम भीड़ में खोने से बच जाओगे। और सुनो बेटा, पर्व-त्योहार पर जो नए कपड़े सिले जाते हैं, उनकी अहमियत तन ढकने से कहीं अधिक मन ढकने की होती है। तन किसी कपड़े से ढका जा सकता है, मन सिर्फ रिश्तों के कपड़ों से ढकता है। दशहरा पर जो कपड़े तुम्हारे लिए और घर के बाकी बच्चों के लिए सिले जाते हैं, वो रिश्तों के परिधान हैं। साल में एक दिन तो ऐसा आता है, जब घर के सारे बच्चे एक रंग में रंगे होते हैं। दूर से पहचान में आते हैं कि ये आपस में एक हैं। एक घर के हैं। रिश्तेदार हैं।

तुम जिस स्कूल में पढ़ते हो, वहाँ के सारे बच्चे भी तो एक ही रंग के कपड़े पहनते हैं। क्यों? सारे बच्चे एक से दिखें, इसीलिए तो। किसी बच्चे के मन में यह भाव न आए कि वह अलग है, इसीलिए। एक स्कूल में पढ़नेवाले सारे बच्चे खुद को एक परिवार का हिस्सा समझें, इसीलिए उनके कपड़े एक से होते हैं। उनके कपड़े भी तन ढकने के लिए नहीं, मन ढकने के लिए होते हैं। उनके कपड़े भी रिश्तों के कपड़े होते हैं।

इसलिए मेरे प्यारे बेटा, तुम दशहरा पर लाल फूलों वाली कमीज पहन लेना। लाल रंग तो तुम पर बहुत सुंदर भी लगता है। मैंने तो सभी बच्चों के लिए एक से कपड़े खरीदे हैं, पर मेरे मन में तुम्ही पहले थे। मैंने सोच लिया था कि तुम पर यह रंग बहुत अच्छा लगेगा।''

माँ इतना कहती और मैं फुदकता हुआ वहाँ से निकल पड़ता, बाकी बच्चों के बीच।

वह आखिरी साल था, जब दशहरा पर मुझे मन ढकने वाले, रिश्तों के कपड़े पहनने को मिले थे।

उसके बाद तो माँ को कैंसर हो गया और फिर मेरी जिंदगी में कभी दशहरा नहीं आया। हालाँकि माँ उसके अगले साल भी दशहरा पर थी, लेकिन हमने दशहरा पर

कपड़े नहीं सिलवाए थे। दशहरा के बाद होली आई और होली के हफ्ते भर बाद माँ चली गई। माँ होती थी तो हर साल होली पर हमारे लिए सफेद कुरता-पायजामा सिला जाता था। दिन में हम गीले रंगों में सराबोर होते और शाम को सफेद कुरता-पायजामा में अबीर-गुलाल उड़ाते।

इस तरह एकदम तय था कि होली और दशहरा पर हमारे लिए नए कपड़े सिले जाएँगे। माँ के शब्दों में ये सूत-कपास के नहीं, रिश्तों के कपड़े थे।

हर साल की तरह फिर गणेश चतुर्थी आ गई है। कुछ दिनों के बाद फिर दशहरा आएगा। अक्तूबर का महीना किसी के लिए बहुत उल्लास का महीना होता होगा, मेरे लिए उदासियों का होता है। मैं दशहरा पर अब मेला देखने नहीं जाता। जाऊँ भी कैसे? मेरे पास अब पहनने को कपड़े कहाँ हैं?

हमेशा मॉल जाकर जो कपड़े अपने लिए खरीद कर लाता हूँ, उनसे तन ढकता है, मन नहीं। उनसे तरह-तरह की खुशबू तो आती है, लेकिन रिश्तों की नहीं।

मैं उस दिन को कोसता हूँ, जिस दिन मैंने माँ से कहा था कि मैं लाल रंग की कमीज नहीं पहनूँगा।

माँ तुम कहाँ हो?

अब मैं कभी नहीं कहूँगा कि मैं लाल फूलों वाली कमीज नहीं पहनूँगा। माँ मेरे पास आज पाँच सौ कमीजें हैं। कइयों के तो टैग तक नहीं निकाले। लेकिन एक भी ऐसी कमीज नहीं, जिससे मेरा मन ढक जाए। मेरे पास एक भी ऐसा परिधान नहीं, जिससे रिश्तों की खुशबू आए।

तुम ठीक कहती थी माँ, एक जैसे कपड़े पहनकर बच्चे मेले में जाते हैं, तो खोते नहीं।

अब तुम नहीं हो, तो मैं मेले में जाता ही नहीं। मुझे डर लगता है कि मैं कहीं खो न जाऊँ।

□

19 सितंबर

माँ कहती थी कि वो लोग किसी काम के नहीं होते जो खुद पर भरोसा नहीं करते, खुद की इज्जत नहीं करते। माँ मुझे ऐसे लोगों से दूर रहने की सलाह दिया करती थी, जो खुद को कोसते हैं। वो कहती थी कि दुनिया को जीतना उतना मुश्किल नहीं होता, जितना खुद को जीतना होता है।

''लेकिन माँ, खुद को जीतने का क्या अर्थ होता है?''

''खुद को जीतना यानी अपने पर भरोसा करना। खुद को जीतना यानी अपनी इज्जत करना। खुद को जीतना यानी अपने पर संयम रखना।''

मैं जरा दुविधा में पड़ जाता और माँ की कहानी शुरू हो जाती। मैं जानता था कि माँ जो कहानी सुना रही है वो सिर्फ कहानी नहीं, जीवन का पाठ भी है।

माँ कहती कि यह तो तुम जानते ही हो कि शल्य पांडवों का मामा था।

''हाँ माँ, सुना है। जैसे शकुनि कौरवों का मामा था, शल्य पांडवों का मामा था।''

''बिल्कुल ठीक, बेटा। फिर तुमने यह भी सुना ही होगा कि शल्य पांडवों की ओर से नहीं, बल्कि कौरवों की ओर से युद्ध लड़ रहा था।''

''हाँ माँ। पर क्यों?''

''यह बाद में बताऊँगी। आज मैं तुम्हें यह बताना चाहती हूँ कि शल्य अगर पांडवों की ओर से युद्ध लड़ रहा होता, तो पांडव युद्ध हार जाते।''

''हार जाते? पर कैसे माँ?''

''वो ऐसे बेटा कि शल्य हमेशा अपनी ताकत से अधिक दुश्मन की ताकत को आँकने में जुटा रहता था। वो अपनी खूबियों की जगह दुश्मन की खूबियों पर निगाह रखता

था। वो बेहद शक्तिशाली था, पर खुद को कोसता रहता था। जब कर्ण युद्ध में मारा गया तो उसकी शक्ति को देखते हुए दुर्योधन ने उसे ही अपना सेनापति नियुक्त कर दिया था। पर शल्य ने रथ पर बैठते ही उसे आगाह करना शुरू कर दिया कि देखो, उनके पास ऐसे हथियार हैं, उनके पास वैसे शक्तिशाली बाण हैं, उनके पास ये है, उनके पास वो है। इस तरह वो बहुत शक्तिशाली होते हुए भी कौरवों की सेना का मनोबल बढ़ाने की जगह तोड़ देता था। आलम ये था कि कौरव सेना पांडव सेना के सामने जाने से पहले ही खुद को पराजित महसूस करने लगती। उन्हें लगता कि उनका सेनापति ही जब उन्हें अपने से बेहतर बता रहा है, फिर तो उन्हें पराजित करना नामुमकिन है।''

माँ शल्य की इस कोशिश को ऐसी शल्य चिकित्सा बताती, जिसमें मरीज की मृत्यु निश्चित है।

माँ कहती कि जो शल्य चिकित्सक यह सोचकर सर्जरी करने जाता है कि इस मरीज का बचना मुश्किल है, वो मरीज नहीं बचता है। अच्छा शल्य चिकित्सक वो होता है, जो खुद पर भरोसा करता है।

पता नहीं कैसे माँ शल्य को सर्जरी से जोड़कर देखती थी।

माँ कहती थी कि युद्ध का पहला नियम होता है अपने मातहतों का मनोबल बढ़ाना, न कि उन्हें हतोत्साहित करना। जो सेनापति यह कहने लगे कि तुम कुछ नहीं हो, तुम दुश्मनों की ओर देखो, उनकी तैयारियों को देखो, उसकी सेना युद्ध लड़ने से पहले ही हार जाती है।

अब आप सोच रहे होंगे कि मैं सुबह-सुबह ये कहाँ की बात कहाँ से लेकर आपसे मुखातिब हो बैठा हूँ।

दरअसल बहुत छोटी सी बात है। कल मैं अपने एक परिचित के घर गया था। मेरे परिचित ने मेरे सामने ही कई दफा अपने बच्चे से कहा कि तुम जीवन में कुछ नहीं कर सकते। तुम फलाँ के बेटे को देखो। वो ऐसा कर रहा है, वो वैसा कर रहा है। ओह! मेरी तो किस्मत ही फूटी हुई है।

मैंने उन्हें रोका। फिर उनसे पूछा कि आपने महाभारत पढ़ी है?

उन्होंने मेरी ओर देखा। कहने लगे कि हाँ पढ़ी है।

''फिर तो शल्य के विषय में भी पढ़ा ही होगा। वो अपनी ही सेना को कोसते था।

और उसकी सेना कैसे पराजित हुई, ये भी आपको पता ही होगा।''

''इस बात का संदर्भ नहीं समझा।''

बात इतनी सी है कि जिस तरह आप अपने बच्चे को कोस रहे हैं, उससे तो मुझे यही लगने लगा है कि आपको खुद पर ही भरोसा नहीं रहा। आप जब खुद के विषय में यह मानने लगे हैं कि आपकी किस्मत फूट गई है, तो इसका अर्थ यह हुआ कि आप अपनी इज्जत भी नहीं करते। ऐसे में मुझे यकीन है कि आपका बच्चा सचमुच कुछ नहीं कर पाएगा।

वो चुप बैठे रहे।

मैंने उनसे कहा कि आप ऐसा सोचना बंद कर दें कि वह कुछ नहीं करेगा, आपकी किस्मत वाकई फूटी नहीं है, सब ठीक हो सकता हैं। आप जो कर रहे हैं, वो एक बुरा शल्य चिकित्सक ही कर सकता है। अच्छा शल्य चिकित्सक मरीज को हौसला देता है। मरीज को हौसला वही देता है, जिसे खुद पर भरोसा होता है।

आपके आसपास अगर कोई दोस्त शल्य की तरह हो, तो मेरा अनुरोध है कि आप उससे दूर रहें। उसका संपर्क आपको फायदा कम, नुकसान ज्यादा पहुँचाएगा। आप ऐसे दोस्तों के संपर्क में रहें, जो खुद पर भरोसा करते हों, जो आप पर भरोसा करते हों। चिकित्सा चाहे तन की हो या मन की, भरोसे से बड़ा कोई इलाज नहीं।

□

20 सितंबर

कल मैं अपने बेटे के साथ दिल्ली से पुणे आया। एयरपोर्ट पर थोड़ी भीड़ थी। सुरक्षा अधिकारी को मैंने अपना टिकट दिखलाया और साथ में परिचय पत्र तथा भीतर चला आया। बेटा अपना परिचय पत्र निकाल ही रहा था कि एक आदमी लाइन तोड़ते हुए उससे आगे बढ़ा और वो उससे पहले भीतर चला आया। मैंने देखा कि बेटे ने उसकी इस हरकत का विरोध नहीं किया। हालाँकि मुझे बुरा लगा था, पर बेटा एकदम शांत था। बेटा जब भीतर चला आया, तो मैंने उससे कहा कि वो आदमी, जो तुम्हारे पीछे था, वो जब तुम्हारे आगे हुआ तो तुमने उसे टोका क्यों नहीं?

बेटे ने कहा कि उसे जल्दी होगी।

मैंने कहा, ''लेकिन उसने लाइन तोड़ी।''

बेटा चुप रहा।

सुरक्षा जाँच के दौरान वो आदमी हमारे आगे लाइन में खड़ा था। यह तो आप जानते ही होंगे कि हवाई अड्डे पर सुरक्षा जाँच के वक्त लैपटॉप को बैग से बाहर निकालकर अलग से चेक कराना पड़ता है। हमने अपने लैपटॉप को बाहर निकाला और जाँच कराने में लग गए। अचानक जब हम जाँच करा कर अपने लैपटॉप को बैग में रख रहे थे, तो सुरक्षा जाँच वाले ने अपने एक साथी से कहा कि इनके आगे वाले सज्जन अपना लैपटॉप भूल गए हैं।

सच यही था। हमारे आगे वाला आदमी इतनी जल्दी में था कि वो अपने हैंडबैग में लैपटॉप डालना भूल गया था, और भागते हुए आगे बढ़ गया था।

अब इतनी भीड़ में कौन किसे पहचानता?

लेकिन मेरे बेटे को उसकी टीशर्ट का नारंगी रंग याद था। क्योंकि वो लाइन तोड़ कर

आगे घुसा था, इसलिए उसपर उसका ध्यान सहज रूप से चला गया था। बेटे ने मुझसे कहा कि वो आदमी लैपटॉप भूल गया है, अगर हमें वो नीचे कहीं दिख जाए तो हमें उसे यह बताना चाहिए। मैंने कुछ नहीं कहा, हम नीचे चले गए। बेटे ने अचानक नारंगी टीशर्ट वाले आदमी को देखा, वो जयपुर की उड़ान वाली लाइन में खड़ा था।

बेटा भाग कर उसके पास गया और उसने उससे पूछा कि एक बार आप चेक कर लीजिए, कहीं आप अपना लैपटॉप ऊपर ही तो नहीं भूल आए हैं?

आदमी चौंका। उसे तुरंत याद आया। वो लाइन से बाहर निकलकर फिर भागा और उसे लैपटॉप मिल गया।

विमान में हमने इस बारे में बात की।

मैंने बेटे से कहा कि अगर तुमने उसे ढूँढ़ कर नहीं बताया होता कि तुम अपना लैपटॉप ऊपर भूल आए हो, तो आज उसका लैपटॉप खो ही गया था। मैंने यह भी कहा कि यह वही आदमी था, जो तुम्हारे आगे जबरन घुस गया था। ऐसे लोगों को तो सज़ा मिलनी ही चाहिए। तुमने बेकार उसकी मदद की।

बेटे ने कहा कि उसने जो किया था, वो गलत था। पर मैंने जो किया वो मेरा धर्म था।

मैंने कहा कि उस आदमी की तुमने मदद की, उसने तो धन्यवाद तक नहीं कहा।

बेटे ने फिर कहा कि जो भूला वो भूला। हम न अपना धर्म भूले, न कर्तव्य। हमें उसके धन्यवाद की क्या जरूरत?

यक्ष दनादन प्रश्न कर रहा था। युधिष्ठिर दनादन जवाब दे रहे थे।

यकीनन आपने महाभारत में युधिष्ठिर और यक्ष के बीच सवाल-जवाब को ठीक से पढ़ा होगा। आपने यह भी पढ़ा ही होगा कि कैसे युधिष्ठिर को छोड़कर उनके बाकी के सभी भाई यक्ष के सवालों के जवाब दिए बिना पानी पीने की गलती कर बैठे थे और सबने मृत्यु को प्राप्त किया था।

युधिष्ठिर ने यक्ष के एक-एक सवालों को ध्यान से सुना और सबके जवाब तर्क से दिए।

यक्ष ने पूछा, ''मनुष्य का साथ कौन देता है?''

युधिष्ठिर ने जवाब दिया, ''धैर्य मनुष्य का साथ देता है।''

''हवा से तेज कौन चलता है?''

''मन।''

''धर्म से बढ़कर संसार में और क्या है?''

''दया।''

''इस जगत् में सबसे बड़ा आश्चर्य क्या है?''

''मृत्यु। रोज हमारे सामने हजारों लोग मरते हैं। फिर भी अनंतकाल तक जीने की हमारी इच्छा बनी रहती है।''

यक्ष ने कई और सवाल किए। युधिष्ठिर ने सबके जवाब दिए।

अपने सभी सवालों के जवाब से संतुष्ट होकर यक्ष ने युधिष्ठिर ने कहा, ''राजन, मैं तुम्हारे मृत भाइयों में से किसी एक को जीवित कर सकता हूँ। तुम जिसे कहोगे, वह जीवित हो जाएगा।''

युधिष्ठिर पल भर को ठिठके। फिर उन्होंने यक्ष से कहा, ''नकुल जीवित हो जाए।''

युधिष्ठिर के ऐसा कहते ही यक्ष उनके सामने आ गया और पूछा, ''युधिष्ठिर, दस हजार हाथियों के बल वाले भीम को छोड़कर तुमने नकुल को ही जीवित कराना क्यों ठीक समझा? भीम नहीं तो तुम अर्जुन को ही जीवित करने की इच्छा रखते। उसके युद्ध कौशल से हमेशा तुम्हारी रक्षा होती आई है!''

युधिष्ठिर ने कहा, ''हे भगवन्, मनुष्य की रक्षा न तो भीम से होती है, न ही अर्जुन से। धर्म ही मनुष्य की रक्षा करता है। धर्म से विमुख होने पर मनुष्य का नाश हो जाता है। मेरे पिता की दो पत्नियों में से कुंती माता का पुत्र मैं जीवित हूँ। मैं चाहता हूँ कि माद्री माता का भी एक पुत्र जीवित रहे।''

यह सुनकर यक्ष प्रसन्न हो गया। उसने कहा कि हे युधिष्ठिर, तुम पक्षपात से रहित हो। तुमने धर्म का साथ नहीं छोड़ा। जाओ, तुम्हारे चारों भाई जीवित हो जाएँगे।

बेटा कह रहा था, जो भूला वो भूला। हमें अपना धर्म नहीं भूलना चाहिए।

यह संसार कर्म के सिद्धांत पर चलता है। हम अपने कर्मों के प्रति जवाबदेह हैं, बस। □

23 सितंबर

यह कहानी मुझे किसी ने सुनाई थी। इस कहानी को सुनकर मैं बहुत देर तक अकेले में हँसता रहा। नहीं, मैं हँस नहीं रहा था, दरअसल मैं रो रहा था।

आज मैं बिना लाग-लपेट के बस सीधे-सीधे इस छोटी सी कहानी को आपको सुनाऊँगा और चाहूँगा कि आप भी इस कहानी को पढ़कर कुछ सोचें।

मुमकिन है आपने भी ये कहानी पढ़ी हो, सुनी हो। पर ऐसी कहानियाँ बार-बार पढ़नी-सुननी चाहिए, सुनानी चाहिए। ऐसी कहानियों के मर्म से आने वाली पीढ़ी को अवगत कराना चाहिए और उन्हें बताना चाहिए कि जब हम किसी को अपना राजा चुनते हैं और सिर्फ जातिगत आधार या उसके वोटों की गिनती के आधार पर चुनते हैं तो फिर हमारा क्या हश्र होता है।

प्लीज मेरी कहानी को दिल्ली, बिहार या किसी राज्य से जोड़कर कतई मत देखिएगा। मैं राजनीति न समझता हूँ, न उस पर लिखता हूँ। मैं राजा-रानी की कहानियाँ सुन-सुनकर बड़ा हुआ हूँ, दफ्तर में आने वाले फिल्मी कलाकारों के साथ तसवीरें खिंचवाकर खुश होने वाला हूँ, मुझे राजनीति और राजनेताओं से क्या लेना-देना?

खैर, मैं सीधे-सीधे अपनी आज की कहानी पर चला आता हूँ, जिसे सुनकर मैं बहुत देर तक हँसता रहा। सॉरी, बहुत देर तक रोता रहा।

मेरे प्यारे परिजनो, उस जंगल में बंदरों की आबादी बहुत बढ़ गई थी। सारे जानवरों से अधिक उस जंगल में बंदर हो चुके थे। ऐसे में, जब पूरी दुनिया लोकतंत्र की हिमायती हो चुकी थी, उस जंगल में भी जानवरों ने आवाज उठाई कि अब चुनाव के आधार पर जंगल में राजा चुना जाएगा।

बात सही थी। जंगल में एक शेर था, चार-पाँच हाथी थे। भेड़िया, हिरण, लोमड़ी,

सियार, गधा, बैल, खरगोश और न जाने कितने जानवर वहाँ थे, लेकिन बंदरों की गिनती सबसे ज्यादा थी। ऐसे में लोकतांत्रिक पैटर्न पर चुनाव की आवाज उठी तो, आबादी के आधार पर बंदर चुनाव जीत गया।

लो जी, बंदर उस जंगल का राजा बन गया।

पूरे जंगल में खुशी की लहर दौड़ पड़ी। लोकतंत्र जीत गया, बंदर राजा बन गया।

बंदर राजा बन गया, अब लोगों को न शेर का खौफ रहा, न हाथी का।

अब जंगल में अगर जानवरों के बीच कोई झगड़ा होता, तो जानवर शिकायत लेकर बंदर के पास जाते। बंदर जैसे ही शिकायत सुनता, इस पेड़ से उस पेड़ पर गुलाटी मारने लगता। जानवर समझ नहीं पाते कि वो ऐसा क्यों कर रहा है?

लेकिन जंगल में यह बात फैल गई कि बंदर राजा के पास जब भी कोई शिकायत लेकर जाता है, तो वो गुलाटी मारने लगता है।

जल्दी ही जंगल में जंगलराज हो गया। सारे जानवर आपस में झगड़ने लगे।

आखिर में बेहाल होकर सारे जानवरों ने बैठक बुलाई और तय किया कि बंदर राजा से मिला जाए और जंगल की दुर्दशा की उनसे चर्चा की जाए।

सारे जानवर इकट्ठा होकर बंदर राजा के पास गए। कहने लगे कि महाराज, जब से आप जंगल के राजा चुने गए हैं, जंगल की स्थिति बदतर होती जा रही है। आपके पास जब कोई शिकायत लेकर आता है, तो आप कुछ करने की जगह बस गुलाटी मारने लगते हैं।

बंदर ने बहुत धीरे से कहा कि मुझे जो आता है, मैं वही तो करूँगा। आप मेरे पास शिकायत लाते हैं, मैं गुलाटी मारना जानता हूँ, गुलाटी मारने लगता हूँ। अब मेरी कोशिशों में अगर कहीं कमी हो, तो आप मुझे दोषी ठहरा सकते हैं। मैं अपनी तरफ से बहुत ईमानदारी से कोशिश करता हूँ। मैं बहुत मेहनत से अपने काम को अनजाम देता हूँ। अब मेरी कोशिशें कामयाब नहीं होतीं, तो मैं क्या करूँ?

इस कहानी को सुनकर मैं हँसने लगा। नहीं-नहीं मैं रोने लगा।

सचमुच बंदर जिस जंगल का राजा बन जाता है, वहाँ ईमानदारी चाहे जितनी हो, उसके प्रयास में मेहनत चाहे जितनी हो, उस जंगल में जंगलराज ही हो जाता है।

जानवरों को अफसोस तो बहुत हुआ कि बेकार ही बंदर को राजा चुना। पर बंदर बहुत प्रसन्न था। वो जानता था कि अगला चुनाव भी वही जीतेगा। उसने चुनाव का पूरा गणित लगा लिया था। आबादी के हिसाब से सत्तर फीसदी वोट उसी के पास थे।

□

27 सितंबर

मेरी पत्नी ने मुझे बताया कि उसे जयपुर जाना है।

''अचानक जयपुर क्यों?''

''सलोनी की शादी तय हो गई है, इसलिए।''

''तो, क्या सलोनी की शादी जयपुर में है?''

''नहीं बाबा, शादी में पहनने के लिए वो वहाँ से लहँगा खरीदना चाहती है।''

''शादी तो अगले महीने है और लहँगा तो दिल्ली में भी मिलता ही होगा, उसके लिए जयपुर जाने की क्या जरूरत?''

''ओह! तुम मर्द लोग कुछ समझते ही नहीं। उसे कोई खास डिजाइनर लहँगा पसंद है। उसने बहुत पहले से तय किया हुआ है। वो लहँगा करीब तीन लाख रुपए का है। उसकी शादी है, उसके अरमान हैं, वो मुझे साथ ले जाकर उस लहँगे को दिखाना चाहती है, मुझसे पसंद करना चाहती है। इसमें क्या बड़ी बात है?''

''तीन लाख का लहँगा?''

पत्नी मेरी फटी आँखें देखकर हँसने लगी। ''तुम इतना हैरान क्यों हो रहे हो? तीन लाख का लहँगा तो कुछ भी नहीं है। आजकल तो शादी के लहँगे बहुत महँगे होते हैं, दस लाख का लहँगा भी लड़कियाँ खरीदती हैं। वो तो मैं तुम्हें मिल गई, जिसने हजार रुपए की साड़ी में खुशी-खुशी तुमसे शादी कर ली, इसलिए तुम्हें लहँगे का दाम ही नहीं पता।''

पत्नी ठीक बोल रही थी। मुझे सचमुच लहँगे का दाम नहीं पता। वो यह भी सच बोल रही थी कि उसकी शादी हजार रुपए वाली साड़ी में हो गई। सचमुच मैंने तो कभी सोचा ही नहीं था कि शादी में तीन लाख का लहँगा भी कोई खरीदता होगा।

खैर, आपको बता दूँ कि सलोनी मेरे परिचित की बेटी है। सलोनी मेरी पत्नी को बहुत मानती है इसीलिए वो अपना लहँगा पसंद कराने के लिए उसे जयपुर ले जाना चाहती है। कुछ दिन पहले ही सलोनी की तारीख तय हुई है और अगले महीने शादी है।

मैंने पत्नी से पूछा कि ये शादी का जो लहँगा होता है, उसे लड़कियाँ दुबारा कब पहनती हैं?

पत्नी थोड़ी देर सोचती रही। फिर उसने कहा कि वैसे ध्यान से सोचो तो सचमुच दुबारा वो उसे कभी नहीं पहनतीं।

"फिर इतने महँगे लहँगे का क्या तुक?"

"ओह! हर लड़की के कुछ अरमान होते हैं। शादी का लहँगा एक भावनात्मक मुद्दा है, तुम इसमें अपने फेसबुक परिजनों के लिए कहानी मत ढूँढ़ो।"

मेरे पिताजी अपने दफ्तर से नई डायरी लाए थे। मैंने पिताजी से कहा कि मुझे भी ऐसी डायरी चाहिए। पिताजी ने मेरी ओर देखा और पूछा कि तुम डायरी का क्या करोगे?

बात सही थी, मैंने यह सोचा ही नहीं था कि मैं डायरी का क्या करूँगा। तब मैं स्कूल में पढ़ता था और सचमुच मेरे लिए उस डायरी की क्या उपयोगिता हो सकती थी? लेकिन वो डायरी इतनी खूबसूरत लग रही थी कि मेरे मन में बार-बार आ रहा था कि अगर मुझे यह डायरी मिल जाए, तो मैं इसमें ये लिखूँगा, वो लिखूँगा। इस डायरी का कवर इतना सुंदर है, मैं इसे सँभालकर रखूँगा। मैंने पिताजी से कहा कि आप अगर मुझे यह डायरी दे देंगे, तो मैं रोज कुछ-न-कुछ इसमें लिखूँगा।

पिताजी थोड़ी देर तक मेरी ओर देखते रहे। फिर उन्होंने वो डायरी मुझे दे दी।

डायरी मुझे मिल गई, मानो सारा संसार मुझे मिल गया। मैंने उस डायरी के कवर के नीचे अपना नाम लिखा—संजय सिन्हा।

डायरी पाकर मैं सोचने लगा कि इसमें पहले दिन क्या लिखूँ। तारीख थी 1 जनवरी।

मैं बहुत सोचा, पर मुझे बार-बार लगता कि इतनी सुंदर डायरी है, इसमें कोई फालतू चीज लिखकर इसे बरबाद नहीं करूँगा। पर उस दिन मैं ऐसा कुछ लिख ही नहीं पाया और 1 जनवरी का वो पहला पन्ना खाली रह गया।

मुझे वो डायरी इतनी पसंद थी कि मैं उसे अपने साथ लेकर बिस्तर पर सोता। तकिया के नीचे वो डायरी रखता, सोचता कि कल इसमें कुछ लिखूँगा।

मेरा यकीन कीजिए, वो कल नहीं आया।

वो डायरी खराब न हो जाए, इसलिए मैंने उसमें कुछ नहीं लिखा और साल बीत गया।

साल बीत जाने के बाद भी मैं काफी दिनों तक उस डायरी को सँभाले रहा, पर एक दिन मुझे लगने लगा कि अब तो यह डायरी पुरानी हो गई है, इसका मैं क्या करूँ। एक ऐसा वक्त आया कि मैंने उस डायरी को बिना एक पन्ना लिखे, कबाड़ी वाले को दे दिया।

आपको पहले भी बता चुका हूँ कि मेरी माँ के पास कई बनारसी साड़ियाँ थीं।

माँ अक्सर उन साड़ियों को बक्से से निकालती, उन्हें देखती, तह लगाती और कहती कि ये साड़ी संजू की शादी में पहनूँगी, ये फलाँ त्योहार पर और ये फलाँ फंक्शन पर। माँ सारी जिंदगी उन साड़ियों को सँभालती रही। और एक दिन माँ बीमार हो गई और उनमें से एक भी साड़ी वो नहीं पहन पाई। सारी-की-सारी नई साड़ियाँ पड़ी रह गईं। मुझे याद है कि मैंने पहले भी लिखा है कि माँ के जाने के बाद वो सारी साड़ियाँ रिश्तेदारों के हाथ लग गईं और उन साड़ियों को काट कर किसी ने अपने लिए ब्लाउज बनवा लिया, किसी ने उनके परदे सिलवा लिये।

मैंने पत्नी से कहा कि तुम जयपुर चली जाओ। मुझे तुम्हारे वहाँ जाने पर कोई आपत्ति नहीं। पर तुम सलोनी को समझाओ कि कुल दो घंटे के लिए तीन लाख का लहँगा खरीदने का कोई औचित्य नहीं है। मुझे तो यह भी लगता है कि शादी-ब्याह के मौके पर किसी का ध्यान किसी के कपड़े पर जाता भी नहीं है। दुल्हन लाल साड़ी पहने है, या लाल लहँगा इस पर भी किसी का ध्यान जाता होगा क्या? शादी-ब्याह में तो हर किसी की नज़र अपने कपड़ों पर होती है। और अगर उसे लहँगा ही लेना हो, तो थोड़ा सस्ता सा ले ले। उस तीन लाख रुपए के लहँगे को न तो वह दुबारा पहनेगी, न

फेंकेगी। वो लहँगा शादी के बाद उसके बक्से में कैद हो जाएगा। फिर वो उसे कुछ दिनों तक बक्से से निकालकर कभी-कभी देखेगी कि यह उसकी शादी का लहँगा है। तीन लाख रुपए का लहँगा है और उसे दुबारा बक्से में रख देगी।

हम सभी ऐसी चीजों की चाहत रखते हैं, जिसकी दरअसल हमें उतनी जरूरत नहीं होती।

चीज चाहे जितनी अच्छी हो अगर उसकी जरूरत नहीं, उसका पूरा इस्तेमाल नहीं, तो वो चीज एक दिन लाल

□

28 सितंबर

"ये वाली जींस भी फेंक दूँ क्या?"

"नहीं, एक बार सूटकेस को फिर से तोलो, क्या पता अब सूटकेस का वजन ठीक हो गया हो।"

"पर मुझे लगता है कि अभी भी सूटकेस का वजन कम-से-कम चार किलो अधिक है।"

"यार, ये वाली जींस मैंने अभी तो खरीदी है। अरमानी की जींस ऐसे ही फेंक दूँ?"

"सोच लो। जींस नहीं तो इस टेपरिकॉर्डर को सूटकेस से निकाल देते हैं।"

"अरे, क्या कर रही हो? ये टेपरिकॉर्डर इंडिया में नहीं मिलता। अब ऐसे टेपरिकॉर्डर बनते ही नहीं।"

इस बातचीत में एक भी शब्द मैंने अपनी तरफ से नहीं जोड़ा है। यह करीब दस साल पहले अमरीका के डेनवर शहर के हमारे घर में मेरी और मेरी पत्नी के बीच हुई बातचीत का हिस्सा है। हमने तय कर लिया था कि अब हम अमरीका से भारत चले जाएँगे और अपना सूटकेस तैयार कर रहे थे। हमें मालूम था कि हवाई जहाज में तय सीमा से अधिक वजन लेकर चलने पर बहुत जुर्माना भरना पड़ता है। हमारे पास पहले से ही तय सीमा से अधिक सामान हो चुका था और अब हम छोटी-छोटी चीजों को निकालकर किसी तरह उसकी भरपाई कर रहे थे। सूटकेस का वजन कितना है, यह देखने के लिए हम घर पर इलेक्ट्रॉनिक तराजू खरीद लाए थे, जिसे साथ लाने का मेरा बहुत मन था, पर मैं जानता था कि तीन किलो का वह तराजू साथ लाना उस तराजू की कीमत से कहीं अधिक का पड़ता।

हमने ढेर सारे ऊनी कपड़े, चादरें, खिलौने, इलेक्ट्रॉनिक चीजें, जूते निकाल फेंके थे। ये सारी वो चीजें थीं, जिन्हें हमने बहुत मन से खरीदा था और जतन से सँभालकर

रखा था। उन दिनों भारत में ये सारी चीजें आसानी से नहीं मिलती थीं, इसलिए हमने तय किया था कि जब कभी हम भारत जाएँगे, तो सारी चीजें साथ ले जाएँगे।

अपने अमरीका प्रवास में हम लगभग रोज बाजार जाते। तब वहाँ के बड़े-बड़े मॉल्स देखकर हमारी आँखें फटी रह जाती थीं। हमें जो चीज अच्छी लगती, हम खरीद लेते। चाहे उन चीजों की जरूरत हो न हो, पर हम यही सोचते कि इन्हें साथ ले जाएँगे। हमने तो ढेरों उपहार भी खरीद लिये थे। मुझे लगता कि अपनी सास को ये देंगे, साली को ये, उसके बच्चे को ये। बहनों के लिए ये वाला गाउन, वो वाला इलेक्ट्रॉनिक उपकरण, तो बहनोई के लिए घड़ी, जूते, सूट और न जाने क्या-क्या। अपने तो दोस्त भी कम नहीं थे, सो उनके लिए फोन, म्यूजिक सिस्टम और बहुत कुछ।

इस तरह कब हमने सौ किलो सामान जमा कर लिया हमें पता भी नहीं चला। हम सामान खरीदते और उन्हें सूटकेस में रख लेते।

लेकिन हमें पता तब चला जब हम वहाँ से चलने को तैयार हुए।

मुझे मालूम था कि कितना वजन ले जाने की अनुमति है। और जब हमने अपने सूटकेस खोले तो हैरान रह गए। पता नहीं कितने तरह के म्यूजिक सिस्टम मैं पिछले साल खरीद चुका था। कई डिजिटल कैमरे खरीद चुका था। फोटो एलबम, घड़ियाँ और-तो-और ढेरों जूते।

जींस और शर्ट की तो बात ही छोड़िए। जिन कपड़ों को मैं पहन चुका था, उनका मोह त्यागना आसान था। पर अभी हमने जिन कपड़ों को हाथ भी नहीं लगाया था और जिन कपड़ों को हमने बहुत पसंद से सेल में ढूँढ़-ढूँढ़कर खरीदा था, उन्हें यूँ छोड़कर जाने का दिल नहीं कर रहा था। आप यकीन कीजिए जिस दिन हम भारत से अमरीका जा रहे थे, हमने जाने वाली सुबह सारी पैकिंग की थी। पर अमरीका से चलते हुए हमें दस दिन लगे पैकिंग करने में। हमारी समझ में ही नहीं आ रहा था कि इन सारी चीजों का अब करें क्या?

पलंग, गद्दे, सोफा, डाइनिंग टेबल और कुर्सियाँ तो हम फेंक ही चुके थे।

अमरीका में अगर आप किराए के मकान में रहते हैं, तो जब भी आप मकान छोड़कर जाते हैं, तो आपको उसे पूरी तरह खाली करके, साफ करके मकान मालिक को लौटाना होता है। ऐसे में हम ये भी नहीं कर सकते थे कि सारा सामान वहीं छोड़कर निकल जाएँ। अगर हम ऐसा करते तो हमने जो सिक्योरिटी का पैसा जमा कराया था,

वो उसमें से पैसे काट लेता।

अब हमारे पास सचमुच सामान फेंकने के सिवा कोई चारा नहीं था।

काफी भारी मन से हमने सामान फेंकना शुरू किया। हर यात्री को दो बैग लाने की छूट थी। इस तरह हमने छह सूटकेस में जितना सामान आ सकता था, भर लिया।

और अब आखिरी कड़ी में उन्हीं सूटकेस में से मेरे जींस, टेपरिकॉर्डर निकाले जा रहे थे।

हमने अपने पाँच साल के अमरीका प्रवास में बहुत मेहनत की। जितना पैसा कमाया, उससे ढेर सारी चीजें खरींदी। कई बार बिना सोचे-समझे खरीदीं। पर अब उन सबको अपने साथ लाना संभव नहीं हो रहा था। ऐसे में एक-एक कर ढेर सारी चीजें हमने घर के नीचे पड़े बड़े से कूड़ेदान में फेंक दी। हमने देखा था कि वहाँ लोग अपने पुराने सोफा, पलंग, गद्दा आदि कूड़ेदान में रात में फेंक आते थे। शुरू में हम उन लोगों पर हँसते थे, पर जल्दी ही हमें समझ में आ गया था कि यहाँ सामान ढोना ज्यादा महँगा सौदा है।

खैर, हमने भी भारी मन से बहुत सी चीजें फेंक दीं। हर एक चीज फेंकते हुए यही लग रहा था कि काश इस पैसे से हम फलाँ जगह घूम ही आए होते। ओह! कलेजे पर पत्थर रखकर हमने ये वाला रिकॉर्ड प्लेयर लिया था, काश इसे लेने की जगह एक दिन कहीं उस रे ाराँ में कुछ खा ही आते, जिसे बाहर से देख-देखकर यही सोचता रहा कि खाने पर पैसे क्यों खर्चें?

और अब, दिल से खरीदी उन्हीं चीजों को यहीं छोड़कर, फेंककर जाना पड़ रहा था। ऐसा लग रहा था कि कोई हमसे हमारी मेहनत छीनकर ले जा रहा हो। पर कोई विकल्प नहीं था।

हाँ, कोई विकल्प नहीं होता जब आदमी चीजों के लालच में फँस जाता है।

हम बहुत मेहनत से सारी चीजें जुटाते हैं। हम उनका इस्तेमाल नहीं करते। हम सोचते हैं कि एक दिन इन्हें साथ लेकर जाएँगे।

काश ऐसा कर पाते!

सच यही है कि हम ढेर सारी चीजें जुटा लेते हैं, लेकिन हम कुछ साथ नहीं ले जा पाते। जो अपनी मेहनत की कमाई का सुख भोग लेते हैं, उन्हें तो अफसोस नहीं होता,

लेकिन जो मेरे अमरीका प्रवास की तरह सारी चीजें सिर्फ जुटाने में लगे रहते हैं, वो न इस यात्रा का आनंद उठा पाते हैं, न उस यात्रा का।

आप भी तय कर लीजिए कि जितना है, उसका सुख भोग लेना है, नहीं तो एक दिन सब यहीं कूड़ेदान में फेंक कर जाना पड़ेगा।

□

2 अक्तूबर

मुझे पता था कि 21 दिसंबर, 2012 को दुनिया नहीं खत्म होगी। मैं जानता था कि जिस माया सभ्यता के कैलेंडर की दुहाई देकर यह खबर फैलाई गई थी कि इस दिन कोई क्षुद्र ग्रह पृथ्वी से टकराएगा और धरती खत्म जाएगी, वो खबर झूठी थी, अफवाह थी। मैंने जितनी बार इस खबर को टी.वी. चैनल पर दिखलाया, मुझे यकीन था कि 21 दिसंबर, 2012 के बाद भले आप मुझ पर हँसें, लेकिन आपके मन से अंधविश्वास खत्म हो जाएगा। आप मानने लगेंगे कि जब कोई ऐसी बात कहता है कि फलाँ तारीख को दुनिया खत्म हो जाएगी, तो वह झूठ बोलता है।

पर हाय रे मेरी किस्मत! मैंने दिन-दहाड़े खुद को झूठा साबित किया। 21 दिसंबर, 2012 को दुनिया खत्म नहीं हुई। मेरी दिखाई खबरें आपकी आँखों के सामने झूठी साबित हुईं। लेकिन आपके दिल से अंधविश्वास खत्म तो क्या खाक होता, वो उल्टे बढ़ गया। आप पहले से ज्यादा झूठ और अफवाहों पर यकीन करने लगे हैं।

आप जानते हैं ऐसा क्यों होता है?

मैं आपको बताऊँगा, संजय सिन्हा वाले स्टाइल में। मैं आपको पंचतंत्र की एक कहानी सुनाऊँगा। मुझे पक्का यकीन है कि कहानी आपने कई बार पढ़ी होगी। पढ़कर हँसे भी होंगे। अपने दोस्तों से इस कहनी को साझा भी किया होगा। पर आप इसे समझे नहीं होंगे। अगर आप उस कहानी को समझ ही गए होते, तो आप माया सभ्यता के आखिरी कैलेंडर के सत्य का हश्र जानकर उन कहानियों पर यकीन करना छोड़ देते, जिन्हें धर्म की चाशनी में डुबोकर आपको सुनाया जाता हैं। आप किसी बाबा पर यकीन करना छोड़ देते। आप किसी ज्योतिषी पर भरोसा करना छोड़ देते।

आप ऐसा कर सकते थे, अगर आपने दादी, नानी, माँ के मुँह से सुनी इस कहानी को समझने की जहमत उठाई होती।

आप समझदार हैं। आपको क्या समझाऊँ? सीधे-सीधे कहानी ही सुनाता हूँ।

एक बार एक पंडित को कहीं से दान में गाय का एक बछड़ा मिला। वो उस बछड़े को कंधे पर उठाकर खुशी-खुशी घर चला जा रहा था कि चार ठगों की निगाह उस पर पड़ गई। ठगों ने तय कर लिया कि आज इस पंडित से इस बछड़े को ठग लेना है। बछड़े को बाजार में बेचकर जो पैसा मिलेगा उसे सब मिलकर बाँट लेंगे।

चारों ठगों ने आँखों ही आँखों में एक-दूसरे को इशारा किया और लग गए अपने काम में।

पहला ठग भागते हुए पंडितजी के पास पहुँचा और उसने दूर से ही पंडितजी को नमस्कार किया। नमस्कार करते ही उसने पंडित की ओर हिकारत भरी निगाहों से देखा और कहा, "अरे पंडितजी, आपको क्या हो गया है? आप अपने कंधे पर ये कुत्ता क्यों लादे लिये जा रहे हैं।"

पंडित चौंका। उसने उस ठग की ओर देखा और कहा, "क्या बकवास कर रहे हो? ये तुम्हें कुत्ता नज़र आ रहा है? ये तो गाय का बछड़ा है, बछड़ा।"

"छी-छी पंडितजी। ब्राह्मण देवता, क्या हो गया है आपको? कंधे पर कुत्ता लिये जा रहे हो, और कह रहे हैं कि बछड़ा उठाए हैं?"

इतना बोलकर वो चलता बना।

पंडित ने मन-ही-मन सोचा कि ये मूर्ख है। इसे बछड़े और कुत्ते में फर्क ही नहीं मालूम। उसकी मूर्खता पर वो हँसा और आगे बढ़ चला।

पंडित कुछ दूर गया होंगा कि दूसरा ठग उसे पेड़ के नीचे खड़ा मिल गया।

उसने पंडित को देखते ही कहा, "राम-राम, पंडितजी। सब खैरियत तो है न! ये कुत्ता पीठ पर लादे कहाँ लिये जा रहे हैं?"

पंडित चौंका। "कुत्ता? अबे मूर्ख व्यक्ति तुझे दिखता नहीं? ये गाय का बछड़ा है, कुत्ता नहीं।"

"माफ करना, पंडित। आपकी मति मारी गई है, यह गाय का बछड़ा नहीं। किसी से पूछ लें। यह कुत्ता है, कुत्ता।"

पंडित ने सिर ऊपर उठाकर देखा, सफेद गाय का बछड़ा। अंधा भी बता दे कुत्ते और

बछड़े में फर्क। पर इन आँख वालों की आँखें फूटी हुई हैं।

पंडित आगे बढ़ा।

तीसरा ठग इंतजार में लगा ही था। जैसे ही पंडित पास पहुँचा। ठग ने उसे रोक लिया।

"ओह! घोर कलयुग आ गया है। आज ब्राह्मण कुत्ते को सिर पर बिठाने लगे हैं।"

पंडित चौंका। "क्या कह रहे हो, पथिक?"

कुछ नहीं, ब्राह्मण देवता। सोच रहा था कि आप जैसा विद्वान् और योग्य व्यक्ति इस कुत्ते को सिर पर उठाए कहाँ लिये जा रहा है?

"पर यह तो गाय का बछड़ा है।"

"नहीं देवता, यह कुत्ता है। कोई भी देखकर बता सकता है, ये कुत्ता ही है।"

पंडित ने उसकी बात सुनी और आगे बढ़ चला। उनके मन में शंका बैठ गई। कहीं ये कुत्ता ही तो नहीं? ऐसा कैसे हो सकता है, तीन-तीन लोगों ने एक ही बात कही। उसने पीठ से बछड़े को उतारा। गौर से देखा। उसे वो बछड़ा ही नज़र आ रहा था। उसने फिर बछड़े को पीठ पर लादा और आगे बढ़ चला।

अब चौथा ठग घात लगाए बैठा था।

"अरे पंडित, कहाँ चले? इस कुत्ते को सिर पर क्यों बिठा रखा है?"

पंडित ने बछड़े को पीठ से नीचे उतारा। गौर से देखा। ये बछड़ा उसे कुत्ता नज़र आ रहा था। उसने उसे वहीं छोड़ा और राम-राम कहता हुआ चल पड़ा। वहाँ से वो सीधे गंगा तट पर पहुँचा और पानी में चार डुबकियाँ लगाईं।

भगवान का लाख-लाख शुक्र है कि उन चार पथिकों ने समय रहते उसे सच दिखा दिया था। मन-ही-मन जजमान को कोसा कि बछड़ा कहकर उसने उसे कुत्ता टिका दिया। खैर, दुनिया में भले लोगों की कमी नहीं। आज बिरादरी में उसकी इज्जत जाते-जाते बच गई। शुक्र है राम तेरा।

कल मैंने लिखा था कि सईद और रवि दोनों मेरे दोस्त थे। रवि की दादी सईद से नफरत करती थी। पर एक दिन सईद की किडनी से रवि की जान बची।

आप में से कइयों ने तीखी प्रतिक्रिया जताई है। कुछ सईदों ने कहा कि वो चाहे अपनी जान भी दे दें, पर रवि की दादी उन्हें नफरत भरी निगाहों से ही देखेंगी। कुछ रवियों

ने कहा कि मेरी कहानी झूठी थी; सईद अपनी किडनी रवि को दे ही नहीं सकता।

मैंने जब टी.वी. पर दुनिया के खत्म होने की खबर आपको दिखाई थी, तब मुझे लग रहा था कि एक दिन आपका ऐसी अफवाहों से भरोसा उठ जाएगा। पर ऐसा हुआ नहीं। आपका भरोसा अंधविश्वास पर और बढ़ गया है। चार ठगों के कहे में आकर रवि सईद पर संदेह करने लगे हैं, सईद रवि पर।

पर मत कीजिए ऐसा। यकीन कीजिए, आपके दिल में जो ऐसी बातें भर रहे हैं, वो उन्हीं चार ठगों की खानदान से हैं, जो आपके मन को अपने वश में करना जानते हैं, आपके बछड़े को कुत्ता बनाना चाहते हैं। याद रखिए, सारे ठग मिले हुए हैं। रवि को सईद से और सईद को रवि से अलग कराकर वो न सिर्फ अपनी रोटियाँ सेंकते हैं, बल्कि आपके बछड़े को ठग कर ले भी जाते हैं। आपकी आँखों पर वो भ्रम का परदा डाल देते हैं।

बचिए उन ठगों से। न मुझ पर भरोसा कीजिए, न उन ठगों पर भरोसा कीजिए।

भरोसा कीजिए अपने भरोसे पर।

□

3 अक्तूबर

मैं अपनी पत्नी के साथ दाँतों के डॉक्टर के पास गया था और डॉक्टर ने उसे देखने से मना कर दिया था। उन दिनों हम अमरीका में थे और एक शाम अचानक पत्नी के दाँतों में दर्द शुरू हुआ। हमने डॉक्टर को फोन किया, डॉक्टर ने फोन पर इमरजेंसी वाली दवाएँ बताईं और अगले महीने मिलने का समय दिया।

जिस दिन हमें डॉक्टर से मिलने जाना था, उस दिन सुबह से ही खूब बर्फ गिर रही थी। किसी तरह बर्फ में गाड़ी चलाते हुए हम डॉक्टर तक पहुँचे, तो डॉक्टर ने मेरी पत्नी को देखने से मना कर दिया और कहा कि आप दस मिनट देर से आए हैं, अब दूसरे मरीज को बेजवह इंतजार करना पड़ेगा।

मैंने बहुत अनुरोध किया, उससे कहा कि आप देख ही रहे हैं कि बाहर कितनी बर्फ गिर रही है, ऐसे में इतनी देर तो स्वाभाविक है। मेरी बात पर डॉक्टर हैरान हो गया। बर्फ गिर रही है, इसलिए देर हो गई? उसने बहुत सधे हुए लहजे में कहा कि बर्फ तो उसके लिए भी गिर रही थी, पर वो तो समय पर आया।

जब मैं सातवीं कक्षा में पढ़ता था, तब स्कूल के किसी फंक्शन में शहर के महापौर बतौर चीफ गेस्ट आने वाले थे। हम सारे बच्चे धूप में बैठकर उनका इंतजार कर रहे थे। महापौर महोदय सुबह आठ बजे आने वाले थे, हम बारह बजे तक धूप में बैठे रहे। चार घंटे बाद महापौरजी आए, पर उनके चेहरे पर रत्ती भर भी अफसोस नहीं था कि हम भूखे-प्यासे गर्मी में उनका इंतजार करते रहे। उन्होंने एक बार भी अपने देर से आने के लिए हम बच्चों से माफी नहीं माँगी थी।

मैं पत्रकारिता में आया। तब राजेश खन्ना दिल्ली से चुनाव लड़ रहे थे। एक बार मुझे उनके साथ उनके प्रचार में रिपोर्टिंग के लिए जाने का मौका मिला। वो अपने समय से कोई तीन घंटे देर से वहाँ पहुँचे। तब तक राजेश खन्ना का थोड़ा जलवा बचा था, शायद यही कि तब तक फिल्मी कलाकार दर्शकों को साक्षात् बहुत कम दिख पाते थे।

भीड़ को रोके रहने के लिए कोई कविता पाठ कर रहा था, कोई छुटभैया नेता भाषण दे रहा था और बार-बार अनाउंस हो रहा था कि बस अब आपके चहेते राजेश खन्ना आने ही वाले हैं। मैंने राजेश खन्ना से पूछा भी था कि आपको इस बात का अफसोस नहीं कि इतनी देर से लोग आपका इंतजार कर रहे हैं? उन्होंने कहा था कि यहाँ इंडियन स्टैंडर्ड टाइम चलता है। इतनी देर की तो पब्लिक को आदत ही होती है।

इंडियन स्टैंडर्ड टाइम पर अगर लिखने बैठा तो लिखता चला जाऊँगा, कहानी खत्म नहीं होगी। आप भी जानते हैं कि भारत में समय की कीमत लोगों की निगाह में क्या है? जब तक कंप्यूटर पर दफ्तर जाने का समय दर्ज होना शुरू नहीं हुआ, मैंने किसी सरकारी अफसर को समय पर दफ्तर जाते नहीं देखा। कई बड़े लोगों की हेकड़ी ही इस बात में होती है कि वो देर से वहाँ पहुँचें। मैं अपने पत्रकारिता के इतने लंबे कॅरियर में एक पूरी लिस्ट बना सकता हूँ कि कौन कहाँ टाइम से पहुँचता है, कौन देर से? किसे अपने देर से आने पर शर्मिंदगी महसूस होती है, किसे अकड़ महसूस होती है कि इतनी देर बाद भी लोग उसके इंतजार में बैठे रहे।

मैं किसी राजनीतिक पार्टी से नहीं जुड़ा। देश के ज्यादातर नेताओं, अभिनेताओं से मेरा परिचय है। कांग्रेस, बीजेपी, वामपंथी दलों सबके लिए मैंने रिपोर्टिंग की है। इसलिए आज जो मैं लिखने जा रहा हूँ, उसमें किसी तरह की राजनीति तलाशने की प्लीज कोशिश मत कीजिएगा। मेरे लिखे को एक पत्रकार, एक चैनल हेड की हैसियत से लिखा मत समझिएगा। आज मेरे लिखे को एक बेहद सामान्य आदमी की सहज टिप्पणी भर मानिएगा।

कल मैं अपने दफ्तर की ओर से आयोजित स्वच्छ भारत कार्यक्रम में शामिल हुआ। वहाँ प्रधानमंत्री नरेंद्र मोदी को आना था। तय समय के मुताबिक उन्हें शाम साढ़े आठ बजे उस कार्यक्रम में शामिल होना था। मुझे मालूम था कि प्रधानमंत्री सुबह से बिहार दौरे पर गए हैं। कई जगहों पर उनका भाषण था। अब कोई दिन भर भाषण दे, गर्मी और उमस में हजारों-लाखों लोगों से मिले और फिर सीधे हमारे कार्यक्रम में आना हो, तो उसे कुछ देर तो हो ही जाएगी। मेरे मन में था कि आधा घंटा देर से अगर वो आए, तो कोई खास बात नहीं।

मेरा यकीन कीजिए, घड़ी में आठ बज कर बीस मिनट हुए होंगे, हमें एसपीजी ने अलर्ट कर दिया कि प्रधानमंत्री आ रहे हैं। और ठीक साढ़े आठ बजे प्रधानमंत्री हमारे सामने थे। आते ही उन्होंने कहा कि सारा दिन भाषण देकर उनका गला बैठ गया है, उन्होंने एक घूँट पानी पिया और कार्यक्रम में शिरकत करने बैठ गए।

मैं उनके सामने बैठा अपनी सोच में डूबा था।

आप मुझसे समहत हों, असहमत हों। पर इतना तय है कि इससे पहले मैंने किसी नेता को समय की इस तरह इज्जत करते नहीं देखा था। मैं तमाम नेताओं के साथ दौरे पर गया हूँ। मैं किसी का नाम नहीं लिख रहा, पर मैंने किसी को समय की इस तरह परवाह करते नहीं देखा। अभिनेताओं में अगर एक अमिताभ बच्चन को छोड़ दूँ, तो ज्यादातर नेता और अभिनेता लोगों को इंतजार कराने में ही अपनी शान समझते हैं।

मैं अपने अनुरोध को दुहरा रहा हूँ कि आप मेरी आज की पोस्ट में राजनीति को मत तलाशिएगा। मैंने एक आदमी की तारीफ की है, क्योंकि मैंने उसे समय की इज्जत करते हुए अपनी आँखों से देखा है।

माँ सच कहती थी। जो समय की परवाह करते हैं, समय उन्हीं की परवाह करता है।

□

6 अक्तूबर

जब हम छोटे बच्चे थे, तब दशहरा के मौके पर मुहल्ले में छोटा सा स्टेज बनाकर नाटक किया करते थे। मुहल्ले के सारे लोग वहाँ जुट जाते और हम 'रसगुल्ला-गुलाब जामुन' वाला नाटक करते। करने को तो हम 'कलुआ की माई' वाला नाटक भी करते, पर मेरा पसंदीदा नाटक 'रसगुल्ला-गुलाब जामुन' हुआ करता था।

इस नाटक में बस दो पात्र होते थे। उन दोनों के बीच के संवाद को हम दर्शकों की पसंद से बढ़ा-घटा देते। पर दो ही पात्रों के बीच किया जाने वाला ड्रामा बाकियों के लिए मनोरंजन के कुछ मिनट के रूप में होता, मेरे लिए जिंदगी का फलसफा होता।

मुझे पूरी उम्मीद है कि आपने भी ऐसे नाटक खेले होंगे।

आज मुझे बचपन का वो नाटक बहुत याद आ रहा है।

दो दोस्त आपस में तय करते हैं कि वो इस बार मेले में मिठाई का बिजनेस करेंगे। एक ने कहा कि वो रसगुल्ले मेले में बेचेगा, दूसरे ने कहा कि गुलाब जामुन बेचेगा। दोनों दोस्तों ने तय किया कि सौ रसगुल्ले और सौ गुलाब जामुन लेकर वो मेले में जाएँगे और एक-एक रुपए में एक रसगुल्ला और एक गुलाब जामुन बेचेंगे, तो दोनों के पास सौ-सौ रुपए हो जाएँगे।

दोनों सौ रसगुल्ले और सौ गुलाब जामुन लेकर मेले में पहुँच गए।

दोनों बहुत देर तक इंतजार करते रहे। जब बहुत देर तक कोई ग्राहक नहीं आया, तो गुलाब जामुन वाले ने रसगुल्ले वाले से कहा कि यार भूख लग रही है। ऐसा करो कि तुम अपना एक रसगुल्ला मुझे खाने को दे दो, पर क्योंकि हम बिजनेस कर रहे हैं, इसलिए मैं तुमसे मुफ्त में रसगुल्ला नहीं लूँगा। मेरे पास एक रुपए का एक सिक्का है, तुम उसे ले लो, इस तरह मैं तुमसे रसगुल्ला खरीद कर खा रहा हूँ।

रसगुल्ले वाले ने उससे एक रुपए का सिक्का लिया और उसे एक रसगुल्ला दे दिया। इस तरह रसगुल्ले वाले का एक रसगुल्ला बिक गया। थोड़ी देर में सफेद रसगुल्ले वाले को भी भूख लगी। उसने गुलाब जामुन वाले को एक रुपए का सिक्का दिया और उससे एक गुलाब जामुन खरीद कर खा लिया। इस तरह उसने भी बिजनेस की लाज रखी और मुफ्त में गुलाब जामुन नहीं लिया। मतलब अब दोनों की एक-एक मिठाई बिक चुकी थी। दोनों दोस्त खुश थे। चलो कोई ग्राहक भले नहीं आया, पर उन्होंने कुछ तो बिजनेस किया ही।

थोड़ी देर बाद गुलाब जामुन वाले ने रसगुल्ले वाले से एक और रसगुल्ला माँगा और उसे एक रुपए का सिक्का दे दिया। कुछ ही देर में फिर रसगुल्ले वाले ने भी उसी एक रुपए को गुलाब जामुन वाले को वापस करते हुए उससे एक और गुलाब जामुन खरीद कर खा लिया।

अब हमारी कहानी आगे बढ़ी।

गुलाब जामुन वाला उसी एक रुपए से रसगुल्ला खरीदता और खा लेता। रसगुल्ले वाला उसी रुपए से गुलाब जामुन खरीदता और खा लेता। इस तरह शाम तक दोनों ने एक-दूसरे की सारी मिठाइयाँ खरीद कर खुद खा लीं। दोनों में से किसी ने भी उधार नहीं खाया, पूरे पैसे दिए पर दोनों ने देखा कि शाम को घर जाते हुए उनके सारे रसगुल्ले बिकने के बावजूद सिर्फ एक रुपए का कारोबार हुआ था।

मैं छोटा था, तो सोचता था कि सचमुच बिके तो सौ-सौ रसगुल्ले। फिर बाकी के पैसे कहाँ गए?

मैं बहुत हिसाब लगाता। सोचता कि दोनों में से किसी ने बेइमानी नहीं की, दोनों ने भरपूर मेहनत भी की। दोनों में से किसी ने उधार नहीं लिया-दिया। पर किसी के हाथ कुछ नहीं आया। कैसे?

इस तरह हमारा नाटक खत्म हो जाता। लोग तालियाँ बजाते, पर मैं मन में बहुत सोचता कि इस नाटक में मजा चाहे जितना आया हो, बेचारे मिठाई बेचने वाले के पल्ले कुछ नहीं पड़ा। मतलब शाम को जब वो लौट कर घर गए, तो खाली हाथ।

आज ज्यादा नहीं लिखूँगा। आज सोचूँगा कि अगर जिंदगी भी एक नाटक है, और हम नाटक में काम कर रहे हैं, तो क्या जब नाटक खत्म होगा, तो हम खाली हाथ घर लौट जाएँगे? क्या हम अपने साथ ऐसी कोई कमाई लेकर नहीं जाएँगे, जिस पर हमें फख्र हो? क्या बचपन में उस नाटक को देखकर हमारे मुहल्ले वाले जिस तरह हमारी

एक्टिंग और नाटक के पात्रों की मूर्खता पर हँसते थे, उसी तरह हम सिर्फ हँसी के पात्र बनकर यहाँ से अपने-अपने घर लौट जाएँगे?

वैसे कहने को तो मेरी कहानी के दोनों पात्र सारा दिन मेले में व्यस्त रहे। दोनों ने खूब बिजनेस भी किया। पर हाथ कुछ नहीं आया।

सोचना है मुझे भी कि पूरी जिंदगी मैं व्यस्त रहा। खूब काम भी किया। पर क्या कुछ मैंने ऐसा हासिल किया, जिसे अपनी कमाई कह कर साथ ले जा पाऊँगा अपने उस घर? या फिर यूँ ही रसगुल्ले और गुलाब जामुन खाकर खाली हाथ लौटना होगा?

मैं तो सोचूँगा ही। आप भी सोचिए।

सोचिए कि वापसी पर हमारे पास क्या होगा? अगर कुछ नहीं होगा, तो हमारा पूरा बिजनेस व्यर्थ रहा। हम जो कर रहे थे, वो निरर्थक था। वो टाइम पास था।

जिंदगी रूपी मेले से घर वापसी के बाद अच्छा बिजनेसमैन वही होता है, जो अपने साथ कर्मों की कमाई लेकर लौटता है। मैंने सुना है कि वहाँ कर्मों की कमाई ही लेकर जा सकते हैं। बाकी कमाई यहीं मेले में छूट जाती है।

हर मेले की मियाद होती है। मेला खत्म हो, उससे पहले अपने मन के कैलकुलेटर में जोड़-घटाव-गुणा-भाग कर लीजिएगा कि आपने इतने दिनों तक क्या-क्या कमाई की है? काम वही आएगा, और कुछ नहीं।

□

10 अक्तूबर

अभी-अभी पटना के लिए उड़ना है। फिलहाल एयरपोर्ट पर बैठा हूँ। पहले से तय करके आया था कि आज एयरपोर्ट पर बैठकर कॉफी के साथ कहानी लिखूँगा। सोचा तो यह भी था कि आज प्यार और जलन की कहानी लिखूँगा। लिखूँगा कि जैसे हम जानते हैं कि हमें किससे प्यार करना है, उसी तरह हमें यह जानना चाहिए कि हमें किससे जलना चाहिए।

पर ऐसा होता नहीं। हम स्वाभाविक मानवीय प्रवृत्ति कहकर जलन की आदत को नज़रअंदाज कर देते हैं। पर कॉफी वाले को पैसे देते हुए मैं समझ गया कि यह कहानी आज नहीं लिखी जा सकती।

वजह?

वजह बस ये कि अभी कॉफी वाला किसी ग्राहक से झगड़ रहा था कि उसे जो पैसे दिए गए, वो नोट नकली थे।

ग्राहक कह रहा था कि नोट उसने नहीं छापे।

जाहिर है उसने नहीं छापे। पर जब कभी कोई ऐसी स्थिति में फँस जाए तो क्या करे?

कुछ दिन पहले मेरा बेटा बैंगलोर गया हुआ था। वहाँ से उसने मुझे फोन कर बताया कि किसी ऑटोवाले ने उसे सौ रुपए के चेंज के बदले बीस-बीस रुपए के दो नोट नकली पकड़ा दिए। वो असली और नकली नोट में फर्क नहीं कर पाया और जब एक रेस्तराँ में खाने गया, तो रेस्तराँवाले ने उसे बताया कि ये नोट असली नहीं। जब वो बैंगलोर से वापस दिल्ली आया, तो मैंने उससे दोनों नोट ले लिये। मैंने बहुत गौर से देखा, सचमुच पहचान पाना मुश्किल ही था। मैंने उससे कहा कि मैं इन्हें कहीं चला लूँगा।

बेटे ने कहा कि तुम ये नोट मत चलाना।

मैंने कहा, "लेकिन बेटा यह तो चालीस रुपए का नुकसान है।"

बेटे ने कहा, "जब पता चल गया है कि ये नकली हैं, तो इन्हें चलाना गलत है।"

मैंने कहा, "हाँ, है तो यह गैरकानूनी। लेकिन जिसे धोखे से किसी ने पकड़ा दिया, वो क्या करे?"

मुझे रोकते हुए बेटे ने मुझे हमारे अमरीका प्रवास की एक घटना की याद दिलाई। उसने मुझे याद दिलाया कि जिन दिनों हम अमरीका में थे, 11 सितंबर, 2001 की सुबह न्यूयॉर्क में ट्वीन टावर पर आतंकवादी हमला हुआ था। यह हमला दो विमानों के जरिए हुआ था। उन दो विमानों के अलावा दो और विमान थे, जिनसे दूसरी जगह हमला करने की कोशिश की गई थी। बेटे ने मुझसे कहा कि पापा, तुम याद करो, वहाँ की सरकार ने उस हमले के बाद अमरीका के आसमान में उड़ रहे सभी विमानों को तुरंत नजदीकी हवाई अड्डे पर उतरवा लिया था। उस दिन सुबह नौ बजे के बाद अमरीकी आसमान में एक भी विमान नहीं था। सारी फ्लाइट्स रोक दी गई थीं। उस दिन किसी को आसमान के रास्ते अमरीका नहीं आने दिया गया था। जो किसी और देश से अमरीका आ रहे थे और ऊपर आसमान में थे, उनके विमान को दूसरे देश में विमान उतारने का संदेश भेज़ दिया गया था तथा आसमान पूरी तरह खाली करा लिया गया था।

ऐसा ही हुआ था।

बेटा बता रहा था कि जब यह घटना घटी थी, तब वो बहुत छोटा था। वो पाँचवीं कक्षा में पढ़ता था। उसके मन में यह सवाल उठा था कि पूरा आसमान क्यों खाली करा लिया गया? उसने वहाँ अपने स्कूल में टीचर से यह सवाल पूछा था। टीचर ने उसे बताया था कि जब न्यूयॉर्क में प्लेन से हमला हुआ, तो किसी को पता नहीं था कि आसमान में कितने विमान ऐसे हैं, जिनमें आतंकवादी सवार हैं। ऐसे में सबसे अच्छा फैसला यही था कि बिना फायदा-नुकसान, अच्छा-बुरा सोचे पूरे आसमान को पहले खाली करा लिया जाए और फिर ठीक से सारी जाँच के बाद विमानों को उड़ने की इजाजत दी जाए।

बेटे ने टीचर से यह भी पूछा था कि इस तरह तो बहुत से लोगों को काफी नुकसान हुआ होगा, तो टीचर ने उसे बताया था कि देश हित से बढ़कर कुछ नहीं होता।

बीस-बीस रुपए के दो नकली नोटों की कीमत तो कुछ भी नहीं है। पर वो मुझसे कह रहा था कि ये नोट चल ही इसलिए रहे हैं, क्योंकि जिसे यह मिलते हैं, वो इनसे पिंड

छुड़ाने के लिए कहीं-न-कहीं इन्हें फिर चला देता है। मुझे पूरी आशंका है कि उस ऑटोवाले को भी पता रहा होगा कि ये नोट नकली हैं। उसने मुझे बच्चा समझकर इन नोटों को पकड़ा दिया। मुझे नहीं पता था कि ये नोट नकली हैं। मैंने कभी नकली नोट देखे ही नहीं...। लेकिन जैसे ही मुझे पता चला कि ये नोट नकली हैं, मैंने तय कर लिया कि अब इन्हें आगे नहीं बढ़ाना है, चाहे मेरा नुकसान भी हो। ये तो बात चालीस रुपए की है। अगर ये चार सौ रुपए भी होते, चार हजार या उससे भी ज्यादा रुपए होते तो मैं उस घाटे को सह लेता, मैं यह समझ लेता कि किसी ने मुझसे छल कर लिया है, पर मैं उसे आगे नहीं चलाता।

अगर हम सभी यह सोच लें कि जैसे अमरीका ने बिना कुछ और सोचे हुए पूरे आसमान को खाली करा लिया था, वैसे ही हम में से हर आदमी जिसे नकली नोट से तकलीफ होती है, वो इसका प्रचलन अपने स्तर पर रोक ले, तो ये नोट ज्यादा नहीं चलेंगे।

मेरी भी किस्मत अजीब है। बचपन में माँ सिखाया करती थी। फिर पिता सिखाया करते थे। और बड़ा हुआ तो बेटा सिखा रहा है।

मुझे तो लगता है कि मैं बड़ा हुआ ही नहीं हूँ। लानत है मुझ पर कि मैं उन चालीस रुपयों को कहीं टिकाने के चक्कर में था।

हजार बार मैं ही कह चुका हूँ कि धोखा देने से धोखा खाना बेहतर होता है। धोखा खाने में तो थोड़ा नुकसान होता है, पर धोखा देने में आदमी की आत्मा ही मर जाती है। पर जब अपने चालीस रुपयों की बात आई तो सब ज्ञान भूल गया। मुझे मेरा बेटा समझा रहा था कि यह गलत है।

मैं इतनी ज्ञान की बातें करता हूँ और अपने बेटे से मैं ही कह रहा था कि चालीस रुपए मुझे दे दो, किसी को टिका दूँगा।

बेटा कह रहा था कि ये तो चालीस रुपए हैं, बात चालीस लाख की भी हो, तो ऐसा नहीं सोचना चाहिए। नकली नोटों से आसमान को खाली कराने का आसान उपाय यही है कि जिसे मिले फाड़कर फेंक दे। उसे आगे चलाना एक अंतहीन बुराई को जन्म देने की तरह है।

जिसने हमें धोखा दिया, उसका किया उसके साथ। हम पैसों का नुकसान सह लेंगे, पर आत्मा का नुकसान कैसे सहेंगे?

□

11 अक्तूबर

दिल्ली से पटना आते हुए हवाई जहाज में एयर होस्टेस समझा रही थी कि हवा का दबाव कम हो जाने की स्थिति में आपकी सीट के ऊपर लगा ऑक्सीजन मास्क अपने आप बाहर निकल आएगा और आप उसे इस तरह अपने मुँह पर लगा लीजिएगा। वो बता रही थी कि दूसरों की मदद करने से पहले आप अपनी मदद कीजिएगा। यानी जो लोग खुद मास्क लगाने की स्थिति में नहीं होंगे, उनकी मदद आप कीजिएगा, पर पहले अपना मास्क लगा लीजिएगा।

जाहिर है, अगर आप पहले अपना मास्क नहीं लगाएँगे, तो आप दूसरों की मदद करने के लायक ही नहीं रहेंगे।

कम-से-कम एक हजार बार मैंने इस निर्देश को सुना होगा। लेकिन कल मुझे हवाई जहाज में ज्ञान की प्राप्ति हुई। असल में मैं पहले इन निर्देशों को ठीक से सुनता ही नहीं था। सुनता था, तो समझने की जहमत नहीं उठाता था। पर कल पता नहीं क्यों उसे ठीक से सुना और समझा।

एयर होस्टेस बता रही थी कि हवा का दबाव कम होने की स्थिति में आपकी सीट पर लगा ऑक्सीजन मास्क अपने आप बाहर चला आएगा। हवाई जहाज में हर सीट के ऊपर ऑक्सीजन मास्क होता है। हवाई जहाज बनाने वाले ने हर सीट के ऊपर ऑक्सीजन मास्क लगाया है। जैसे ही उसकी जरूरत होगी, वो अपने आप बाहर चला आएगा। बस आपको उसे पहचानना है, उसे लगाना सीखना है।

ईश्वर की बनाई यह दुनिया भी एक हवाई जहाज की तरह है। हर आदमी के सिर पर उसका हाथ है। आप जब भी मुसीबत में होते हैं, वो अपनी ओर से ऑक्सीजन मास्क लटका देता है। मैं कम-से-कम एक हजार बार हवाई जहाज में उड़ चुका हूँ। एक हजार बार उसके निर्देश सुन चुका हूँ। पर कल पहली बार उसके कहे में जीवन का

दर्शन तलाश रहा था। वो कह रही थी कि जैसे ही आपको साँस लेने में मुश्किल आएगी, मास्क अपने आप बाहर आएगा। मैं समझ रहा था कि जैसे ही मुझ पर कोई मुसीबत आएगी, ईश्वर मेरे लिए ऑक्सीजन मास्क लटका देगा।

एयर होस्टेस बता रही थी कि जब भी ऐसा कुछ हो, आप पहले अपनी मदद करें। फिर दूसरों की मदद करें।

मैं समझ रहा था कि कोई भी काम जिसे हम चाहते हैं कि दूसरे करें, पहले खुद करना चाहिए। जब हम दूसरों की मदद करना चाहते हैं, तो पहले हमें उसके लायक बनना होता है। जब हम दूसरों से किसी तरह के आचरण की उम्मीद करते हैं, तो हमें खुद उसका नजीर पेश करना होता है।

एयर होस्टेस जो कह रही थी, उसमें मैं पहली बार जिंदगी का फलसफा सुन और समझ रहा था।

मुझे उम्मीद है कि आपने भी कई दफा हवाई जहाज में इन निर्देशों को सुना होगा।

आपने जीवन रूपी हवाई जहाज में भी ऐसे निर्देश सुने होंगे कि मुसीबत में भगवान मदद को आते हैं। जैसे आपको भरोसा है कि मुसीबत की घड़ी में ऑक्सीजन मास्क अपने आप बाहर निकल आएगा, वैसे ही मुझे भरोसा है कि इमरजेंसी में ईश्वर का बनाया मास्क भी बाहर निकल आएगा।

बात भरोसे की है।

पर एक बात का ध्यान खास तौर पर रखना है। पहले अपनी मदद खुद करनी होगी। फिर दूसरों की मदद।

मैंने अपने कमरे में एक पोस्टर लगा रखा था, जिस पर लिखा था—"कृपया गुस्सा न किया किया करें।"

पिताजी एक बार मेरे कमरे में आए तो उन्होंने मुझे समझाया कि तुम इसकी जगह यह लिखो कि 'मैं गुस्सा नहीं करता'। पिताजी समझाने लगे कि दूसरों से कुछ कहने से अच्छा है कि तुम उसे खुद अमल किया करो। तुम अगर किसी को कुछ सिखाना ही चाहते हो, तो अपने व्यवहार से सिखाओ न कि इस तरह पोस्टर लगाकर।

एयर होस्टेस समझा रही थी कि पहले अपनी मदद करें, फिर दूसरों की।

सच में, अगर हम अपना मास्क पहले लगाएँगे, उसे लगाना जानेंगे तो मुमकिन है, दूसरे उसे देखकर ही लगाना सीख जाएँगे, समझ जाएँगे।

तो आज का ज्ञान—

जब भी हवा का दबाव कम होगा, ऑक्सीजन मास्क अपने आप बाहर आ जाएगा।

दूसरों को कुछ समझाने से पहले खुद उस पर अमल करना चाहिए।

□

14 अक्तूबर

यह कहानी किसी की आप बीती हो सकती है।

मेरा एक परिचित मुझे बता रहा था कि उसकी पत्नी उसकी माँ को देखना नहीं चाहती। वो बार-बार कहती है कि तुम माँ को किसी रिश्तेदार के घर छोड़ आओ। उसकी पत्नी के लिए पति की माँ बोझ बन गई है।

मेरा परिचित मुझसे राय माँग रहा था कि रोज की किचकिच से वो परेशान हो चुका है, उसे अब क्या करना चाहिए?

मैं उससे क्या कहता? यहीं मुझे याद आया कि किसी ने मुझसे एक कहानी कुछ दिन पहले साझा की थी।

मैं अपने परिचित को वो कहानी सुनाना चाहता था, पर मेरी हिम्मत नहीं हो रही थी कि मैं यह कहानी उसे सुना दूँ। माँ-बेटे के रिश्ते की वो कहानी जब मैंने सुनी थी, मेरे हाथ-पाँव ठंडे पड़ गए थे। उस दिन गाड़ी में भी अपने परिचित की समस्या को सुनकर मेरे ज़ेहन में वही कहानी दौड़ने लगी, और मेरे हाथ-पाँव सुन्न होने लगे।...मेरी गाड़ी में बैठा मेरा परिचित मुझे झकझोर रहा था, क्या हुआ आपको? सब ठीक तो है न? तंद्रा टूटी नहीं, मैं और गहरी तंद्रा में चला गया। मैं सोच में डूब गया कि क्या ऐसा भी होता है? मैं जानता हूँ कि अब आप सोच रहे होंगे कि संजय सिन्हा मुद्दे पर क्यों नहीं आ रहे? क्यों वो पहेलियाँ बुझा रहे हैं? पर क्या करूँ? हाल-फिलहाल में जितनी कहानियाँ मैंने पढ़ी या सुनी है, उससे ये एकदम अलग सी है।...पत्नी अपने पति से झगड़ रही थी कि बुढ़िया को कहीं ले जाकर छोड़ आओ। अब मुझसे नहीं सहा जाता। आखिर मेरी भी कोई जिंदगी है। कब तक तुम्हारी विधवा बुड्ढी माँ के नखरे सहती रहूँगी। इतने साल हो गए शादी के, आज तक कभी चैन से नहीं रह पाई। बेटा माँ की ओर देख रहा था। माँ चुप खड़ी थी। आखिर में सहमति बन गई कि माँ अब यहाँ नहीं रहेगी। उसे किसी-न-किसी आश्रम में जाना होगा। बेटे

ने माँ को गाड़ी में बिठाया और निकल पड़ा एक आश्रम की ओर। माँ चुप थी। सारे रास्ते चुप रही। वो एक आश्रम ही था। माँ को उसने गाड़ी से उतारा, उसके सारे सामान भी उतारे। फिर बहुत कातर होकर उसने माँ से कहा, ''माँ, परेशान मत होना। तुम्हें यहाँ किसी चीज की तकलीफ नहीं होगी। माँ, तुम्हारा यहाँ मन भी लगा रहेगा।'' माँ खामोश थी। अचानक तेज कदमों से चलता एक पादरी वहाँ आया। उसने महिला की ओर देखा और रुक गया। उसने रुककर माँ की आँखों में झाँका, और फिर हैरत में पड़कर पूछा, ''आप, यहाँ?'' माँ ने पादरी की ओर देखा। उसे पहचानने की कोशिश करने लगी। फिर उसने धीरे से सिर हिलाया, ''हाँ, मैं यहाँ।'' बेटे ने पादरी की ओर देखा और पूछा, ''आप लोग एक-दूसरे को जानते हैं? चलो अच्छा हुआ, आप यहाँ माँ को मिल गए। माँ को बहुत अच्छा लगेगा, कोई तो परिचित मिला।'' पादरी ने बेटे की ओर देखा। कहा, ''हाँ बेटा मैं इन्हें जानता हूँ। कई साल पहले ये इसी आश्रम से एक अनाथ बच्चे को गोद लेकर गई थीं। बहुत साल बीत गए। फिर ये यहाँ कभी नहीं आईं। आज आई हैं, इन्हें देखकर बहुत अफसोस हो रहा है। जिस बच्चे को इन्होंने गोद लिया था, वो कहाँ है?'' एक गहरी खामोशी उस आश्रम में छा गई थी। पादरी ने फिर धीरे से पूछा, ''कहाँ है आपका वो बच्चा? आपका तो अपना घर था, फिर इस आश्रम में कैसे? माँ चुप खड़ी रही। पादरी बोले जा रहा था। ''पता नहीं क्यों संतान की चाहत भी रखते हैं।'' पादरी कुछ-कुछ बुदबुदा रहा था। उसके काँपते होंठों से स्पष्ट बोल नहीं फूट रहे थे। माँ खामोश खड़ी थी। अब बेटा भी खामोश था। धीरे-धीरे बुदबुदाता हुआ पादरी वहाँ से चला गया।...पादरी के जाने के बाद माँ ने बहुत धीरे से कहा, ''जाओ बेटा। तुम जी लो अपनी जिंदगी।''...

□

16 अक्तूबर

जब भी मैं सास-बहू की कहानी लिखता हूँ और उसमें लिखता हूँ कि बहू ने सास को सताया, सास को किसी आश्रम में जाना पड़ा, तो मेरे पास ढेर सारे संदेश आने शुरू हो जाते हैं। ज्यादातर संदेश बहुओं के होते हैं। सबकी शिकायत करीब-करीब एक सी होती है।

एक बानगी, संजयजी मुझे आज की पोस्ट से बहुत तकलीफ हो रही है। बहुत से लोग बहू को ही क्यों दोष दे रहे हैं? जब तक बेटा नहीं चाहेगा, उसकी माँ को कोई बहू किसी आश्रम में नहीं भेज सकती। आप ऐसी पोस्ट लिखने में बहू के मन को भी टटोलने की कोशिश किया कीजिए।

किसी ने मुझे एक चुटकुला भेजा था।

एक आदमी जिसकी माली हालत ठीक नहीं थी, वो साइकिल से चला करता था। रोज साइकिल से दफ्तर जाता, घर आता। फिर उसकी हालत ठीक होने लगी। एक दिन उसने स्कूटर खरीद लिया। अब वो स्कूटर से अपने काम पर जाने लगा, स्कूटर से ही घर आने लगा। उसका काम अच्छा चल निकला। उसने फिर कार खरीद ली। अब वो कार से काम पर जाने लगा, कार से ही घर आने लगा। उसका काम ठीक-ठाक चल ही रहा था, तो उसने एक ड्राइवर भी रख लिया। अब वो कार के पीछे बैठता। ड्राइवर कार चलाता।

धीरे-धीरे वो मोटा होने लगा। उसे रक्तचाप की बीमारी हो गई। उसे शुगर भी हो गया। दिल की बीमारी भी हो गई। लगने लगा कि अब वो नहीं बचेगा, तो डॉक्टर के पास गया। डॉक्टर ने कहा कि आप साइकिल चलाया कीजिए। बेचारा भागा-भागा बाजार गया और एक साइकिल खरीद लाया। अब वो रोज साइकिल से दफ्तर जाता है। इस तरह उसका लाइफ साइकिल दुबारा साइकिल पर चला आया है।

पढ़ने-सुनने में तो यह चुटकुला ही है। पर जीवन का सच भी यही है।

मेरी माँ मेरी दादी की बहुत सेवा करती थी। बहुत मुमकिन है कि दादी का कोई व्यवहार कभी माँ को अटपटा भी लगा हो, पर माँ हमेशा यही कहती थी कि मैं अपने व्यवहार से पीछे नहीं हटूँगी। वो कहती थी कि दादी तुम्हारे पिता की माँ हैं। वो मुझसे एक पीढ़ी पहले की हैं। उनके-मेरे बीच पीढ़ी का टकराव भी हो सकता है, पर झुकना मुझे ही चाहिए, हर बार।

माँ कहती थी कि जो मेरा व्यवहार होगा, वही मुझे अपनी बहू से वापस मिलेगा। अगर इसे सास-बहू के रिश्ता साइकिल का नाम दें, तो जैसा व्यवहार मैं अपनी बहू से चाहती हूँ, वैसा व्यवाहर मैं अपनी सास से करती हूँ। तब मैं छोटा था और इन बातों के बहुत मायने नहीं समझता था। पर यह भी एक सच है कि मेरी दादी की तीन बहुएँ थीं और मैंने अपनी माँ के निधन के बाद अपनी दादी को अपनी उस बहू की तस्वीर के आगे खड़े होकर घंटों रोते देखा था।

मैं मानता हूँ कि कई सासें अपनी बहुओं से बुरा व्यवहार करती हैं। मैं यह भी मानता हूँ कि बेटों को ऐसे मामलों में स्पष्ट रुख अपनाना चाहिए। पर सबकुछ ठीक रहे, इसके लिए सबसे बड़ी जतन बहू को ही करनी होती है। अगर कहानियाँ लिखने बैठूँगा तो एक हजार कहानियाँ लिख दूँगा, सास-बहू और साजिश पर। लेकिन यह रिश्तों के स्वार्थ के एक चेन को तोड़ने की बात है, बस।

मैं इस चेन को तोड़ने की बात भी बार-बार क्यों लिखता हूँ? सिर्फ इसलिए, ताकि भविष्य में बहुओं को उसी तकलीफ से न गुजरना पड़े।

मैं जब कॉलेज में पढ़ता था, मेरे सीनियर अपने जूनियर की रैगिंग किया करते थे। जब मैं सीनियर हो गया, तो मैंने तय किया कि अपने जूनियर के साथ ऐसा न करूँगा, न करने दूँगा। अपने जूनियर के साथ मेरे पूरे बैच ने दोस्ती कर ली। हम साथ उठते-बैठते और उस चेन को हमने तोड़ दिया, जहाँ सीनियर का आतंक होता था। जब हम कॉलेज से निकल गए, तो हमारे जूनियर ने अपने जूनियर के साथ वही व्यवहार किया, जो हमने उनके साथ किया था। और अब जब पिछले दिनों करीब बीस साल बाद मैं दुबारा अपने कॉलेज में गया था, तो कोई बता रहा था कि फलाँ कॉलेज में सीनियर जूनियर को परेशान नहीं करते। वहाँ सीनियर जूनियर की मदद करते हैं। यह इस कॉलेज की परंपरा है।

मैं मन-ही-मन मुस्कुरा रहा था।

कई बार हमें वही नहीं लौटाना होता है, जो हम पाते हैं। कई बार हमें वह देना चाहिए, जो हम चाहते हैं।

दुनिया की तमाम बहुओं, आप मेरी पोस्ट से आहत न हुआ करें। एक बहू के रूप में आपके दु:ख से ज्यादा मेरी चिंता इस बात की है कि एक सास के रूप में आपकी जिंदगी कैसी गुजरने वाली है।

□

29 अक्तूबर

छोटा था तो मेरे स्कूल जाने से पहले माँ जाग जाती थी। चाहे रात को सोने में उसे कितनी भी देर हुई हो, पर वो मुझसे पहले उठकर मेरे लिए नाश्ता तैयार करती, लंच बॉक्स सजाती, मेरी यूनिफॉर्म प्रेस करती और फिर मुझे प्यार से ऐसे जगाती कि कहीं अगर मैं कोई सपना देख रहा होऊँ तो उसमें भी खलल न पड़ जाए। मैं जागता, रजाई मुँह के ऊपर-नीचे करता, फिर सोचता कि रोज सुबह क्यों होती है, रोज स्कूल क्यों जाना पड़ता है, रोज भरत मास्टर को वही-वही पाठ पढ़कर क्यों सुनाना पड़ता है। मुझे लगता था कि स्कूल को मंदिर की तरह होना चाहिए, जिसकी जब श्रद्धा हो चला जाए।

स्कूल जाने से मुझे कभी परहेज नहीं था, पर मन तो मन ही है, कभी-कभी सुबह जागने का मन नहीं करता था। मैंने देखा था कि बहुत से बच्चे रोज स्कूल जाने को व्याकुल रहते थे। वे वहाँ जाते ही क्रिकेट के अगले मैच की तैयारी में डूब जाते या फिर फुटबॉल खेलने की योजना बनाने लगते। पर मेरे लिए ये सारी चीजें पीछे छूट जातीं। मुझे लगता कि इससे तो बेहतर होता कि अभी घंटा भर और माँ की गोद में दुबककर सोता रहता, मन-ही-मन कोई कहानी गुनता रहता, बजाय इसके कि बाबर भारत कब आया, इस पाठ को बेंच पर खड़ा होकर भरत मास्टर को सुनाता।

माँ नियम की पक्की थी। उसका कहना था कि मुझे रोज सुबह जागना चाहिए, मुझे रोज स्कूल जाना चाहिए, मुझे रोज एक पाठ पढ़ना चाहिए।

और मैं रोज स्कूल जाऊँ, इसके लिए माँ खुद सुबह जल्दी जागती थी।

माँ जब तक इस संसार में रही, उसकी तरफ से एक दिन भी मुझे जगाने में चूक नहीं हुई। मैं अक्सर सोचता था कि माँएँ ऐसी क्यों होती हैं? उनके भीतर वो कौन सा तत्त्व होता है, जो अपनी तकलीफ की परवाह किए बिना वो अपनी संतान के लिए सब कुछ छोड़ देने पर उतारू होती हैं।

माँ के चले जाने के बाद एक सुबह मैं देर तक सोता रहा। मेरा मन उस दिन स्कूल जाने का नहीं था। पर अचानक मैंने महसूस किया कि कोई मुझे जगा रहा है। मैं बहुत हैरान था कि अब मुझे कौन जगा रहा है?

मैंने देखा कि मेरी बहन मेरे सिरहाने खड़ी है और मुझे ठीक वैसे ही जगा रही है, जैसे माँ जगाया करती थी। मैं और मेरी बहन दोनों हमउम्र ही थे। हम दोनों बहुत अच्छे दोस्त थे, पर हम झगड़ा भी खूब करते थे। पर उस दिन बहन ही मुझे जगा रही थी, "उठो संजय, स्कूल नहीं जाना क्या?"

मैंने बहुत गौर से देखा, माँ ही सामने खड़ी थी। मैं चौंककर उठा। देखा मेरी यूनिफार्म प्रेस कर सामने रखी है, नाश्ता टेबल पर लगा है, लंच का डिब्बा पैक है।

मेरी बहन मुझसे दो साल बड़ी थी। शुरू में तो हम दोनों एक ही क्लास में पढ़ते थे। मैंने शायद कभी इस बात की चर्चा यहीं की हो कि मैं पहली, दूसरी और तीसरी कक्षा में पढ़ने गया ही नहीं। सीधे चौथी कक्षा में मुझे दाखिला मिला था। मैं अड़ गया था कि मैं बहन वाली क्लास में ही पढ़ूँगा, नहीं तो स्कूल ही नहीं जाऊँगा। तो मुझे दीदी वाली क्लास में ही दाखिला मिला और उस साल फेल कर मुझे उसी क्लास में रोक लिया गया, दीदी पास होकर अगली कक्षा में पहुँच गई। खैर, आज मेरी कहानी में मेरी वो सारी यादें नहीं। मुझे सिर्फ इतना याद करना है कि उस दिन मैंने पहली बार बहन में माँ को देखा था।

आज मेरा मन सुबह जल्दी जागने का नहीं था। कल रात दिल्ली में हल्की सी बारिश हुई थी और मैं सुबह एकदम जागने के मूड में नहीं था।

मैंने मन-ही-मन तय कल लिया था कि इतने बजे जागूँगा, फिर फेसबुक पर आप सबसे मिलकर गुड मॉर्निंग कहूँगा और अपने काम में लग जाऊँगा।

पर पत्नी मुझे धीरे-धीरे जगा रही थी।

"उठो संजय, टहलने नहीं चलना क्या?"

"नहीं, बाहर बारिश हो रही है।"

"कोई बारिश नहीं हो रही।"

"अरे, कल बारिश हुई थी न, तो पानी जमा हो गया है सड़क पर।"

"कहीं कोई पानी नहीं जमा हुआ है।"

''मेरा बिल्कुल मन नहीं है, आज बहुत दिनों बाद नींद सी आ रही है।''

''कोई बहाना नहीं चलेगा। उठो। टहलकर आना, फिर सो जाना।''

पत्नी योगा करने जाती है। उसका वजन भी नियंत्रित है। उसे सुबह उठकर टहलने की ज़रूरत नहीं। पर वो अपना ट्रैक सूट पहनकर मुझे जगा रही थी। वो रोज ऐसा करती है, मैं रोज नए बहाने ढूँढ़ता हूँ नहीं टहलने के। पर वो कभी-कभी अड़ जाती है। 21 नवंबर को तुम्हारा फेसबुक मिलन समारोह है। लोग क्या कहेंगे, संजय मोटा हो रहा है।

''ओहो! मेरे मोटे और पतले होने से मेरे रिश्तों पर क्या असर पड़ता है?''

''पतले रहोगे तो स्मार्ट दिखोगे।''

बहुत मन मारकर उठा। तैयार होकर टहल आया।

पर टहलते हुए सारे रास्ते मैं सोचता रहा कि महिला आपकी ज़िंदगी में चाहे जिस रूप में हो, उसमें एक माँ छुपी ही रहती है।

□□□